Die Zeit, mit der sich die ‹Kleine Kulturgeschichte Deutschlands im 20. Jahrhundert› befasst, ist geprägt durch verwirrende Vielfalt, was die Jahrzehnte bis 1933 und nach 1945 angeht, und von erschreckender Primitivität, was das Dritte Reich betrifft. Das Fin de siècle war in seiner Ambivalenz bestimmt durch dunkle Visionen vom nahenden Untergang und strahlenden Hoffnungen auf eine neue Welt. «Menschheitsdämmerung» stand bald für den Aufbruch in einen zukunftsfreudigen Tag, bald für den Einbruch tiefschwarzer Nacht. Mit dem Sieg des Nationalsozialismus über Aufklärung und Demokratie erreichte die geschichtliche Sinnkrise ihren Höhepunkt. Dass nach der totalen Niederlage Deutschlands 1945 so viel kultureller Neuanfang wieder möglich wurde, ist das eigentliche Wunder – nicht der Aufschwung der Wirtschaft, der freilich die Gefahr schwerer politischer Turbulenzen bannte. Zeigt sich nach der deutschen Vereinigung und dem Übergang ins neue Jahrtausend ein neuer Aufbruch?

In vier Hauptkapiteln – Wilhelminismus, Weimarer Republik, Drittes Reich, geteiltes und vereintes Deutschland – wird eine kulturgeschichtliche *tour d'horizon* vorgenommen; zwar erlaubt der Umfang des Bandes keine systematische Kartierung der Kulturlandschaft, doch führen die Streifzüge zu allen wesentlichen Bereichen des kulturellen Geschehens und ermöglichen anschauliche Einblicke in die wilden, schönen, schlimmen, hässlichen und goldenen Dezennien eines Jahrhunderts, das unser Bewusstsein geprägt hat und weiter nachwirkend bestimmen wird.

Der Autor:
Hermann Glaser, Dr. phil., geb. 1928, Honorarprofessor für Kulturgeschichte an der TU Berlin, war bis 1990 Kulturdezernent der Stadt Nürnberg. Er legte zahlreiche Veröffentlichungen vor, zuletzt *Deutsche Kultur, 1945–2000* (1999). Bei C. H. Beck gab er u. a. heraus *Industriekultur in Nürnberg* (zus. mit W. Ruppert und N. Neudecker, ²1983).

Hermann Glaser

Kleine Kulturgeschichte Deutschlands im 20. Jahrhundert

Verlag C. H. Beck

Mit 31 Abbildungen

Die Deutsche Bibliothek - CIP-Einheitsaufnahme

Ein Titeldatensatz für diese Publikation ist bei
Der Deutschen Bibliothek erhältlich

Originalausgabe

© Verlag C. H. Beck oHG, München 2002
Satz: Fotosatz Reinhard Amann, Aichstetten
Druck und Bindung: Druckerei C. H. Beck, Nördlingen
Umschlagabbildung: Ernst Ludwig Kirchner, Potsdamer Platz,
Staatliche Museen zu Berlin. Preußischer Kulturbesitz, Nationalgalerie
Umschlagentwurf: +malsy, Bremen
Printed in Germany
ISBN 3 406 47620 1

www.beck.de

Inhalt

Drittes Reich · 1933–1945

Geteiltes und vereintes Deutschland · 1945–2000

ANHANG

Vorbemerkung

Der Zeitraum, mit dem sich diese «Kleine Kulturgeschichte Deutschlands im 20. Jahrhundert» befasst, ist geprägt durch verwirrende Komplexität, was die Jahrzehnte bis 1933 und nach 1945 angeht, von erschreckender Primitivität, was das Dritte Reich betrifft. Das Fin de siècle in seiner Ambivalenz war bestimmt durch dunkle Visionen von nahendem Untergang und strahlende Hoffnungen auf eine neue Zeit. «Menschheitsdämmerung» stand bald für den Aufbruch in einen zukunftsfreudigen Tag, bald für den Einbruch tiefschwarzer Nacht. Mit dem Sieg des Nationalsozialismus über Aufklärung und Demokratie erreichte die geschichtliche Sinnkrise einen Tiefpunkt.

Der Engel der Geschichte, so deutete Walter Benjamin die historische Situation, scheint im Begriff, sich von etwas zu entfernen, worauf er starrt. Seine Augen sind aufgerissen, sein Mund steht offen und seine Flügel sind ausgespannt. «Er hat das Antlitz der Vergangenheit zugewendet. Wo eine Kette von Begebenheiten vor uns erscheint, da sieht er eine einzige Katastrophe, die unablässig Trümmer auf Trümmer häuft und sie ihm vor die Füße schleudert. Er möchte wohl verweilen, die Toten wecken und das Zerschlagene zusammenfügen. Aber ein Sturm weht vom Paradiese her, der sich in seinen Flügeln verfangen hat und so stark ist, dass der Engel sie nicht mehr schließen kann. Dieser Sturm treibt ihn unaufhaltsam in die Zukunft, der er den Rücken kehrt, während der Trümmerhaufen vor ihm zum Himmel wächst. Das, was wir Fortschritt nennen, ist dieser Sturm.»

Dass nach der totalen Niederlage Deutschlands 1945 ein kultureller Neuanfang überhaupt möglich werden konnte, ist das eigentliche geschichtliche Wunder – nicht der Aufschwung der Wirtschaft, der freilich die Gefahr schwerer politischer Turbulenzen bannte. Ist nach der deutschen Vereinigung und dem Übergang ins neue Jahrtausend das Antlitz des Engels der Geschichte wieder gefälligen Blicks nach vorne gerichtet? Welche kulturelle Landschaft liegt hinter ihm, was sieht er auf sich zukommen?

Die Darstellung versucht Landmarken ausfindig zu machen, welche die Orientierung innerhalb des Kulturgeschehens erleichtern können. Es geht weniger um einzelne Berge, Täler, Wälder; geortet werden vor allem Formationen.

Die in knapper Form vorgenommene Tour d'horizon stellt keine systematische Kartierung dar; aber auf den hermeneutischen Streifzügen – die Darstellungsweise ist nicht enzyklopädisch, sondern essayistisch – mag man im Rückblick auf ein Jahrhundert spannungsreichen, durch historische Katastrophen erschütterten Kulturgeschehens Einsichten gewinnen, die auch das Kommende betreffen. Zukunft braucht Herkunft.

Wilhelminismus
1900–1918

Dekadenz und Jugendstil

Bei Betrachtung der Jahrhundertwenden des zweiten Jahrtausends, vor allem seit 1500, dem Schwellenjahr zum Aufstieg der Neuzeit, zeigt sich, dass 1900 auf ganz besondere Weise – und zwar auch im Selbstverständnis der damaligen Zeit – eine Zäsur darstellt. Fin de siècle, seit Mitte der 1880er Jahre in Frankreich als moderner kulturgeschichtlicher Begriff nachweisbar – in der christlichen Spätantike und in der heilsgeschichtlichen Terminologie des Mittelalters stand «finis seculi» für Weltende beziehungsweise Ende der Zeiten –, wurde durch die Aufführung des gleichnamigen Pariser Boulevard-Stücks 1888 populär und entwickelte sich zu einem beliebten Schlagwort. Man bräuchte nur ins erstbeste Journal hineinzusehen, und schon fände man das Wort zehnmal, ja zwanzigmal wiederholt, auf jeder Seite, beinahe in jeder Spalte, klagte ein französischer Autor 1891.[1] In den deutschen Kulturjargon wurde der Terminus rasch übernommen, war zum Beispiel Titel eines Novellenbandes von Hermann Bahr, 1890; keineswegs nur in Kreisen von Künstlern und Intellektuellen verbreitet, gehörte der Begriff zum sprachlichen Allgemeingut. In Wien fand zum Beispiel 1899 eine Schnellpolka gleichen Namens großen Anklang.

Inhaltlich evozierte der Begriff vorwiegend das Gefühl der décadence, einer in luxuriöser Verfeinerung und dekorativem Ästhetizismus sich selbst genießenden Ermüdung, wobei diese sich freilich auch zu Widerstand aufraffte. Der Dandy opponierte mit und in seinem Milieu, der Boheme, gegen die materialistisch geprägte bürgerliche Lebensart und ihre vor allem im Sexuellen sich manifestierende Doppelmoral. Der Dandyismus, heisst es bei Charles Baudelaire, trete vornehmlich in Übergangszeiten, in denen die Demokratie noch nicht allmächtig und die Aristokratie erst halb erschüttert und heruntergekommen sei, in Erscheinung. «In der

Wirrnis dieser Epochen können einige deklassierte, angewiderte, müßiggängerische, aber kraftvolle Männer den Plan fassen, eine Art neue Aristokratie zu begründen, die um so schwerer zu zerbrechen sein wird, als sie auf den kostbarsten und unzerstörbarsten Fähigkeiten und auf den himmlischen Gaben, die durch Arbeit und Geld nicht zu erlangen sind, beruht. Der Dandyismus ist die letzte Verwirklichung des Heroismus in Zeiten des Verfalls.»[2]

Der Dandy, als der «künstliche» wie künstlerische Mensch, als ästhetischer Spättypus, der in Ablehnung von Realität und Natur die «Form» verherrlicht, sein extensives Gefühlsleben auf Leiden einstimmt, dabei einen Kult des autonomen Ich betreibt, löst sich aus dem normativen Lebenszusammenhang; er gefällt sich in Egozentrik und Isolierung. Als Komödiant gerät er ständig in die Nähe des grotesken Entsetzens und als Heros relativiert er sich durch Ironie. «Er will nicht verwirklichen; er wünscht nichts als Selbsterhaltung und Schutz vor der fremd und feindlich gewordenen Außenwelt.»[3]

Loris (den jungen Hofmannsthal) schildert Bahr 1894 als einen Jüngling mit dem Profil eines Dante, «nur ein bisschen besänftigt und verwischt, in weicheren, geschmeidigeren Zügen, wie Watteau oder Fragonard es gemalt hätte; aber die Nase, unter der kurzen, schmalen, von glatten Ponnys überfransten Stirne, wie aus Marmor, so hart und entschieden, mit starken, starren, unbeweglichen Flügeln. Braune, lustige, zutrauliche Mädchenaugen, in denen was Sinnendes, Hoffendes und Fragendes mit einer naiven Koketterie, welche die schiefen Blicke von der Seite liebt, vermischt ist.»[4] Rainer Maria Rilkes «Selbstbildnis aus dem Jahre 1906» spiegelt dagegen einen mehr melancholischen denn koketten Narziss: «Des alten lange adligen Geschlechtes / Feststehendes im Augenbogenbau. / Im Blicke noch der Kindheit Angst und Blau / und Demut da und dort, nicht eines Knechtes, / doch eines Dienenden und einer Frau.»[5]

Stefan George, um einen dritten, im Fin de siècle wurzelnden bedeutenden deutschen Dichter zu erwähnen, pries den «hohen Menschen» (den «Führer»), der sich der hektischen Industriewelt, den geistlosen Massen, der bürgerlichen Spießigkeit entgegenstellt. Als Künder eines «neuen Reiches» zelebrierte er Glut und Geheimnis – in Abgrenzung von der hässlichen Welt des sozialen Elends, wie sie der Naturalismus aufgriff. Zentraler Topos ist ihm der «totgesagte Park» mit seinem Natur in Künstlichkeit verwandelnden Reiz («der schimmer ferner lächelnder gestade · / der reinen wolken unverhofftes blau / erhellt die weiher und die bunten pfade...»[6]).

Das 1897 entstandene Gedicht kann mit seinen erlesenen ornamentalen Metaphern auch die «Kulturstimmung» des Jugendstils charakterisieren, der sich als eine Selbstfeier des vor rauer Wirklichkeit ins Reich morbider Schönheit fliehenden Individuums erweist. Leopold von Andrian zu Werburg, ein Freund Hugo von Hofmannsthals, stellte seiner Erzählung «Der Garten der Erkenntnis» (1895), welche die Identitätskrise des Fin de siècle zum Thema hat, das Motto voraus: «Ego Narcissus». In Absage an die soziale und politische Außenwelt wird das Seelenleben zum Schauplatz träumerischen Geschehens. «Wir gehn durch unser Leben wie durch die Lustgärten fremder Schlösser, von fremden Dienern geführt; wir behalten und lieben die Schönheiten, die sie uns gezeigt haben, aber zu welchen sie uns führen und wie schnell sie uns vorbeiführen, hängt von ihnen ab.»[7] Gerade wegen seines raschen Endes war der Jugendstil archetypisch modern, so dass der Ausdruck «von nun an synonym für das schnelle Verblühen von ästhetischen Innovationen und Imperativen stehen konnte: Die prompte Verwandlung von Zukunft in Vergangenheit hatte an ihm europaweit das erste eindrucksvolle Exempel der Beschleunigung» (Walter Grasskamp).[8]

Das «zerrissene» 19. Jahrhundert fand, seinen Eklektizismus beziehungsweise Historismus transzendierend, im «Jugendstil» zu einer gattungsübergreifenden, Hochkunst und Kunstgewerbe zusammenschließenden ästhetischen Lebensform: Grafik und Malerei, Architektur und Bildhauerei, Schmuck und Möbelbau, Werbung, Buchillustration und Literatur umfassend. Zudem handelte es sich – freilich mit deutlichen Unterschieden (bald mehr «blumig», bald mehr «geometrisch») – um einen gesamteuropäischen Stil, der auf die kulturelle Vernetzung des Kontinents vor 1914 verwies. Was in Deutschland mit «Jugend» eine biologisch-anthropologische Bezeichnung trug, war in Österreich durch «Ver sacrum» («heiliger Frühling», Titel einer führenden Zeitschrift) charakterisiert, freilich meist «Sezessionsstil» genannt. «Art nouveau» hieß man den Stil in Brüssel und Paris, «stile florale» und «stile liberty» in Italien. Die spanische Bezeichnung «modernismo» und die englisch-schottische «modern style» waren insofern besonders zutreffend, da das aus den Ambivalenzen des 19. Jahrhunderts herausführende Einheitsstreben der anbrechenden Moderne zunächst nirgends besser als eben im «Jugendstil» zum Ausdruck kam.

In Deutschland entwickelte sich der Jugendstil vor allem im Gegensatz zum Oberflächengehabe der Gründerzeit und der flachen Prosperität, die dem deutschen Sieg über Frankreich 1870/71 folgte. Seine figurative Eleganz, faunische Sinnlichkeit und dekorative Verfeinerung stellen einen Protest gegenüber stiernackiger Vitalität und devotem Opportunismus dar. Die Gegenwirklichkeit des Jugendstils stilisierte Weltflucht; gerade dies aber verband ihn mit der Zeit, gegen die er sich auflehnte. Als Stil des wohlhabenden großstädtischen Bürgertums war er Teil des spätkapitalistischen Disengagements und bestätigte damit das Wort von Georg Simmel, dass Rente und Dividende Torhüter der Innerlichkeit seien. Der Jugendstil erweist sich als Lebensersatz und schöne Illusion; er ist Fatamorgana. Er zeigt Menschen, die sich in einem außergeschichtlichen Raum bewegen, allerdings ein Ahnungsvermögen für die eigenen Defizite und für das Heraufkommen des Neuen besitzen. Sowohl die azurne Höhe wie der violette Abgrund seiner Topik sind Ausdruck von Zivilisationsmüdigkeit – künstliche Paradiese![9]

Heinrich Vogeler, der in seinem Werk das ästhetische Insel-Dasein und die aristokratische Gebärde im besonderen Maße kultivierte, jedoch während des Ersten Weltkriegs die Wendung zum radikalen Sozialismus vollzog und 1923 in die UdSSR übersiedelte, hat das Phänomen und Problem des Jugendstils in seinen Erinnerungen angesprochen: «Unbewusst entstand eine rein formale wirklichkeitsfremde Phantasiekunst ohne Inhalt. Sie war eine romantische Flucht aus der Wirklichkeit, und daher war sie auch wohl den bürgerlichen Menschen eine erwünschte Ablenkung von den drohenden sozialen Fragen der Gegenwart. Im Rahmen eines Spiegels des Inselformats erhoben sich märchenhafte Vögel, wie Blätter und Blumen gebogen, mit phantastischem Gefieder, das wieder in wogende Zweige, in Früchte und Blumen überging. Blütenkelche, die wieder Blütenkelche aus sich herausstießen, ein Formenzeichen, das geradezu nach Farben schrie, nach giftigen, süßen, einschmeichelnden und aufreizenden Farben. Nirgends war ein

Heinrich Vogeler: Tänzerin und Paradiesvogel, 1910

Horizont, nirgends ein Durchblick, nirgends eine Perspektive; das Ganze war ein schöner Vorhang, der die Wirklichkeit verhüllte. Der Rhythmus der Fläche bildete eine geschlossene Welt. So traf wohl meine Inselgraphik den Charakter einer besonderen Zeitepoche, die auch meinen Charakter irgendwie formte, eine uferlose Romantik, hinter aller Wirklichkeit und im Widerspruch zu ihr. Dass sie wie eine Flucht vor der hässlichen Wirklichkeit war, gerade dadurch hatte meine Kunst wohl damals solchen Erfolg und war vielen ein Trost gegenüber den warnenden Zeichen der kommenden Unruhe einer neuen Zeit.»[10]

Androgyne Nacktheit preisend, wendet sich der Jugendstil gegen die verklemmte Sexualität des Bürgertums; eingebunden in den gesamteuropäischen erotic style, besingt er den dionysischen Eros, wobei dieser Aufschwung zu rhapsodischer Verherrlichung noch die Verkrampfungen und Verwundungen prüder Unterdrückung in sich trägt. «o, ich liebte ihn fassungslos. / Wie eine Sommernacht / sank mein Kopf / blutschwarz auf seinen Schoss / Und meine Arme umloderten ihn. / Nie schürte sich so mein Blut zu Bränden, / gab mein Leben hin seinen Händen, / und er hob mich aus schwerem Dämmerweh. / Und alle Sonnen sangen Feuerlieder / und meine Glieder / glichen / irrgewordenen Lilien» (Else Lasker-Schüler).[11]

Der Jugendstil ist synkretistisch, manieristisch und neurotisch. Er versucht Kunst und Natur, Leben und Lebensfeindlichkeit, Intellektualismus und Irrationalismus, die kalkulierte Vision und den Traum, die Erfahrungswelt und die Phantasie durch den Zwang der Form zu vereinen. Er war in seiner Ambivalenz einerseits Antizipation von Endzeit und andererseits frühlingshafter Neubeginn, resignierende Müdigkeit und jugendliche Hoffnung, Sinken und Steigen. Adorierender Ephebe und wollüstiger Faun, femme enfant und femme fatale, Arkadier und Exote, Paradies und Barbarei, Askese und Gier, Todesverklärung und Lebensverherrlichung, Sublimierung und Verruchtheit, Dekadenz und Archaik – das sind nach Dominik Jost einige Gegensatzpaare, innerhalb deren die Epoche oszilliert und die dialektisch zu einem Ausgleich drängen.[12] Die Topoi des Jugendstils zeigen einen Hang zur Nachtseite: Schilf, Seerosen, Orchideen, Mohn, Einhorn, Zentaur, Chimären, Nymphen, Najaden, Schlangenfrauen; zugleich verkünden sie ekstatische Religiosität – einen mit Hysterie versetzten mythischen Erotismus. Dazu kommt (etwa bei Max Klinger, Arnold Böcklin, Ferdinand Hodler) der Stil einer kraftvoll auftretenden Schwäche, der die Angst vor der Dekadenz mit der Suggestion von Neu- und Wiedergeburt beschwichtigt. Walter Benjamin versteht den Jugendstil als einen Stil, «in dem das alte Bürgertum das Vorgefühl der eignen Schwäche tarnt, indem es kosmisch in alle Sphären schwärmt und zukunftstrunken die ‹Jugend› als Beschwörungswort missbraucht». «Jugendstil» sei «Regression aus der sozialen in die natürliche und biologische Realität», ein großer und unbewusster Rückbildungsversuch. In seiner Formensprache kämen der Wille, dem, was bevorsteht, auszuweichen, und die Ahnung, die sich vor ihm bäumt, zum Ausdruck.[13]

Titelblatt der «Jugend», (Bruno Paul), Nr. 35/1896

Décadence, als «die letzte Flucht der Wünsche aus einer sterben-
den Kultur» (Hermann Bahr) und einem gebrechlichen Jahrhundert, «an dem die Neugierde, die letzte und einzige Leidenschaft
war» (Paul Bourget)[14], stimulierte Jugendlichkeit, die sowohl Sur-
rogat des Alters als auch Verkörperung neuer Lebenskraft war.
1895 gründete der Verleger Georg Hirth, der als Autor kunstheo-
retischer Schriften (zum Beispiel das eklektizistisch-überladene
«altdeutsche Zimmer» propagierend) hervortrat, die Zeitschrift
«Jugend»; sie sollte schon vom Titel her Widerstand leisten gegen
Dekadenz und Vergreisung, Fin-de-Siècle-Stimmung und kulturelle Müdigkeit. «Jugend ist Daseinsfreude, Genussfähigkeit, Hoffnung und Liebe, Glaube an die Menschen – Jugend ist Leben, Ju-

gend ist Farbe, ist Form und Licht ... Ein besseres Bannwort hätten wir für unser Wagnis nicht finden können! Darum sehen wir dem Werdenden mit voller Hoffnung entgegen, ganz schlecht kann es nicht ausfallen, unser Zeichen ist viel zu gut!», heisst es in der ersten Ausgabe vom 1. Januar 1896. Die «Hamburger Nachrichten» vom 15. August 1897 kommentierten den Aufstieg der Zeitschrift mit den Worten: «Die Münchner ‹Jugend› hat sich in der kurzen Zeit ihres Bestehens den Erdball erobert. Sie hat alle Eigenschaften eines Eroberers: Geist und Stärke, kecken Wagemut und eine göttliche Frechheit; sie schlägt auf die dicken Köpfe der Philister, sie dreht der zopfigen Gelahrtheit und dem akademischen Pathos eine gewaltige Nase; sie lacht und spottet über die Intoleranten der Kunst und des Lebens; sie streut die Knallerbsen ihres Witzes auf die ehrwürdigen Glatzen pedantischer Kleingeister; sie bläst schmetternd Fanfaren des Frohsinns und des heiteren Lebensmutes in allen Tonarten, ja, sie wagt lustige Angriffe auf die alten Prunkstücke von Ideen, die eine Generation der anderen als Erbstück vermacht.»[15]

1904 hatte die Zeitschrift bereits eine Auflage von 62 000 Exemplaren. Das «frohe Lachen» der «Jugend» war, wie der Jugendstil insgesamt, ein ambivalentes Lachen, angesiedelt zwischen Prüderie und Emanzipation, nervöser Sensibilität und sinnesfreudiger Deftigkeit. In der «Jugend» fanden die den Jugendstil verpflichteten Strömungen der ästhetisch-dekorativen Phase, der monumentalen Phase, der werkbetont-sachlichen Phase – in Stilrichtungen ausgedrückt: des Stimmungslyrismus, Symbolismus, Dekorativismus – genauso Eingang wie der die formale Naturromantik überlagernde neugermanische Lebenskult. Die große Zeit der «Jugend» wie des Jugendstils endete mit dem Ausbruch des Ersten Weltkriegs; nach dem Weltkrieg war die «Jugend» als Träger eines neuen Stils und Lebensgefühls veraltet. «Der Stil der ‹Jugend› entsprach nun nicht mehr der neuen geistigen und künstlerischen Atmosphäre und den veränderten Anforderungen einer veränderten Umwelt. Eine neue Avantgarde trat auf den Plan und mit ihr die entsprechenden zeitgemäßeren Presseorgane. Expressionismus und Neue Sachlichkeit standen – obgleich in ihm wurzelnd – in scharfem Gegensatz zu dem raffiniert-verspielten, ästhetisierenden Jugendstil und seiner Ornamentenfreudigkeit.»[16]

Die neue Zeit und ihre Aporien

Als Thomas Mann 1903 den Gegensatz von Kunst und Leben in den Mittelpunkt seiner Novelle «Tonio Kröger» rückte, traf er den Nerv der Zeit: nämlich die Diskrepanz zwischen Boheme und Bürgerlichkeit, zwischen einem ins Zwielicht versetzten «unmoralischen» Schönheitsbegriff und der auf Pflicht festgelegten idealisierten Gesellschaftsmoral. Krögers geschwächte Gesundheit und gesteigerte Sensibilität befähigen ihn, Künstler zu werden und damit solider Bürgerlichkeit sich zu entziehen, nach der er jedoch, als «Bürger auf Abwegen», als «verirrter Bürger», ein unstillbares Verlangen zeigt; diese ist personifiziert in der Gestalt des starken und unkomplizierten, rechtschaffenen, fröhlichen, schlichten und blonden Hans Hansen, des Freundes aus der Jugendzeit. «Mein bürgerliches Gewissen ist es ja, was mich in allem Künstlertum, aller Ausserordentlichkeit und allem Genie etwas tief Zweideutiges, tief Anrüchiges, tief Zweifelhaftes erblicken lässt, was mich mit dieser verliebten Schwäche für das Simple, Treuherzige und Angenehm-Normale, das Ungeniale und Anständige erfüllt.»[17] Exemplarisch wird deutlich, wie sehr das Fin de siècle in seinem Niedergangsbewusstsein sich nach zweifels-freier Kraft sehnt; sie zeigt sich als sozialdarwinistischer, den Sieg des Starken über das Schwache preisender Fortschrittsglaube, der sich vor allem durch die technische Entwicklung bestätigt fühlt.

Wilhelm Bölsche, gleichermaßen rhapsodischer Verfechter einer positivistischen Naturphilosophie wie einer technologisch begründeter Zivilisationsgläubigkeit, hat im Vorwort seines weit verbreiteten Buches «Das Liebesleben in der Natur» (1898) schwächlicher décadence dadurch eine Absage erteilt, dass er neue Sicherheit – wie sie auch das aufsteigende Versicherungswesen zum Ziele hatte – propagierte. «Sieh dir das weiße Kirchlein dort drüben zwischen den rabenschwarzen Cypressen an. Das ist die verklungene Zeit, noch hineinragend in unseren Tag. In dem gelblichen Türmchen mit der kleinen Kuppel hängt eine Glocke, grün von Alter: sie klingt von der Liebe, die nicht von dieser Welt. Aber sieh schärfer hin. Das Kreuz, das von der Kuppel ins uferlose Wunderblau sich regt, läuft oben in eine lange, verdächtige Spitze aus. Ein Blitzableiter. Die doppelte Versicherung der neuen Zeit: Über dem

Kreuz der Mystik der metallene Schaft, der den Himmelsstrahl bändigt mit der Erkenntnis der Physik, der Wissenschaft… mag die alte grüne Glocke rufen, wenn die schwarze Wetterwolke sich wie ein Raubvogel auf diese freie Höhe wirft und mit glühenden Fängen krallt… der Blitzableiter ist stärker – er ist das Kreuz unserer Zeit.»[18]

Prometheus wird verdinglicht, zugleich soll das «Gerät» aufs Mythische hin transzendieren. Die Maschinen und Apparate, die Laboratorien und Fabriken, die für die Produktion der Güter benützten, d.h. gebändigten Naturkräfte (vor allem Dampf und Elektrizität), erhalten einen affirmativen Überbau, der den eingeschlagenen Weg des Fortschritts «beglaubigen», aber auch Zweifel an der Richtigkeit des Ziels «überwältigen» will. Die neue Zeit besang der Dichter Arno Holz (zusammen mit Johannes Schlaf Begründer des konsequenten Naturalismus) als «Geburt aus Blut und Eisen», der ein eigener Hochaltar gebühre. Die sie feiernden Lieder harften nicht als Abendwind in zerbröckelten Ruinen, sondern trieben die pochenden, hämmernden, nähenden und spinnenden Maschinen an: «Drum ihr, ihr Männer, die ihr's seid, / Zertrümmert eure Trugidole / Und gebt sie weiter, die Parole: / Glückauf, Glückauf, die junge Zeit!»[19]

Bei Richard Wagner, vor allem im «Ring des Nibelungen», einem imposanten Kunstwerk hochkapitalistischer Mythenbildung (1876), wird beides, die Weltend- wie Weltaufbruchsstimmung der Jahrhundertwende, vorweggenommen. Hin- und hergerissen zwischen dem Materialismus eines Ludwig Feuerbach und dem Pessimismus eines Arthur Schopenhauer, war dieser musikalische Protagonist der Epoche «physiognomisch zerfurcht» von deren Zügen und Trieben. Wir Heutigen – so Thomas Mann – zuckten die Achsel über das im Fin de siècle seine Peripetie erreichende 19. Jahrhundert, über seinen Glauben, der ein Glaube an Ideen gewesen sei, wie über seinen Unglauben, seinen melancholischen Relativismus. «Seine liberale Anhänglichkeit an Vernunft und Fortschritt scheint uns belächelnswert, sein Materialismus allzu kompakt, sein monistischer Welträtselungsdünkel außerordentlich seicht. Und doch wurde sein wissenschaftlicher Stolz kompensiert, ja überwogen von seinem Pessimismus, seiner musikalischen Nacht- und Todverbundenheit, die es wahrscheinlich einmal stärker kennzeichnen wird als alles andere.»[20]

Die Ambivalenzen wie die Antinomien der Jahrhundertwende, die sich in Begriffen wie Verwirrung, Verängstigung, Verfehlung, Versuchung, Versicherung, Verbesserung, Vereitelung, Verführung, Verheimlichung, Verkrampfung, Verzweiflung, Veräußerlichung, Verfall einfangen lassen, bestünden – so schreibt Theobald Ziegler in seinem Buch «Die geistigen und sozialen Strömungen im Deutschland des 19. Jahrhunderts» (1899) – darin, dass sich die Menschen der Übergangszeit voll bewusst seien; sie bedeute eine böse Zeit, vor allem weil in ihr die Gedanken und Gefühle in allen Punkten zwiespältig geworden seien.[21]

Zwiespältigkeit gegenüber Staat und Politik: Auf der einen Seite eine Anspannung des nationalen Gedankens, der sich bis zum Chauvinismus steigere, und auf der anderen ein Wiederaufleben humanitärer und ein Erstarken sozialer Bestrebungen, die vielen in jeder Form als anti- und international verdächtig seien. Ein Heroenkult hier, der da, wo der Heros fehle, zum Byzantinismus werde, und eine Demokratisierung der Gesellschaft dort, die auch die alten «unhistorischen Gedanken» von absoluter menschlicher Gleichheit wiederaufleben lasse. Zwiespältig sei das Verhältnis zu Kirche und Religion; ein neu erwachendes Interesse für religiöse Dinge mache sich spürbar und daneben existiere immer noch das alte Sichabkehren von allem Kirchen- und Christentum. Im Verhältnis zu Sitte und Sittlichkeit zeige sich sozialer Geist, der die Hingabe an das Wohl des Ganzen verlange; daneben Nietzsches Individualitätslehre, die das schrankenlose Recht des Sichauslebens für die geniale Persönlichkeit in Anspruch nehme und zu diesem Zweck alle Werte umwerten möchte. Zwiespältig verhalte man sich auch auf dem Gebiet der Kunst und Poesie: Noch immer werde das Klassische als Bildungsmittel benützt und verehrt oder doch historisch respektiert; daneben die Abwendung vom klassischen Ideal als einem innerlich Unwahren und der realistische «Werdedrang» einer die Wahrheit auf Kosten der Schönheit pflegenden Kunstweise.

Der Bund von Wissenschaft und Technik habe die völlige Umgestaltung unserer Existenz hervorgerufen; die Lebenshaltung sei eine höhere geworden; das habe auf das Geistige zurückgewirkt, habe eine Verfeinerung des Lebens zur Folge, mache aber gleichzeitig auch empfindlicher gegenüber Entbehrungen und begehrlicher nach Genuss und Reiz. Maßgebend dafür seien die Überwindung von Raum und Zeit durch Dampf und Elektrizität. Dampfmaschine, Fabrik, Lokomotive, Eisenbahn, Produktion und Bevölkerungswachstum, Telegraph und Telefon, Automobil und Luftschiff, Welthandel und Weltverkehr sowie Zeitungswesen bewirkten ein hastiges Leben; die Reibungen würden häufiger. «Man ist nicht mehr bei sich zu Hause, wird nicht heimisch und kommt nicht zu sich selbst; deshalb hat die Eisenbahnzeit über die Ortszeit gesiegt.» Dass die Welt im Zeichen des Verkehrs stehe, sei zwar ein Triumph der Technik und ein Beweis des Fortschritts, komme aber dem Innenleben nicht in gleichem Maße zugute; die Zeitungen trügen Bildungskeime in die abgelegensten Dörfer, aber sie schädigten auch die Bildung und machten sie flach und massenhaft. Wie nach oben, so hätten wir auch nach unten hin den Raum ‹überwunden›: Neben dem Teleskop stehe das Mikroskop und enthülle uns eine ganz neue Welt, die des unendlich Kleinen. Doch auch die Geisteswissenschaften, die Geschichte, die Psychologie seien «mikroskopischer» geworden: Die Einzelforschung werde höher geschätzt als die zusammenfassende Darstellung, die oft als ein Unwissenschaftliches und Dilettantisches gelte. «Die Kunst kann sich diesem Mikroskopieren nicht entziehen; auch sie lernt auf das Kleine und Verborgene achten und setzt an die Stelle der auf der Oberfläche liegenden, dem unbewaffneten Auge sichtbaren Motive und Gefühle die zerfasernde psychologische Analyse und das Eindringen in die geheimsten Tiefen des Seelenlebens, in das, was unbewusst auf ihrem Grunde mitschwingt.»[22]

Moderne Nervosität und ländliches Leben

Die aus den Phänomen der damaligen Zeit abzulesende geistig-seelische Unausgeglichenheit, Erregbarkeit, Übersteigerung, bestimmt durch extensive Phantasie, Angst und Sehnsucht, ist ein kulturpubertärer Zustand par excellence gewesen. Als Folge des geschichtlichen Phasenwechsels hat Sigmund Freud in seiner 1908 erschienenen Abhandlung «Die kulturelle Sexualmoral und die moderne Nervosität» eine sich rasch ausbreitende Nervosität als Krankheit der Zeit diagnostiziert. Der Arzt werde häufig genug durch die Beobachtung nachdenklich gemacht, dass gerade die Nachkommen solcher Väter der Nervosität verfielen, die, aus ein-

Unsere Nerven. «Fliegende Blätter», 1888

fachen und gesunden ländlichen Verhältnissen stammend, Abkömmlinge roher, aber kräftiger Familien, als Eroberer in die Großstadt kämen und ihre Kinder in einem kurzen Zeitraum auf ein kulturell hohes Niveau sich erheben ließen. Modernes Leben bewirke eine neurotische Sensibilisierung, die den ungelösten Widersprüchen moderner Zivilisation entspränge.[23]

«Nervosität», «Neurasthenie», «Nervenkunst» sind Stichworte für eine Reihe wichtiger kulturkritischer Werke, die zusammen mit Freuds Arbeiten das Psychogramm einer Gesellschaft zeichnen, die in Erfahrung beunruhigender wie faszinierender Modernität aus dem Gleichgewicht geraten ist.

Für W. Erb («Über die wachsende Nervosität unserer Zeit», 1893) haben sich aufgrund des ins Ungemessene gesteigerten Verkehrs und der weltumspannenden Drahtnetze des Telegraphen wie Telefons die Verhältnisse in Handel und Wandel total verändert; alles gehe in Hast und Aufregung vor sich, die Nacht werde zum Reisen, der Tag für die Geschäfte benützt. Ähnlich sehen O.L. Binswanger («Die Pathologie und Therapie der Neurasthenie», 1896) und R. von Krafft-Ebing («Nervosität und neurasthenische Zustände», 1895) die zunehmende «Amerikanisierung» des Lebens; so habe auch ein Arzt in den USA zum ersten Mal die eigenartigen Züge der modernen Nervenkrankheit erfasst und festgehalten.

Willy Hellpachs Abhandlung «Nervosität und Kultur» (1902) geht davon aus, dass das Grelle, Laute und Unausgeglichene seinen Ursprung in den technischen Bedingungen der modernen Arbeit und Wirtschaft habe. Man sehne sich zum Ausgleich nach dem «Dörfchen der Vergangenheit», «wo abends unter fröhlichem oder elegischem Singen die Sensen gedengelt werden und die Spinnrocken ihr Rädchen surren lassen; wo die gute Arbeit bewundert, die misslungene in Liedern verspottet wird».[24]

Das «Abseits» tritt in Literatur und Kunst als Ort der Sehnsucht nach Ruhe und Geborgenheit in Erscheinung: «Kein Hauch der aufgeregten Zeit / drang noch in diese Einsamkeit» (Theodor Storm).[25] Der nervöse Charakter mit seiner Empfindlichkeit, Reizbarkeit, Schwäche, mit seinem Egoismus, Hang zum Phantastischen und koketten Wesen, seiner Herrschsucht, Bösartigkeit, Feigheit, Ängstlichkeit und Zerstreutheit (um einige Charakteristika aus der Schrift des Wiener Psychologen Alfred Adler «Über den nervösen Charakter», 1912, aufzugreifen) –, der nervöse Charakter, umhergetrieben im Psychodrom des Materialismus und angestachelt von der großen Gier nach Fortschritt, wie sie die Laboratorien der Modernität bestimmt, sehnt sich nach der Heiterkeit eines «abgehobenen», in natürlichen Bahnen verlaufenden ländlichen Lebens.

Dementsprechend hat die Heimatkunst der Epoche bedeutsame

Werke, vor allem im Bereich der Literatur und bildenden Kunst (hier wiederum besonders innerhalb der Landschaftsmalerei), hervorgebracht. Der Einfluss von Realismus und Naturalismus sorgte dafür, dass Erdverbundenheit und Naturliebe wirklichkeitsnah in Erscheinung traten – ganz anders als bei den Vorläufern der Blut-und-Boden-Kunst, die in ideologischer Dumpfheit ihren antizivilisatorischen und antiurbanen Hass in eine plumpe Lobpreisung des Bauerntums verpackten.

Ludwig Thoma war als ein Anwalt der Bauern zugleich ein großer Satiriker. Sein Realismus hebt mit dem Blick von unten die Verzerrungen des Wilhelminischen Zeitalters scharf hervor. Sein Rückzug aus den Tageskämpfen – gehörte er doch zu den engagiertesten Gegnern Wilhelms II. – milderte nicht den kritischen Blick, mit dem er das ländliche Bayern beschrieb. Einer seiner kongenialen Nachfahren, Oskar Maria Graf, meinte von diesem Dichter der «bayerischen Gloria»: «Nachdem er lange Jahre im polemischen Kampf gestanden hatte, kehrte er wie nach einer ungemütlichen Fahrt auf einer unserer kleinen Lokalbahnen in seine Heimat, in die geliebten Berge zurück. Jagd trieb er, unter Bauern hockte er als einer ihresgleichen und wünschte sich gewissermaßen nichts anderes mehr, als seine Ernte noch trocken unter Dach zu bringen.»[26]

Paula Modersohn-Beckers Kunst (von rund vierhundert Bildern und tausend Zeichnungen hat sie zeitlebens nur drei Arbeiten verkauft) will nicht, wie die vielfach in ländlichen Künstlerkolonien[27] beheimatete modische Landschaftsmalerei der Zeit, Kopien der Natur herstellen, sondern zur Essenz von Natur, Dingen, Menschen vorstoßen. Ihre Kunst, so Rainer Maria Rilke, sei charakterisiert durch den «unbeschreiblich angeeigneten Gegenstand». «Die Flucht aus der Stadtwelt in die Natur des Teufelsmoors, wie sie die erste Generation der alten Worpsweder» praktizierte, «war zugleich eine Flucht zu den ‹einfachen Menschen› den Bauern gewesen, so wie auch Gauguin, seine Freunde und Nachfolger zu den ‹Wilden› flohen, um dort die ‹Wahrheit› gegenüber der ‹Lüge› der Zivilisation zu erfahren … Ihr Verhältnis zu ihren Modellen, den Bauern und Bäuerinnen, den Kindern und den Alten aus dem Armenhaus, war für ein junges Mädchen aus städtischem Bürgerhause erstaunlich unkompliziert, natürlich und ohne Umschweife. Die Schilderungen, die sie von ihnen gab, sind herzlich und unsentimental» (Günter Busch).[28]

Geschichte als Umzug

Einen ganz anderen Versuch, inmitten von «nervösem Unbehagen» Halt zu finden, stellte der Historismus dar. Das geschichtliche Erbe überwölbte als idyllisches Dekor die Fabrikanlagen und Werkshallen; es suggerierte, architektonisch umgesetzt, auf optisch eindrucksvolle Weise ein aus dem Mittelalter extrapoliertes Wunschbild gesellschaftlicher wie staatlicher Harmonie. Anstelle eines klassenkämpferischen Antagonismus marschierten in den weitverbreiteten Festzügen – schon in Richard Wagners «Die Meistersinger von Nürnberg» (1868) dichterisch-musikalisch als nationaler Mythos stilisiert – geschlossen, aber «durchgegliedert», Herren und Knechte einher: Fürsten, Industrieherren, Kaufleute, Beamte, Handwerker, Bauern, Arbeiter. Zumeist handelte es sich freilich um bürgerliche und kleinbürgerliche «Festzugsdarsteller», denn der wirkliche (gefährliche) Proletarier war von Organisation und Mitwirkung ausgeschlossen; er durfte lediglich Zuschauer sein. So betrachteten die Sozialisten mit zunehmendem Unmut die Demonstrationen affirmativer Feierlichkeit; ihnen war die Vergänglichkeit des Erbes ein Lichtblick. Will man, heisst es in einer sozialdemokratischen Flugschrift 1913, das Zeitalter Wilhelms II., der demnächst 25 Jahre deutscher Kaiser und König von Preußen sein werde, nach einem äußeren Kennzeichen benennen, so könne man es als das «Zeitalter der Feste» bezeichnen. Schier zahllos sei die Menge der offiziellen Feiern, die in diesen fünfundzwanzig Jahren das Deutsche Reich habe über sich ergehen lassen müssen; so ununterbrochen folgten sie einander wie die Filmmeter im Kinematographentheater. Nach einer gründlichen Aufzählung all der Anlässe zu Feiern, Festen, Gedenkveranstaltungen und Festzügen fordert der zornige Verfasser dazu auf, die feudalgeschichtlichen «Merksteine» wegzuräumen: «Allmählich hat sich das deutsche Volk und hat sich vor allem die deutsche Arbeiterklasse daran gewöhnt, alle diese Feste gänzlich unbeachtet zu lassen. Mögen die Toten ihre Toten feiern.» Gegenüber den falschen und verlogenen Festen werden jedoch neue, nun republikanische, sozialdemokratische Gedenk- und Feiertage gefordert: «Andere Feste sind es, die aus ihrem Geist, ihren Idealen, ihrer Kulturmission heraus die Arbeiterklasse sich geschaffen hat: den 18. März, der Tag des Gedenkens an die großen Freiheitskämpfe der Vergangenheit; der 1. Mai, der Tag des zukunftsfrohen Hoffens auf den Tag des letzten Sieges. Daneben unsere Feste des Kampfes – die Gewerkschaftsfeste, an denen der Gedanke der Organisation im Mittelpunkt unseres Denkens und Fühlens steht; unsere Sängerfeste, in denen das Werden und Wachsen einer vom proletarischen Geiste getragenen Kunst kraftvoll sich ankündigt.»[29]

In einem Zeitalter, in dem Wechsel und Wandel immer rascher vor sich gingen, versuchte die Herrschaftskultur geradezu manisch, «Bleibendes» zu schaffen. Über-Ichs, auf hohen Sockeln postiert, stabilisierten gefährdete Identität. Der Anblick von Standbildern großer Persönlichkeiten vermittelte das kontinuierliche Gefühl der Erhebung und Erhabenheit, das über die transitorische Werktagswelt mit ihren sozialen und ökonomischen Krisen hinweghalf. Denkmäler und Denkmalskomplexe wie die Regensburger Walhalla (1842), die Bavaria in München (1850), die Befreiungshalle in Kelheim (1863), die Siegessäule in Berlin (1873), das Hermannsdenkmal im Teutoburger Wald (1875), das Niederwalddenkmal bei Rüdesheim (1883), das Denkmal Wilhelms I. an der Porta Westfalica (1896), das «Deutsche Eck» bei Koblenz (1897), das Völkerschlachtdenkmal in Leipzig (1913) waren Ausdruck gleichermaßen des nationalen Pathos wie des Stolzes auf technisch-monumentale Leistungen.

Geschichte im Staatsgehäuse, mit großem Aplomb eingezogen, bedurfte ihrer eigenen Prunkräume. Das Museum erwies sich als Fluchtburg der deutschen Seele: Es gewährleistete, dass das Erbe nicht verweste, sondern, über alle Krisen und Zufälle hinweg, aufbewahrt und aufgebahrt blieb – ein Mausoleum der Vergangenheit, der Verehrung jederzeit zugänglich, dem Alltagsgetriebe aber entzogen. Kunst habe, so Herbert Marcuse, für den Bürger seit mindestens einem Jahrhundert nur noch in der musealen Form existiert. Das Museum war die geeignetste Stätte, um die Entfernung von der Faktizität, die trostreiche Erhebung in eine würdigere Welt zugleich mit der zeitlichen Beschränkung auf das Feiertägliche im Individuum zu reproduzieren. Museal war auch die weihevolle Behandlung der Klassiker: Hier brachte die Würde allein schon eine Stillegung aller sprengenden Motive mit sich. «Was ein Klassiker gesagt und getan hatte, brauchte man nie so ganz ernst zu nehmen: Es gehörte eben einer anderen Welt an und konnte mit der gegenwärtigen nicht in Konflikt kommen.»[30] So konnte man hinter der prunkvollen Fassade des historischen Erbes seinen «Geschäften» umso intensiver nachgehen.

Ein Wagnerianer auf dem Thron

Rückblickend interpretiert Michael Stürmer das wilhelminische Deutschland (also die Zeit von 1888-1918) als «ruheloses Reich». Ambivalenz sei seine Signatur gewesen, «dem Aufbruch der Abschied zugestellt, dem Fortschrittsglauben die Entfremdung, der Revolution die Trauer und das Vergangene. Tradition blieb noch machtvolles, suggestives Ritual. Preußische Adler hockten auf öffentlichen Gebäuden und evozierten eine Kontinuität, die längst im Bröckeln war. Bunte Kavalleriedefilees, siegestrunkene Kaisermanöver und glanzvolle Stapelläufe täuschten eine Sicherheit vor, die längst verloren war.»[31]

Friedrich Nietzsche, der nach seiner Abkehr von dem einst hoch geschätzten Richard Wagner dessen Kunst als krank und die Probleme, die er auf die Bühne bringe, als lauter Hysteriker-Probleme bezeichnete – «Wagner est une névrose» –, hätte diese Charakteristik mit besonderem Recht auch auf Wilhelm II., den preußischen König und deutschen Kaiser, anwenden können. An Wagner hatte er das Konvulsivische des Affekts, die überreizte Sensibilität, einen Geschmack, der immer nach schärferen Würzen verlange, die Instabilität, die zu Prinzipien verkleidet werde, kritisiert – nun saß ein Wagnerianer auf dem deutschen Thron. Wilhelm II. versuchte, stets im Mittelpunkt zu stehen, Stil und Stimmung zu prägen. Stets in Bewegung, vielfach auf Reisen, hielt er lärmende Reden; er wollte Härte zeigen, als Prototyp männlicher Kraft erscheinen; sein Leben war jedoch nur eine sorgfältige Maskerade; in Wahrheit zeigte er (wie man es damals nannte) «weibische Züge», hatte eine zarte Gesundheit, eine empfindliche Seele.

Die Defizite seiner Erziehung bestimmten sein Psychogramm: das bedrückende Verhältnis zu den Eltern, die überstrengen und verkrampften Methoden seines Erziehers, des Geheimrates Hinzpeter, der Minderwertigkeitskomplex, den er wegen seines seit Geburt verkrüppelten linken Armes empfand (während er doch ganz aufs Männlich-Soldatische hin erzogen wurde). «Ich kannte die schneidigen Jugendbilder mit breiten Backen, gesträubtem Schnurrbart, drohenden Augen; die gefährlichen Telegramme, die kraftstrotzenden Reden und Denksprüche. Da saß ein jugendlicher Mann in bunter Uniform, mit seltsamen Würdezeichen, die weißen Hände voll farbiger Ringe, Armbänder an den Handgelenken; zarte Haut; kleine weiße Zähne; ein rechter Prinz; auf den Eindruck bedacht, dauernd mit sich selber kämpfend, seine Natur bezwingend, um ihr Haltung, Kraft, Beherrschung abzugewinnen... Eine ahnungslos gegen sich selbst gerichtete Natur» (Walther Rathenau).[32]

Dieser Mann, der in glitzerndem Kostüm, mit Orden behängt und mit wehendem Helmbusch kreuz und quer durch sein Land jagte – schwadronierender Imperator, der sich als beifallsumrauschter Volksführer feiern ließ –, dieser Propagandist des Militarismus und Imperialismus hatte den Ehrgeiz, das darzustellen, was die Mehrheit des Volkes wünschte: Macht, Größe, Glanz. «Gerade der merkwürdige Hang zum Opernhaften hat unser loyales Bürgertum dazu gebracht, in Wilhelm II. die Verkörperung des Ideals zu sehen. Welche epischen Gefühle hat jede Vergnügungsreise des Herrschers ausgelöst. Welche Lyrismen sind gesagt und geschrieben worden, wenn nichts geschah als die Abnahme einer Parade. Kein Ding konnte mehr nüchtern und in der Stille geschehen! Auch das Einfachste vollzog sich in bengalischer Beleuchtung. Die bourgeoise Phantasie war täglich angeregt und aufgeregt durch die Persönlichkeit des Kaisers. In allem letzte und höchste Instanz, fand Wilhelm II. nirgends Widerspruch. Auch da nicht, wo er ihn suchte» (Ludwig Thoma).[33]

Seine Umgebung war wenig geeignet, seinen Charakter zu stabilisieren. Er umgab sich mit einem Geflecht von Männerfreundschaften, gefördert durch sein gebrochenes Verhältnis zum anderen Geschlecht und seine homoerotischen Neigungen. Er sonnte sich in der Liebedienerei seiner Gefährten, zu denen – neben einer größeren Anzahl von großen und gut aussehenden Offizieren – der Bankier Carl Fürstenberg, der Reeder Albert Ballin und der Industrielle Friedrich Alfred Krupp gehörten. Von besonderer Bedeutung war der Diplomat Philipp Fürst zu Eulenburg, der in den Jahren von 1890 bis 1900 als Berater des jungen, noch unsicheren Kaisers großen politischen Einfluss ausübte. Er war Vermittler, Entscheidungshelfer und ständiger Krisenmanager auf höchster

Ebene; Kanzlerstürzer und Kanzlermacher; fast nebenbei noch Gesandter in München und dann Botschafter in Wien, das «lebende Scharnier zwischen Preußen und Bayern und zwischen Deutschland und Österreich».[34] Seine homosexuelle Disposition ließ ihn die Verbindung zum Kaiser besonders eng gestalten. (1906 wurde er von dem Publizisten Maximilian Harden wegen solcher «Neigung» denunziert und in den folgenden drei Jahren in einer Serie von Prozessen politisch vernichtet.)

Wilhelm II. kompensierte auf fatale Weise seine Neurasthenie durch nationalistisches Bramarbasieren – mit schlimmen Folgen für Deutschland. Mit seiner selbstgefälligen Ignoranz und feudalen Arroganz sowie seinem oberflächlichen Imponiergehabe war er ein Prototyp der preußischen Offizierskaste, die ihn verehrte. Mit großer Pose und dröhnender Rhetorik verabschiedete er etwa am 27. Juli 1900 in Bremerhaven die zur Niederwerfung des chinesischen Boxeraufstandes an Bord gehenden Truppen: «...Bewahrt die alte preußische Tüchtigkeit, zeigt euch als Christen im freudigen Ertragen eurer Leiden, mögen Ehre und Ruhm Euren Fahnen und Waffen folgen, gebt an Manneszucht und Disziplin aller Welt ein Beispiel. Ihr wisst es wohl, ihr sollt fechten gegen einen verschlagenen, tapferen, gut bewaffneten grausamen Feind. Kommt ihr an ihn, so wisst: Pardon wird nicht gegeben, Gefangene werden nicht gemacht. Wie vor tausend Jahren die Hunnen unter König Etzel sich einen Namen gemacht haben, der sie noch jetzt in Überlieferung und Märchen gewaltig erscheinen lässt, so muss der Name Deutscher in China auf tausend Jahre durch euch in einer Weise bestätigt werden, dass niemals wieder ein Chinese es wagt, einen Deutschen auch nur scheel anzusehen. Wahrt Manneszucht, der Segen Gottes sei mit euch, die Gebete eines ganzen Volkes, meine Wünsche begleiten euch, jeden einzelnen. Öffnet der Kultur den Weg ein für allemal! Nun könnt ihr reisen! Adieu, Kameraden!»[35] Das war selbst seinem Staatssekretär Bernhard Fürst von Bülow zu viel; vergeblich versuchte er, den Pressebericht über die Rede zu unterbinden. Der Ungeist der «Hunnenrede» verband Wilhelm II. mit den Verfassern weltanschaulicher Traktate wie Paul de Lagarde, Julius Langbehn, Houston Stewart Chamberlain, Arthur Moeller van den Bruck, Ludwig Klages, Hans Blüher, deren rassistisch ausgerichtete Phantasmagorien Deutschlands Größe zu beschwören versuchten. In ihrem Bekenntnis zu heroischem

Deutschtum waren die Ressentiments gegenüber anderen Völkern sowie die Vorstellung vom deutschen Wesen, an dem die Welt genesen solle, eingeschmolzen. «Um sich vor sich und der Umwelt zu beweisen, verwandelten sie, in dem was sie schrieben, ihre verzeihliche Schwäche in unverzeihliche Gewaltsamkeit.»[36]

Friedrich Nietzsche, der philosophische Verfechter des «Willens zur Macht» und des Übermenschentums, war der bedeutendste und zwiespältigste Neurastheniker der Zeit. Als Seelenkünstler unter den Denkern war er freilich weniger Täter als Opfer; seine Nervosität konnte er nicht überwinden, obwohl er dazu immer wieder Ratschläge gab – etwa durch den Mund Zarathustras, den er als kulturelles Über-Ich im Kampf gegenüber zivilisatorischer Verweichlichung und demokratischer Vermassung in «Also sprach Zarathustra» herausstellte. Nietzsche scheiterte an seiner Zerrissenheit, im Wahnsinn endend; er starb 1900. Er war ein Deutscher, der Deutschland hasste; ein Mann in bürgerlicher Prüderie erzogen, von Frauen in Überzärtlichkeit neurotisiert, in Angst sich verzehrend, aus Schwäche zur Kraft sich bekennend, seine Leiden durch Erkenntnis sublimierend. Der décadence stellte er das gesunde Leben entgegen, zugleich war ihm diese eine notwendige Konsequenz von Leben. Er stimmte den Schwanengesang des zu Ende gehenden (Bildungs-)Bürgertums an; den Sieg über Frankreich 1870/71 empfand er als «Exstirpation des deutschen Geistes zu Gunsten des Deutschen Reiches».[37] Trotzig begrüßte er den heraufkommenden Nihilismus, aber seine schwächliche Konstitution war dem Abgrundblick nicht gewachsen. «Unsere ganze europäische Kultur bewegt sich seit langem schon mit einer Tortur der Spannung, die von Jahrzehnt zu Jahrzehnt wächst, wie auf eine Katastrophe los: unruhig, gewaltsam, überstürzt: einem Strome ähnlich, der ans Ende will, der sich nicht mehr besinnt, der Furcht davor hat, sich zu besinnen.»[38]

Mit Sigmund Freud hat man Nietzsche verglichen. Jener beschrieb die moderne Nervosität, dieser lebte sie vor; jener war ihr gelassener Betrachter, dieser verkörperte sie. Das schier Unbegreifliche von Natur und Seele, Kultur und Gesellschaft wollten beide begreifen; das Unsägliche sollte gesagt werden: ein – bei Nietzsche – bis in die Geschwätzigkeit überschäumendes Wollen; bei beiden getragen von dem Willen, noch einmal, vor der großen Sprachlosigkeit des Todes und aggressiver Selbstzerstörung, die

Welt durchschaubar zu machen. Was Nietzsche schließlich im monomanischen Monolog zerrann, gestaltete sich bei Freud zum lebenslangen Diskurs. Der Widersprüchlichkeit des Jahrhunderts waren beide anheim gegeben.

Credit als Credo

Zentrale Topoi für die mythisch überwölbte ökonomische Realität waren Banken, Börsen sowie Weltausstellungen. Geld wurde als etwas Magisches, Allmächtiges, Allgegenwärtiges angebetet. Schon für Heinrich Heine war das Geld der Gott der Zeit und Rothschild sein Prophet. In der Schrift «Die Börse» von Friedrich Glaser (1908), ein Band aus der für die Deutung der Zeit maßgeblichen «Sammlung sozialpsychologischer Monographien», die unter dem Titel «Die Gesellschaft» von Martin Buber herausgegeben wurde, heisst es, dass die Börse nicht nur ein Spiegelbild, sondern gleichsam ein Sinnbild des zeitgenössischen wirtschaftlichen und sozialen Lebens sei. Riesenhafte Fortschritte der Ökonomie und die Unentbehrlichkeit der Spekulation im Getriebe des kapitalistischen Wirtschaftssystems hätten freilich bald zur Überspekulation, zu Paniken und Krisen geführt. Vor allem das Eisenbahnwesen, die «Railway Mania», habe einen Aktienrummel erzeugt, der geradezu wahnhafte Züge trage.

Da die Spekulation Hunderttausende erfasst hatte und sich dementsprechend in allen Bereichen bald als Aufstieg, bald als Niedergang auswirkte, ist die Gesellschaft des Wilhelminismus in ihrem Unterbau stark von Börsenschwankungen bestimmt. Neben die Geld-Sucht trat die Vergnügungs-Sucht; sie war für den Börsenmann die Resultante «seines auf tausend Schwankungen gestellten Daseins und seiner beständig ineinanderlaufenden, niemals einen sorgenfreien Abschluss gestattenden Tätigkeit»; sie zeigte in konzentrierter Form die diesem Zeitalter der Erregbarkeit eigene Neigung, Reize auf Reize zu häufen und die Aufregungen des Tages durch die Aufregungen des Abends eher fortzusetzen als aufzuheben. «Kein merkwürdigerer Anblick, als etwa den Mann, der noch am Mittag um die natürlichen Klippen der Spekulation steuerte, sich nun um Mitternacht an künstlich geschaffenen des Spieltischs ergötzen zu sehen. So mag mancher Spekulant die

Beschleunigung, Steigerung und Intensivierung des ganzen Daseins, die der kapitalistischen Kultur zu eigen ist, in seinem eigenen Wesen aufs ausgesprochenste repräsentieren.»[39]

Weltausstellungen waren Wallfahrtsstätten zum Fetisch «Ware» (Walter Benjamin): ein aus Stahlträgern und Fortschrittsglauben, Nationalhymnen und elektrischem Draht gezeichnetes Nervensystem der sich formierenden modernen Welt.[40] Die hier präsentierten praktischen Ergebnisse angewandter technologischer und allgemein wissenschaftlicher Forschung standen unter der gläubig-pathetischen Devise «Zum Besten der Menschheit». «Industriekultur» wurde als ein neues Pfingstfest empfunden: Die Menschheit fühlte sich vom Heiligen Geist der Zivilisation beglückt. Die wagemutigen Glas-Eisen-Gehäuse (Kristallpaläste) boten den Anblick architektonischer Schwerelosigkeit. Der üppige Luxus der dort untergebrachten Warenhäuser schuf die Atmosphäre eines «inneren Orients». Die Wintergärten gaukelten inmitten technischer Perfektion Natur vor. Weltausstellungen waren Gesamtkunstwerke, die den Konsum als das eigentliche Glück der Menschenkinder rhapsodisch priesen. Von der Pariser Weltausstellung 1889 hieß es in der «Deutschen Rundschau»: «‹Herr der Natur, die deine Fesseln liebet›, so redet Schiller den Menschen des achtzehnten Jahrhunderts an. Ein stolzes Wort im Zeitalter der Postkutschen und Spinnräder, das sich zum Herrn der Natur gemacht zu haben glaubte, weil es einige Straßen gebaut hatte und anfing, die Wasserkraft reichlicher auszunutzen. Welch' anderes Recht hatte man, ‹berauscht von dem errungenen Siege›, dieses gewichtige Wort zu sprechen, wenn man in der gewaltigen Eisenconstruction der galerie des machines, auf den durch Elektricität in Bewegung gesetzten ponts roulants über den keuchenden, stampfenden, kurbelnden, schwingenden, Menschenarbeit verrichtenden Maschinen hinrollte, die jedem Betriebe auf und unter der Erde, im Wasser und selbst im Bereiche der Luft dienen. Wir sehen Stahlmeißel, die im Stande waren, das Urgebirge zu durchbohren, und Ballons, die uns auf Verlangen in die Lüfte entführen. Wir sehen, wie Maschinen Brot backen, und andere, die Chokoladetafeln ausmünzen. Wir nehmen die Röhren der Phonographen ans Ohr und hören, was vor Wochen gesprochen, gesungen, gespielt wurde, wir genießen die Musik der großen Oper durch das Telephon, und haben wir davon genug, so hören wir einige Szenen aus der ‹Schwiegermutter› im

Gymnase (d.i. ein Pariser Theater) an. Wir senden vom Telegraphenpavillon Weisungen in weite Fernen oder setzen uns in den Fahrstuhl des Eiffelturms und schreiben dreihundert Meter über der Erde eine Postkarte, die morgen in den Händen unserer Freunde sein wird. Zeit und Raum ist überwunden! ... Welcher Umschwung der Verkehrsverhältnisse, die es möglich machten, die Gesellschaft der ganzen Erde zusammenzubitten und gleich ihre Hütten und Häuser, ihre Einrichtungen, und ihr Gesinde mitzubringen! Für Schiller und seine Zeitgenossen war Georg Forster ein Wunder, weil er die Erde umsegelt hatte, und wenn der Schwabe in zwölf Tagen Paris erreichte, fühlte er sich Herr der Natur. Jetzt reist man in zwölf Stunden von Stuttgart nach Paris, und die Depesche braucht keine zwölf Minuten. Sollte die Umgestaltung der Verhältnisse des menschlichen Geschlechtes bis zum Jahre 1989 in gleichen Proportionen vor sich gehen, wer will sich dann auch nur eine Vorstellung davon machen, wie es bei unseren Enkeln aussehen wird? Man fühlt sich selbst schon halb fossil und antediluvianisch bei dem Gedanken.»[41]

Die Weltausstellungen markierten Höhepunkte der Zivilisation; sie bedeuteten eine Apotheose des Kapitalismus, der keineswegs, wie es Karl Marx prophezeit hatte, sich selbst zerstörte; mit der Anhäufung möglichen Reichtums und Wohlstandes popularisierten sie die Vision eines irdischen Paradieses, das nun den Massen offen zu stehen schien; dementsprechend groß war die Zahl der Besucher: 1873 (Wien) 7,2 Millionen; 1876 (Philadelphia) 10,1 Millionen; 1878 (Paris) 16 Millionen; 1889 (Paris) 32,2 Millionen; 1893 (Chicago) 27,3 Millionen und 1900 (Paris) 50,8 Millionen.

Die Quantität der Warenproduktion schlug in die Qualität eines neuen Lebensgefühls um: Genug war nicht genug. In den Laboratorien der Modernität entstanden aber auch Werke der Selbstvernichtung. Euphorie bedeutet Heiterkeit vor dem Ende. Größer, schneller, besser, bequemer: das waren die Parolen der Zeit. Die Rekorde und Sensationen ließen ein Gefühl der Hybris wie der Angst entstehen. Die Kultur des Wilhelminismus durchziehen dunkle Visionen. War das Schiff der Zivilisation, das da durch die Meereswüsten eine glücklich scheinende Menschheit transportierte, wirklich unsinkbar?

Am 15. April 1912, um 2.20 Uhr früh, ging südöstlich von Neu-

Untergang der «Titanic», 1912. Zeichnung von Willy Stoewer

fundland im Nordatlantik die «Titanic» unter – das größte und aufwändigste Passagierschiff der Zeit, das als unsinkbar galt, auf seiner Jungfernfahrt in Zeit-Not, vibrierend im Geschwindigkeitsrausch. Der Kapitän hatte fünf Eiswarnungen missachtet. Mit der vollen Geschwindigkeit von 21 Knoten stieß die «Titanic» auf einen Eisberg. Für 1503 Menschen gab es keine Rettung mehr. Ihr Untergang bedeutete für die Kultur des Wilhelminismus eine Art Götterdämmerung. Eine Königin der Meere, ein Medium industrieller Macht und wirtschaftlichen Reichtums, ein schwimmendes Wunder war in nur wenigen Minuten zerstört. Man hatte bei der Konstruktion des Schiffes mit allem gerechnet, nur nicht mit menschlichem Versagen. Bezeichnend die «Kleinigkeit», dass die Matrosen im Krähennest keine Ferngläser hatten. Die technische Phantasie reichte zwar weit; aber konkrete Gefährdung wurde verdrängt. Nur für ein Drittel der Passagiere waren Rettungsboote vorhanden. Die Katastrophe vollzog sich – zumindest wurde sie so beschrieben – im Stil einer großen tragischen Inszenierung. Die reichlich anwesenden Spitzen und Stützen der Gesellschaft zeigten Contenance; die Bordkapelle spielte bis zum letzten Augenblick. Von der 1. Klasse wurden die meisten, von der 2. Klasse einige gerettet; die 3. Klasse hatte keinen Zugang zu den Booten; sie wurde nicht einmal über das Geschehen an Bord informiert.

In der «Geschichte einer Jugend» «Die gerettete Zunge» (1977) erzählt Elias Canetti von den persönlichen Erschütterungen und der Massentrauer, die der Untergang der «Titanic» hervorrief. «Ich kann mich nicht erinnern, wer zuerst vom Untergang der ‹Titanic› sprach. Aber unsere Gouvernante weinte beim Frühstück, ich hatte sie noch nie weinen sehen, und Edith, das Hausmädchen, kam zu uns ins Kinderzimmer, wo wir sie sonst nie sahen, und weinte mit ihr zusammen. Ich erfuhr vom Eisberg, von den furchtbar vielen Menschen, die ertranken, und was mir am meisten Eindruck machte, von der Musikkapelle, die weiterspielte, als das Schiff versank. Ich wollte wissen, was sie gespielt hatten, und bekam eine grobe Antwort. Ich begriff, dass ich etwas Unpassendes gefragt hatte und begann nun mitzuweinen. So weinten wir eigentlich zu dritt zusammen, als die Mutter von unten nach Edith rief, vielleicht hatte sie es eben erst selber erfahren. Dann gingen wir auch hinunter, die Gouvernante und ich, und da standen schon die Mutter und Edith weinend zusammen.»[42]

Karl Kraus schrieb einen Artikel über die «Titanic»: Man würde den Konstrukteuren ihre Schiffe nicht mehr glauben; sie hätten Gott an die Maschine verraten. Der 2. Offizier der «Titanic», der ein Rettungsboot steuerte, gab zu Protokoll: «Wir waren so sicher, wir werden nie mehr so sicher sein.»[43]

Profitopolis

In seiner zweiten Hälfte, so Robert Musil in dem Roman «Der Mann ohne Eigenschaften», habe sich das 19. Jahrhundert nicht gerade ausgezeichnet. «Es war klug im Technischen, Kaufmännischen und in der Forschung gewesen, aber außerhalb dieser Brennpunkte seiner Energie war es still und verlogen wie ein Sumpf.» Mit der Jahrhundertwende hätte sich jedoch aus dem ölglatten Geist plötzlich in ganz Europa ein beflügelndes Fieber erhoben. Niemand habe genau gewusst, was im Werden sei, ob eine neue Kunst, ein neuer Mensch, eine neue Moral oder vielleicht eine Umschichtung der Gesellschaft. «Aber überall standen Menschen auf, um gegen das Alte zu kämpfen. Allenthalben war plötzlich der rechte Mann zur Stelle; und was so wichtig ist, Männer mit praktischer Unternehmungslust fanden sich mit den geistig Unternehmungslustigen zusammen. Es entwickelten sich Begabungen, die früher erstickt worden waren oder am öffentlichen Leben gar nicht teilgenommen hatten. Sie waren so verschieden wie nur möglich, und die Gegensätze ihrer Ziele waren unübertrefflich. Es wurde der Übermensch geliebt, und es wurde der Untermensch geliebt; es wurden die Gesundheit und die Sonne angebetet, und es wurde die Zärtlichkeit brustkranker Mädchen angebetet; man begeisterte sich für das Heldenglaubensbekenntnis und für das soziale Allemannsglaubensbekenntnis; man war gläubig und skeptisch, naturalistisch und preziös, robust und morbid; man träumte von alten Schlossalleen, herbstlichen Gärten, gläsernen Weihern, Edelsteinen, Haschisch, Krankheit, Dämonien, aber auch von Prärien, gewaltigen Horizonten, von Schmiede- und Walzwerken, nackten Kämpfern, Aufständen der Arbeitssklaven, menschlichen Urpaaren und Zertrümmerung der Gesellschaft. Dies waren freilich Widersprüche und höchst verschiedene Schlachtrufe, aber sie hatten einen gemeinsamen Atem; würde man jene Zeit zerlegt haben, so würde ein Unsinn herausgekommen sein wie ein eckiger Kreis, der aus hölzernem Eisen bestehen will, aber in Wirklichkeit war alles zu einem schimmernden Sinn verschmolzen.»[44] Auf poetische Weise wird so die für die Epoche bis zum Ersten Weltkrieg charakteristische «Gleichzeitigkeit des Ungleichzeitigen» beschrieben. Progression und Regression erwiesen sich als die Pole eines alle Bereiche des Lebens bestimmenden Spannungsbogens.

Explosionsartig waren im 19. Jahrhundert die deutschen Städte gewachsen. Die Bevölkerungsvermehrung sprengte die bis dahin weitgehend in ihrer mittelalterlichen Struktur erhaltene Stadt (Kleinstadt) auf. Hatte bislang die Begrenzung durch den «Burgfrieden» die Expansion verstellt – die Geschlossenheit der Stadt bedeutete Absage an Aufbruch und Ausbruch, wobei der äußeren Enge die innere gesellschaftliche beziehungsweise soziale Beschränktheit, etwa in Form der Zünfte, entsprach –, so vollzog sich nun ein Entwicklungsschub, der mit seinem teilweise überstürzten Wachstum tief gehende Veränderungen bewirkte. Der immer mehr anschwellende Zuzug von Menschen, die in die Stadt kamen (wobei die Landflucht nicht nur Gebiete, in denen der Großgrundbesitz vorherrschte, erfasste, sondern auch Landschaften, in denen das mittlere Bauerntum die Regel war), konnte im Stadtkern nicht bewältigt werden. In den meisten Städten wurden die Stadtmauern geschleift. «Die ungehemmte Ausuferung der bald von einem Kranz neuer ausgedehnter Vororte umgebenen, nunmehr offenen Städte, und die Wucherung darüber hinaus in Formen der Bebauung, die weder städtisch noch ländlich genannt werden kann, verwandelte das Gesicht der wachsenden Städte und ihrer immer mehr verstädternden Umgebung und Einzugsgebiete.»[45] Zwischen 1850 und 1910 stieg die Durchschnittsfläche der größeren Städte von 20,9 km² auf 42,3 km², wobei dieses Wachstum im Wesentlichen den flächenmäßig schwach ausgestatteten Städten zu Gute kam.

Was die Bevölkerungsmehrung betraf, so stammte sie nur zu 19 % aus den Eingemeindungsvorgängen, ansonsten aus dem Zuzug. Während um 1830 in England bereits ein Drittel der Gesamtbevölkerung in Städten lebte und London schon die Millionengrenze überschritten hatte, gab es damals in Deutschland nur vier Städte, die über 100000 Einwohner zählten. Von 1871 bis 1910 stieg dann die Zahl der Großstädte (1887 als neue statistische Kategorie für die Städte über 100000 Einwohner eingeführt) von 8 auf 48 an; ihr Anteil an der Gesamtbevölkerung nahm im gleichen Zeitraum von 4,9 % auf 21,3 % zu. Während 1871 noch nicht einmal ein Viertel der Bevölkerung des gerade neu entstandenen Deutschen Reiches in Gemeinden mit mehr als 5 000 Einwohnern lebte (23,7 %), war es 1910 bereits fast die Hälfte (48,7 %).

Eng verknüpft mit dem Prozess der Verstädterung war der Ausbau des Kommunikationssystems. Das Schienennetz der deutschen Eisenbahnen, deren Bau von Börsenspekulationen beflügelt wurde und einen enormen Eisenbedarf einschloss, was wiederum einen Boom bei der Stahlindustrie bewirkte, erfuhr eine Ausweitung von rund 7500 km im Jahr 1850 auf mehr als 50000 km bis zur Jahrhundertwende und erreichte 1917 eine Länge von 65000 km. Mit seinen vielen Regional- beziehungsweise Vizinalbahnen, die abseits liegende Landgebiete erschlossen – 1909 waren es 250, mit einem Streckennetz von 7565 km –, diente das Eisenbahnwesen vor allem der gesamtwirtschaftlichen Entwicklung. Dazu kam, dass die Bahn tagtäglich das Einpendeln der Arbeitermassen in die Städte ermöglichte. Diese waren miteinander durch Schnellzüge verbunden und erwiesen sich so als die eigentlichen Knotenpunkte beziehungsweise Schaltstellen des auf immer mehr Beschleunigung setzenden Zeitgeistes. Die Hauptbahnhöfe als «Kathedralen der Technik» – ein Ambiente geprägt durch Funktionalismus und Kulissenarchitektur, technischen Pragmatismus und überschäumendes Dekor – lokalisierten das nationale Sendungsgefühl. Sie waren Orte der internationalen Begegnung und ökonomische Umschlagplätze für die in den Städten produzierten beziehungsweise benötigten Waren wie für die in den Fabriken und im Handel benötigten Menschen. Dass die Bahnhöfe auch Treffpunkte und Auffangstelle der Entwurzelten, die Wartehallen und die Züge in soziale Klassen aufgeteilt waren, verweist darauf, dass dem Fortschritt im Bereich der Kommunikation keine soziale «Dynamisierung» entsprach.

Im «Kommunistischen Manifest» (1848) hatte Karl Marx davon gesprochen, dass die Bourgeoisie durch die rasche Verbesserung aller Produktionsinstrumente und durch die unendlich erleichterte Kommunikation auch die barbarischsten Nationen in die Zivilisation «reisse». Die billigen Preise ihrer Ware seien die schwere Artillerie, mit der sie alle Chinesischen Mauern in den Grund schieße; sie schaffe sich eine Welt nach ihrem Bilde. Das traf besonders für die Industriestadt des 19. Jahrhunderts zu; das Bürgertum gestaltete sie als Profitopolis, aber auch als Metropolis, als wirtschaftliches *und* als kulturelles Zentrum. Trotz ökonomisch entscheidender Stellung konnte es jedoch, im Gegensatz etwa zu England, die politische Macht nicht erringen; auf dem «deutschen Sonderweg» – abweichend von der gesellschaftlichen Entwicklung in den westlichen Industrienationen – kam die Demokratisierung nur langsam voran. «Stattdessen konnten sich traditionelle Eliten behaupten, die angesichts wachsender innerer Spannungen schließlich nach dem Vorbilde Bismarcks in einem Krieg den letzten verzweifelten Ausweg sahen.»[46]

Klassengesellschaft

Im Rahmen des Dreiklassenwahlrechts kontrollierte eine kleine Minderheit von Bürgern die städtische Selbstverwaltung. Die höchst besteuerten Bürger, die zusammen ein Drittel der Steuern aufbrachten, bestimmten ein Drittel der Stadtverordneten; die zweite Wählerklasse, die das zweite Drittel der Steuern zahlte, stellte ein weiteres Drittel der Stadtverordneten; entsprechend die dritte Wählerklasse, mit kleinen Einkommen, das letzte Drittel. Im Vergleich zu den viel früher reformierten Landtags- und Reichstagswahlen war das kommunale Aktivbürgerrecht besonders unterentwickelt. Bei aller örtlichen Verschiedenheit verteilten sich die Wähler etwa wie folgt auf die drei Klassen (wobei trotz aller regionalen Abweichungen und zeitlichen Schwankungen zwischen 1853 und 1913 die Anteile verhältnismäßig konstant blieben): 1. Klasse: 2 bis 6 %; 2. Klasse: 4 bis 20 %; 3. Klasse: 70 bis 94 %. Besonders paradox war die Situation dort, wo Aktiengesellschaften bei den Kommunalwahlen stimmberechtigt waren. Wechselnde Ertragslage beeinflusste ständig die Struktur der Wählerschaft. «Das bekannteste Beispiel hierfür ist Krupp in Essen. Ging es der Firma schlecht, durften 25 Prozent in der ersten Klasse wählen, ging es Krupp gut, dann bestimmte der Firmeninhaber allein ein Drittel der Stadtverordneten.»[47]

Mit der Gewerbefreiheit, der Zunahme von Handel und Industrie sowie dem wachsenden Einfluss der Arbeiterschaft verschoben sich die Gewichte in Stadtparlament und Stadtregierung. Eine große Rolle spielten dabei die Vereine zur Erwerbung der Staatsangehörigkeit wie des Heimat- und Bürgerrechts. In Nürnberg waren beispielsweise im Jahre 1896 von ca. 165 000 Einwohnern nur ungefähr 30 000 heimatberechtigt und von diesen wiederum besaßen nur 8000 das Bürgerrecht.[48] Diese Rechte aber entschieden über die Teilnahme an den Landtags- beziehungsweise Gemeindewahlen. Außerdem war mit dem Erwerb des Heimatrechts der Anspruch auf Unterstützung durch die Gemeinde im Falle der Hilfsbedürftigkeit verbunden. Wenn der Ernährer einer Familie, der am Ort nicht heimatberechtigt war, krank wurde oder starb, wurde diese, wenn die Frau nicht in der Lage war, sie zu ernähren, in der Regel in die Heimatgemeinde (das heisst in den Geburtsort des Mannes) ausgewiesen. Anspruch auf Verleihung des Heimatrechts hatte etwa ein bayerischer Staatsangehöriger nur dann, wenn er im Alter der Volljährigkeit ununterbrochen während der fünf seiner Bewerbung unmittelbar vorausgehenden Jahre freiwillig und selbstständig in der Gemeinde sich aufgehalten, während dieser Zeit direkte Steuern bezahlt, seine Verpflichtungen gegen die Gemeinde und Armenkasse erfüllt und Armenunterstützung we-

Heinrich Zille: Mutta, schmeiß Stulln runta!

der beantragt noch in Anspruch genommen hatte; außerdem derjenige, der im Alter der Volljährigkeit ununterbrochen während der zehn seiner Bewerbung unmittelbar vorhergehenden Jahre freiwillig in der Gemeinde sich aufgehalten und während dieser Zeit Armenunterstützung weder beansprucht noch erhalten hatte. Der Erwerb des Heimatrechtes und Bürgerrechtes musste teuer bezahlt werden.

Die Heimat- und Bürgerrechtsvereine waren vor allem von den Sozialdemokraten initiiert – litt doch diese Partei besonders unter dem antiquierten Wahlsystem, was dazu führte, dass sie häufig, obwohl stärkste Partei in einer Stadt, keinen Vertreter ins Stadtparlament entsandte. Um beim Beispiel Nürnberg, das symptomatisch für die generelle Entwicklung ist, zu bleiben: Als dort am 23. November 1908 erstmals nach dem neuen Proporzsystem gewählt wurde – die Staatsregierung hatte dem Landtag einen Gesetzentwurf zur Einführung von Verhältniswahlen in Gemeinden mit über 4000 Einwohnern vorgelegt, der die Zustimmung beider Kammern fand –, errangen die Sozialdemokraten, die bislang von der Kommunalpolitik ausgeschlossen gewesen waren, einen großen Erfolg; von 20 Sitzen neu zu wählender Gemeindebevollmächtigter gewannen sie 10. Im Magistratskollegium konnten sie zwei Positionen einnehmen. Drei Jahre später eroberte die SPD weitere zehn Mandate bei den Gemeindebevollmächtigten und damit noch drei Sitze im Magistrat hinzu.

Insgesamt dauerte es viele Jahrzehnte, bis aus der flächig gewordenen Regionalstadt, die sich aus der ständisch gegliederten Bürgerstadt entwickelt hatte, eine demokratisch regierte Bürgerstadt wurde – eine Stadt, in der alle Bürger einigermaßen gleichberechtigt über ihr Schicksal mitbestimmen konnten.

Neben dem Adel, der nach wie vor großes Sozialprestige besaß (ein adeliger Schwiegersohn gab der Fabrikantenfamilie die höheren Weihen!) und auf Grund seiner Latifundien bei der Industrialisierung eine wichtige Rolle spielte, bestand die Elite der Gesellschaft aus besonders reichen und angesehenen Bürgern; diese rekrutierten sich aus Handel und Wirtschaft. Meist hatten sie besondere Verbindungen zum Hof und übten auch politische Macht aus – einmal, indem sie auf Grund ihres Besitzes eine dominante Rolle bei Wahlen spielten, zum anderen, indem sie selbst in den Parteien und Parlamenten mitarbeiteten. Zu dieser Schicht gehörten auch die Inha-

Vornehme Gesellschaft. «Fliegende Blätter», 1902

ber der führenden Positionen beim Militär und in der Beamtenschaft, deren gesellschaftliches Ansehen im Rahmen eines monarchistischen Herrschaftssystems den Mangel an Kapital ausglich.

Der Begriff «Bürgertum», der zu Beginn des 19. Jahrhunderts noch das ganze Spektrum nicht-landwirtschaftlicher Bevölkerungsgruppen zwischen der adeligen Oberschicht und den handarbeitenden oder stellungslosen Unterschichten umfasste, also die größeren Kapitalisten, Unternehmer und Kaufleute ebenso wie selbstständige Handwerker, Detaillisten und höhere Beamte, bezeichnete in der zweiten Jahrhunderthälfte immer häufiger nur noch die bürgerliche Mittel- und mittlere Oberschicht.

«Mittelstand» fasste zusammen, was weder in den sich verengenden Bürgerbegriff hineinpasste noch zum Proletariat gezählt werden konnte: Handwerker, Kleinkaufleute, kleine Bauern, untere und mittlere Beamte, Handlungsgehilfen, «Privatbeamte» und meist auch Vertreter aus freien Berufen, wie Advokaten, Journalisten, Künstler (soweit diese nicht den Sprung zum Bürgertum, ja Großbürgertum geschafft hatten), ferner Lehrer und Geistliche.

In zunehmenden Maße spielten die Angestellten eine große Rolle. Mit dem Wachsen der Betriebe nahmen auch die Tätigkeiten nicht-manueller Art erheblich zu – Büroarbeit im weitesten Sinne des Wortes: In den Bereichen der Geschäftsführung, der Verwaltung, des technischen Betriebs, des Ein- und Verkaufs, der Kalkulation, der Finanzierung, der Disposition. Zu der Gruppe der Angestellten gehörten der Ingenieur wie der Konstrukteur, der Zeichner wie der Werkmeister, der Karteiführer wie die Stenotypistin. Ab 1895 kam in Deutschland ein Angestellter auf dreizehn Arbeiter.

Die Angestellten waren eine osmotische Schicht: durchlässig für den Aufstieg ins Bürgertum, aber auch für den Abstieg ins Proletariat (wobei sie dann mit großer ideologischer Anstrengung solchen Niedergang nach aussen zu kaschieren suchten). Die Unterschicht war weitgehend gleichzusetzen mit den Lohnarbeitern, einschließlich der Landarbeiter, Heimarbeiter, Verkäufer, Dienstboten. Noch weiter darunter befanden sich Landstreicher, Bettler, Vagabunden, Asylbewohner, Prostituierte, das sogenannte «Lumpenproletariat».

1882 stellten die Arbeiter mit 10,7 Millionen etwa 56%, 1907 mit 17,8 Millionen etwa 63% der erwerbstätigen Bevölkerung dar. Zählt man zu dieser Zahl noch die ca. 1,7 Millionen der in häuslichen Diensten beschäftigten Personen hinzu, die 1882 9% und 1907 6% der Erwerbstätigen ausmachten, so ergibt sich, dass vor 1914 über zwei Drittel aller Erwerbstätigen sowie deren Angehörige zu den sozialen Unterschichten zu rechnen sind.

Auf Grund des wirtschaftlichen Aufschwungs im Kaiserreich wurde die schlimmste Armut, der Pauperismus als ein für den Vormärz kennzeichnendes Massenphänomen, überwunden; der Reallohn und der Fleischkonsum (als Indikator für die soziale Situation) stiegen an; die Hungersnöte, die bei Missernten die einzelnen Gebiete bis zur Mitte des 19. Jahrhunderts immer wieder heimgesucht hatten, gehörten der Vergangenheit an. Durch die staatliche Versicherungsgesetzgebung seit den 80er Jahren wurden die oft zur vollständigen Verelendung führenden Auswirkungen von Alter, Invalidität und Krankheit wenigsten für den größten Teil der Arbeiterschaft gemildert. Elend und Not bei den Ungelernten, Gelegenheitsarbeitern, Arbeitslosen, Behinderten, Kinderreichen, Asozialen und sozial Schwachen, waren jedoch weiterhin, vor allem in den großen Städten, gegeben und bewirkten eine tiefe Kluft im wilhelminischen Gesellschaftssystem.

Die sozialistischen Bewegungen, im Besonderen die Sozialdemokratie und die Gewerkschaften, aber auch der soziale Katholizismus mit Wilhelm Emmanuel Freiherr von Ketteler und Adolf Kolping sowie der soziale Protestantismus mit Johann Hinrich Wichern, zielten auf eine evolutionäre Veränderung, die den liberalistisch-kapitalistischen Sozialdarwinismus zu begrenzen suchte. Der evangelisch-lutherischen Kirche, eng mit der Staatsidee verbunden – Vaterland, Volk, Kirche stellten eine Trias dar –, fiel es dabei schwerer als der katholischen Kirche, sich vom Staat abzugrenzen.

Der Emanzipationskampf der Arbeiterschaft wurde, anders als es Karl Marx und die Kommunisten gefordert hatten, vornehmlich nicht auf den Barrikaden, sondern in den Parlamenten geführt. Nach der Gründung des «Allgemeinen Deutschen Arbeitervereins» durch Ferdinand Lassalle (1863), der «Sozialdemokratischen Arbeiterpartei Deutschlands» durch Wilhelm Liebknecht und August Bebel (1869 in Eisenach) sowie der Vereinigung der Lassalleaner und marxistisch orientierten Eisenacher zur «Sozialistischen Arbeiterpartei Deutschlands» (1875) gelang es dieser 1893, zur stärksten Partei zu werden. Als Bebel am 13. August 1913 starb, ging eine Epoche zu Ende, die weiten Teilen des Volkes einen wesentlichen sozialen Fortschritt gebracht hatte. Bebels herrliches Leben, so hieß es in der führenden SPD-Zeitung «Vorwärts», sei überreich am Wirken und Schaffen im Dienste einer großen Idee gewesen. «Und wenn er im Kampfe für diese hohen Kulturideen des Sozialismus auch manches Schwere hat ertragen müssen, so hat er andererseits doch im Wirken für sie als Bahnbrecher einer besseren Zukunft seine höchste Befriedigung, das Glück seines Lebens gefunden. Für immer gehört sein Name der Geschichte an, und die, für die er gekämpft und gelitten, sie werden ihn nicht vergessen. Er lebt in ihren treuen Herzen fort, denn für sie, die Leidenden und Enterbten, setzte er sein Leben ein.»[49]

Die Regression der Industriegesellschaft in vormoderne feudale Strukturen war durch die sozialistischen Bewegungen verhindert worden; dies führte auch dazu, dass bei Ausbruch des Krieges 1914 der überwiegende Teil der deutschen Arbeiterschaft sich, in Absage an den proletarischen Internationalismus, mit dem vorherrschenden nationalistischen Patriotismus solidarisierte. «Immer schon haben wir eine Liebe zu dir gekannt, / bloß wir haben sie nie mit deinem Namen genannt. / Als man uns rief, da zogen wir schweigend fort, / auf den Lippen nicht, aber im Herzen das Wort / Deutschland.»[50] Das Pathos des Arbeiterdichters Karl Bröger, mit dem er sein Bekenntnis zum Vaterland ablegte – offensichtlich beeindruckt von dem Ausspruch des Kaisers, dass er keine Klassen, sondern nur noch Deutsche kenne –, war generell für die expressionistische Arbeiterdichtung wie für die expressionistische Dichtung überhaupt charakteristisch. In Überhöhung der Arbeitswelt, was vielfach ihrer Verdrängung gleichkam, wurde der Proletarier zum gesellschaftlichen Idealtypus stilisiert. Unter dem überwölbenden Himmel der Solidarität erschien dieser in den hellsten Farben: als schöner, strahlender Mensch, der mit dem Feuer das Licht auf die Erde gebracht hatte; aber auch wie Prometheus gefährdet, geschunden und der Erlösung harrend. Die Kapitelüberschriften der von Kurt Pinthus 1920 rückblickend herausgegebenen Anthologie «Menschheitsdämmerung. Symphonie expressionistischer Dichter» spiegeln solche geistig-seelische Dialektik: Sturz und Schrei – Erweckung des Herzens – Aufruf und Empörung – Liebe den Menschen. Von den in dieser Sammlung vertretenen bekannteren Dichtern sind im Krieg siebenundzwanzig gefallen; viele der Überlebenden wurden dann Opfer des Nationalsozialismus, emigrierten, starben im Elend oder begingen Selbstmord. Die als Empörer begonnen hatten, wurden «von allem, was sie beschworen, vom Kollektiv und der Geschichte, aufs Haupt geschlagen»[51].

Über den Expressionismus und das «expressionistische Jahrzehnt» schrieb Gottfried Benn (1886–1956), selbst mit dem ersten Schwerpunkt seines Schaffens ihm angehörend: «Stieg auf, schlug seine Schlachten auf allen katalaunischen Gefilden und verfiel. Trug seine Fahne über Bastille, Kreml, Golgatha, nur auf den Olymp gelangte er nicht oder auf ein anderes klassisches Gelände. Was schreiben wir auf sein Grab? Was man über dies alles schreibt, über alle Leute der Kunst, das heisst der Schmerzen, schreiben wir auf das Grab einen Satz von mir, mit dem ich zum letztenmal ihrer aller gedenke: ‹Du stehst für Reiche, nicht zu deuten, und in denen es keine Siege gibt.›»[52]

Der hohe Anteil jüdischer Dichter (Karl Otten wies in seiner Anthologie «Ahnung und Ausbruch. Expressionistische Prosa» darauf hin, dass von einundfünfzig aufgenommenen Autoren einundzwanzig Juden seien[53]) ist nicht zuletzt darauf zurückzuführen, dass die mit dem jüdischen Schicksal verknüpfte Leidenserfahrung ein besonderes Sensorium für die O-Mensch-Gesinnung des Expressionismus darstellte. Dessen eschatologische Komponente zeigte sich darin, dass die biblischen Gestalten des Hiob, Jonas, Kain und des verlorenen Sohnes immer wieder in Dramen, Geschichten und Gedichten als Muster menschlicher Existenz beschworen wurden: in der Entscheidung zwischen dem eigenen Willen und dem Willen (Gebot) Gottes stehend. Expressionistische Hoffnung war dabei nicht nur auf die Erlösung und Befreiung des Individuums, sondern auf die der ganzen Menschheit gerichtet. Am Ende steht die Erwartung des Paradieses, freilich ist dieses immer wieder umdunkelt von der Angst, dass der Messias nicht kommen werde, der Weg nach Jerusalem endgültig versperrt sei.

Was sich bei August Stramm als imagistisch reduzierte Kalligraphie des Schreckens darbietet – etwa in «Die Patrouille»: «Die Steine feinden / Fenster grinst Verrat / Äste würgen / Berge Sträucher Blätter raschlig / Gellen / Tod.»[54] –, erweist sich bei Georg Trakl (1887– 1914) als geradezu schwelgerisch-farbige, sensualistisch-lyrische Morbidität. Baudelaires süchtigen Wegen zu künstlichen Paradiesen gerne folgend, nährte ihn «ein gewaltiger Schmerz». Die Metaphern eines seiner letzten Gedichte, «Grodek» (eine Ortschaft im ehemaligen Ost-Galizien, von dem aus 1914 eine Offensive gegen die eingedrungene russische Armee begann, die der österreichische Generalstabschef Conrad von Hötzendorf, einer der Einpeitscher des Krieges, befahl und die in einer neuerlichen katastrophalen Niederlage für Österreich endete) –, die Metaphern dieses Gedichts («tödliche Waffen», «wilde Klage», «zerbrochene Münder», «rotes Gewölk», «zürnender Gott», «vergossenes Blut», «mondne Kühle», «schwarze Verwesung», «blutende Häupter», «dunkle Flöten des Herbstes») sind Ausdruck einer synästhetischen «dunklen Vision», die sich als Kehrseite der vor allem um die Jahrhundertwende zu Tage tretenden «hellen Vision» vom neuen Menschen erwies.

Den alten Adam ablegen und ein neues Leben mit neuer Zielsetzung beginnen, war das Ziel künstlerischer, weltanschaulicher und politischer Reformbewegungen, deren Protagonisten sich zum Beispiel um 1900 auf dem Monte Verità, dem «Berg der Wahrheit» bei Ascona, zusammenfanden. Angesichts des naturwissenschaftlichen und industriellen Aufstiegs, des Überhandnehmens von Kapitalismus, Materialismus, Imperialismus, Utilitarismus und Positivismus ging man daran, Gegenwelten zu etablieren, in denen an Stelle von entleertem Nützlichkeitsdenken enthusiasmierende Sinnhaftigkeit walten sollte. Die Lebensreform war nicht allein ein Experimentierfeld für neue Formen der Lebensgestaltung und der vernünftigen Daseinsfürsorge, «sondern sie war gleichermaßen eine Empfangs- und Verteilerorganisation für innovative Ideen, für eine vom Glauben an die Allmacht des Lebens und der Kunst stimulierte Höchstleistung der Phantasieproduktion. In der Lebensreform findet man nicht nur auf der Ebene der programmatischen Botschaften die Entdeckung neuer Motive, Themen, Einstellungen und Deutungen. Im Kontext dieser Entwürfe wuchs auch eine immense Flut an Bilderfindungen, an Ausdrucksentäußerungen, Mythenschöpfungen und geisterfüllten Fiktionen heran. Die Gesellschaft der vorletzten Jahrhundertwende war in einem Ausmaß wie nie zuvor empfänglich für Illusionen und für Faszinosa, man liebte das Inszenatorische, das Feierliche, das Kultische, das Mystische, das Poetisch-Geheimnisvolle, das Universalistische, das Erhabene und Erhebende. Die reformerischen Künstler, Literaten, Komponisten, Theaterregisseure, Choreographen, Architekten und weltanschaulichen Sinnstifter bedienten dieses Verlangen nach dem Wunderbaren, Numinosen und rational Unbegreiflichen mit einer einmaligen Produktionsmenge an Imaginationen. Auch die zahlreichen Geheimbünde und religionsähnlichen Gemeinschaften gehören in diesen Komplex: Sowohl die verbreiteten lichtmetaphysischen Glaubensrichtungen wie auch Theosophie, Ariosophie und der Germanenkult mit Sonnwendfeiern und Reigen zählen zu diesem allgemeinen Streben nach Vergeistigung und sind von daher gesehen keineswegs absonder-

Ferdinand Hodler: Blick ins Unendliche, 1903

liche Irrlehren, sondern in ihrer Grundtendenz ein Teil des Ganzen» (Klaus Wolbert).[55]

Des Menschen wahrer Fortschritt sei ein Weg, der vom Tiefland ins Hochland führe, von Ardistan nach Dschinnistan; im gleichnamigen Roman Karl Mays (1909) zerfällt der symbolisch für die Erde stehende Planet Sitara (Stern) in zwei Bereiche: in das Tiefland Ardistan (Ard = Erde, niedriger Stoff), von den Gewaltmenschen bewohnt, und das Bergland Dschinnistan (Dschinn = Geist), in dem die «Edelmenschen» leben. In «Rembrandt als Erzieher» (1890) forderte Julius Langbehn ein neues «Hinstreben» zu den Gipfeln der Idealität: zum sittlichen, geistigen und körperlichen Adel, den er in dem holländischen Maler verkörpert sah. Walther Rathenau, der in Robert Musils Roman «Der Mann ohne Eigenschaften» als

Paul Arnheim erscheint («eine Vereinigung von Kohlenpreis und Seele»), im Ersten Weltkrieg Präsident der AEG, in der Weimarer Republik zunächst Wiederaufbau-Minister und dann Aussenminister, tritt als Kulturphilosoph in ästhetische Opposition zum Wilhelminismus (1912: «Zur Kritik der Zeit»). Das Volk suche seine Seele und werde sie finden, freilich nur in Absage an die leer laufende Mechanisierung. Ein Mann der Produktionsziffern und Bilanzen, ein Preuße und Jude erhob so die Stimme als Weiser und Seher: nach «oben» sollte der Weg gehen. Hugo Höppener, genannt Fidus (1868-1948) wollte mit seinen Bildern (vor allem auch als Postkarten reproduziert) die Masse erreichen und sie zu heroisch-hehrer wie mild-frommer Denkungsart hinführen. Es ging ihm um die Befreiung von zivilisatorischer Versklavung und die Wiederentdeckung natürlicher Heilkraft. Die konstante Verzückung dieser Kunst – Fidus sprach von «Dauerkose» (in nordischer Übersetzung von Karezza) – gibt sich als Morgenwunder und Abendgebet, Hornungssturm und Wintergroll, Gnadennacht und Weiheschritt, Königstraum und Brautkleid, Quellsymphonie und Spatenwacht. Vor allem seine in vielen Varianten hergestellten «Lichtgebete» – hüllenlose blonde Knaben, mit erhobenen Armen auf Bergesgipfel dem Himmel und der Sonne sich entgegenstreckend – verkündeten den Kult des schönen, starken Lebens.[56]

Als im Oktober 1913 große Teile der Jugendbewegung aus «grauer Städte Mauern» aufbrachen und sich auf dem Hohen Meißner im nordhessischen Bergland zum ersten Freideutschen Jugendtag versammelten, taten sie dies in «reiner Begeisterung für höchste Menschheitsaufgaben», in «ungebrochenem Glauben und Mut zu einem adligen Dasein»[57]. Ob durch Wandern oder Singen, weltanschauliche Manifeste oder künstlerische Gestaltung, ob auf Bergen oder an Quellen, ob lyrisch oder ideologisch – es ging um Schön-Gutheit, auch wenn diese oft mit dem Kult muskelstrotzender Nacktheit verwechselt wurde.

> Beglänzt vom Morgen, wir sind die verheissnen Erhellten,
> Von jungen Messiaskronen das Haupthaar umzackt,
> Auf unseren Stirnen springen leuchtende, neue Welten,
> Erfüllung und Künftiges, Tage, sturmüberflaggt! (E.W. Lotz)[58]

Der Expressionismus hat die um die Jahrhundertwende und danach um sich greifende Sehnsucht nach dem neuen Menschen am eindrücklichsten, freilich zwiespältig, zum Ausdruck gebracht. An die Stelle indikativischer Überheblichkeit («Es ist erreicht!») trat eine durch Zweifel geläuterte Hoffnung. Die Hässlichkeit der Welt wurde nicht eskamotiert; der neue Mensch war in die Lust verliebt, aber auch von Angst zerquält. Er protestierte gegen die Ausbeuter; er litt mit denjenigen, die sich abmühten und abquälten. Die Einheit von Individuum und Gemeinschaft, Gesinnung und Aktion, Kunst und Leben war dabei revolutionär zu erkämpfen. Opferbereitschaft bedeutete Absage ans bewusstlose Glück; dem unglücklichen Bewusstsein wurde jedoch die Überzeugung abgetrotzt, dass der Mensch edel, hilfreich und gut sein könne. In diesem Sinne sind die Worte des Vaters von Eustache de Saint-Pierre in Georg Kaisers Drama «Die Bürger von Calais» (1914) an der Bahre seines toten Sohnes zu verstehen: «Schreitet hinaus, in das Licht – aus dieser Nacht. Die hohe Helle ist angebrochen – das Dunkel ist verstreut. Von allen Tiefen schießt das siebenmal silberne Leuchten – der ungeheure Tag der Tage ist draußen!... Ich komme aus dieser Nacht und gehe in keine Nacht mehr. Meine Augen sind offen – ich schließe sie nicht mehr. Meine blinden Augen sind gut, um es nicht mehr zu verlieren. Ich habe den neuen Menschen gesehen – in dieser Nacht ist er geboren!»[59] (Als die Stadt Calais nach langer Belagerung im Jahre 1347 dem König von England erlag, sollten sechs der vornehmsten Bürger dem Henker überantwortet werden. In Kaisers Drama melden sich sieben freiwillig zum Opfergang. Damit nicht Zwietracht und Neid um sich greifen, begeht Saint-Pierre Selbstmord.)

Der unter dem Pseudonym Klabund («das heisst Wandlung») schreibende Alfred Henschke, der erstmals mit dem Lyrikband «Morgenrot! Klabund! Die Tage dämmern» hervortrat, hatte viele Gesichter. Er war schnoddriger Zivilisationsliterat und fromm-naiver Nacherzähler von Heiligenlegenden wie östlichen Gleichnissen, ein glühend-trunkener Liebesdichter und Sänger dreister Chansons. Dass Ironie und Satire neben Ernst, tieferer Bedeutung und «heiligen Gefühlen» standen, war für Expressionisten nicht ungewöhnlich; die Kabarettkultur erreichte (etwa mit Ernst von Wolzogens «Überbrettl», das 1901 in Berlin gegründet wurde) einen ersten Höhepunkt. Scharfer Witz, etwa in der satirischen Zeitschrift «Simplicissimus» und in der «Jugend», dekuvrierte den deutschen Feudalismus und das deutsche Bürger- wie Klein-

bürgertum. Die soziale Misere wird mit «spitzer Feder» angeprangert.

Die den Expressionismus prägende Sehnsucht nach Reinigung –
«Schreiten entführt / alles ins Reine, alles ins Allgemeine. / Schrei-
ten ist mehr als Lauf und Gang, / der sternenden Sphäre Hinauf
und Entlang» (Franz Werfel)[60] –, diese Hoffnung auf einen neuen
Morgen, der den stickig gewordenen Abend des Welttages mit dem
Dunst seiner Fäulnis hinwegscheuche (so Georg Heym, 1912 beim
Eislauf auf der Havel ertrunken), führte paradoxerweise zu einer
Romantisierung des Krieges. Der Maler Franz Marc meldete sich
1914 als Freiwilliger; er glaubte, dass der Krieg «den Stall des Au-
gias», das alte Europa mit seinem Materialismus und seinem «Ich-
tum», reinigen werde. Von sanfter, geradezu franziskanischer We-
sensart, fieberte er dem Krieg als großer Läuterung, die zu einer
Epoche durchgeistigter Natürlichkeit hinüberleiten sollte, entgegen. Marc, vom Kubismus beeinflusst, zelebriert in einer oft mystischen Auseinandersetzung mit dem Symbolgehalt der Farbe das
Tier als Kunstfigur («Turm der blauen Pferde», «Rote Pferde»,
«Tierschicksale»). Mit Hilfe kreatürlicher Unschuld, fern von
menschlicher Perversion, auf Umwegen könne man – wie es
Kleist in seinem «Marionettenaufsatz» beschwört – in das verlo-
rene Paradies wieder eintreten. Marcs Kunst ist eine Flucht vor
dem Menschen und seiner Realität; sie erweist sich als eine rück-
wärtsgewandte Utopie. In einem Brief von der Front am 12. April
1915 – 1916 fiel er vor Verdun – heisst es: «Der Instinkt hat mich
im großen und ganzen auch bisher nicht schlecht geleitet, wenn die
Werke auch unrein waren; vor allem der Instinkt, der mich von
dem Lebensgefühl für den Menschen zu dem Gefühl für das Ani-
malische, den ‹reinen Tieren› wegleitete. Der unfromme Mensch,
der mich umgab (vor allem der männliche), erregte meine wahren
Gefühle nicht, während das unberührte Lebensgefühl des Tieres
alles Gute in mir erklingen ließ. Und vom Tier weg leitete mich ein
Instinkt zum Abstrakten, das mich noch mehr erregte; zum zweiten Gesicht, das ganz indisch-unzeitlich ist und in dem das Lebensgefühl ganz rein klingt. Ich empfand schon sehr früh den
Menschen als ‹hässlich›; das Tier schien mir schöner, reiner; aber
auch an ihm entdeckte ich so viel gefühlwidriges und hässliches, so
dass meine Darstellungen instinktiv, aus einem inneren Zwang, immer schematischer, abstrakter wurden. Bäume, Blumen, Erde, alles

zeige mir mit jedem Jahr mehr hässliche, gefühlswidrige Seiten, bis mir erst jetzt plötzlich die Hässlichkeit der Natur, ihre Unreinheit voll zum Bewusstsein kam. Vielleicht hat unser europäisches Auge die Welt vergiftet und entstellt; deswegen träume ich ja von einem neuen Europa...»[61]

Expressionismus und Naturalismus bilden eine Fließstruktur. Der Letztere verwarf im Zeichen von «Wahrheit» die gesamte Gedanken- und Gefühlswelt der herrschenden Modeliteratur und ging darüber hinaus gegen die großen Zeitübel vor. «Ihr rotes Banner pflanzt sie in den Streit, / An ihr Herz schlägt das große Herz der Zeit» (Arno Holz).[62] Die jungen Naturalisten sahen den Menschen durch Anlage und Umwelt determiniert, als Teil eines Weltganzen, das sich nach den Gesetzen eines Mechanismus bewege. Ein Transzendentes gab es für sie nicht mehr. «Sie wollten folgerichtig denjenigen Menschen vor allem darstellen, an dem sich, jenseits von Schuld und Nichtschuld, unaufhaltsam ein unbarmherziges Geschick erfüllt, dessen wirkende Kräfte der unveränderliche Charakter und die unentrinnbare Umwelt sind. Selbst wenn sie einmal den innerlich freieren Menschen durch diese Welt führten, ließen sie ihn an ihren finstern Mächten untergehen. Ihre Kunst wollte mitten ins illusionslos gesehene Leben hineinfahren. Was die Modeliteratur verschmähte, das suchten sie geflissentlich auf: die Mietskasernen, die Arbeiterkaten, die Gestalten von den unteren Rändern der menschlichen Gesellschaft; wo aber die Gegenwelt erscheint, trägt sie alle Makel des Überlebten. Den Gegnern, die von Verrat an der Poesie sprachen, trat man mit Hermann Conradi kraftmeierisch entgegen: ‹Man gewöhne sich bitte daran, allenthalben als das Selbstverständliche von der Welt nur Dreck, Moder, Schweiss, Staub, Kot, Schlamm und andere Parfums zu erwarten.›» (Albert Bettex).[63]

Im Milieu einer zum Mietshaus gewordenen Kaserne in Berlin – 1900 waren dort 43% aller Haushaltungen einräumig, 28% zweiräumig (die überfüllten Wohnungen waren Brutstätten des Elends) – spielt Gerhart Hauptmanns Tragikomödie «Die Ratten» (1911). Was in einem zeitgenössischen Schlager von Paul Lincke («... Uff dem Hängeboden / uff dem Hängeboden / jehn Jespenster herum...») in kabarettistischer Beleuchtung erscheint, ist, naturalistisch gesehen, Ort tragischen Geschehens, von Ratten unterwandert. «Horchen Se ma, wie det knackt, wie Putz hinter

Erich Heckel: Badende im Moritzburger Teich, 1910

de Tapete runterjeschoddert kommt! Allens is hier morsch! Allens faulet Holz! Allens unterminiert von Unjeziefer, von Ratten und Mäuse zerfressen... Allens schwankt! Allens kann jeden Ojenblick bis in Keller durchbrechen... Hier mach ick mir fort, eh' det allens een Schutthaufen drunter und drieber zusammenbricht.»[64]

Dennoch war für die Naturalisten, und das verband sie mit den Expressionisten in besonderem Maße, der Glaube an die reformerische Umgestaltung der Welt unerschütterlich; sie kämpften für die Befreiung der Frau wie des Arbeiters; ihre höchste Vision war die einer verbrüderten Menschheit. «Der Grundzug unseres damaligen Wesens und Lebens war Gläubigkeit», resümierte Gerhart Hauptmann die Essenz des Naturalismus; «so glaubten wir an den unaufhaltsamen Fortschritt der Menschheit; wir glaubten an den Sieg der Naturwissenschaft und damit an die letzte Entschleierung der Natur. Der Sieg der Wahrheit, so glaubten wir, würde die Wahn- und Truggebilde auf dem Gebiet religiöser Verblendung zunichte machen. Binnen kurzem, war unser Glaube, würde die Selbstzerfleischung der Menschheit durch Krieg nur noch ein überwundenes Kapitel der Geschichte sein. Wir glaubten an den Sieg der Brüderlichkeit.»[65]

Die Reinheit der Form

Die jungen Maler, die 1905 die Künstlergruppe «Brücke» bildeten, hofften, «Wahrheit» zunächst in der unverbildeten Natur zu finden (in den Moritzburger Seen bei Dresden badeten sie nackt, für den damaligen Sittenkodex eine Ungeheuerlichkeit); bald darauf sahen sie in der Weltstadt Berlin einen Ort faszinierender Progression. Ernst Ludwig Kirchners Straßenbilder etwa erweisen sich als farbige Strichgewitter, in denen extreme psychische Spannungen sich entladen – auf Katharsis zielend. Erich Heckels Kunst ist «sentimentalisch»: ohne Naivität, aber mit dem Gefühl für die Notwendigkeit von Naivität; sie ist geprägt durch die romantische Hoffnung auf Umkehr, auf Rückkehr zur Ursprünglichkeit. Emil Nolde, der sich 1909 in Berlin niederließ, malte mitten in der City seine Bildvisionen vom Leben Christi. «Pfingsten», 1910 («Dann ging ich hinunter in die mystischen Tiefen menschlich-göttlichen Seins»[66]), zur Ausstellung der «Berliner Secession» eingereicht, wurde dort wegen seiner revolutionären Bildsprache ausjuriert.

Die Hektik und Atemlosigkeit des urbanen Lebens mit Lichterglanz, Straßenlärm, Eisenbahnrattern wurden gleichermaßen als Hölle wie als künstliches Paradies empfunden. «Großstadtmelodie» beschwingt und durchdringt moderne Kunst. «Du gehst durch die Straßen: was kann da nicht alles geschehen! Abenteuer lauern, Autos bedrohen deinen Leib, Dirnen deine Seele. Es schwankt dein Gleichgewicht; du sitzest im Café, die Geliebte erwartend; links drüben zeigt ein Mädchen graue Seidenstrumpfbeine, während hinter dir zwei Gauner ein Geschäft abschließen. Es heult dir ein Kinoplakat seine Wunder entgegen; mit unfehlbarer Eleganz will dir ein idealer Einbrecher die Souveränität der weltmännischen Gebärden beweisen. In die Bar, in die Wunder-Bar, trittst du mit bangem Herzklopfen: So traten früher fromme Pilger in den Glasfensterraum ihres Heiligtums. Man zelebriert dir einen Cocktail; der Klavierspieler trampelt anmutig die Sentiments seiner Musik dir in die Seele. Nun ist wieder stählern Alltag; das Rad dreht sich; dem Dasein blickst du ins Antlitz; du bist ein Atom des Rekords, den die Zeit aufgestellt hat, um über die Welt hinwegzukommen.» So hat Paul Hatvani rückblickend die Atmosphäre von Metropolis beschrieben.[67]

Einen Gegensatz zum expressiven Sensualismus bildet die Malerei von Wassily Kandinsky und Paul Klee: statt der Wollust der Sinne die Wollust der Form. In seiner Schrift «Über das Geistige in der Kunst», 1910, begreift Kandinsky, der aus Russland nach München kam und zunächst Jura und Nationalökonomie studierte, «Abstraktion» als eine Verbindung spielerischer Freiheit mit geometrischer Strenge. Eine Vertikale, die sich einer Horizontalen verbinde, erzeuge einen fast dramatischen Klang. «Die Berührung des spitzen Winkels eines Dreiecks mit einem Kreis hat in der Tat nicht weniger Wirkung als die des Finger Gottes mit dem Finger Adams bei Michelangelo.»[68]

Paul Klee, der 1900 sein Kunststudium bei Franz von Stuck in München begann (sein Lehrer bevorzugte mythologische und symbolistische Themen), versetzte das Prinzip des Geometrisch-Geistigen in die Gärten seiner unerschöpflichen Phantasie; er lässt den an sich strengen Geist spielen; dieser stehe nicht für das subjektive Ich, sondern für eine übergeordnete Kraft, die «linienbewusst», aber oft ziellos, sich auf den Weg mache. Kunst gebe nicht das Sichtbare wieder, sondern mache sichtbar. Klee verbindet Aleatorik mit Kalkül; zentral ist für ihn die Einsicht, dass allem Werden Bewegung zu Grunde liege; Fliegen wird ihm – er war 1916 Pionier in einer Fliegerersatzabteilung – zur Metapher für das Hinwegkommen über die vor allem durch den Krieg zertrümmerte Welt. Zusammen mit Alexej von Jawlensky gehörte er zu der von Franz Marc unter Beteiligung von August Macke 1911 gegründeten Künstlergruppe «Der blaue Reiter», deren Bezeichnung auf ein Bild Kandinskys zurückging. «Die Gruppe war eine lockere Verbindung gleichgesinnter Künstler, die in ihrer Zielsetzung und künstlerischen Ausdrucksfähigkeit jedoch viel unterschiedlicher war, als etwa die Künstler der anderen großen Künstlergruppierung des deutschen Expressionismus, der ‹Brücke›. Sie standen auch den Einflüssen internationaler avantgardistischer Strömungen wie Kubismus, Futurismus und Orphismus [der die Farbe zum Hauptausdrucksmittel bildnerischer Gestaltung erklärte] sehr viel aufgeschlossener gegenüber und nahmen Anregungen aus verschiedensten Bereichen, zum Beispiel der russischen und bayerischen Volkskunst, der Laienmalerei, der Kinderzeichnung auf ... Charakteristisch waren für die Gruppe das mythische Pathos und die strenge Geistesbezogenheit Kandinskys, sowie die romantisch-pantheistische Gläubigkeit Marcs, die Farbpoesie August Mackes, die russische Mystik Jawlenskys und die Natursensibilität Klees.»[69]

Arnold Schönbergs Musik, meinte Kandinsky («Über das Geistige in der Kunst»), führe uns in ein neues Reich ein, wo die musikalischen Erlebnisse keine akustischen, sondern rein seelische seien; hier beginne die Zukunftsmusik.[70] Schönbergs erste Schaffensperiode steht noch im Zeichen wilhelminischer Spätromantik: «Verklärte Nacht» zum Beispiel (1899) folgt Richard Dehmels gleichnamigem Gedicht aus dem Zyklus «Weib und Welt» (1896), das geprägt ist durch schwülstige Metaphorik und hochstilisierte hehre Psychotopographie. Text und Musik erweisen sich als Pendant zu dem in der bildenden Kunst vorherrschenden mythischen wie mystischen Monumentalismus. «Zwei Menschen gehn durch kahlen, kalten Hain; / der Mond läuft mit, sie schaun hinein. / Der Mond läuft über hohe Eichen; / kein Wölkchen trübt das Himmelslicht, / in das die schwarzen Zacken reichen.»[71]

Bald darauf wendet sich Schönberg von der abgegriffenen Tonalität ab und einer durch Polyphonie gesteigerten Tonsprache zu, dadurch Skandale bei seinen Uraufführungen provozierend. «Alles, was damals von Schönberg kommt, steht im Zeichen der Befreiung. Doch sie wird dem konservativen Grundgefühl mühsam abgerungen, wie unter höherem Befehl. Denn dieser scheinbare Aufrührer ist nach bewegter Jugend auf dem Weg zu strenger Gläubigkeit. Sein Unterricht bezeugt es so klar wie die 1911 beendete Harmonielehre, nach Thomas Manns Formel von 1943, die ‹seltsamste Mischung von Traditionsfrömmigkeit und Revolution›» (Hans Heinz Stuckenschmidt).[72]

Schönberg und seine Schüler (Anton von Webern, Alban Berg) entrücken den Zeitgeist in die Bereiche kompositorischer Geometrie. In der Zwölftontechnik, wie sie vor allem von Schönberg entwickelt und praktiziert wurde, ist die Negation des Gefühls vollkommen. Die zwölf Halbtöne werden in einer für jede Komposition neu erfundenen Aufeinanderfolge geordnet. Die so entstandene Reihe (aus etwa einer halben Milliarde von Möglichkeiten) kann auch in der Umkehrung (Krebs) und im «Krebs der Umkehrung» verwendet werden. Alle Töne einer Reihe müssen erklungen sein, ehe diese mit dem ersten Ton wieder beginnen kann. Der Ablauf kann jedoch rhythmisch verändert, übereinandergeschichtet und gleichzeitig gebracht sowie in alle elf übrigen Lagen transportiert werden. «Gebunden durch selbst bereiteten Ordnungszwang, also frei» (Thomas Mann).[73]

Solche konstruktivistische Suche nach einer sozusagen wissenschaftlichen Ordnung des Kunstwerks führte freilich zu einer neuen Romantik, zu einer «Phantasiewelt der Vernunft», elitär abgehoben vom «Geschmack der Massen». Bei Schönberg, so hat es Theodor W. Adorno formuliert, sei alles auf die sich in sich selber zurücknehmende einsame Subjektivität gestellt: gläsernes Niemandsland, in dessen kristallisch-lebensloser Luft sich das gleichsam transzendentale Subjekt, befreit von den Verstrickungen des Empirischen, auf imaginärer Ebene wiederfinde.[74]

Weib und Dirne

«Ach, ich bin gelaufen, gelaufen, hingefallen, wieder aufgestanden, umgeworfen, wieder aufgesammelt, bis ich da angekommen bin, wo mein Ziel anfängt», schreibt Franziska Gräfin zu Reventlow Januar 1907 in ihr Tagebuch.[75] Die Schriftstellerin, femme fatale der Münchner Boheme, personifizierte zusammen mit Lou Andreas-Salomé (befreundet mit Nietzsche, Rilke und anderen berühmten Männern der Zeit, die «sie verrückt machte»[76]) und Alma Schindler – wegen ihres «sieghaften Körpers» von Gustav Klimt und Oskar Kokoschka sowie anderen geliebt, mit Gustav Mahler, nach dessen Tod mit Walter Gropius und schließlich mit Franz Werfel verheiratet – die in erotischen Eruptionen sich manifestierende Emanzipation der Frau. Die «neue Frau» ist charakterisiert durch eine verzehrende, im Genuss am Genuss verzweifelnde und aus der Verzweiflung zu neuer sinnlicher Ekstase zustrebende Begierde; sie stürzt sich in ein Leben jenseits gesellschaftlicher Konventionen und tanzt über alle Schwierigkeiten hinweg – oft genug «nervös bis zur Raserei».[77]

Die selbstständige, auch selbstherrliche Frau und deren kraftvolle Erotik fasziniert den Mann, der sich von der «Lavendel-Ehe» abwendet. «Er wollte ein Weib statt einer Blume» (Otto Julius Bierbaum).[78] In der gepflegten Atmosphäre eines bürgerlichen Heims – ein Interieur mit Pianino, Bücherschrank, Bildnissen, Teppichen, Topfpflanzen – lebt in Gerhart Hauptmanns Drama

«Einsame Menschen» (1891) der Privatgelehrte Johannes Vockerat mit seiner zart gebauten Frau, die trotz edlen Aussehens dem Gelehrten geistig nicht ebenbürtig ist. Da trifft dieser auf die Studentin Anna Mahr, Verkörperung des geistig-sinnlichen Prinzips – Einheit von Sublimierung und Körperhaftigkeit (wie sie seit langem, vom Kalokagathiebegriff des deutschen Idealismus abgeleitet, zum Repertoire bourgeoiser Sehnsüchte gehörte). Während Kätchen, vor allem von ihrer Schwiegermutter beeinflusst, immer wieder ins Hausfrauendasein, ins «Puppenheim» zurücksinkt – ihre Aufstiegsschwingen sind sowieso nicht üppig gewachsen –, bejubelt ihr Mann «Fräulein Anna», die seine libidinösen Strebungen an sich zu binden vermag. Johannes preist im erotischen Höhenflug solchen Zustand männlich-weiblicher Zweisamkeit als Anbruch neuen Menschentums: «... den wird es geben, später einmal. Nicht das Tierische wird dann mehr die erste Stelle einnehmen, sondern das Menschliche. Das Tier wird nicht mehr das Tier ehelichen, sondern der Mensch den Menschen. Freundschaft, das ist die Basis, auf die sich diese Liebe erheben wird. Unlöslich, wundervoll, ein Wunderbau geradezu. Aber ich ahne noch mehr: noch viel Höheres, Reicheres, Freieres ...»[79] Freilich zerbrechen die beiden hehren Seelen an der Wirklichkeit; sie gehen ins Wasser, nachdem sich beider Lippen noch einmal in einem «einzigen langen inbrünstigen Kuss» gefunden haben.

Erotisches Vollglück wäre nicht in derart strahlendem Licht erschienen, wenn nicht Sexualität in dieser Zeit auf eine fatale, Neurosen und Psychosen hervorrufende Weise verleugnet, verschleiert und ins Zwielicht getaucht worden wäre. Das leidenschaftliche Verlangen nach dem Ausleben von Sinnlichkeit und die Apotheose der Körperlichkeit entsteht dialektisch (ex negativo) aus der Unterdrückung der Triebwelt. Indem Sigmund Freud mit der «Traumdeutung» (erschienen 1899, auf 1900 datiert), einem sowohl für die Wissenschaft der Psychoanalyse wie für die Biografie des Autors zentralem Werk, in die Träume der bürgerlichen Welt eindrang und deren unterirdische Strukturen bloßlegte, zeichnete er, allerdings im Glauben, Traumleben schlechthin zu ergründen, die sexuellen Obsessionen seiner Zeit in ihrer Verdrängung wie in ihrer manischen Sucht nach Ventilierung auf; er dekuvriert die Lebenslüge der Gesellschaft, freilich wähnend, es handle sich um individuelle Fälle hysterischer Erkrankung.

Egon Schiele: Liegender weiblicher Akt mit gespreizten Beinen, 1913

Geht man mit Freud davon aus, dass in den Träumen vor allem sexuelle, ansonsten durch die öffentliche Moral «zensierte» Wunscherfüllungen zutage treten, allerdings mit den aus dem Wachleben übernommenen «Tagesresten» zu «Bilderrätseln» verarbeitet, so kann aus der «Traumdeutung» das bürgerliche Psychogramm dechiffriert werden. Es zeigt einen ausgeprägten Männlichkeitswahn, verbunden mit der Abwertung der Frau.

Die Frau ist «Spiel-Material» – sie wird «verdinglicht», als Ware behandelt. Ähnlich wie im Rokoko rückt die Strategie der Verführung, als Ausdruck männlicher Ingeniosität, ins Zentrum künstlerischer Aufmerksamkeit. Im Erotic-Style der Jahrhundertwende, wie ihn etwa Arthur Schnitzler vertrat, wurde Sexualität von Ethik abgetrennt; ihre Herauslösung aus dem gesamtmenschlichen Zusammenhang manifestierte den gesellschaftlichen Leerlauf. Im Psychodrom des Kapitalismus blieb als Halt der sinnliche Genuss des Augenblicks, dessen durchs rasche Vergehen bewirkte «Panik» – post coitum omne animal triste – man dadurch vermied, dass man immer neue «Augenblicke» suchte und aneinander reihte. Wer sich auf der Höhe seiner Liebes- und Lebensmöglichkeiten befinden wollte, musste sich in solchem «Reigen» bewegen und dabei den Schwindel der Berauschung (d.h. die große Leidenschaft) meiden. Im Liebes-Spiel gilt es, «klaren Kopf» zu bewahren. Ist man auch, wie es eine Szene aus Schnitzlers Autobiographie beschreibt, hingerissen von Wein, Akkorden und Küssen, am Klavier sitzend, mit geschlossenen Augen phantasierend, «den Kopf an Tonis Busen gelehnt» – die «Einsicht» bleibt ungetrübt, «dass zu superlativischen Ausdrücken hier kein Anlass, dass auch meine innigen Liebesbeteuerungen halbbewusste Lügen und dass ich für ein anderes, höher geartetes Wesen geschaffen sei, als für ein, bei manchen anmutigen Zügen doch so gewöhnliches, wie Toni es war. Und schmerzlich rief ich aus, was ich später noch viel tiefer sollte empfinden lernen: ‹Ließe sich doch alles, was in der Entwicklung nur Episode bedeutet, auch nach Gebühr nur episodisch erleben. Aber man lebt am Ende doch so hin, wie es der Augenblick mit sich bringt, und lässt sich's genügen!›»[80]

Oberflächliche «Unersättlichkeit» (Frauen als Zerstreuung und Gebrauchsgegenstand) kennzeichnet den Liebhaber Schnitzler und seine Figuren. Da ist, um einer Aufzählung von Renate Wagner in ihrem Buch «Frauen um Arthur Schnitzler» zu folgen, ein junges Mädchen aus einer jüdischen Kleinbürgerfamilie, die die Grenzen eines Durchschnittsschicksals zu sprengen sucht; da ist eine ambitionierte, gebildete und sehr unglücklich verheiratete junge Frau, die nicht den Mut hat, ihrer Liebe über die Grenzen der Konvention hinaus nachzugeben; da ist eine Kunststickerin aus der Vorstadt, eine ihre Liebe verschenkende «Gefallene», eine große Schauspielerin, emanzipiert und exaltiert, genial und hemmungslos – und da sind die vielen Dirnen und süßen Mädels.[81]

Die ausgekosteten Augenblicke, die kein Vorher und kein Nachher kennen, sind in einen Schleier geknüpft, der übers Leben gebreitet wird. Es ist ein Soft-Schleier: die Konturen der Moral, aber auch des tätigen wie reflektierenden Lebens, verschwimmen; alles löst sich in scheinbarer Beliebigkeit auf. Schnitzler hatte jedoch die dichterische Kraft, das «Vorübergehende» (Transitorische), das Verfließende, Vergehende und rasch Vergessene impressionistisch festzuhalten, also ästhetisch zu vermitteln. Die Episode erhält die Qualität von Dauerhaftigkeit – durch Kunst.

Die Bewältigung der Triebdynamik durch Sublimierung, durch «Ablenkung» der Triebkräfte vom sexuellen Ziel auf höhere kulturelle Intentionen, gelingt nach Sigmund Freud nur einer Minderzahl, und wohl auch dieser nur zeitweilig, am wenigsten leicht «in der Lebenszeit feuriger Jugendkraft». Da unsere kulturelle Sexualmoral zudem den sexuellen Verkehr in der Ehe beschränke, indem sie den Eheleuten den Zwang auferlege, sich mit einer meist sehr geringen Anzahl von Kinderzeugungen zu begnügen, gäbe es infolge dieser Rücksicht einen befriedigenden Sexualverkehr in der Ehe nur wenige Jahre, «natürlich noch mit Abzug der zur Schonung der Frau aus hygienischen Gründen erforderten Zeiten». Nach diesen drei, vier oder fünf Jahren versage die Ehe, insofern sie die Befriedigung der sexuellen Bedürfnisse versprochen habe. Erfahrungsgemäß bediene sich dann der Mann recht häufig des Stückes Sexualfreiheit, welches ihm auch von der strengsten Sexualordnung, wenngleich nur stillschweigend und widerwillig, eingeräumt werde: «Die für den Mann in unserer Gesellschaft geltende ‹doppelte Sexualmoral› ist das beste Eingeständnis, dass die Gesellschaft selbst, welche die Vorschriften erlassen hat, nicht an deren Durchführbarkeit glaubt.» Sie erreiche ihre besondere Ausprägung in der Ventilsitte der Prostitution.[82] Deren ungeheuere Ausdehnung, im Besonderen die Vielzahl der Bordelle, beschreibt Stefan Zweig in seinen Lebenserinnerungen «Die Welt von Gestern». «Es war dieselbe Stadt, dieselbe Gesellschaft, dieselbe Moral, die sich entrüstete, wenn junge Mädchen Zweirad fuhren, die es als eine Schändung der Würde der Wissenschaft erklärten, wenn Freud in seiner ruhigen, klaren und durchdringenden Weise Wahrheiten feststellte, die sie nicht wahrhaben wollten. Dieselbe Welt, die so pathetisch die Reinheit der Frau verteidigte, duldete diesen grauenhaften Selbstverkauf, organisierte ihn und profitierte sogar daran.»[83]

Für Karl Kraus bedeutete ein Sittlichkeitsprozess die zielbewusste Entwicklung einer individuellen zur allgemeinen Unsittlichkeit, von deren düsterem Grunde sich die erwiesene Schuld des Angeklagten leuchtend abhebe. Damit sollte die offizielle Doppelmoral angeprangert werden, die auf der einen Seite die Abweichungen von der Norm unnachgiebig verfolgte, auf der anderen aber vor allem denjenigen, die im Besitz von Macht und Geld waren, die Unmoral erlaubte (unter der Voraussetzung, dass sie im Geheimen stattfand). In seiner Aufsätze der von ihm herausgegebenen und fast gänzlich selbst geschriebenen Zeitschrift «Die Fackel» aus den Jahren 1902 bis 1907 zusammenfassenden Schrift «Sittlichkeit und Kriminalität» (1908) attackierte

Kraus auch immer wieder die Sittenheuchelei der Presse, deren Korruption ihm wesentlich schlimmer erschien als die Prostitution selbst.

Jugend in Wien

Mit Sigmund Freud, Arthur Schnitzler und Karl Kraus erweist sich Wien neben München und Berlin als ein zentraler Topos für die durch Ambivalenzen und Aporien geprägte Epoche zwischen Fin de siècle und Erstem Weltkrieg. Jugendliche Feinnervigkeit, die zugleich die Müdigkeiten vieler Jahrhunderte auf ihren Lidern spürte, war hier am Werk. Das Leben ein Traum – auch ein Albtraum; das Leben ein Spiel – und der Bajazzo weint dazu. «Da ist ein Einacter in bunten vollen Versen, der scheue Stimmungen und seltene Launen formt; da ist ein Schauspiel, das eine These der Eifersucht zeigen will; da ist die Lust an der Fabel, an der schönen Lüge, die zu glitzern und zu sprühen weiss, wie damals in der italienischen Novelle; da ist die Trunkenheit von schwülen Worten, üppigen Vergleichen, stolzen Reimen; da ist die Qual um unerlebte Sensationen… Das Ich ist unrettbar. Die Vernunft hat die alten Götter umgestürzt und unsere Erde entthront. Nun droht sie, auch uns zu vernichten. Da werden wir erkennen, dass das Element unseres Lebens nicht die Wahrheit ist, sondern die Illusion. Für mich gilt, nicht was wahr ist, sondern was ich brauche, und so geht die Sonne dennoch auf, die Erde ist wirklich und Ich bin Ich.»[84] Hermann Bahr charakterisierte so (in Schriften der Jahre 1894 und 1904) das «junge Österreich». Wien war der Ort, wo die kulturpubertäre Stimmung sich sowohl verdinglichte als auch sublimierte, eine Stadt irisierender Endzeitstimmung, aus deren Boden das Neue immer wieder aufspross.

Auf der einen Seite erstarrte Tradition, ein greisenhaftes, jedoch grell geschminktes Profil. Hermann Broch spricht von der Überdeckung der grassierenden Armut durch prunkhaften Reichtum. Wien in seiner geisterhaften letzten Blütezeit sei ein einmaliges Beispiel dafür, was es bedeute, wenn ein Minimum an ethischen Werten durch ein Maximum an ästhetischen Werten, die keine mehr seien, überlagert werde; «sie konnten keine mehr sein, weil der nicht auf ethischer Basis gewachsene ästhetische Wert sein Gegenteil ist, nämlich Kitsch. Und als Metropole des Kitsches wurde Wien auch die des Wert-Vakuums der Epoche.»[85] Die Kennmelodie dieser «goldenen Zeit» der Ringstraßenbauten, der von Makart gestalteten Festzüge und «lebenden Bilder», der Hofbälle, Monarchenbesuche und des alten Burgtheaters schuf der Komponist der Franz-Josephinischen Blütezeit, Johann Strauß: «Glücklich ist, wer vergisst, was doch nicht zu ändern ist», heisst es in der champagnerseligen «Fledermaus».[86]

Auf der anderen Seite jedoch erblühte im Widerspruch zur Tradition der Glaube an die Erneuerung: «Jugend in Wien», das war eine Jugend, die das Vätererbe abzuwerfen beziehungsweise zu überwinden suchte, die zu eigenen kulturellen Höchstleistungen heranwuchs, welche die Periode des Eklektizismus mit ihrer genialen Originalität durchsäuerte und die Stadt «stickiger Sicherheit» in eine Örtlichkeit vibrierenden künstlerischen Aufbruchs verwandelte. «Schöpferischer Phantasie und einer lebendigen Geistigkeit entsprangen eine Fülle neuer Impulse. Viele Werke, Ideen und Bewegungen, die das kulturelle Leben des 20. Jahrhunderts befruchtet und gefördert haben, sind in ihren Ursprüngen im Boden dieser Stadt verwurzelt» (B. Zeller).[87] In der Dichtung und den bildenden Künsten, in Musik, Kunstgewerbe, Schauspiel und Oper (mit dem sowohl spätromantisch wie avantgardistisch orientierten Dirigenten und Komponisten Gustav Mahler als Direktor der Wiener Hofoper), aber auch in Medizin und Psychologie entstanden in knappem Zeitraum Leistungen von ungewöhnlichem Rang.

Aus der Vermählung von Niedergang und Aufbruch erwuchs die Melancholie ebenso wie die Unbekümmertheit. Moderne Nervosität: das war sowohl das Erzittern vor der Gefährdung, als auch das Beben tatensüchtiger Kraft. Stefan George, der 1891 nach Wien gekommen war und im Dezember im Künstler- und Literatencafé Griensteigl Hugo von Hofmannsthal getroffen hatte, sprach in einem (nicht abgesandten) Brief an den neuen Freund, dass in dessen Land «ein müder verlassener zug» wehe und die Jugend sich «in einer äußerlichen süßlichen verkommenheit» gefalle, aber auch, wie Hofmannsthal beweise, diesen Fährnissen entschlüpfe.[88]

Das Feuilleton, als «unbekümmerte» literarische Schreib- und Betrachtungsweise, erfuhr eine besondere Ausprägung: «Wien, dieser Tempel des ‹Fortschritts› barg nun noch ein besonderes Heiligtum, das sogenannte ‹Feuilleton›, das wie die großen Pariser

Tageszeitungen, der ‹Temps› und das ‹Journal des Débats›, die ge-
diegensten und vollendetsten Aufsätze über Dichtung, Theater,
Musik und Kunst ‹unter dem Strich› in deutlicher Sonderung von
dem Ephemeren der Politik und des Tages publizierte» (Stefan
Zweig).[89] Das Feuilleton war Element subjektivistischer Kombina-
tionskunst, Schwebezustand zwischen Ironie und tieferer Bedeutung, Charme und Aggressivität; es war zugleich bestimmt durch
eine Diffusion der Themen und Stoffe, getragen von der Überzeugung, dass man letztlich alles in «leichter Form» aufbereiten könne
(es könne, so Karl Kraus, auch auf einer Glatze Locken ziehen).

Die Welt oberflächlichen Tiefsinns und stringenter Ablenkung,
mit lockerer Hand das Schwierige angehend und, nach einem Wort
von Arthur Schnitzler, voller Zärtlichkeit für die eigene Neurose,
fand ihren Topos im Kaffeehaus: «Diese rauchgeschwängerte,
durch Gasflammen verdorbene, durch das Beisammensitzen vieler
Menschen verpestete Luft, dieses Durcheinanderschwirren von
Kommenden und Gehenden, gesprächigen Gästen und geschäfti-
gen Kellnern, dieses Gewirr schattenhafter Erscheinungen und
unbestimmbarer Geräusche macht jedes ruhige Nachdenken, jede
gesammelte Betrachtung unmöglich. Die Nerven werden überreizt,
Gedächtniskraft, Aufmerksamkeit und Fassungsvermögen werden
geschwächt. Der Kaffeehausleser gelangt dahin, jeden Artikel, jedes
Feuilleton, alles, was mehr als hundert Zeilen lang ist, ungenießbar
zu finden. Er hört überhaupt auf zu lesen, er ‹blättert› nur mehr.
Zerstreuten Blickes durchfliegt er die Zeitungen – ein Dutzend in
einer Viertelstunde – und nur das Unterstrichene, das ‹Großge-
druckte›, nur gesperrte Lettern vermögen sein Auge noch ein Weilchen zu fesseln. Er wird unausstehlich blasiert. Er braucht, um aus
seiner öden Gedankenlosigkeit aufgerüttelt zu werden, etwas ‹Sen-
sationelles›, wie der verlebte Wüstling raffinierter Ausschweifungen
bedarf, um noch eine Reizung zu empfinden» (Wiener Literaturzei-
tung 1891).[90]

Der feuilletonistische Kaffeehausstil wurde jedoch durchaus
von Anfechtungen heimgesucht; das Bewusstsein von der Proble-
matik sprachlicher Artikulation führte zum Umkippen witzelnder
Hybris in schweigsamen Ekel, konversierender Brillanz ins taedium linguae. 1901 schrieb Hugo von Hofmannsthal im «Brief
des Lord Chandos» (einer fiktiven Gestalt, die er ins 17. Jahrhundert zurückverlegte), in dem dieser sich wegen «des gänzlichen

Verzichtes auf literarische Betätigung» bei seinem Freund Francis Bacon entschuldigt: «Die abstrakten Worte, deren sich doch die Zunge naturgemäß bedienen muss, um irgendwelches Urteil an den Tag zu geben, zerfielen mir im Munde wie modrige Pilze.»[91] So ist es auch zu verstehen, dass der größte Feuilletonist der Zeit, Karl Kraus, sich zugleich als erbittertster Kritiker des Feuilletons erwies – in sich die Ambivalenz dieses Genres verkörpernd: die leidenschaftliche Zuwendung zur Sprachkunst und die kritische Abneigung gegenüber der Presse, die mit dem Feuilleton eine glitzernde Fassade für ihre Manipulationen schaffe.

Wien sei, so Kraus, «Versuchsstation für Weltuntergänge». Hinter dem kulturellen Glanz brodelte im Untergrund das soziale Elend. Ein Zeitgenosse (der Redakteur Friedrich Funder) berichtet: «Nächtelang schritten wir durch Elendsquartiere, in denen Menschen zusammengedrängt waren wie Tiere, die zur Schlachtbank bestimmt sind. In diesen Wohnhöhlen brüten stumpfe Hoffnungslosigkeit, Verzweiflung, Trotz gegen eine Gesellschaftsordnung, die Menschen auf Erden zur Hölle verdammte, und das Laster in allen Formen ... Kinderreiche Familien der Arbeiter und Stückmeister halfen sich durch die Aufnahme sogenannter Bettgeher. Das waren Menschen, die dazu verurteilt waren, nicht einmal ein Kellerloch als eigene Wohnstatt zu besitzen. Nur für die Nacht gehörte ein Unterschlupf ihnen, in fremdem Wohnraum ein Bett, das sie nicht selten mit einem Schicksalsgenossen zu teilen hatten. In Wien gab es 80 000 bis 100 000 dieser Bettgeher. Diese überfüllten Wohnungen waren Brutstätten des Elends jeder Art.»[92]

Adolf Hitler, der in solchem Milieu seinen Menschenhass entwickelte, nannte die fünfeinhalb Jahre in Wien (1908–1913) «die traurigste Zeit» seines Lebens. Als Zielscheiben für die Projektion seiner Frustrationsaggressivität wählte er sich das Judentum, den Marxismus, das «Völkergemisch» der Stadt. Die «in die Tiefe versenkten Triebe», die Hermann Bahr in seinem bitterbösen Buch «Wien» (1906)[93] in dieser Stadt unheilvoll-verdeckt zur Explosion bereitstehen sah, begannen sich in dem späteren politischen Massenmörder verheerend auszuprägen.

Brigitte Hamann, die das Leben Hitlers in dieser Zeit – «Lehrjahre eines Diktators» – minutiös rekonstruierte, hat aus dem Blickwinkel des alleinstehenden jungen, der Provinz (Linz) entflohenen Gelegenheitsarbeiters die ideologischen Milieus der Weltmetropole aufgezeigt. «Hitlers Wien ist nicht das künstlerisch-intellektuelle ‹fin de siècle Vienna›, also jenes längst zum Klischee erstarrte Wien, das durch Sigmund Freud, Gustav Mahler, Arthur Schnitzler oder Ludwig Wittgenstein repräsentiert wird – welch letzterer immerhin Hitlers Schulkamerad in Linz war. Hitlers Wien stellt eher ein Gegenbild zu dieser glanzvollen Kunstmetropole dar. Es ist das Wien der ‹kleinen› Leute, die der Wiener Moderne voll Unverständnis gegenüberstanden, sie als ‹entartet›, zu wenig volksverbunden, zu international, zu ‹jüdisch›, zu freigeistig ablehnten. Es ist das Wien der Einwanderer, der Zukurzgekommenen, der Männerheimbewohner, oft Menschen voller Ängste, die für alle möglichen obskuren Theorien anfällig waren, vor allem für jene, die ihnen das Gefühl vermittelten, trotz allen Elends in Wahrheit doch eine ‹Elite›, ›etwas Besseres‹ zu sein. Dieses ›Bessere‹ bestand für sie darin, im ‹Rassenbabylon› des Vielvölkerstaates dem ‹deutschen Edelvolk› anzugehören und eben nicht Slawe oder Jude zu sein.»[94]

München leuchtet. Berliner Luft

Mit der Apotheose «München leuchtete» beginnt Thomas Mann seine Novelle «Gladius dei» (1903); er war 1894 nach München gekommen und 1899 Redakteur bei der satirischen Zeitschrift «Simplicissimus» geworden. Das Werk beschwört Flair, Atmosphäre und Fluidum des Isar-Athens: «Über den festlichen Plätzen und weissen Säulentempeln, den antikisierenden Monumenten und Barockkirchen, den springenden Brunnen, Pälasten und Gartenanlagen der Residenz spannte sich strahlend ein Himmel von blauer Seide, und ihre breiten und lichten, umgrünten und wohlberechneten Perspektiven lagen in dem Sonnendunst eines ersten, schönen Junitages. Vogelgeschwätz und heimlicher Jubel über allen Gassen ... Und auf Plätzen und Zeilen rollt, wallt und summt das unüberstürzte und amüsante Treiben der schönen und gemächlichen Stadt.»[95]

Das kulturelle Panorama der Stadt ist noch nicht durch die Hektik des Maschinenzeitalters bestimmt. Allerdings drängt die künstlerische Jugend zu stürmischem Aufbruch; dieser wird freilich durch saturierte Gemütlichkeit gehemmt, vor allem aber auch unterdrückt; Oskar Panizza erhält 1895 wegen seines Dramas «Das Liebenskonzil» ein Jahr Gefängnis; 1898 werden der Zeichner Th. Th. Heine und der Schriftsteller Frank Wedekind zu Festungshaft verurteilt, da sie im «Simplicissimus» Kaiser Wilhelm II. heftig angegriffen hatten; im gleichen Jahr ruft eine Aufführung von Wedekinds «Erdgeist» im Schauspielhaus einen Theaterskandal hervor; 1903 wird die Aufführung von Szenen aus Arthur Schnitzlers «Reigen» verboten.

Der Dichter Max Halbe, der mit «Jugend», der Tragödie einer zerstörten Liebe, seinen größten Erfolg erzielte und nach München gezogen war, schreibt in seinen «Erinnerungen an eine Epoche» («Jahrhundertwende»), dass in Süddeutschland die großbürgerliche und kapitalistische Entwicklung noch bei weitem nicht das sprunghafte Tempo angenommen hätte wie in Berlin und im industriellen Westen. «Der Götzendienst des Geldes und der seine Schleppe tragende Luxus» blieben hier noch Fremdkörper. Nicht zuletzt deshalb sei das München der Jahrhundertwende «zu einer Art Mekka» für die künstlerische Jugend geworden, bis dann, kurz vor dem Ersten Weltkrieg, Berlin mit München konkurrierte. «Diese späteren neunziger Jahre sahen alles, was auf dem Felde der Kunst jung und hoffnungsvoll war und seine Flügel regen wollte, beinahe wie auf Verabredung sich in München versammeln ... Jetzt sollte es seine Früchte tragen, dass dieses oft verlästerte ‹bierselige› München in lässigem Behagen jeden, der da war, nach seinem Gusto hatte leben und walten lassen, keinen Unterschied (wenigstens nicht im Hofbräuhaus) zwischen Reich und Arm, Vornehm und Gering, ja nicht einmal zwischen Minister und Droschkenkutscher machte: Das Erstaunen aller von Norden Gekommenen und so manchem wie eine Befreiung vom Alpdruck kaum erträglichen Kastengeistes der Heimat. Was war es denn anderes, was alle diese jungen Leute, alle diese vom Dämon der Kunst Besessenen nach München trieb, als eben diese Atmosphäre der Ungezwungenheit, der gesellschaftlichen Freiheit und Lässigkeit, des unbefangenen Nebeneinander der Stände? So kamen sie. Kamen alle aus Nord und West und Ost. Kamen weil sie mussten, weil sie es gar nicht anders kannten, als dass es eben nur München gebe, wenn man zur Kunst wolle, dies eine München und keine andere Stadt neben ihm.»[96]

Dagegen war das Berliner Tempo geradezu sprichwörtlich; es drückte sich auch in der starken Bevölkerungsfluktuation aus. Für das Jahr 1900 wurden für Berlin rund 250000 Zuzüge und rund 150000 Wegzüge gemeldet. Im Vergleich zu Wien und München nahm die deutsche Hauptstadt den rasantesten Aufschwung; dennoch hat dieser Elan zunächst nicht ausgereicht, um in Berlin ein den alten Kulturstädten vergleichbares Klima zu schaffen. «Die Berliner Theater konnten bis kurz vor der Jahrhundertwende noch nicht mit denen in München oder gar in Wien konkurrieren, die prominentesten Autoren saßen immer noch in Wien, die prominentesten bildenden Künstler immer noch in München. Gerade für aufmerksame Beobachter, die um die Jahrhundertwende aus Wien oder München nach Berlin kamen, waren die Unterschiede sicht- und spürbar, aber auch die Ansätze eines Sprunges, der Berlin nach der Jahrhundertwende nach vorne katapultieren sollte. Dieser Übergang von der bloßen Hauptstadt zur Weltstadt, wie Stefan Zweig ihn nannte, vermochte allerdings nicht die mangelnde Eleganz der Berliner zu verdecken, das Fehlen eines dem Wiener Graben oder dem Prager Altstädter Ring vergleichbaren urbanen Zentrums, den Mangel an ‹phäakischem› Lebensgenuss, der einer hektischeren Atmosphäre aufgeopfert wurde, die allerdings sicher mehr Großstadtcharakter im zeitgemäßen Sinne hatte. Die eleganten Restaurants, wie ‹Hiller›, ‹Dressel›, ‹Borchardt› und ‹Töpfer›, die sich um Unter den Linden und Friedrichstraße gruppierten, die Betonung militärischer Eleganz im Straßenbild (nicht zuletzt durch den Kaiser und sein zahlreiches Gefolge) – all das konnte schon den Eindruck einer neureichen Protzigkeit erwecken, eines Parvenütums, der von vielen Berlinbesuchern um die Jahrhundertwende übereinstimmend festgestellt wird» (Jens Malte Fischer).[97]

In Berlin fehlte auch ein Boheme-Zentrum, wie es Schwabing für München darstellte, doch bildeten sich Künstlerkolonien an der Peripherie. So wohnten in Schmargendorf Lou Andreas-Salomé und Rainer Maria Rilke, in Erkner Gerhart Hauptmann, in Friedrichshagen der Naturphilosoph Wilhelm Bölsche, kurzfristig auch August Strindberg und die Schriftsteller Julius und Heinrich Hart, die mit ihrem Literaturorgan «Kritische Waffengänge» (allerdings schon in den 80er Jahren) zu Vorkämpfern des Naturalismus geworden waren.

Ein wichtiges Zentrum für die künstlerische Avantgarde waren auch hier die Kaffeehäuser, besonders das «Café des Westens»

(«Kaff des Westens» oder «Café Größenwahn» genannt). Um 1910 war hier die junge Generation im Banne des Expressionismus anzutreffen, zum Beispiel Oskar Kokoschka, Else Lasker-Schüler, Herwarth Walden. Berlin war ein herausragender Topos für die vor allem bei den Expressionisten charakteristische Großstadt-Angst und -Feindseligkeit, denen freilich die Großstadtbegeisterung und -faszination die Waage hielten. Was 1903 der Soziologe Georg Simmel in einem Essay über die «Großstädte und das Geistesleben» feststellte, dass nämlich als wesentliches Element des Großstadtlebens die Steigerung des Nervenlebens angesichts des raschen Wechsels der Eindrücke zu einer Verkümmerung des Gemüts und der Individualität führe, ist immer wieder Thema der Dichtung.[98] Apokalyptische Stimmung bestimmt Georg Heym («Umbra vitae»: «Die Menschen stehen vorwärts in den Straßen / und sehen auf die großen Himmelszeichen, / wo die Kometen mit den Feuernasen / um die gezackten Türme drohend schleichen.»); Johannes R. Becher nennt Berlin «ein Feld der eisernen Schlacht» («Du weißer Großstadt Spinnenungeheuer... Wie Donner rattert furchtbar dein Geröchel ... O Stadt der Schmerzen in Verzweiflung düsterer Zeit»). Tristes Einerlei bestimme das Leben des Großstädters, den seine Arbeit auslauge – das Einerlei.

> ... der täglichen Fron – als warte nicht Heimkehr, Gewinkel schmutziger Vorstadthäuser, zwischen nackte Mietskasernen gekeilt,
> Karges Mahl, Beklommenheit der Familienstube und die enge Nachtkammer, mit den kleinen Geschwistern geteilt,
> Und kurzer Schlaf, den schon die erste Frühe aus dem Goldland der Träume hetzt –
> All das ist jetzt ganz weit – von Abend zugedeckt – und doch schon da, und wartend wie ein böses Tier, das sich zur Beute niedersetzt,
> Und selbst die Glücklichsten, die leicht mit schlankem Schritt
> Am Arm des Liebsten tänzeln, tragen in der Einsamkeit der Augen einen fernen Schatten mit.
> Und manchmal, wenn von ungefähr der Blick der Mädchen im Gespräch zu Boden fällt,
> Geschieht es, dass ein Schreckgesicht mit höhnischer Grimasse ihrer Fröhlichkeit den Weg verstellt.
> Dann schmiegen sie sich enger, und die Hand erzittert, die den Arm des Freundes greift,
> Als stände schon das Alter hinter ihnen, das ihr Leben dem Verlöschen in der Dunkelheit entgegengeschleift.

> (Ernst Stadler)

Doch war die (Berliner) Nacht auch Faszinosum, Zeit der Flucht aus bürgerlicher und kleinbürgerlicher Prüderie; man sehnte sich nach glitzerndem «Pariser Leben»; «nachts in der großen Stadt»[99] glaubte man, das große oder kleine Glück erhaschen zu können. Die Straßen waren Bühne – von vielen Autoren beschrieben, von vielen Malern als Bildmotiv gewählt.

Die deutsche Hauptstadt habe den traurigen Ruhm, die vergnügungs- und damit versuchungsreichste Stadt der Welt zu sein, klagte ein 1913 bereits in 14. Auflage vorliegender Bericht aus der Stadtmission: «Man beobachte einmal das nächtliche Leben in der ‹Passage›, an der bunten Ecke, im ‹Scheunenviertel›! Man sehe, wie sich zwischen 11 und 2 Uhr nachts die Theater und Kinos, die Operetten und Varietes, die Ball- und Kneipsäle entleeren und die sinnenerregte Jugend den Versuchungen der nächtlichen Straße ausliefern.»[100]

Demgegenüber meinte Thomas Edison, als er Berlin 1911 besuchte, dass das Nachtleben viel zu viel kritisiert werde; es bedeute in Wirklichkeit Fortschritt. «Nachtleben und Stupidität vertragen sich nicht miteinander. Die wachsende Neigung zum Nachtleben bedeutet daher auch wachsende geistige Frische... Elektrisches Licht aber bedeutet Nachtleben. Nachtleben bedeutet Fortschritt. Berlin ist auf dem besten Wege, die fortschrittlichste Stadt in Europa zu werden.»[101]

Reif werden und Untergehen im Jahrhundert des Kindes

Der Wahlspruch «Rein bleiben und reif werden» des Wandervogelführers Ernst Wurche regte Walter Flex, Kriegsfreiwilliger (1917 gefallen), zu seinem Roman «Der Wanderer zwischen beiden Welten» an. Der Dichter, von der Jugendbewegung seiner Zeit als Vorbild empfunden – vor allem nach 1918 übte sein Werk einen großen Einfluss auf die enttäuschte Kriegsheimkehrergeneration aus –, preist die von Granaten aufgewühlte, in Morast versinkende, mit Blut getränkte Kriegslandschaft als österlichen Garten der Erlösung. Ephebenhafte Krieger, «die lichten Augen ganz voll Glanz und zielsicherer Sehnsucht», zögen wie Zarathustra, der von den Höhen kam, den kommenden Kämpfen andächtig entgegen. « ‹Einen echten und rechten Sturmangriff zu erleben›, sagte der junge Leutnant neben mir, ‹das muss schön sein. Man erlebt vielleicht nur einen. Es muss doch schön sein›. Und schwieg wieder und blickte auf den breiten Stahl in seinen Händen nieder. Mit einmal legte er mir den Arm um die Schulter und rückte das helle Schwert vor meine Augen: ‹Das ist schön mein Freund! Ja?› Etwas wie Ungeduld und Hunger riss an den Worten, und ich fühlte, wie sein heißes Herz den großen Kämpfen entgegenhoffte. Lange noch stand er so, ohne sich zu rühren, mit leicht geöffneten Lippen im heller werdenden Mondlicht, das über die breite Klinge in seinen hellen Händen floss, und schien auf etwas Fremdartiges, Großes und Feindseliges zu lauschen, das im Dunkel verhohlen war. Wie er so wach und durstig in eine nahe, waffenklirrende Zukunft hineinhorchte, schien er mir wie das lebendig gewordene Bild des jungen Knappen, der in der Nacht vor der Schwertleite ritterliche Wacht vor seinen Waffen hält.»[102]

Der heldische Jüngling in Stahlgewittern – war er nun eine in Perversion umgeschlagene Personifikation des «Jahrhunderts des Kindes», das die Schwedin Ellen Key 1902 mit ihrem gleichnamigen Buch, das eine Kette von Neuauflagen in Deutschland erlebte, aufsteigen sah? Wenn erst die ganze Menschheit, so rhapsodierte die Frauenrechtlerin und Reformpädagogin, im Bewusstsein von der Heiligkeit der Jugend erwache und die Eltern von der Hoffnung bestimmt seien, den neuen Menschen zu bilden, werde dieser, nicht zuletzt mit Hilfe genetischer, auf die Veredelung der Rasse zielender Maßnahmen zur vollen Wirklichkeit werden. «Die Vorboten faschistischer Gesellschaftsdeutungen kündigen sich da an, wo wir von dem Ruf nach der großen (Führer-)Persönlichkeit, der reinen Rasse und der Führung der Massen durch die Rückkehr zu ‹altnordischer Erziehung› lesen» (Klaus Doderer).[103]

Die Faszination einer solchen Vision war deshalb so groß, weil sie der verlebten, aber noch dominanten autoritär-senilen «schwarzen Pädagogik»[104] der Zeit entgegentrat. In Frank Wedekinds Kindertragödie «Frühlings Erwachen» (1891 geschrieben, 1906 mit Sensationserfolg in Berlin uraufgeführt) ist diese verkörpert in grotesken und bornierten Schulpaukern mit Namen wie «Sonnenstich», «Hungersnot», «Knochenbruch», «Affenschmalz», «Knüppeldick». «Sie saßen oben auf dem Katheder und wir unten», heisst es in Stefan Zweigs Erinnerungen «Die Welt von Gestern»; «sie fragten, und wir mussten antworten, sonst gab es zwischen uns keinen Zusammenhang. Denn zwischen Lehrer und Schüler, zwischen Katheder und Schulbank, dem sichtbaren Oben und sichtbaren Unten stand die unsichtbare Barriere der ‹Autorität›, die jeden Kontakt verhinderte ... Nichts ist mir charakteristischer für die totale Zusammenhanglosigkeit, die geistig und seelisch zwischen uns und unseren Lehrern bestand, als dass ich alle ihre Namen und Gesichter vergessen habe. Mit photographischer Schärfe bewahrt mein Gedächtnis noch das Bild des Katheders und des Klassenbuchs, in das wir immer zu schielen suchten, weil es unsere Noten enthielt; ich sehe das kleine rote Notizbuch, in dem sie die Klassifizierungen zunächst vermerkten, und den kurzen schwarzen Bleistift, der die Ziffern eintrug, ich sehe meine eigenen Hefte, übersät mit den Korrekturen des Lehrers in roter Tinte, aber ich sehe kein einziges Gesicht von all ihnen mehr vor mir – vielleicht weil wir immer mit geduckten oder gleichgültigen Augen vor ihnen gestanden.»[105] Aus Berliner Sicht kommt Ludwig Marcuse in seiner Autobiographie zum gleichen Ergebnis: Es gab viele Erzieher, aber keine Erziehung. Die abstrakt bürgerliche Moral, die mit Hilfe des deutschen Aufsatzes einexerziert wurde, diente allein einer Vorstellung vom Staat, die jede liberale und individuelle Regung zu unterbinden suchte. Zuhause herrschte die mehr oder weniger effektvolle Diktatur der Eltern; in der Schule regierte der Direktor als unumschränkter Polizeipräsident. Wurde das Ziel der Klasse nicht erreicht, so war dies ein kleiner Weltuntergang.[106]

Thomas Mann stellt in den «Betrachtungen eines Unpolitischen» fest: «Als Knabe personifizierte ich mir den Staat gern in meiner Einbildung, stellte ihn mir als eine strenge, hölzerne Frackfigur mit schwarzem Vollbart vor, einen Stern auf der Brust und ausgestattet mit einem militärisch-akademischen Titelgemisch, das seine Macht und Regelmäßigkeit auszudrücken geeignet war: als General Dr. von Staat.»[107] Die Gesellschaft, die Jugend als eigenständige Entwicklungsphase nicht achtete sowie die damit verknüpfte psychisch-physische Unruhe zu verdrängen suchte, projizierte auf den Jugendlichen all die Negativa, welche die eigene Misere ausmachten. Im Besonderen bekämpfte sie die ihr innewohnende Geschlechtsbesessenheit im Sündenbock jugendlicher Sexualität, wobei vor allem die Onanie als Schreckgespenst für sittliche Gefährdung und Verderbnis beschworen wurde.

Als in Thomas Manns Roman «Der Zauberberg» Hans Castorp, der eigentlich nur seinen lungenkranken Vetter in einem Davoser Sanatorium besuchen wollte, aber dann wegen eigener Erkrankung sieben Jahre lang dort bleibt, sich einer Röntgenuntersuchung unterzieht, bedeutet das für ihn eine tiefe existentielle Erschütterung: «Er sah in sein eigenes Grab. Das spätere Geschäft der Verwesung sah er vorweggenommen durch die Kraft des Lichtes, das Fleisch, worin er wandelte, zersetzt, vertilgt, zu nichtigem Nebel gelöst, und darin das kleinlich gedrechselte Skelett seiner rechten Hand, um deren oberes Ringfingerglied sein Siegelring, vom Großvater her ihm vermacht, schwarz und lose schwebte: ein hartes Ding dieser Erde, womit der Mensch seinen Leib schmückt, der bestimmt ist, darunter wegzuschmelzen, so dass es frei wird und weiter geht an ein Fleisch, das es eine Weile wieder tragen kann ... zum erstenmal in seinem Leben verstand er, dass er sterben werde. Dazu machte er ein Gesicht, wie er es zu machen pflegte, wenn er Musik hörte, – ziemlich dumm, schläfrig und fromm, den Kopf halb offenen Mundes gegen die Schulter geneigt. Der Hofrat sagte: ‹Spukhaft, was? Ja, ein Einschlag von Spukhaftigkeit ist nicht zu verkennen.›»[108] Das Werk zeigt ein Pandämonium körperlich und seelisch kranker Menschen, die sich in einer Lungenheilstätte hoch auf dem Berg versammelt haben; mit Röntgenblick durchleuchtet der Dichter die mit dem Ausbruch des Weltkrieges zu Ende gehende Epoche (so wie er später im «Doktor Faustus» die Gefährdung der deutschen Seele, ihre Verführbarkeit und Zerstörung durch den Nationalsozialismus allegorisch darstellte). Über allen Gestalten des Zauberbergs liegt die Abendröte des alten versinkenden Europa. Der Zerfall der Werte und der bürgerlichen Ordnung ist in vollem Gange. Und dennoch hofft man immer wieder auf Morgenröte. Der Patient Settembrini, italienischer Humanist und Aufklärungsoptimist, wendet sich mit Leidenschaft gegen den mit Terror, Askese und kommunistischer Ideologie vermischten Todesfanatismus des Jesuiten Leo Naphta; er hofft auf die Verwirklichung von Persönlichkeit, Menschenrecht und Freiheit. Castorp wiederum löst sich von der ideologischen Auseinandersetzung der beiden, die er als Geschwätz empfindet, und transzendiert auf mystische Lebensbejahung – evoziert durch die erhabene Schneelandschaft der Berge, die sich für ihn zu einem unendlichen Seelenraum weitet. «Ich will gut sein. Ich will dem Tode keine Herrschaft ein-

Ludwig Meidner: Bombardement einer Stadt, 1913

räumen über meine Gedanken! Denn darin besteht die Güte und Menschenliebe, und in nichts anderem.»[109] Aber der Versuch, sich – wenn auch mit Hilfe der Krankheit – über das Flachland mit seinen Niederungen zu erheben, ist nur täuschende Euphorie: Heiterkeit vor dem Ende. Als Castorp, einigermaßen geheilt, den Weg «nach unten» nimmt, bricht dort die verheerende Seuche des Krieges aus. In die Realität des Lebens zurückgekehrt, erlebt er diese als Vernichtungsorgie. «Sie werfen sich nieder vor anheulenden Projektilen, um wieder aufzuspringen und weiterzuhasten, mit jungsprödem Mutgeschrei, weil es sie nicht getroffen hat. Sie werden getroffen, sie fallen, mit den Armen fechtend, in die Stirn, in das Herz, ins Gedärm geschossen. Sie liegen, die Gesichter im Kot, und rühren sich nicht mehr. Sie liegen, den Rücken vom Tornister gehoben, den Hinterkopf in den Grund gebohrt, und greifen krallend mit ihren Händen hinten in die Luft. Aber der Wald sendet neue, die sich hinwerfen und springen und schreiend oder stumm zwischen den Ausgefallenen vorwärtsstolpern.»[110]

Das Kulturweltbürgertum war unter dem Ansturm der Barbarei, die man vergangen glaubte, zerfallen. Man sei zwar, stellt Sigmund Freud in seiner Abhandlung «Zeitgemäßes über Krieg und Tod» (1915) fest, darauf vorbereitet gewesen, dass Kriege zwischen den primitiven und den zivilisierten Völkern, zwischen den Menschenrassen, die durch Hautfarbe von einander geschieden seien, auch mit und unter den wenig entwickelten oder verwilderten Völkerindividuen Europas die Menschheit noch geraume Zeit in Anspruch nehmen könnten. Aber von den großen weltbeherrschenden Nationen weisser Rasse, denen die Führung des Menschengeschlechts zugefallen sei, die man mit der Pflege weltumspannender Interessen beschäftigt wusste, deren Schöpfungen die technischen Fortschritte in der Beherrschung der Natur wie die künstlerischen und wissenschaftlichen Kulturwerte seien – von diesen Völkern habe man erwartet, dass sie Missbilligkeiten und Interessenkonflikte friedlich zum Austrag brächten. Der Krieg setze sich über alle Einschränkungen hinweg, zu denen man sich verpflichtet, die man das Völkerrecht genannt habe. Er werfe nieder, was ihm im Weg stehe, in blinder Wut, als solle es keine Zukunft und keinen Frieden unter den Menschen nach ihm geben. «Er zerreisst alle Bande der Gemeinschaft unter den miteinander ringenden Völkern und droht eine Erbitterung zu hinterlassen, welche eine Wiederanknüpfung derselben für lange Zeit unmöglich machen wird.»[111]

Die Doppelmoral der Gesellschaft gipfle in der Doppelmoral des Staates; dieser fordere seine Bürger auf, Taten von Grausamkeit, Tücke, Verrat und Rohheit zu begehen, deren Möglichkeit man mit dem angenommenen kulturellen Niveau für unvereinbar gehalten hätte. «So mag der Kulturweltbürger ... ratlos dastehen in der ihm fremd gewordenen Welt. Sein großes Vaterland zerfallen, die gemeinsamen Besitztümer verwüstet, die Mitbürger entzweit und erniedrigt.»[112]

In Europa gingen die Lichter aus; das Ende aller Sicherheit war gekommen. Das Traumschloss einer Zivilisation und Kultur, die viele Hoffnungen, Visionen und Utopien beherbergt hatte, freilich auch um die Brüchigkeit ihres Fundaments wusste, zerfiel. Das Fin de siècle ereignete sich ein zweites Mal – nun als Apokalypse.

Weimarer Republik
1919–1933

Aktion Vatermord

Als einer der letzten Kriegsopfer – in Deutschland waren fast 2 Millionen Männer umgekommen, Hunderttausende blieben vermisst – fällt im Oktober 1918, «an einem Tag, der so ruhig und still war an der ganzen Front, dass der Heeresbericht sich nur auf den Satz beschränkte, im Westen sei nichts Neues zu melden», der Ich-Erzähler in Erich Maria Remarques gleichnamigem Roman. Die Begeisterung, die ihn wie seine Kameraden zu Anfang des Krieges erfüllt hatte, wird schon durch die Schikanen bei der Ausbildung (Unteroffizier Himmelstoß) erschüttert; die mörderischen Kämpfe mit dem massenhaften Sterben zeigen auf ergreifende Weise die Sinnlosigkeit des «Völkerringens». Berichtet wird über eine Generation, «die vom Kriege zerstört wurde – auch wenn sie seinen Granaten entkam». «Wenn wir jetzt zurückkehren, sind wir müde, zerfallen, ausgebrannt, wurzellos und ohne Hoffnung. Wir werden uns nicht mehr zurechtfinden können.»[1] Das Buch erschien 1929 im Ullstein-Verlag und war vorab in der «Vossischen Zeitung», die wie eine Reihe weiterer Periodika zum größten deutschen Verlagshaus, dem jüdischen Familienkonzern Ullstein, gehörte, veröffentlicht worden. Die Verzweiflung der von Remarque (wie auch in L. Renns Roman «Krieg») gezeichneten «verlorenen Generation» entsprach der Stimmungslage vieler ehemaliger Frontkämpfer; aber auch der durch Inflation enteigneten, durch Rationalisierung und Weltwirtschaftskrise geschädigten Mittelschichten; deren nach wie vor vorhandenen nationalen Gefühle wurden durch das Buch nicht wesentlich verletzt, da es keine Kriegsanalyse vorlegte, nach den Schuldigen wenig fragte. Bei einer Weltauflage von 8 Millionen Exemplaren handelte es sich um den meist gelesenen Roman der ersten Jahrhunderthälfte[2], wobei die Darstellung in Form einer Reihung von Kurz-Szenen der Verfilmung, die ihrerseits ein großer Erfolg wurde, entgegenkam.

Auf der Gegenseite, bei den konservativ-nationalistischen und nationalsozialistischen Kreisen führte das Buch zu geifernder Wut und aggressiver Empörung. Der Schriftsteller Hans Zöberlein (nach Hitlers Machtergreifung SA-Brigadeführer, 1945 Führer eines Exekutionskommandos, das neun Penzberger Bürger ermordete) schrieb im «Völkischen Beobachter» am 14.8.1929, in der Beilage «Der deutsche Frontsoldat»: «Woanders hinge ein solcher Schmierfink längst von Staats wegen an einer Laterne auf einem öffentlichen Platz der Hauptstadt zur öffentlichen Abschreckung – oder er wäre von den Frontsoldaten in seinem Element, einer Latrine, ersäuft worden.» Im «Angriff» (9.2.1930) drohte Joseph Goebbels, der als Berliner «Gauleiter» der NSDAP mit SA-Kommandos die Aufführung des Films zu verhindern suchte: «Wir werden einst Deutschland ausräuchern, wie wir neulich das Kino ausgeräuchert haben. Dann werden wir ganz legal die Köpfe rollen lassen, die für die heutige Schande verantwortlich sind.» Übrigens wurde der Film kurz danach durch die Oberprüfstelle nach dem Reichslichtspielgesetz verboten – ein skandalöser Zensurvorgang, der ein bezeichnendes Licht auf die juristische Situation der Weimarer Republik wirft.[3]

Insgesamt erfolgte in den letzten Jahren der Weimarer Republik eine besonders intensive literarische Verarbeitung der Kriegserfahrungen – und zwar auf höchst widersprüchliche Weise: Für die einen erschien der Krieg als sinnloses Geschehen, voller Blut, Schweiss und Tränen; Regression auf barbarische Urzustände, Kultur und Zivilisation ad absurdum führend (etwa in Arnold Zweigs Roman «Der Streit um den Sergeanten Grischa», 1927). Für die anderen war er Katharsis, Zeit der Bewährung von Kameradschaft und persönlicher Tapferkeit.

Mit dem Ende des furchtbaren Krieges, da Kaiser Wilhelm II. im dreißigsten Jahr seiner Herrschaft ins Exil nach Holland gehen musste, erhofften viele einen Neubeginn, eine Wiedergeburt des Menschen und Menschlichen. Die Anthologie «Menschheitsdämmerung – Symphonie jüngster Dichtung», herausgegeben von Kurt Pinthus (1919), zog zwar eine bittere Bilanz, richtete aber den Blick auf hellere Zeiten. «Diese zukünftige Menschheit, wenn sie im Buche ‹Menschheitsdämmerung› (‹Du Chaos-Zeiten schrecklich edles Monument›) lesen wird, möge nicht den Zug dieser sehnsüchtigen Verdammten verdammen, denen nichts blieb, als die Hoffnung auf den Menschen und der Glaube an die Utopie.»[4]

1922, als das zwanzigste Tausend der Anthologie erschien, fügte Pinthus dem Vorwort einen «Nachklang» bei; es waren die gleichen Gedichte, doch nun waren die ersten Jahre der Weimarer Republik ins Land gezogen, reaktionäre und restaurative Tendenzen stärker geworden; die Leidenschaft des Aufbruchs hatte an Elan verloren. («Der Kaiser ging, die Generäle blieben», lautete der Titel eines Kriegsbuches von Theodor Plivier.) Was einen poetologischen Bezug hatte, konnte auf die allgemeine Stimmungslage übertragen werden: Die große allgemeine neue Dichtung, von vielen als «Stab und Weiser» ersehnt, sei nicht entsprossen, «weder den Nachkommen des alten Bürgertums, noch den anrückenden Massen der Proletarier, weder dem Glanz der über die Erdoberfläche hemmungslos schweifenden Neubeglückten, noch der Qual des neugewordenen Proletariats. Im Dunkel der Jugend, die jetzt aufwächst, sind kaum einige Lichtlein für die Dichtung zu erblicken. Lasset uns deshalb verehrende Erinnerung der Dichterschar wahren, die Großes und Zukunft enthusiastisch zumindest gewollt hat und zuversichtlich glaubte, Erste einer neuen Menschheitsepoche zu sein. Man verhöhne sie nicht und beschuldige sie nicht, dass sie nur aufrührerische Letzte gewesen seien, die sich von der Untergangsdämmerung hinweg zum Glühen vermeintlicher Morgendämmerung wandten, aber erlahmen mussten, bevor sie an der Spitze ihrer Zeitgenossen gereinigt ins Licht treten konnten.»[5]

Als analytisch-zeitkritisch hatte sich Remarque erwiesen, wenn es ihm um die Anklage der Erwachsenen, der Eltern und Lehrer ging, die diese «eiserne Jugend» mit chauvinistischen Reden in den Krieg getrieben hatten – statt Vermittler und Führer zur Welt des Erwachsenseins, zur Welt der Arbeit, der Pflicht, der Kultur und des Fortschritts, zur Zukunft zu sein. «Mit dem Begriff der Autorität, dessen Träger sie waren, verband sich in unseren Gedanken größere Einsicht und menschlicheres Wissen. Doch der erste Tote, den wir sahen, zertrümmerte diese Überzeugung. Wir mussten erkennen, dass unser Alter ehrlicher war als das ihre; sie hatten vor uns nur die Phrase und die Geschicklichkeit voraus. Das erste Trommelfeuer zeigte uns unseren Irrtum, und unter ihm stürzte die Weltanschauung zusammen, die sie uns gelehrt hatten.»[6]

Das «Unternehmen Vatermord», das Sigmund Freud in seinem Traktat «Totem und Tabu» (1912/13) tiefen- beziehungsweise religionspsychologisch deutete, war die oft vergebliche Aktion (Reaktion), mit der die expressionistisch revolutionär gestimmte Kriegs-generation die Ohnmacht ihrer Jugend zu vergelten suchte. «Ich las nie das, was der Professor schrieb; ich sah nur einen kräftigen, untersetzten Mann, der furzend vor seinem Schreibpult stand, endlose Manuskriptseiten beklexte und mit dreien seiner Stücke sogar aufgeführt worden war», heisst es in den Lebenserinnerungen des 1895 in Wien geborenen und durch sein Drama «Vatermord» (1920) bekannt gewordenen Arnolt Bronnen.[7]

Theodor Lessing wurde 1872 als erstes Kind in einer von Anfang an zerrütteten Geld-Ehe geboren; der Vater war Arzt, die Mutter Bankierstochter. Bei dennoch stets gespannter finanzieller Situation lebte man auf großbürgerlichem Fuße und in ständigen Streitigkeiten. Lessing nannte die Ehe der Eltern einen Totentanz, der vierundzwanzig Jahre gedauert habe. Der Vater ließ sich nicht scheiden, da er die Mitgift, deretwegen er geheiratet, bereits im dritten Ehejahre auf der Börse verspekuliert hatte. Der Zwang, den bürgerlichen Ehrbegriffen zu genügen, machte die Ehe «dauerhaft». Der gleichmacherisch-öde Drill der Schule verstärkte Lessings Introvertiertheit: «Ich wurde völlig in mich hineingeprügelt, verstockte und verkroch mich, sprach wenig und ungern und war nicht nur ungewillt, etwas zu lernen, sondern schlechthin unfähig dazu. Auch körperlich zeigte ich mich ungelenk und ungeschickt... Es war eine dauernde Niederlage.»[8] Selbsthass ergab sich als Folge. «Die Liebe zum Tod war in mir, ehe ich die Liebe zum Leben erlernte.» Für den sensiblen Juden blieb in der arischen «Siegfriedwelt der Muskelfrohen und im Angesicht ihrer gesunden und rohen Kraft- und Saft-Ideale» wenig Platz. Lessing hat später wie viele, deren Stärke kompensatorisch aus dem Geist der Schwäche entstand, eine Kehre zur Gegenaufklärung hin vollzogen. In Freundschaft zu Ludwig Klages entwickelte er einen kulturpessimistisch eingefärbten, mit hemmungsloser Deutschtümelei und Bürgerhass verbundenen Irrationalismus, so dass, wie Kurt Hiller es formulierte, er selber die Kugel gießen half, die ihn später niederstreckte. (1933 wurde er, nach der Flucht vor den Nationalsozialisten, von diesen in Marienbad durch das offene Fenster seines Arbeitszimmers ermordet.)

Ernst Tollers autobiographische Erzählung «Eine Jugend in Deutschland» (erst 1933 veröffentlicht) beschrieb die Geschichte eines bürgerlich-idealistischen Jünglings, der, ebenso ahnungslos wie enthusiastisch und voller Patriotismus in den Ersten Weltkrieg zieht und dann in die revolutionäre Bewegung hineingerissen wird. Aus den Erfahrungen von Unterdrückung und leer gelaufener Autorität entstand die Sehnsucht nach «Bruderliebe», der Glaube an die erlösende Kraft des Sozialismus. Auf der Seite der Schwachen wollte er stehen. «Ich fasse das Leid nicht, das der Mensch dem Menschen zufügt. Ich glaube, dass er das Schrecklichste tut aus Mangel an Phantasie, aus Trägheit des Herzens.»[9] Aktiv wollte Toller den Kampf gegen die Lebenslüge und für die Humanität führen; seine Teilnahme am Kampf um eine Räterepublik in München (1919) war Ausfluss solcher Überzeugung.

Im Umfeld solcher persönlich eingefärbter literarischer Werke, die aufzeigten, wie der Generation der «Geschlagenen» das Bewusstsein vom Geopfertwerden aufdämmerte, findet sich ein eigenartiges, weitgehend autobiographisch bestimmtes Zeugnis, das in Hinblick aufs kollektive Unterbewusstsein durchaus als Symptom der allgemeinen Situation empfunden werden kann: Franz Kafkas «Brief an den Vater».[10] Er hat ihn 1919 im Alter von 36 Jahren, fünf Jahre vor seinem Tode geschrieben. Der Vater, das war der an Stärke, Gesundheit, Appetit, Stimmkraft, Redebegabung, Selbstzufriedenheit, Weltüberlegenheit, Ausdauer, Geistesgegenwart, Menschenkenntnis überlegene Lenker des familiären Geschicks. Demgegenüber der ängstliche Sohn, der vom Vater so behandelt wird, wie es eben dessen Mentalität entspricht, mit Kraft, Lärm und Jähzorn: «Ich winselte einmal in der Nacht immerfort um Wasser, gewiss nicht aus Durst, sondern wahrscheinlich teils um zu ärgern, teils um mich zu unterhalten. Nachdem einige starke Drohungen nicht geholfen hatten, nahmst Du mich aus dem Bett, trugst mich auf die Pawlatsche und ließest mich dort allein vor der geschlossenen Tür ein Weilchen im Hemd stehn. Ich will nicht sagen, dass das unrichtig war, vielleicht war damals die Nachtruhe auf andere Weise wirklich nicht zu verschaffen, ich will aber damit Deine Erziehungsmittel und ihre Wirkung auf mich charakterisieren. Ich war damals nachher wohl schon folgsam, aber ich hatte einen inneren Schaden davon. Das für mich Selbstverständliche des sinnlosen Um-Wasser-Bittens und das außerordentlich Schreckliche des Hinausgetragenwerdens konnte ich meiner Natur nach niemals in die richtige Verbindung bringen. Noch nach Jahren litt ich unter der quälenden Vorstellung, dass der riesige Mann, mein

Vater, die letzte Instanz, fast ohne Grund kommen und mich in der Nacht aus dem Bett auf die Pawlatsche tragen konnte und dass ich also ein solches Nichts für ihn war.»[11] Aufmunterung, ein wenig Freundlichkeit hätte der Sohn gebraucht, der allein schon durch die bloße Körperlichkeit des Vaters niedergedrückt war. «Ich erinnere mich zum Beispiel daran, wie wir uns öfters zusammen in einer Kabine auszogen. Ich mager, schwach, schmal, Du stark, groß, breit. Schon in der Kabine kam ich mir jämmerlich vor, und zwar nicht nur vor Dir, sondern vor der ganzen Welt, denn Du warst für mich das Maß aller Dinge.»[12]

Entstellte Gesichter

Der vom Vater gequälte und unterdrückte Sohn ist in seiner Jugendlichkeit deformiert, leiblich, seelisch, geistig entstellt. Überträgt man die «kafkaeske» existentielle Erfahrung auf die Kulturphysiognomie der Weimarer Republik, so ist ihr «Gesicht» durch das traumatisch sich auswirkende Kriegsgeschehen geprägt; wie in der Literatur wurde es auch in Zeichnung und Malerei realistisch wie surrealistisch, karikaturistisch wie expressionistisch festgehalten: in Form von zerfetzten und vermodernden Leichen, Überlebenden als Krüppel und Invaliden, Gestrauchelten im Lebensdschungel der Nachkriegszeit. Dass dabei das verletzte Gesicht (der verwundete Kopf) besonders oft auftaucht, hat seinen Grund nicht nur in der ästhetischen Bedeutung des menschlichen Antlitzes, sondern auch im Erscheinungsbild der heimgekehrten Versehrten. In der «physiognomischen Kulturgeschichte» «Gesichter der Weimarer Republik» verweist Michael Hagner auf die furchtbare Tatsache, dass kurz nach dem Gedicht «Weltende» von Jakob van Hoddis, dessen Inhalt es ist, dass dem Bürger der Hut wie eine Maske vom Kopf gerissen und sein Gesicht freigelegt wird, Hunderttausenden von jungen Männern das ganze Gesicht oder die Schädeldecke wegflog. Von zirka zwei Millionen Verletzten, die im «Sanitätsbericht über das deutsche Heer» ausgewertet wurden, indem man die Wirkung der einzelnen Waffenarten auf die einzelnen Körperteile auszählte, hatten mehr als 300 000 Soldaten Kopfverwundungen, insbesondere durch Gewehrschüsse und Artilleriegeschosse, erlitten. Das war zwar eine Minderheit im Verhältnis zu den zirka 1,3 Millionen, die an den Gliedmaßen verwundet wurden; «doch unter den mindestens 1,5 Millionen dauerhaft Geschädigten gehörten die Gehirn- und Gesichtsversehrten zu denen, die für das oberste Ziel der Fürsorgebemühungen, nämlich einer möglichst vollständigen ökonomischen und psychosozialen Eingliederung in die Gesellschaft, kaum oder gar nicht mehr in Frage kamen. Die Verletzungen selbst und die medizinischen Maßnahmen brachten – im wahrsten Sinne des Wortes – neue Menschen hervor, wenn auch in ganz anderer Weise, als es sich Sozialingenieure und Visionäre seit Beginn des Jahrhunderts ausdachten und planten. Gesichtsverletzte, wenn sie das Lazarett verlassen konnten, boten einen bis dahin kaum für möglich gehaltenen Anblick, dessen unheimlichstes Charakteristikum vielleicht darin lag, dass die ‹Mondlandschaft des Todes, deren Licht auf allen Gesichtern liegt›, zwar kaum verborgen blieb, aber im Verein mit chirurgischen und zahnärztlichen Rekonstruktionsversuchen lebendige Physiognomien hervorbrachte, die in ihren verschiedenen Darstellungsformen bis auf den heutigen Tag zum charakteristischen Bildbestand der Weimarer Republik gerechnet werden. Dazu zählen sowohl die Bilder und Collagen von George Grosz, Otto Dix, Max Beckmann oder John Heartfield als auch die grauenhaften Photographien der Gesichtsverstümmelten in Ernst Friedrichs (1894–1967) ‹Krieg dem Kriege!›, die medizinischen Fachpublikationen entnommen waren und als Embleme der Antikriegsbewegung galten.»[13]

George Grosz gehörte zu den führenden Vertretern des Berliner Dadaismus, einer 1916 in Zürich entstandenen Bewegung, die als totale Rebellion gegen die kulturellen Formen der fadenscheinig gewordenen bürgerlichen Konvention, vor allem auch als Protest gegen den Krieg gedacht war. Grosz dekuvrierte die «Zuhälter des Todes»: stiernackige Unternehmer, welche die Zigarre im Maul wie den erigierten Penis befingern, dickwanstige Rechtsputschisten und monokelbewehrte Reichswehroffiziere, die mit erhobenem Sektglas den Tod der jungen Revolution feiern. Grosz empfand die mächtigen «Täter» als eine Menagerie von Schweinehunden, Eseln, Bulldoggen, gebissbleckenden Affen; dem Gesicht der herrschenden Klassen hielt er den Spießer-Spiegel vor.[14] Aber er hat auch die Opfer, die schale Armee der Arbeitslosen, Invaliden, Bettler, Prostituierten, in ihrer lauernden Hässlichkeit nicht verschont. Wen er zeichnete, der war gezeichnet.

George Grosz: Die Besitzkröten

In seiner Autobiographie mit dem charakteristischen Titel «Ein kleines Ja und ein großes Nein» nennt er die Republik eine «völlig negative Welt, mit buntem Schaum obenauf». «Dicht unter dieser lebendigen Oberfläche, die so schön wie ein Sumpf schillerte und ganz kurzweilig war, lagen der Bruderhass und die Zerrissenheit, und die Regimenter formierten sich für die endgültige Auseinandersetzung... Überall erschollen Hassgesänge. Alle wurden gehasst: die Juden, die Kapitalisten, die Junker, die Kommunisten, das Militär, die Hausbesetzer, die Arbeiter, die Arbeitslosen, die Schwarze Reichswehr, die Kontrollkommission, die Politiker, die Warenhäuser und nochmals die Juden. Es war eine Orgie der Verhetzung.»[15]

Otto Dix hatte sich begeistert als Freiwilliger zum Militärdienst gemeldet und sich in Selbstportraits als soldatischen Helden, voller Energie und Stärke, gefeiert. Bald aber erkannte er, dass die Erde zum «geisterhaften Ruheplatz» geworden war, überzogen von Schlamm, der Landschaft und Soldaten unter sich begrub. Doch schwingt auch, wie in dem Bild «Flandern», die Hoffnung mit, dass es trotzdem Auferstehung gebe. Seine Bilder zum Nachkriegsdeutschland glichen Mausoleen, mit Figuren, die sich bei lebendigem Leib zersetzen. In «Die Prager Straße» (1920), eine Szene in Dresden, kontrastiert die groteske Anstrengung eines ehemaligen Offiziers, der mit seinem nur halb erhaltenen Körper versucht, seine Würde zu bewahren, mit der abstoßenden Verzweiflung eines Veteranen, dem eine einzige Extremität zum Betteln geblieben ist. «Die ‹Prager Straße› kommentiert die Sexualpolitik der Weimarer Zeit ebenso wie die Sozialpolitik. Modeanzeigen in den Zeitschriften der zwanziger Jahre illustrieren die Allgegenwart der Venus von Milo, Weimars vielleicht mächtigster Ikone weiblicher Schönheit und Fülle. Im Gegensatz dazu ist der armlose Torso im Schaufenster männlich und präsentiert eine Ansammlung von Produkten, die für die Invaliden entworfen und von ihnen getragen wurden. Diese Umkehrung markiert, bis zu welchem Grad die kriegsversehrten Männer der Weimarer Republik effeminiert wurden. Sie waren gezwungen, zu den kosmetischen Hilfsmitteln der Frauen zu greifen (beispielsweise zum Korsett), die doch kaum imstande sind, einen Körper zu rekonstruieren. Dass die beiden künstlichen Füße im Schaufenster zusammen mit Anzeigen für Kondome und gynäkologische Instrumente gezeigt werden, gibt dem Bild, das vom Verlust der Männlichkeit der Veteranen handelt, eine weitere ironische Wendung» (Maria Tatar).[16]

Max Beckmann empfand den Krieg zunächst als Möglichkeit, seine Arbeit zu bereichern. «Meine Kunst kriegt hier zu fressen», verkündete er von der Front. Er betrachtete die Schlacht als etwas unglaublich Schönes und unbeschreiblich Großes, als eine Szenerie von überwältigender transzendenter Strahlkraft.[17] Aber dann hinterließ das schreckliche Geschehen tiefe Spuren in seiner Seele und durchdrang in immer neuen Chiffren, die für Folter, Verstümmelung und anarchische Gewalt stehen, seine Bilder. In dem Gemälde «Die Nacht» (1918/19) mit gefesselten, verkrümmten, verdrehten, ineinander verknäulten Körpern, ist der Kriegsschauplatz vom Schlachtfeld ins Wohnzimmer verlegt: die Transponie-

rung des Historisch-Abgründigen ins Anthropologisch-Arche-
typische. Der Mensch erweist sich als des Menschen Wolf (homo
homini lupus).

Die Revolution

Neu war für die deutsche Geschichte, dass der Aufstand der unter-
drückten Söhne und Töchter gegen das autoritäre System Chancen des Gelingens zu haben schien.

Die Revolution brach in Deutschland nicht als planmäßig vorbe-
reitete Aktion aus. Ihren Anfang nahm sie mit einer Meuterei in
der Marine, die noch Oktober 1918 zu einem Entlastungsangriff
gegen die west-alliierte Blockade auslaufen sollte. Während die Regierung einen Notenwechsel mit dem amerikanischen Präsidenten
Wilson zur Erreichung eines Waffenstillstandes führte, griffen die
Unruhen von Kiel auf die west- und süddeutschen Großstädte und
Industriezentren über. Hier bildeten sich Arbeiter- und Soldatenräte. Am 9. November weigerten sich die in Berlin stationierten
Truppen, gegen die Friedensdemonstrationen streikender Arbeiter und unzufriedener Soldaten vorzugehen. Als schließlich der
Generalstreik beschlossen wurde, war der Sturz der Monarchie
nicht mehr aufzuhalten. Nur noch zwei Möglichkeiten standen
zur Wahl: die demokratische Republik und die Räterepublik nach
russischem Muster.

Die Räterepublik war das Ziel des kommunistischen «Sparta-
kusbundes», der 1917 von den marxistischen Revolutionären Karl
Liebknecht und Rosa Luxemburg gegründet worden war. Zwischen dieser linksradikalen Gruppe und der SPD standen die Unabhängigen Sozialdemokraten (USPD). Sie waren schon 1916 als
linker Flügel der SPD aus der Fraktion ausgeschieden und hatten
1917 eine eigene Partei gegründet.

Den nun drohenden Bürgerkrieg wollte Friedrich Ebert, Vorsitzender der Sozialdemokratischen Partei, um jeden Preis verhindern; zudem befürchtete er, Deutschland könnte zum Schlachtfeld
eines Weltkampfes zwischen bürgerlicher Demokratie und bol-
schewistischer Weltrevolution werden. Die SPD hoffte, eine Radi-
kalisierung der Arbeiter- und Soldatenräte vermeiden zu können.
Daher forderten die Sozialdemokraten vom amtierenden Reichs-

kanzler Prinz Max von Baden die Übertragung der Regierungsge-
schäfte auf die Repräsentanten ihrer Partei; dieser folgte dem Vorschlag; er betraute Ebert mit dem Reichskanzleramt und gab, ohne
dazu ausdrücklich autorisiert zu sein, die Abdankung des Kaisers
und den Thronverzicht des Kronprinzen bekannt. Zur gleichen
Zeit bereitete der Spartakusbund die Errichtung einer Räterepublik vor. Um ihm zuvorzukommen, verkündete der sozialdemokratische Abgeordnete Philipp Scheidemann die Gründung der
«Deutschen Republik». Ebert war entsetzt über diese willkürliche
Handlung, musste ihr aber angesichts der gespannten Lage zu-
stimmen. «Ist das wahr?», rief er Scheidemann zu, «du hast kein
Recht, die Republik auszurufen! Was aus Deutschland wird, ob
Republik oder was sonst, das entscheidet eine Konstituante!» Mit
diesem Bekenntnis zur verfassunggebenden Nationalversammlung bejahte Ebert die Tradition von 1789 und 1848. Immerhin
hatte Scheidemann zur Einhaltung dieser Linie Entscheidendes
getan. Als Liebknecht zwei Stunden später die «Freie Sozialistische Republik» ausrief, blieb diese Proklamation ohne Wirkung.

Unter Beteiligung der Unabhängigen Sozialdemokraten bildete
Ebert den «Rat der Volksbeauftragten», der durch bürgerliche
Fachminister erweitert wurde. Diese «aus der Revolution hervor-
gegangene Regierung» erhielt im Dezember 1918 vom Kongress
der Arbeiter- und Soldatenräte, in dem die Linksradikalen unter-
lagen, alle gesetzgebende und vollziehende Gewalt übertragen. Ihr
Beschluss, Wahlen für eine verfassunggebende Nationalversammlung auszuschreiben, bedeutete den Sieg der gemäßigten Richtung.
Damit schien die Gefahr eines Bürgerkriegs gebannt zu sein. Dennoch kam es zu blutigen Ausschreitungen, vor allem in Berlin,
Hamburg, Bremen, in Mitteldeutschland, dem Ruhrgebiet und in
Bayern, die mit Hilfe intakter Armeeverbände niedergeschlagen
wurden (weswegen Ebert das Odium anhaftete, eine Allianz mit
den Militärs eingegangen zu sein).

Die «Unabhängigen» lehnten die Zusammenarbeit mit dem Militär ab, traten aus der Regierung aus und unterstützten nun die
«spartakistische» Forderung nach einer deutschen Räterepublik.
Demgegenüber war die SPD, die nun allein die Regierung trug, entschlossen, die parlamentarische Demokratie durchzusetzen. Der
Höhepunkt der Krise war erreicht, als die Truppen Weihnachten
1918 in Berlin einmarschierten. Ein Revolutionsausschuss der

USPD und der (im Dezember 1918 von den Spartakisten gegründeten) Kommunistischen Partei Deutschlands rief die Berliner Arbeiter auf die Straße und erklärte die Regierung für abgesetzt. Diese beantwortete den «Spartakusaufstand» mit der Ansage der Gewalt: «Gewalt kann nur mit Gewalt bekämpft werden. Die organisierte Gewalt des Volkes wird der Unterdrückung und der Anarchie ein Ende machen.» Bereits nach zwei Tagen (11. bis 13. Januar 1919) endete die Auseinandersetzung mit einer völligen Niederlage der Putschisten. Karl Liebknecht und Rosa Luxemburg wurden gefangen genommen und auf dem Transport ins Gefängnis von den begleitenden Soldaten ermordet. Rosa Luxemburg hatte zu den bedeutendsten theoretischen Köpfen des deutschen Marxismus gehört; die leninistische Lehre von der führenden Rolle der Partei und die Art ihrer Verwirklichung in der russischen Parteidiktatur lehnte sie (wie überhaupt der frühe deutsche Kommunismus) deutlich ab. In dem Verbrechen zeigte sich das Bedenkliche des Bündnisses mit dem Militär: Die eingesetzten Truppen verloren immer mehr den Schutz der entstehenden Demokratie aus den Augen und leisteten im Gegenterror reaktionären und restaurativen Bestrebungen Vorschub.

Auch im übrigen Reichsgebiet wurden die linksradikalen Erhebungen niedergeschlagen. Am längsten dauerten die Kämpfe in München. Hier hatte der Schriftsteller Kurt Eisner am 7./8. November den «Freistaat» proklamiert. Seine Partei, die USPD, erlitt jedoch bei den nachfolgenden Landtagswahlen eine schwere Niederlage; Eisner wurde von dem Grafen Anton von Arco ermordet. In den hierdurch ausgelösten Wirren wurde in München eine Räterepublik errichtet, vor der die vom Landtag gewählte sozialdemokratische Landesregierung Hoffmann nach Bamberg auswich. Truppen der Reichsregierung schlugen den Münchner Aufstand nieder; am 1. Mai 1919 konnte die Lage als «beruhigt» gelten.

Bereits mit dem Zusammenbruch des Spartakusaufstandes war entschieden, dass Deutschland nicht dem Beispiel Russlands folgen werde; denn nun war der Weg frei für die «Verfassunggebende Nationalversammlung». Die vom Rat der Volksbeauftragten beschlossenen Wahlen fanden noch im Januar 1919 statt. Am 6. Februar 1919 trat die deutsche Volksvertretung in Weimar zusammen.

Zwar wollte die Mehrheit der Deutschen keine revolutionären Unruhen, doch verband sie mit der Republik die Hoffnung auf einen innenpolitischen Neuanfang. Scheidemanns Worte: «Das alte Morsche ist zusammengebrochen, der Militarismus ist erledigt» schienen die allgemeine Gefühlslage zu treffen – zumal nach der als Flucht empfundenen Abreise Wilhelms II. (zunächst in das belgische Heilbad Spa) der immer noch vorhandenen Sympathie für den Monarchen ein schwerer Schlag versetzt worden war. «Die Fürsten und Generäle hatten ihren Kredit verspielt; sie standen für die Enttäuschungen und Entbehrungen des verlorenen Krieges; sie verkörperten eine Gesellschaft des ‹Oben› und ‹Unten›, die in Wirklichkeit längst aus den Fugen geraten war. Es war folglich an der Zeit, den bisher Herrschenden den Gehorsam aufzukündigen und das Volk selbst zum Herrn seiner Geschicke zu machen. Was immer Demokratie konkret bedeuten mochte: dem Obrigkeitsstaat erschien sie allemal überlegen, und, was mit das Wichtigste war, sie konnte als Brücke zu den demokratischen Nationen des Westens dienen, mit denen nun die Bedingungen des Friedens ausgehandelt werden mussten» (Heinrich August Winkler).[18]

Brudergesellschaft

München kann als paradigmatischer Ort für die im Kampf um eine Räterepublik zutage tretenden soziokulturellen Intentionen gelten: Der Expressionismus, politisch sensibilisiert, versuchte, sein Fühlen und Denken vom Kopf auf die Füße zu stellen, die patriarchalisch-hierarchische Vatergesellschaft durch eine Brudergesellschaft abzulösen. Symptomatisch dafür ein Beitrag, den der Wiener Sozialist Paul Federn 1919 veröffentlichte – und zwar im «Aufstieg», einer der vielen, kurz nach dem Krieg auf dem Boden der Aufbruchsstimmung rasch gegründeten und auch rasch wieder vergessenen Zeitschriften. («Alles fühlt, es muss anders werden, besser, für alle gut. Schwer jedoch ist es, die Nebel zu durchschauen, sich Pfade zu finden, die hohen Orte zu gewinnen, von wo aus sich Einblicke und Überblicke eröffnen. Aber fort aus den ungesunden, dickichtverwachsenen Niederungen, hinauf zu hellen, reinen, erfrischenden Regionen! Und so sei von dieser und jener Seite der Aufstieg gewagt.»[19]) In seiner Untersuchung «Zur

Psychologie der Revolution: Die Vaterlose Gesellschaft. Nach Vorträgen in der Wiener psychoanalytischen Vereinigung und im Monistenbund» wollte Federn seelische Vorgänge bloßlegen, von denen der Politiker bislang sehr wenig wisse, weil sie den Menschen überhaupt unbewusst geblieben seien, bis sie eine bestimmte Methode der Seelenforschung (gemeint war die Psychoanalyse) zugänglich gemacht habe. Die bestehende Gesellschaftsordnung habe für den Sozialisten unerträglich lange Formen und Rechte aus vergangenen Jahrhunderten beibehalten. Während des Krieges sei der Zwang dieser Ordnung enorm gesteigert und wie nie zuvor auf die geistigen Betätigungen und alle Lebensbedürfnisse ausgedehnt worden. Der ungeheuerlichen Steigerung der Gewalt des Staates, der Verwaltung und der Justiz mit Hilfe von Militär und Polizei sei nun der jähe Zusammenbruch aller staatlichen Autoritäten gefolgt, und dieselben Menschen, die früher sich ruhig dem Zwange angepasst hätten, seien plötzlich unersättlich, ja lüstern geworden nach einer Erneuerung durch Revolution. Überall würden Arbeiter- und Soldatenräte entstehen; diese spiegelten die seelischen Bedingungen und Bedürfnisse der Masse, der weder der bisherige Parlamentarismus noch die Parteiorganisationen, auch nicht die Gewerkschaften gerecht würden. Es wäre eine ungeheure Befreiung, wenn der Aufstand, der eine Wiederholung uralter Revolten gegen den «Vater» sei, Erfolg hätte. Beim Kampf um die Selbstbestimmung der Massen komme es freilich darauf an, ob diese im Sinne der Bruderschaft sich organisierten und nicht erneut der Lenkung durch einen «Vater» beziehungsweise Führer verfielen.

In München kämpfte neben dem Schriftsteller Kurt Eisner vor allem Ernst Toller um die «Brudergesellschaft». Er wirkte als Redner, organisierte Streiks, verfasste Flugblätter; nach der Novemberrevolution wurde er Vorsitzender des Zentralrats der Bayerischen Arbeiter-, Bauern- und Soldatenräte, später Truppenkommandant der Räteregierung. Über Eisner meinte Toller, dass diesen deutsche Klassik und romantischer Rationalismus geformt und gebildet hätten. Sein politisches Ideal sei die vollkommene Demokratie; er verwerfe die parlamentarische Demokratie, die das Volk nur gelegentlich an die Urne führe, um es dann wieder lange auszuschalten. Von unten her solle der Geist des Lebens und der Wahrheit kritisch, belebend und anfeuernd das Tagewerk der Gesellschaft durchdringen; die Mitglieder der Räte seien im Gegensatz zu den

Parlamentariern ihren Wählern direkt verantwortlich und jederzeit abrufbar.

Dies war eine idealistisch-expressionistische Antwort auf die Herausforderung, welche die (proletarische) Massengesellschaft darstellte; sie hatte sich mit der industriellen Revolution, der sprunghaft zunehmenden Bevölkerungsvermehrung und dem damit verknüpften Übergang der Agrar- in die Industriegesellschaft herausgebildet und vorwiegend in den Städten zusammengeballt. Die herrschende bürgerliche Gesellschaft hätte ehedem die Arbeiterschaft mit Hilfe politischer, wirtschaftlicher, sozialer und allgemein kultureller Repressionen aus ihrem Klassenbewusstsein verdrängt und vor allem im Krieg in den Dienst nationalistischer Aggression gestellt. Nun, nach dem Umbruch, sei das Individuum wieder gefordert; es müsse, dem Sog der Vermassung sich entziehend, seinen Standort neu überdenken und prüfen, welche Überlebenschancen es besitze. Wo ES war, sollte wieder ICH werden; die Solidarität der vielen Einzelnen ermögliche eine direkt-demokratische Brudergesellschaft.

Erich Mühsam, als Sohn eines jüdischen Apothekers 1878 in Berlin geboren (1934 im Konzentrationslager Oranienburg ermordet), lebte ab 1901 als freier Schriftsteller in Berlin, dann in München, wo er «Kain – Zeitschrift für Menschlichkeit» herausgab. Er war an der Bildung der ersten Bayerischen Räterepublik beteiligt; nach deren Scheitern wurde er von einem Standgericht zu 15 Jahren Festungshaft verurteilt, 1924 amnestiert. Mühsam hat in einem seiner Gedichte das «anarchistische» Prinzip, das sich mit der Wirklichkeit nie zufrieden gebe, da es vom Ideal beflügelt sei, in die Verse gefasst: «Meine Sehnsüchte rauschen, rinnen / unerfüllt in die Ewigkeit.» In «Der Idealismus» heisst es:

> Ich weiss von allem Leid, fühl' alle Scham
> und möchte helfen aller Kreatur.
> Der Liebe such' ich aus dem Hass die Spur.
> Dem Trostbedürft'gen geb' ich Wort und Rat,
> dem Hilfbedürft'gen reich' ich meine Hand.
> Doch keiner war noch, der mein Wort verstand
> und keiner, der die Hand ergriffen hat.
> Ich weiss vom Leid nur, fühle nur die Scham
> und kann doch selber nicht Erlöser sein,
> wie jener Jesus, der die ganze Pein
> der Welt auf seine schwachen Schultern nahm.[20]

In diesem Sinne war auch Toller – wie Ludwig Marcuse es formulierte – ein «tragischer Held». Er war sich des Widerspruchs von Ideal und Leben bewusst, erkannte die Grenze, die sozialen Revolutionen gesetzt war: Die «Natur» erwies sich mächtiger als das individuelle und gesellschaftliche Wollen. Darum werde die Tragödie niemals aufhören; auch der Kommunismus habe seine Tragödie; immer werde es Individualität geben, deren Leid unlösbar sei. Dennoch den Kräften des Idealismus zu vertrauen und dabei Enttäuschungen, die in der Realität sich einstellten, hinzunehmen, durchzustehen und durchzuhalten – das war der pädagogische Eros radikal-demokratischer expressionistischer Politik.

So war es keineswegs nur von symbolischer Bedeutung, dass Eisner den Pädagogen Friedrich Wilhelm Foerster als Gesandten der Bayerischen Räterepublik in die Schweiz sandte: einen Mann, der im wilhelminischen Deutschland zur Festungshaft verurteilt und dem damit die Universitätslaufbahn versperrt worden war, weil er eine Sedansrede des Kaisers kritisiert hatte; einen Mann, der sich mit der Sehnsucht der Jugend nach Befreiung aus patriarchalischer Beengung identifizierte und an die Stelle mechanistisch-materialistischer Obsession die Notwendigkeit geistiger Erneuerung in den Mittelpunkt des Bewusstseins zu rücken versuchte. Foerster, der dem engstirnigen Nationalismus genauso entgegentrat wie der prüden Tabuisierung von Sexualität, verstand seine pädagogische Arbeit als Gegensteuerung zum «verpreußten, alldeutschen, undeutschen, entdeutschten Deutschland der letzten 150 Jahre», wobei ihn ein aus dem Vaterhaus übernommener tiefer Schock über die enge Verbindung von Thron und Altar (eine selbst verschuldete «babylonische Gefangenschaft» der Kirche) bestimmte.

«Brudergesellschaft», verbunden mit Pragmatismus, war dem seit 1913 amtierenden amerikanischen Präsidenten Woodrow Wilson bei seinen politischen Zielen keineswegs fremd; in den im Januar 1918 veröffentlichten «Vierzehn Punkten» vertrat er die Meinung, dass der einzige Sinn der Opfer nur darin bestehen könne, dass dieser Krieg der letzte gewesen sei. Die Zukunft der Menschen müsse nun in die Hand einer erdumspannenden Organisation freiheitlicher Staaten gelegt werden, weshalb er die Schaffung eines Völkerbundes anregte; dieser wurde im April 1919 gegründet (Deutschland gelang es erst 1926, aufgenommen zu werden). Während Wilson den Versuch unternahm, durch ein großes Versöhnungswerk die Phase des kollektiven Amoklaufs zu beenden, waren die Friedensverträge, welche die ausgebluteten Sieger den ausgebluteten Besiegten triumphierend auferlegten, von Verbitterung und Hass bestimmt. Auf französischer Seite erklärte der mit diktatorischen Vollmachten ausgestattete Ministerpräsident Georges Benjamin Clemenceau, «dass die Stunde der Abrechnung» gekommen sei; auch Großbritannien wollte «die Zitrone pressen, bis kein Tropfen mehr herausgehe», war aber gegen eine Zerstückelung des Deutschen Reiches, um das Gleichgewicht auf dem Kontinent zu erhalten.

Die in Versailles von Januar bis Juni 1919 von 21 Nationen ohne deutsche Beteiligung festgelegten Friedensbedingungen, mit Gebietsverlusten (u.a. Elsaß-Lothringen an Frankreich und Posen wie Westpreußen an Polen), Souveränitätsbeschränkungen, Reparationen und der Zuweisung der Alleinschuld am Krieg, lösten in ganz Deutschland quer durch alle sozialen Schichten und politischen Lager einen Entrüstungssturm aus. Ministerpräsident Scheidemann lehnte den Vertrag ab – «Welche Hand müsste nicht verdorren, die sich und uns in diese Fessel legt?» – und trat mit seinem Kabinett zurück; doch blieb angesichts der militärischen Drohungen der Alliierten und der Unmöglichkeit, den Kampf wieder aufzunehmen, nur die Unterzeichnung des «Schanddiktats» (wie es nicht nur von nationalistischen Kreisen empfunden wurde) übrig. Am 28. Juni 1919 wurde im Spiegelsaal des Versailler Schlosses, dem Ort, wo am 18. Januar 1871 die Gründung des Deutschen Reiches erfolgt war, das Vertragswerk von der deutschen Delegation unterzeichnet. «Ein grausiges Szenario erwartete die Deutschen: Man hatte inmitten des Saales fünf schwerst gesichtsverletzte französische Soldaten plaziert: ›gueules cassées‹ ohne Münder oder Augen, von der Art, wie sie gemeinhin in streng isolierten Lazaretten (selbstverständlich auch in Deutschland) gepflegt wurden. Clemenceau, der jeden einzelnen der fünf per Handschlag begrüßte, liefen dabei die Tränen über die Wangen. Über die Reaktionen der deutschen Delegierten auf dieses unglaubliche Szenario wissen wir nichts» (Gerd Krumeich).[21]

Das Theater als revolutionäre Anstalt

Die Revolution von 1918 fand in sublimierter Form auf dem Theater statt. Junge Theatermacher, begeistert über die nun zu erwartende künstlerische Freiheit (mit Abschaffung der Zensur), wollten «Kunst als Waffe» im Kampf gegen reaktionäre Kräfte und für die neue Demokratie einsetzen. Mit dem Weggang des Kaisers, der sich auch als oberster «Kunst-Herr» gebärdet hatte – so versuchte er etwa, einen verquasten Idealismus gegen die «Rinnstein-Dramatik» eines Gerhart Hauptmann zu oktroyieren –, war der Weg nun frei für ein Theater der Aktualität und des politischen wie gesellschaftlichen Engagements. Dazu gehörte es auch, dass die Theater, häufig Hof- und Residenzbühnen, verstaatlicht wurden, u.a. eine Forderung des hauptsächlich aus Künstlern der Avantgarde bestehenden «Rats der Intellektuellen», der sich am Abend des 9. November 1918, dem Tag der Ausrufung der Republik, im Reichstagsgebäude traf. An die Stelle der oft aus dem Adel geholten «Kavaliers-Intendanten» traten junge Theaterleiter, die mit Hilfe von Ensembles, die sich als «Truppe» auf der Basis gemeinsamer inhaltlicher und ästhetischer Intentionen zusammenfanden, hervorragende Leistungen erzielten. In München setzte Otto Falckenberg, der bereits 1917 die Städtischen Kammerspiele übernommen hatte, auf die Stücke der neuen Generation, darunter Georg Kaiser und Bertolt Brecht; in seinem Ensemble wirkten u.a. Elisabeth Bergner, Therese Giehse, Leonhard Steckel, Kurt Horwitz, Heinz Rühmann und Adolf Wohlbrück. Das Theaterleben der Weimarer Republik – «Von allen Musen lag Thalia dem Herzen Weimars am nächsten; das Theater brachte den Zeitgeist am getreuesten zum Ausdruck, die Bühne wurde nahezu zu einer nationalen Institution»[22] – hatte seinen Schwerpunkt in Berlin; die großen Ereignisse und Skandale fanden dort statt. Bedeutende Autoren, Regisseure, Schauspieler und Kritiker fanden sich ein; das Dreier-Gestirn Max Reinhardt, Leopold Jessner, Erwin Piscator prägte diese Glanzzeit. Dazu kam Bertolt Brecht, der nicht nur mit seinen Stücken, sondern auch mit seiner Theorie vom «epischen Theater» und seiner Tätigkeit als Dramaturg (zuerst in München) sowie als Regisseur das Bühnengeschehen maßgeblich beeinflusste.

Der Österreicher Max Reinhardt, geboren 1873, war als Regisseur ans Deutsche Theater in Berlin gekommen, dessen Leitung er 1905 übernahm. Als «Souverän des deutschen Theaters», bei dem viele große Regisseure und Schauspieler in die Schule gingen, stellte er die «Brücke» vom Theater der Vorkriegs- zur Nachkriegszeit dar, wobei die unkonventionelle Art, mit der er traditionelle Stücke inszenierte, ihn dazu disponierte – auch erschüttert von den revolutionären Vorgängen in Berlin –, dem «Theater des neuen Stils» zum Durchbruch zu verhelfen. «Auf die sozialen Veränderungen sucht er seine eigene Antwort: Er eröffnet sein ‹Großes Schauspielhaus›, das ‹Theater der 3000›, im ehemaligen Zirkus Schumann mit der ‹Orestie›, dem Stück, das die Demokratie aus den Verbrechen der Vorzeit hervorgehen lässt (28.11.1919). Reinhardt will ein Theater für das Volk, will die soziale Exklusivität von Theater überwinden... Er und Karl Heinz Martin inszenieren hier fortan große, aufwendige Spektakel (‹Danton›, ‹Die Räuber›). Sie versuchen eine Mitreiss-Dramaturgie, Spiel aus dem Publikum, das um eine Arena sitzt. Die Erwartungen erfüllen sich nicht. Der Zug der Zeit wird ein anderer» (Günther Rühle).[23]

Der Sozialdemokrat Leopold Jessner, der die Leitung des Staatlichen Schauspielhauses am Gendarmenmarkt (ehemals Königliches Schauspielhaus) übernahm, betrieb den theatralischen Paradigmenwechsel in Konfrontation mit dem sinnlich-farbigen Theater Max Reinhardts. In Absage an das verstaubte, kulissenhafte Hoftheater bekannte er sich zu Vereinfachung und zu der von Psychologie, Details und Nebenhandlungen befreiten «Idee, der Fabel». Er bejahte Parteilichkeit, wollte Stellung nehmen und Zeichen setzen. Das war der Beginn des Regietheaters, das auch in der «Provinz» als wegweisend begrüßt wurde, da man hoffte, sich dadurch von Berlin mit der Reinhardtschen Omnipräsenz und Omnipotenz loslösen zu können.

Erwin Piscators «proletarisches Theater», auch Name eines Instituts (er leitete es von 1919 bis 1929), vor allem aber Bezeichnung einer künstlerischen Konzeption, begriff sich als Wegbereiter für Stücke mit sozialrevolutionären Inhalten. Dazu gehörten die noch expressionistisch sich artikulierenden Dramen, die bestimmt waren durch den Aufschrei über die bisherige autoritär-patriarchalische Unterdrückung, durch den Ruf nach geistiger Erneuerung des Menschen, durch Verzicht auf Krieg wie industrielle Hybris und durch das leidenschaftliche Eintreten für eine Gemeinschaft neuer Menschen (etwa Georg Kaisers Trilogie «Gas»).

«Sozialistische Gemeinschaft» war der zentrale Begriff für die Münchner Intellektuellen um Gustav Landauer, nämlich Ernst Toller und Erich Mühsam, die sich in das politische Abenteuer der Münchner Räterepublik verwickelten. Tollers «Masse-Mensch» handelt von der Alternative, ob der Masse die Zukunft gehören solle oder dem Einzelnen. Toller agitierte für das Individuum in einem Augenblick, in dem reaktionäre Kräfte zu den ersten harten Auseinandersetzungen mit der jungen Republik sich formierten (1919: Berliner Märzkämpfe; 1920: Generalstreik gegen den Kapp-Putsch, Kämpfe im Ruhrgebiet). Die «Wandlung» von Toller – das Thema war dessen eigener Weg vom Kriegsfreiwilligen zum Pazifisten (inszeniert September 1919 von Karlheinz Martin in der Berliner «Tribüne») – machte Epoche. «In ihm erscheint zum ersten Mal in Berlin ein Schauspieler neuen Typs: Fritz Kortner. Er ist empfindsam und willensstark, fähig, ein Stück und eine Aufführung zu prägen; er wird der hervorragende Schauspieler der Republik» (Günther Rühle).[24]

Andere Zeitstücke orientierten sich an der Reportage als der bedeutendsten literarischen Gebrauchsform der 20er Jahre. Alfred Kerr nannte dieses Genre eine «Zeitung mit verteilten Rollen». Zu den wichtigsten Themenkreisen gehörten: die Folgen des ersten Weltkrieges; die gesellschaftlich-moralischen Zustände; Probleme der Klassenjustiz («Zyankali» von Friedrich Wolf, 1929); Jugendfragen (Peter Martin Lampel: «Revolte im Erziehungshaus, 1928); die ökonomischen Nöte des Proletariats («Stempelbrüder» von Richard Duschinsky, 1929).

Durch Bertolt Brecht wurden dann die Spielelemente und Inhalte des Zeitstücks in Form allgemein gültiger Parabeln auf die Bühne gebracht. Der Dichter, der expressiv-expressionistisch begonnen hatte, bekannte sich mit seinen Theorien über das Drama (u.a. «Kleines Organon» für das Theater) zu einer sozial beziehungsweise sozialistisch ausgerichteten «neuen Sachlichkeit» («Glotzt nicht so romantisch!»). In den 1931 veröffentlichten «Anmerkungen zur Oper ‹Aufstieg und Fall der Stadt Mahagonny›» fordert er das «epische Theater», bei dem die Verkörperung eines Vorgangs auf der Bühne der Erzählung weiche. Der Zuschauer werde nicht mehr in Aktionen verwickelt, sondern zum

Betrachter gemacht. Seine Aktivität werde nicht verbraucht, sondern geweckt. Statt Gefühle zu ermöglichen, würden Entscheidungen erzwungen. Nicht Erlebnisse, sondern Kenntnisse seien zu vermitteln – statt um Suggestion ginge es um Argumente. Nicht der unveränderliche Mensch, sondern der veränderbar und sich verändernde Mensch sei das Ziel. Aufgezeigt soll werden nicht die Welt, wie sie ist, sondern die Welt, wie sie wird; nicht, was der Mensch soll, sondern was der Mensch muss; nicht des Menschen Triebe, sondern seine Beweggründe. Nicht das Denken bestimme das Sein, sondern das gesellschaftliche Sein bestimme das Denken.

Brechts Dramen, denen als Regisseur Erich Engel und als Kritiker Herbert Ihering zum Durchbruch verhalfen, verwendeten Vorsprüche und Zwischentitel, Lieder und Songs; sie waren unterhaltsam, aber vor allem provokant. Als das Unterhaltungsverlangen der Großstadt immer mehr stumpf und banal und die Operette besonders beliebt geworden war, schockierte Brecht mit der «Dreigroschenoper». Das erste gesellschaftsbezogene deutsche Musical (Musik: Kurt Weill) – Aufführung am 31. August 1928 am Berliner Theater am Schiffbauerdamm (Regie Erich Engel) – begeisterte und empörte das Publikum gleichermaßen. Indem Brecht das Lumpenproletariat auf die Bühne brachte und die Bürger als Räuber beziehungsweise die Räuber als «gesetzte Männer, teilweise beleibt und ohne Ausnahme außerhalb ihres Berufes umgänglich» vorstellte, hielt er seiner Zeit den Spießerspiegel vor, wobei er auch Anleihen beim Volkskomiker Karl Valentin machte. Dieser sei von einer «ganz trockenen, innerlichen Komik, bei der man rauchen und trinken kann und unaufhörlich von einem innerlichen Gelächter geschüttelt werde, das nichts besonders Gutartiges habe».[25] Damit war die eigene Dramaturgie umrissen, die von den Herrschenden, deren Geschmack der herrschende war (bestimmt auch durch «Frau Raffke», der Gemahlin des Neureichen, mit Chauffeur und Nerzstola), als bösartig empfunden wurde.

War zu Beginn der Weimarer Republik das Theater eine revolutionäre moralische Anstalt gewesen, so wurde es zunehmend zu einer Einrichtung von «Farbigkeitsbedarfsdeckung» mit dem fahlen Glanz eines gesellschaftlichen Repräsentationsortes; in der Schilderung der Festaufführung des «Florian Geyer» zu Gerhart Hauptmanns 65. Geburtstag (1927) durch den damaligen Studenten Hans Mayer tritt solche Erstarrung des einstigen «Revolutionstheaters» eindrucksvoll zutage: «Vorn in der ersten Reihe der schon todkranke Gustav Stresemann. In der Intendantenloge der Jubilar, feierlich und goetheanisch im Frack, neben dem Intendanten und Regisseur des Abends, Leopold Jessner. Die Antipoden der Berliner Theaterkritik. Alfred Kerr im Smoking, mit der sonderbar geschlungenen Halsbinde. Herbert Ihering nicht minder demonstrativ im grauen Anzug… Zum erstenmal führte man im letzten Akt die Szene vor, wo die besiegten und gefangenen Bauern gepeitscht und gefoltert werden. Niemand dachte sich etwas dabei. Man war im Theater. Assoziationen wären abgeschmackt gewesen.»[26] Alles sei schon «hippokratisch» gezeichnet gewesen: der kranke Reichsaußenminister; der Intendant Jessner, den man bald darauf stürzen werde; die erschreckende Ungenauigkeit und historische Verzerrung des gespielten Theaterstückes; die nicht minder hohle, repräsentative Haltung eines Dichters, der einstmals die «Weber» geschrieben hatte und die «Ratten»; «nicht zuletzt die Unbereitschaft dieser festlichen Menge, irgend etwas im Genuss zuzulassen, was diesen Genuss vielleicht durch Nachdenken und Bedeutsamkeit hätte stören können.» Begonnen hatte zwar alles ganz anders; doch sei auch Weimar als Gründungsstadt der neuen Republik ein durchaus ambivalenter (Kultur-)Ort gewesen.

Der Geist von Weimar

Am 6. Februar 1919 trafen die 423 gewählten Abgeordneten der Nationalversammlung zur Erarbeitung eines republikanischen Verfassungswerkes zusammen, belastet von den Auseinandersetzungen um den Versailler Friedensvertrag. Ausschlaggebend für die Wahl Weimars war der erklärte Wille der neuen politischen Führung des Reiches, sich von der militärischen Tradition Potsdams abzuwenden und an das geistige Erbe Goethes und Schillers, also an das des deutschen Idealismus, anzuknüpfen. Zugleich sollte durch die Beschwörung des Geistes von Weimar den Siegermächten deutlich ins Bewusstsein gerufen werden, dass es neben dem zu Boden gerungenen militanten kaiserlichen Deutschland auch ein Land der Dichter und Denker gab, dessen kulturelle Leistung das ganze Abendland bereichert hatte. Der genius loci der Stadt war freilich fragwürdig: Das «Heiligtum deutscher Klassik» war im Laufe des 19. Jahrhunderts durch die sich immer mehr ausbreitende «Spießerideologie» nationalistisch vereinnahmt worden. Die Mythisierung und Teutonisierung der Goethezeit im «Jargon der Eigentlichkeit» hatte Weimar zu einem zentralen Topos des deutschen Bildungsbürgertums gemacht, von dem die Botschaft affirmativer Kultur ausging, nämlich dass Dichter und Künstler Bürger einer anderen, hoch über den Niederungen der Welt angesiedelten Welt seien. Auf die Not des isolierten Individuums antworte affirmative Kultur «mit der allgemeinen Menschlichkeit, auf das leibliche Elend mit der Schönheit der Seele, auf die äußere Knechtschaft mit der inneren Freiheit, auf den brutalen Egoismus mit dem Tugendreich der Pflicht» (Herbert Marcuse).[27] So war es nicht überraschend, dass es gerade in Weimar zu einer «Vermischung von Hitlerismus und Goethe» kam, wie Thomas Mann im Jahre 1932 beim Besuch der damaligen Goethe-Feiern betroffen konstatierte. Im Deutschen Nationaltheater, wo Reichspräsident Friedrich Ebert 1919 mit Anspielungen auf die Weltoffenheit des deutschen Dichterfürsten für die neue Demokratie und gegen den Geist der Hohenzollern-Monarchie gestritten hatte, hetzte schon wenige Jahre später der Weltkriegs-General Erich Ludendorff gegen die parlamentarische Demokratie und pries den in Landsberg einsitzenden Hitler als «Retter der Nation». Besonders in Weimar fand die erstarkende Nazibewegung willige Gefolgsleute, glühende Anbeter und geistige Vordenker, so Fritz Sauckel, Martin Bormann und Baldur von Schirach, dessen Vater das Nationaltheater leitete. In Weimar wurde die Hitlerjugend gegründet; Elisabeth Förster-Nietzsche eröffnete den um gesellschaftliche Anerkennung buhlenden Hitler schon früh die Türen des Nietzsche-Archivs. In Weimar erfand der Heimatdichter Johannes Schlaf das Wort vom «Dritten Reich», ein Schlagwort, das die «neue» deutsch-völkische Zukunft beschwören wollte.[28]

Die von Walter Gropius 1919 in Weimar eingerichtete «Hochschule für Gestaltung» (seit 1925 «Bauhaus» genannt), an der Künstler wie Lyonel Feininger, Paul Klee, Oskar Schlemmer, Wassily Kandinsky, László Moholy-Nagy wirkten, erfuhr ständige Anfeindungen; schon bald wurde die erste Protestversammlung organisiert. «Die kahlgeschorenen Köpfe und Ponyfrisuren, die extrem schlichte Bauhaustracht, die Künstlerfeste, die ausländischen Namen einiger Dozenten und Mitarbeiter – das alles stieß die meisten Weimarer Bürger, die auf Goethe, Schiller, Herder und Wieland fixiert waren, vor den Kopf, und was in der Schule selbst vorging, davon konnten sie sich überwiegend kein Bild machen. Die Angriffe Unbefugter, die hinter jeder Neuerung ‹Kulturbolschewismus› witterten, gingen den Bauhäuslern auf die Nerven.»[29] Als auch noch die neu gewählte national-konservative thüringische Regierung dem Bauhaus die staatlichen Mitteln und den Meistern kündigte, löste es sich auf und gründete sich als «Hochschule für Gestaltung» in Dessau 1925 neu.

Die 1919 in der thüringischen Kleinstadt tagende, in vielem noch nach dem Muster des Honoratiorenparlaments zusammengesetzte Nationalversammlung (einer Ansammlung von Persönlichkeiten mit ausgeprägter geistiger Subtilität) fühlte sich freilich weniger durch den bösartigen, intoleranten, Aufklärung und Modernität denunzierenden Provinzialismus, sondern mehr durch die «Straße», d.h. rätedemokratische Umtriebe gefährdet. Obwohl es in Weimar noch ruhig geblieben war, hielt es die Reichsregierung doch für notwendig, die Umgebung der Stadt von zuverlässigen Truppeneinheiten absperren zu lassen. Der beabsichtigte Volksstaat musste also bereits noch vor seiner Konstituierung von «oben» militärisch vor dem Volk geschützt werden. In einem Korrespondentenbericht hieß es: «Um die Weimarer Stadtzone, die außer der Stadt noch 32 Ortschaften umfasst, ist ein dichter Truppenkordon gelegt, der den Verkehr nach Weimar entsprechend den Vorschriften über den Passzwang durchführt. Die Truppen sind derart ausgerüstet, dass sie jeden Handstreich ohne Weiteres zurückzuweisen in der Lage sind. Ein ernsthafter Versuch nach Weimar zu gelangen, ist bis jetzt nicht gemacht worden.»[30]

Zusammengekommen war man inmitten dieser «humanistischen Enklave», um, wie es Friedrich Naumann, der Vorsitzende der Deutschen Demokratischen Partei und politische Lehrmeister von Theodor Heuss, formulierte, die Deutsche Republik «nicht nur auszudenken, sondern in Betrieb zu setzen».[31] Sie sollte nicht nur auf dem Papier stehen, sondern wirklich funktionieren. «Wir sehen schon aus den verhältnismäßig wenigen Worten, die bisher in diesem Hause gewechselt worden sind: ... hier liegen vor uns ganz große Schwierigkeiten, hier liegen die alten Schwierigkeiten von vor siebzig Jahren noch genauso vor wie damals: Dezentralisation und Zentralisation, vorhandene Bundesstaaten und werdende

Reichsgewalt; hier zeigen sich noch heute die geographischen Zwiespältigkeiten zwischen Nord und Süd; wir sind kein einheitlich schematisch gefügtes Volk, sondern voll von Verschiedenheiten, voll innerer Wirrnisse und Dunkelheiten infolge unserer Vergangenheit.»[32]

Das Verfassungswerk war maßgebend von Hugo Preuss, Professor für öffentliches Recht an der Handelshochschule Berlin, geprägt (er war von Ebert als Staatssekretär des Innern in die Regierung berufen worden). Preuss versuchte, die idealistischen wie individualistischen Traditionen der deutschen Geschichte einem demokratischen Konzept nutzbar zu machen; er warf dem Bürgertum vor, dass es am Zusammenbruch ein gerüttelt Mass Schuld trage, da es durch politische Unterlassungssünden, Schlappheit und Servilität den Obrigkeitsstaat wenn nicht bewirkt, so doch gefördert habe. Den Versuch, den deutschen Staat unter Zurückdrängung seines Bürgertums durch eine «Diktatur der Arbeiterklasse» zu konstituieren, hielt Preuss für gleichermaßen verwerflich; es würde sich dann nur um einen umgedrehten Obrigkeitsstaat handeln. Eine «starke und energische Strömung innerhalb des deutschen Bürgertums» müsse, reaktionären Bestrebungen entsagend, zu ehrlicher Mitarbeit im neuen Staate bereit sein und diese Mitarbeit, «nicht als Handlanger, sondern als gleichberechtigter Genosse», dürfe nicht zurückgewiesen werden. Im neuen Staat solle der Individualismus den größtmöglichen Spielraum erhalten und die Gefahr der Vermassung durch individuelle Vernunft, die sich zur kollektiven Vernunft addiere, gebannt werden.[33]

Doch nicht die durch den Geiste von Weimar geformten Persönlichkeiten, sondern das Volk manipulierende militante Führer fanden die Akklamation der Massen. 1925 wurde nicht mehr Friedrich Ebert, sondern Paul von Hindenburg, Symbolfigur der Rechten – im Krieg war er zusammen mit Erich Ludendorff Chef der Obersten Heeresleitung –, zum Reichspräsidenten gewählt. Nicht die solide Arbeit am Aufbau eines die Freiheitsrechte des Einzelnen garantierenden Staates, sondern mythischer Dezisionismus faszinierte die Mehrheit der Wählerschaft. Das aus einer jahrzehntelangen gesellschaftlichen Fehlentwicklung sich ergebende strukturelle Defizit an Rationalität und Aufklärung nutzte vor allem Adolf Hitler als ein genuin Asozialer (einem emanzipatorischen Kulturbewusstsein völlig Fernstehender); in «Mein Kampf»

(1925/26) schrieb er: «Die Aufnahmefähigkeit der großen Masse ist nicht nur sehr beschränkt, das Verständnis klein, dafür jedoch die Vergesslichkeit groß. Aus diesen Tatsachen heraus hat sich jede wirkungsvolle Propaganda auf nur sehr wenige Punkte zu beschränken und diese schlagwortartig solange zu verwerten, bis auch bestimmt der Letzte unter einem solchen Worte das Gewollte sich vorzustellen vermag. Sowie man diesen Grundsatz opfert und vielseitig werden will, wird man die Wirkung zum Zerflattern bringen, da die Menge den gebotenen Stoff weder zu verdauen, noch zu behalten vermag. Damit aber wird das Ergebnis wieder abgeschwächt und endlich aufgehoben.»[34]

Der Versuch der Weimarer Verfassung, Gesellschaft inmitten verführter, verwirrter, aber auch um ein neues Bewusstsein ringender Massen im Rückgriff auf idealistische Traditionen demokratisch zu strukturieren – inmitten eines übermächtigen militärischen, politischen, wirtschaftlichen Drucks der individuellen Vernunft eine Chance der Verwirklichung zu geben – der «verspäteten», bislang von den Ideen und der Praxis des Westens abgeschnittenen Nation die Verinnerlichung von Aufklärung zu ermöglichen – mit dem Abbau patriarchalisch-autoritärer Verhaltensweisen der persönlichen Selbstbestimmung genügend Spielraum zu verschaffen: dieses respektable wie Respekt erheischende Konzept einer deutschen Demokratie hatte erhebliche Schattenseiten. «Die Verfassung war eine Notkonstruktion, für die man die Bauteile importiert hatte, eine rezipierte westeuropäische Demokratie, die nicht organisch aus der deutschen Geschichte der letzten Jahrzehnte heraus gewachsen war, sondern in schmerzlicher Verlegenheit und bei allseitig drohender Gefahr rasch eingeführt werden musste. Die Weimarer Republik stand nach verlorenem Krieg unter ausländischem Druck, in der materiellen Klemme des Mangels, der Verschuldung, der Reparationen, belastet durch die Unterschrift ihrer Staatsmänner, unter dem Diktat von Versailles. Sie suchte freilich an deutsche Empfindungen und Erinnerungen einer unvergessenen Vergangenheit anzuknüpfen. Weimar sollte Sinnbild sein; der deutsche Staat suchte den deutschen Geist. Man griff auf die Farben der Burschenschaft und der Paulskirche zurück; aber konnte Schwarz-Rot-Gold als Kompromiss zwischen der kaiserlichen und der roten Fahne zum einigenden Symbol werden? Die Weimarer Verfassung hatte ihre Schwächen und sie hatte, was noch folgenschwerer war, wenig überzeugende Stärke; aber sie war ein patriotisches Werk der Not. Sie hat das Schlimmste verhütet, die Anarchie, den offenen Bürgerkrieg, die separatistischen Spaltungen. Im Rahmen der Verfassung wogte der Kampf der Parteien. Sie waren in der Vorkriegszeit durch monarchistische Autorität beschränkt gewesen, jetzt gaben sie in der Weise des französischen Parlamentarismus im Reichstag den Ausschlag; die Reichskabinette waren von ihnen abhängig. Hier lag die größte Kalamität. Es ist die Gefahr jeder Parteiendemokratie, dass sich die Kräfte durchkreuzen und lähmen, so dass kein einheitlich-sicherer Staatswille zustandekommt. Die Auseinandersetzung der Parteien ist erträglich und fruchtbar, wenn ihre Gegensätzlichkeit in diesem Staatsgedanken schließlich aufgehoben wird. Dem damaligen Deutschland aber fehlten politische Gewöhnung und Erfahrung, und es fehlte ihm vor allem eine grundlegende Sicherheit politischen Empfindens» (Werner Näf).[35]

Max Weber, einer der großen liberalen Denker im Kaiserreich – von Hause aus Jurist, als Hochschullehrer Nationalökonom und maßgeblicher Vertreter der von ihm mitbegründeten neuen Disziplin Soziologie, als Privatperson in einer bourgeoisen Ehe mit sorgfältig verdeckten Dreiecksbeziehungen lebend[36] –, versuchte kurz vor seinem Tod mit einer im Revolutionswinter 1919 vor Münchner Studenten gehaltenen Rede «Politik als Beruf» die Aufgabe demokratischer Volksvertreter zu umschreiben; es war das Credo eines Mannes, den, in Skepsis gegenüber den revolutionären Ereignissen, die Kriegsschuldfrage, die Ausarbeitung einer künftigen Verfassung und die politische Mobilisierung des Bürgertums sehr bewegten. (Zusammen mit seinem Bruder Alfred, ebenfalls Soziologe, hatte er bei der Gründung der Demokratischen Partei 1918 mitgewirkt, sich aber bald grollend von ihr wieder zurückgezogen.)

Nach einem Rückblick auf die historische Entwicklung, in der sich die Funktion des Politikers innerhalb der modernen Staatsorganisation herausgebildet habe, widmete sich Weber in seinem dann in erweiterter Form veröffentlichten Vortrag der Frage, wie im System der modernen (Massen-)Parteien politisches Führertum institutionell zu ermöglichen sei, d.h. wie politisch begabte Führerpersönlichkeiten wirksam werden könnten – angesichts der bisherigen Machtlosigkeit der Parlamente, der überragenden Bedeutung des Fachbeamtentums und des «kleinbürgerlichen», weltanschaulich motivierten Widerstands gegenüber Eigenverantwortlichkeit. Schließlich geht er auf die inneren ethischen Konsequenzen und Konflikte derjenigen ein, die Politik zu ihrem Beruf zu machen gedächten. Er charakterisiert das Problem politischen Handelns (das Machthandeln), indem er zwei in einem Spannungsverhältnis stehende ethische Grundhaltungen herausarbeitet: die nur sich selbst, den eigenen Idealen verpflichtete «Gesinnungsethik» und die «Verantwortungsethik», die konsequent die Zwecke und Mittel sowie die (voraussehbaren) Folgen und Nebenfolgen des eigenen Tuns abwägt, sich dabei der «ethischen Paradoxien und seiner Verantwortung für das, was aus ihm selbst unter ihrem Druck werden kann, bewusst ist». Er fordert, gerade in einer prekären Situation wie der Deutschlands in den Jahren 1918/19, eine verantwortliche «Bändigung der reinen Gesinnung».[37]

Webers Feststellung, dass die Politik ein starkes, langsames Bohren von harten Brettern mit Leidenschaft und Augenmaß sein solle, konnte als genereller Ratschlag überzeugen. Doch erwiesen sich seine sonstigen Maximen, auf den Weimarer Staat bezogen, als ambivalent. Beeinflusst von der Tradition deutscher Rationalitätskritik in der Nachfolge Schopenhauers und Nietzsches, mochte Weber vorausgesehen haben, dass die Weimarer Verfassung in ihrer «Gesinnungsethik», in ihrer aufgeklärt-idealtypischen, die souveräne Stellung des Individuums betonenden Intention deren praktische Verwirklichung nicht genügend bedacht und gesichert hatte; doch konnte man auch dem oft genug prinzipienlosen Handeln der politischen Parteien vorwerfen, zu viel «Verantwortungsethik» zu zeigen. Jedenfalls gelang es nicht, eine Republik zu schaffen, in der es genügend Republikaner gab, die Machbarkeit (Pragmatik) mit Haltung (Gesittung) zu verbinden wussten.

Am Ende siegte mit den Nationalsozialisten eine totalitäre Bewegung, die bei der Liquidierung des demokratischen Staates weder Gesinnungs- noch Verantwortungsethik kannte.

Die Hehren, die Helden

In seiner Studie «Massenpsychologie und Ich-Analyse» (1921) versucht Freud den Entwurf einer Individual- wie Massenpsychologie umspannenden psychoanalytischen Soziologie, die sich aus dem Verhältnis des Einzelnen vor allem zu seinen Eltern und Geschwistern sowie zu seinen Liebesobjekten entwickeln lasse. Er wirft keinen Blick auf die sozialen, politischen, weltanschaulichen, wirtschaftlichen Umwälzungen, die andere Denker so außerordentlich stark aufwühlten und bestimmten. In einer Zeit des «Aufstands der Massen» (Ortega y Gasset), der überall in Erscheinung tretenden Kollektive, glaubt Freud, dass der «Ameisenstaat» durch die Kraft des Einzelnen überwunden werden könne. Mit der Hervorhebung der Bedeutung des singulären Ichs («Wo ES ist, soll ICH werden») konvergierte Freuds Denken mit den staatsrechtlichen Bemühungen der Weimarer Verfassung, die zentrale Bedeutung des Individuums zu sichern. Doch zeigte dann die Entwicklung der 20er Jahre, dass das Ich gegenüber dem «Man» nicht bestehen konnte; sowohl die kommunistische als auch die nationalsozialistische und manchmal auch die sozialdemokratische Partei setzten vor allem auf den Elan der Masse als der eigentlichen geschichtsbewegenden Kraft.

Eine Reihe von Dichtern und Künstlern, die im Weltkrieg den Zerfall des europäischen humanistischen Erbes mit tiefer Betroffenheit wahrgenommen hatten, versuchten in Gegenposition zur anonymen Verlorenheit ihre Individualität paradigmatisch «vorzuleben» und mit ihrem Schaffen ein Zeichen gegen die Entfremdung der Zeit zu setzen.

Die «dezidierte Vornehmheit» Hofmannsthals, wie sie dessen Biographie (vom rätselhaft lyrischen Wunderknaben bis zum konservativ bewahrenden poeta doctus) bestimmte, hinderte den Dichter zwar vielfach, die sozialen und politischen Probleme seiner Zeit voll zu erfassen;[38] auf der anderen Seite jedoch registrierte er gerade aufgrund solcher Distanzierung mit besonderem Einfühlungsvermögen die Phänomene, die seiner Mentalität fremd waren. Der Anblick eines «Fetzen Welt» – etwa einer Industriesiedlung –, d.h. die elenden Chiffren der Wirklichkeit bewirkten in ihm ein Grauen; das Menschenelend konnte er «direkt» nicht ertragen. Das Ausmaß seiner Melancholie wie seiner Schönheitssehnsucht machte deutlich, wie tief er sich in hilflosem Schrecken den Problemen der Zeit ausgeliefert fühlte. Was vor dem Krieg dem Bewusstsein der Oberschicht noch als möglich erschienen war, nämlich den Menschen durch Schönheit mit der Ordnung zu «versöhnen» und so das Chaos der Realität zurückzudrängen, hatte nach dem Weltkrieg seine Glaubwürdigkeit verloren. Der Abgrund lag offen; weitere Katastrophen kündigten sich an. Spätromantische Gehalte und die ihnen entsprechende, über abendländische Topoi souverän verfügende Sprache versagten angesichts der brutalen Direktheit, mit der die Ideologen das Wort ergriffen und damit den Geist vergewaltigten. Zu beachten, schreibt Hofmannsthals Freund Harry Graf Kessler einmal in seinem Tagebuch, sei in diesem Zusammenhang auch das Zeremonielle in Hofmannsthals Schrifttum; wie der Priester mit der Hostie lege er ihm eine gewissermaßen magische Bedeutung bei, namentlich in seinen Prosaschriften. «Das direkte Zupacken ist ihm widerlich, unmöglich, kommt ihm respektlos und unwirksam vor. Hofmannsthal sucht Objekte, an die er sein Gefühl hängen kann, findet sie nicht in der Wirklichkeit. Daher schafft er sich künstliche Objekte, sucht in der Kunst, in der Literatur nach ihnen.»[39]

Hofmannsthal, der 1920 mit der Gründung der Salzburger Festspiele die Krise des Geistigen durch ein Zentrum musischen Schaffens und Erlebens überwinden wollte, was seinem Verständnis von politischem Handeln entsprach, hat 1921, im gleichen Jahr, in dem Freud seine Abhandlung «Massenpsychologie und Ich-Analyse» veröffentlichte, mit dem Lustspiel in drei Akten «Der Schwierige» (im Wien der Nachkriegszeit spielend) ein Seelenbild seiner Gesellschaftsschicht gezeichnet – einer Gesellschaft, die labil und funktionslos geworden war, die jedoch mit den Regeln des Anstandes und einer immer wieder kokett überspielten Melancholie «über die Runden» zu kommen, vor allem aber durch Konversation der Monotonie und Sinnentleerung Herr zu werden suchte. Der bramarbasierende preußische Fremde Baron Neuhoff, der in dem Circle, in dem das Drama spielt, den modernen Geist in seiner Oberflächlichkeit und Realitätsnähe karikierend darstellt, spricht durchaus die Wahrheit aus, wenn er feststellt: «Alle diese Menschen, die Ihnen hier begegnen, existieren ja in Wirklichkeit gar nicht mehr. Das sind ja alles nur mehr Schatten. Niemand, der sich in diesen Salons bewegt, gehört zu der wirklichen Welt, in der die geistigen Krisen des Jahrhunderts sich entscheiden. Sehen sie doch um sich: eine Erscheinung, wie die Figur dort im nächsten Zimmer, vom Scheitel bis zur Sohle sich balancierend in der Selbstsicherheit der unbegrenzten Trivialität – von Frauen und Mädchen umlagert – Karl Bühl.»[40] Hans Karl Bühl, der Held des Stückes, zeigt im besonderen Maße das geistig-seelische Profil aristokratischer Spätzeit. Aus dem Weltkrieg heimgekehrt, in einem konkreten wie metaphorischen Sinne vom «Schicksal des Verschüttetseins» tief betroffen und nun in die alte und veraltete Gesellschaft mit ihren Allüren wieder hineingestellt, erweist er sich als ein Mann ohne Entscheidungskraft, als «Mann ohne Absichten», der individualistisch im künstlich erhaltenen Schwebezustand einer vergangenen Welt dahintreibt und auf ein imaginäres Leben ausgerichtet ist, in dem die ganze Welt wie etwas Reines, Neues und dabei so Selbstverständliches aufscheint.

1921 zog sich Rainer Maria Rilke nach Schloss Muzot im Wallis, das ihm ein Gönner zur Verfügung stellte, zurück. Den Krieg hatte er im Bürodienst (in einem Kriegsarchiv) überstanden; die Beendigung der Feindseligkeiten belebten den Dichter mit neuer Zuversicht. Die Unruhe seines Lebens, wie sie sich in den vielen, sich dann immer wieder lösenden persönlichen Bindungen spiegelte, letztlich die «Geworfenheit» seiner Existenz verdeutlichend, sollte nun in einem neuen «Wohnversuch» zur Ruhe beziehungsweise zur dichterischen «Aufarbeitung» kommen. Der «Turm von Muzot» war Herzstück einer Lebensmythe, die in Form einer esoterischen Klausur den leerlaufenden Kommunikationsformen der Massengesellschaft ein Bollwerk des Schweigens, der Geduld und einer wahrhaft unabhängigen Sprache und Wahrheitsfindung entgegenstellte.[41] Egon Schwarz hat die provozierende These formuliert, dass Rilke das Lebensgefühl einer Generation artikuliert habe, die sich aus aufsässigen kleinbürgerlichen und aristokratischen Elementen, also aus Verlierern der Industrierevolution, zusammensetzte und die das kapitalistische Bürgertum, die Kommerzialisierung, Mechanisierung und Vermassung des Kontinents bekämpft habe. Ein solcher Wunsch nach einer Rückkehr zu agrargesellschaftlichen Wertvorstellungen habe letztlich über die konservative Revolution zum Faschismus geführt.[42]

Damit wird freilich nur, zudem in aphoristischer Zuspitzung, die eine Seite der Rilkeschen Existenz angesprochen: der Hang zur Exklusivität, zum steten Ritual, zur egozentrischen, narzisstischen Selbstbefriedigung. Die «Gebärde» war ihm aber viel mehr; nicht nur Äußerliches, sondern äußerer Ausdruck einer inneren Gestimmtheit, einer seelisch-geistigen Feierlichkeit, unter deren Vorzeichen sich für ihn die Begegnung mit der Welt, mit den Menschen und mit den Dingen, vollzog. Er betrieb dabei den Kult des Schönen, Kostbaren und Preziösen in innerer Übereinstimmung mit vielen Menschen seiner Zeit, die sich immer mehr dem Hässlichen, Massenhaften, Banalen und Standardisierten ausgeliefert wussten und kompensatorisch dazu das «Aristokratische» ersehnten. Rilkes Auflehnung gegen die Vermassung erbrachte ihm eine große Jüngerschaft.

Daseinsangst und Ungeborgenheit durchziehen sein Werk; und immer wieder wird der Versuch gemacht, Halt zu finden – auf der Suche nach dem Göttlichen, in der Sichtbarmachung des Jenseitigen. Mit der Chiffre «Weltinnenraum» hat der Dichter den Versuch unternommen, solche transzendent-immanente Geborgenheit zu beschwören:

> Durch alle Wesen reicht der *eine* Raum:
> Weltinnenraum. Die Vögel fliegen still
> durch uns hindurch. O, der ich wachsen will,
> ich seh hinaus, und *in* mir wächst der Baum.
> Ich sorge mich, und in mir steht das Haus.
> Ich hüte mich, und in mir ist die Hut.
> Geliebter, der ich wurde: an mir ruht
> Der schönen Schöpfung Bild und weint sich aus.[43]

«Weltinnenraum» verwies auf «Heimat» – auf Heimat in den Dingen, die im Raum stehen; und auf das Bemühen, im Da-sein sich einzurichten. Der Tod war entsprechend «ins Leben hereinzunehmen» und zu bejahen – in bewusster Absage an das «massenhafte Sterben» der Zeit, das im Weltkrieg als dem monströsen Ergebnis gigantischer Todesverachtung und Todesverdrängung gipfelte. So «akzeptierte» Rilke auch sein eigenes langes Leiden: die schwere, schmerzvolle Krankheit (Leukämie), an der er am 31. Dezember 1926 starb; er war gezwungen, das konkret nachzuvollziehen, was er dichterisch seiner Zeit anempfahl:

> … Aber dies: den Tod,
> den ganzen Tod, noch vor dem Leben so
> sanft zu enthalten und nicht bös zu sein,
> ist unbeschreiblich.[44]

1921 erschien Stefan Georges letztes Werk «Drei Gesänge»; sie resümierten noch einmal beispielhaft die Eigenart dieses Dichters «zwischen Anspruch und Resignation»: die elitäre und autoritäre

Haltung mit der Vorliebe für esoterische Rituale und aristokratische Exklusivität; die Ästhetisierung, den Hang zum Theatralischen, zum Pathos, zu einer bemühten Strenge, zum ziseliert Gesuchten und Gespreizten; den aristokratischen Anspruch gegenüber proletarischen Bewegungen, die Sucht, alles Banale, Direkte, «Materialistische» konsequent auszusparen.

> Wenn je dieses volk sich   aus feigem erschlaffen
> Sein selber erinnert   der kür und der sende:
> Wird sich ihm eröffnen   die göttliche deutung
> Unsagbaren grauens... dann heben sich hände
> Und münder ertönen   zum preise der würde
> Dann flattert im frühwind   mit wahrhaftem zeichen
> Die königsstandarte   und grüsst sich verneigend
> Die Hehren   die Helden[45]

«Das neue Reich», das Stefan George in Absage an seine Zeit sich ersehnte, war ausgerichtet auf das Ideal des ästhetisch-herrischen Menschen, den weder die Hinterhöfe noch das Massenelend kümmerten, der also die Realität außer Acht ließ. Doch besticht in Georges paradigmatischer Wirklichkeitsferne die Konsequenz, mit der er das «maschinelle Getriebe» ablehnte und «aus dem Nichts in die äußerste Freiheit» entstieg, «um auf die Deutschen beispielhaft durch seine Haltung zu wirken und sie eindringlich durch Gedichte, durch orakelhafte Andeutungen und Befehle zu warnen» (Ferdinand Lion).[46] Walter Benjamin hat freilich mit Recht in seinem «Rückblick auf Stefan George» festgestellt, dass in dessen Stil, der Jugendstil sei, das alte Bürgertum das Vorgefühl der eigenen Schwäche dadurch tarne, dass es kosmisch in alle Sphären schwärme und zukunftstrunken die «Jugend» als Beschwörungswort missbrauche. Die von George bewirkte beziehungsweise geförderte «geistige Bewegung», welche die Erneuerung des menschlichen Lebens erstrebte, ohne die des öffentlichen zu bedenken, laufe auf eine Rückbildung der gesellschaftlichen Widersprüche in jene ausweglosen, tragischen Krämpfe und Spannungen hinaus, die für das Leben kleiner Konventikel bezeichnend seien. «Der große Dichter ist Stefan George diesem Geschlecht gewesen, aber er war es als Vollender der Décadence, deren spielerische Gebarung seinen Impuls verdrängte, um in ihr dem Tod den Platz zu schaffen, den er in dieser Zeitwende zu fordern hatte.»[47] Solches «Sterben in Schönheit» führte den elitären Individualismus auf einen letzten Höhepunkt. Vor seinem Tod 1933 war George möglicherweise jedoch selbst zu Bewusstsein gekommen, dass er in seinem Amt als Prophet, Seher und Verkünder eines geistigen Reichs gescheitert war. Kein strahlender Jüngling hatte die Herrschaft angetreten; das «neue» Dritte Reich war das Werk eines autoritären Kleinbürgers und randalierenden Spießers; hehrer Individualismus war an der Banalität des Bösen gescheitert.

Antidemokratisches Denken

Für viele Söhne aus bürgerlichem und proletarischem Hause, die vor 1914 wegen der Klassengegensätze nicht miteinander in Berührung gekommen waren, wirkte der Krieg als Schmelztiegel: Man lernte sich kennen und kam mit der Überzeugung von der Notwendigkeit einer «Volksgemeinschaft» zurück. Doch ging es den darauf abzielenden Propagandisten der Rechten in ihrem Irrationalismus nicht um demokratische Gleichheit und Freiheit, sondern um autoritäre Ordnung, die, nach dem Führerprinzip organisiert, die Rückkehr zu deutscher Größe ermöglichen sollte. Dem nach westlichen Vorbild konstituierten Staat und seiner pluralistischen Gesellschaft wurde die organische Gemeinschaft, die sich aus dem «Mythos vom Volke» speiste, entgegengestellt. «Volksgemeinschaft! Die Jugend erbebt in hohem, höchstem Gefühl, wenn dieses Wort fällt, denn es ist ihr ein Wort, das höchste Vergangenheit über die entartete bourgeoise Epoche hinweg mit fruchtbar Zukünftigem verbinden soll. Es ist der heilige Wille der Jugend, das Ich münden und sich vollenden lassen im Wir. Denn sie weiss, dass in der Vereinzelung die Welt der Väter zerbrochen ist, nachdem sie sich immer mehr veräußerlicht und liberalistisch verhärtet hatte. Nur in der Gemeinschaft kann ein Volk und jeder Einzelne sich erfüllen und sein Leben steigern» (Jonas Lesser).[48]
 Nach Kurt Sontheimer stehen im Zentrum des antidemokratischen Denkens in der Weimarer Republik eine Reihe von Grundbegriffen und Wesenszüge, welche die gesamte konservative reaktionäre beziehungsweise restaurative Publizistik und Politik durchziehen; sie machen die Substanz dieses Denkens aus und geben ihm Ziel und Inhalt. Es waren neben «Volk» und «Gemeinschaft» die Begriffe der Nation, des «Organischen», der

«neuen Politik» und «neuen Freiheit» sowie des nationalen Sozialismus.

«Nation» bedeutete nicht nur völkische Einheit im politischen Sinne, sondern Einheit des Geistes, gemeinsames Festhalten an überlieferten Werten, gemeinsames Arbeiten zur Kräftigung und Stärkung des volkhaften deutschen Staates. Mochte das Volk auch reich sein an Ausdrucksmöglichkeiten und vielfältig in seinen Bestrebungen, als nationale Größe musste es von *einem* Willen beseelt, von *einem* verbindlichen historischen Bewusstsein getragen werden. Da die Verfassung der Weimarer Republik die Berechtigung vielfältiger geistiger Standpunkte und Entwicklungen betonte, vermissten die Massen – in die Demokratie aus autoritären und patriarchalischen Strukturen entlassen – ein einheitliches nationales Wertebewusstsein, das ihnen eine handfeste Lösung bei ihren Frustrationen hätte anbieten können. Die Nation war das große Über-Ich, durch das die Furcht vor individueller Selbstbestimmung gebannt wurde.

Die Vokabel «organisch» stammte aus der romantischen Staatsphilosophie des frühen 19. Jahrhunderts. Der durch Technik und Vermassung bewirkten «Entseelung» wurden organische Ideologien gegenübergestellt, die den «einfachen» Prozess des «Stirb-und-Werde» in allen Bereichen des menschlichen Daseins am Werke sahen (auch – wie bei Oswald Spengler – in dem Kreislauf der Kulturen). Im Zeichen des «Organischen» wurde auch der Kampf gegen die Ratio geführt: Der Geist sei Widersacher der Seele (Ludwig Klages), Glauben wichtiger als Denken. Den Kräften des Gemüts und der Instinkte sollte freie Bahn gegeben und Vernunft möglichst ausgeschaltet werden. Es gehe um Entscheidung und Tat; das dezisionistische Denken kannte nur ein Entweder-oder; es verteufelte die rationale Darlegung von Gründen und Begründungen; es forderte die charismatische Führergestalt, die aus instinktivem oder intuitivem Erleben heraus die «richtigen» Maßstäbe setze, die «richtigen» Maßnahmen treffe. «Der Glaube an die Dezision schließt den demokratischen Glauben an die Möglichkeit des Kompromisses aus. Dem dezisionistischen Denken wohnt ein ästhetizistisches Moment inne. Es hat seine Lust an der Eindeutigkeit, der Klarheit und Konsequenz der Entscheidung. Es findet Gefallen an einer Ordnung, die widerspruchslos von oben nach unten durchkonstruiert ist, und kann einen Zustand, in welchen sich viele verschiedene Kräfte um Anteil an der Macht bemühen, nur als unschönes Durcheinander begreifen, das sich keiner eindeutigen und übersichtlichen Struktur mehr fügt.»[49]

Unter «neuer Politik» verstand man die Abfolge von großen Taten großer Männer; aus diesem Grunde war sie fast ausschließlich auf Außenpolitik bezogen, denn das, was im Inneren geschah, war sowieso geprägt durch die Einheit des Volkswillens und nationalen Gemeinschaftsgeistes. Nach außen hin aber galt es, den Ruhm und die Kraft des Staates zu nähren. «Volk ohne Raum» (auch Titel eines einflussreichen Romans von Hans Grimm, 1926, der die afrikanische Weite der deutschen Enge gegenüberstellte) wurde zum Motto einer Politik, die auf Expansion und Weltherrschaft zielte. «Politik wird letztlich zum geforderten Vollzug eines schicksalsmäßig vorgeschriebenen Weges deutscher Geschichte, wird zur Erfüllung der deutschen Sendung.»[50]

Die «neue Freiheit» verachtete den individualistischen Liberalismus. Dieser galt als Wurzel der politischen Misere, denn die Freiheiten des Einzelnen gegenüber dem Staat würden dessen Schwäche und innere Zerrissenheit bedingen; sie müssten in letzter Konsequenz zur Anarchie führen. Ein Staat, in dem regiert werden und Ordnung herrschen solle, könne seinen Bürgern persönliche Freiheiten nicht zubilligen. Der Staat sei kein Dienstleistungsinstitut, kein Vertrag, abgeschlossen zur Sicherung der Freiheitssphäre des Bürgers und zum Schutze gegenüber dem Mitmenschen, sondern ein souveräner Herrschaftsverband, der sich selbst wähle. Freiheit: das war in Wirklichkeit die rückhaltlose Bejahung von Ordnung und Unterordnung. «Diese neue Freiheit ist erst die wahre Freiheit; sie ist nicht äußerlich, nicht festgelegt in Grundrechten, sondern ruht auf der Bindung an das Ganze. Es handelt sich um eine innere sittliche Freiheit, die zugleich organische Bindung ist.»[51] Die Autonomie des Menschen, seine «Selbstherrlichkeit» sollte zugunsten staatlicher Ordnung gebrochen werden. «Die Idee der Freiheit wird ausgelöscht als individuelle Freiheit, weil diese individuelle Freiheit das Ganze in seiner Kraft und Geschlossenheit beeinträchtigt, weil, wie F.G. Jünger an einer Stelle sagt, diese Freiheiten dazu ausgebeutet werden, den Staat zu bekämpfen. Die neue Freiheit hingegen erfüllt sich im Aufgehen des einzelnen im Ganzen, sie will die Unterordnung und Einordnung in das Ganze. Der als Freiheit verbrämte Dienst des einzelnen für das Ganze sichert erst die Freiheit des Ganzen. ‹Frei ist der Mensch, wenn er in seinem Volke frei ist. Frei ist der Mensch, wenn er in einem konkreten Gemeinwillen steht›» (H. Freyer).[52]

Der «nationale Sozialismus» verband den antibourgeoisen Affekt und die Ablehnung des kapitalistischen Wirtschaftssystems mit nationalistischem Ressentiment und kriegerischem Enthusiasmus. Das Bürgertum wurde vom nationalen Sozialismus genauso bekämpft wie der internationale Kommunismus. Wo der Marxismus ende, da beginne der wahre Sozialismus; der deutsche Sozialismus sei berufen, in der Geistesgeschichte der Menschheit allen Liberalismus abzulösen, meinte Moeller van den Bruck in seinem Buch «Das Dritte Reich» (1923), das – einem Brennglas gleich – alle Topoi des antidemokratischen Denkens zusammenfasste oder vorwegnahm.

Herausragender Vertreter der konservativen Revolution, der bedeutendste Autor der deutschen Rechten war der 1895 geborene Ernst Jünger, der den Ausbruch des Weltkrieges als Befreiung empfand; ihn faszinierte die Freisetzung ungeheuerlicher Aggressivität, die Exorbitanz des Tötens und Getötetwerdens. Im Jahr 1920 erschien sein Buch «In Stahlgewittern», das Erlebnisbuch eines Kriegsfreiwilligen, der vierzehnmal verwundet wurde und als einer der wenigen jüngeren Offiziere die höchste Tapferkeitsauszeichnung, den Pour le mérite, erhielt. «Der große Augenblick war gekommen. Die Feuerwalze rollte über die ersten Gräben hinweg. Wir traten an. In einer Mischung von Gefühlen, hervorgerufen durch Blutdurst, Wut und Trunkenheit, gingen wir im Schritte schwerfällig, doch unaufhaltsam auf die feindlichen Linien los. Ich war weit vor der Kompanie, gefolgt von Vinke und einem Einjährigen namens Haake. Die rechte Hand umklammerte den Pistolenschaft, die linke einen Reitstock aus Bambusrohr. Ich kochte vor einem rasenden Grimm, der mich und uns alle auf eine unbegreifliche Weise befallen hatte. Der übermächtige Wunsch, zu töten, beflügelte meine Schritte. Die Wut entpresste mir bittere Tränen. Der ungeheure Vernichtungswille, der über der Walstatt lastete, verdichtete sich in den Hirnen und tauchte sie in rote Nebel ein. Wir riefen uns schluchzend und stammelnd abgerissene Sätze zu, und ein unbeteiligter Zuschauer hätte vielleicht glauben können, dass wir von einem Übermaß an Glück ergriffen waren!»[53]

Klaus Theweleit stellt fest, dass die «Funktionen des Ganzheitspanzers der ‹Stahlgestalt› und die Funktionen des Umrisses der Ganzheitsmaschine Truppe» als Grenze der Person zum Außen, als Front dienten. Sie seien Organe der Realitätskontrolle, der Triebkontrolle; die Abwehr bedrohlicher Gefühle wie beunruhigenden Denkens ermögliche die soldatische Einheit, in die der Einzelne eingefügt sei. Nicht das Leben bereite Freude, sondern das Überleben. Wollust verwirkliche sich in der Vernichtung des Anderen.[54] «Wenn ich beobachte, wie sie geräuschlos Gassen in das Drahtverhau schneiden, Sturmstufen graben, Leuchtuhren vergleichen, nach Gestirnen die Nordrichtung bestimmen, erstrahlt mir die Erkenntnis: Das ist der neue Mensch. Die Sturmpioniere, die Auslese Mitteleuropas. Eine ganz neue Rasse, klug, stark und des Willens voll. Was hier im Kampfe als Erscheinung sich offenbart, wird morgen die Achse sein, um die das Leben schneller und schneller schwirrt. Über ihren großen Städten wird tausendfach brausende Tat sich wölben, wenn sie über die Asphalte schreiten, geschmeidige Raubtiere, von Kräften überspannt. Baumeister werden sie sein auf den zertrümmerten Fundamenten der Welt.»[55]

Revolution! Das hieß für Jünger «Blutfahnen» schwingen; über «Blut» rhapsodierte er auf pathetisch-verquaste Weise. Revolution war ihm eine «unaufhörliche Predigt» – «gehässig, systematisch, unerbittlich, und sollte dieses Predigen zehn Jahre lang dauern. Noch haben Wenige diese Forderung in ihrer ganzen Schärfe erkannt, noch steht das sentimentalische Gefasel von Verbrüderung und Einigung durch alle möglichen und unmöglichen Arten von Geist in voller Blüte. Zum Henker damit oder in die Parlamente, wo das am Platze sein mag. Es gibt in der endlichen Welt keine Verbrüderung von Gegensätzen, es gibt nichts als Kampf. Die nationalistische Revolution braucht keine Prediger von Ruhe und Ordnung, sie braucht Verkünder des Satzes: ‹Der Herr wird über euch kommen mit der Schärfe des Schwerts!› Sie soll den Namen Revolution von jener Lächerlichkeit befreien, mit der er in Deutschland seit fast hundert Jahren behaftet ist. Im großen Kriege hat sich ein neuer gefährlicher Menschenschlag entwickelt, bringen wir diesen Schlag zur Aktion!»[56] Thomas Mann hatte Recht, wenn er Ernst Jünger als «Wegbereiter und eiskalten Genüssling des Barbarismus» bezeichnete.

In der Schrift «Der Arbeiter» (1932) fächerte Jünger seine Prophetie vom unaufhaltsamen Heraufziehen des nationalistischkriegerischen Zeitalters weiter auf. Die Humanität und die friedliche Geschäftigkeit, der Vernunftglaube, die internationale Wirtschaftsordnung, die parlamentarische Demokratie, der liberale Rechtsstaat, mit anderen Worten: die bürgerliche Welt des 19. Jahrhunderts seien passé. Der Weltkrieg habe ausgebrannte Fassaden hinterlassen; aktivistischen Kommunisten und Nationalisten gehöre die Zukunft. Der Industriearbeiter stelle den ersten und stärksten Faktor beim Aufmarsch des modernen Nationalismus dar; der Klassenstaat werde durch die national-sozialistische Diktatur abgelöst. Vier Grundpfeiler trügen den neuen Staat: der nationale, der soziale, der kriegerische und der diktatorische Gedanke. Im Arbeiter als Träger und Garant des neuen Staates schlössen sich Sozialismus und Nationalismus auf der Basis von Heldentum zusammen.

Wenn Jünger von «Arbeit» spricht, so erscheint sie ihm als Ausdruck eines neuen Seins: «Arbeit ist das Tempo der Faust, der Gedanken, des Herzens, das Leben bei Tage und Nacht, die Wissenschaft, die Liebe, die Kunst, der Glaube, der Kultus, der Krieg; Arbeit ist die Schwingung des Atoms und die Kraft, die Sterne und Sonnensysteme bewegt.»[57] Eine solche Mythisierung beziehungsweise Mystifikation von Arbeit und Arbeiter musste all jenen willkommen sein, die anstelle der konkreten Veränderung sozialer Verhältnisse die Massen als Stimmvieh für ihre Ideologie zu gewinnen hofften, indem sie tief sitzende irrationale Sehnsüchte auf das Über-Ich eines Führers zu projizieren suchten.

Den Kräften, die in der Weimarer Republik positivistisch, kritisch, liberal, demokratisch, kosmopolitisch, individualistisch, zivilisatorisch gesonnen waren, fehlte dem konservativen Irrationalismus gegenüber die Dynamik der Vision. Vor allem aber sympathisierte die Justiz, die Hüterin der Verfassung hätte sein müssen, mit der Rechten. Bereits 1922 zeigte der Heidelberger Statistiker Emil Julius Gumbel in seiner Schrift «Vier Jahre politischer Mord», wie sehr die Richter im «latenten Bürgerkrieg» (Fritz Stern) einseitig Stellung bezogen: Auf dreizehn Morde von «Linksstehenden» folgten (durchschnittlich) Freiheitsstrafen von 29 Jahren pro Mord, auf die 314 Morde von «Rechtsstehenden» hingegen nur zwei Monate Einsperrung pro Tat. 1925 schrieb Gustav Radbruch, Jurist und SPD-Politiker, 1921/22 und 1923 Reichsjustizminister (durch die Nationalsozialisten als erster deutscher Universitätsprofessor amtsenthoben) in einem offenen Brief an den Herausgeber der «Deutschen Juristenzeitung», dass es sich nicht um einzelne Fehlgriffe handle, sondern um eine Gesamterscheinung, «getragen von demselben Geiste, von der Unfähigkeit oder Ungeneigtheit, dem neuen republikanischen, demokratischen und sozialen Gemeinwesen gerecht zu werden.»[58]

In seinem Aufsatz «Vom Geiste» (1927) sprach Jünger davon, dass hinter der feinen, dünnen und unfruchtbaren Geschäftigkeit im lebensarmen Raume schon das Schwert stehe (die Justiz verifizierte dies!) und dass dessen Schärfe sich durch keine Theorie mildern lasse. Während in den Beratungszimmern des Intellekts noch immer gemessen, gewogen und geklügelt werde, poche unten schon die gepanzerte Faust gewaltig gegen das Tor, und mit einem Schlag würden die schwierigsten Probleme gelöst. Das Leben werte die ungebrochene Kraft des letzten Barbarenvolkes höher als die Summe der Arbeit des freien Geistes; das Leben behalte Recht.[59]

Horch: sie leben

Was die «Geschäftigkeit» des freien Geistes betraf, so entfaltete sich diese in der Weimarer Republik, ehe sie in der Barbarei versank, freilich so üppig mit prächtig-schillernden Blüten, dass man von den «goldenen zwanziger Jahren» spricht. Im Rückblick meinte Gottfried Benn: «Die wundervollsten Jahre Deutschlands und Berlins, seine Pariser Jahre, voll von Talenten und Kunst – es kommt nicht wieder.»[60]

Allen politischen und wirtschaftlichen Problemen zum Trotz, verbreitete sich ein geistig-kultureller Optimismus, dessen Dynamik, ja Hektik, zu Höchstleistungen auf allen künstlerischen Gebieten führte. Auch dort, wo Weltschmerz und Untergangsstimmung oder das Gefühl vom transitorischen Charakter der Epoche vorherrschten, war noch Lust, dann «Lust am Untergang», unverkennbar; man genoss selbst die Zerrissenheit und erfreute sich am facettenreichen Neben- wie Gegeneinander.

In euphorischen Diskussionen wurden gegenwärtige und zukünftige Perspektiven be- und zerredet. Das Kaffeehaus – so schildert es Hermann Kesten, der nach seinem Aufbruch aus der

Jeanne Mammen: Bei Kranzler, um 1929

Nürnberger Provinz sich in Berlin als Verlagslektor am Nabel der Welt fühlte – erwies sich als kulturelle Karawanserei; man nahm seine Inspirationen aus Ost und West und glaubte seinerseits, die halbe Welt zu inspirieren. Was abends in den Berliner literarischen Cafés erörtert wurde, war ein paar Tage später Thema in New York, London, Paris und sogar in Rio de Janeiro. Die neuesten Stimmungen und Strömungen hatten hier ihren Ausgangspunkt. Man dachte, fühlte und lebte à la mode, versorgte sich und seinesgleichen mit immer neuen Reizen, nahm immer wieder neue Attitüden an. Wie schon um die Jahrhundertwende trafen sich im Café als Topos vibrierender Großstadtkultur Schriftsteller, Poeten, Feuilletonisten, Kritiker (die von rechter Seite als «Asphaltliteraten» abgewertet wurden); es kamen die Bohemiens dorthin, die Maler, Schauspieler, Schauspielerinnen, die Theater- und Filmregisseure, die Sterne und Sternchen. Schulreformer saßen neben weltanschaulichen Fanatikern, Revolutionäre neben Taschendieben, Rauschgiftsüchtige neben Vegetariern. Solche Mischungen erzeugten allerhand Verwirrung, wirkten aber auch als starkes Stimulans; Tiefsinn und Charme gingen eine prickelnde Verbindung ein. Man genoss die Freiheit, die freilich mehr in den Feuilletons als in der sozialen und politischen Wirklichkeit zuhause war. «In jenen Jahren war die Literatur freier als je in Deutschland. Es wohnten Hunderte Literaten in Berlin. Ausländische Schriftsteller kamen aus aller Welt. Die Berliner Theater, Zeitungen, Zeitschriften, Verlage, Universitäten, Museen, Kunsthandlungen und die Filmindustrie florierten.»[61] Probleme, so schien es, könnten durch Diskussion bewältigt werden; man liebte die Worte, so wie man die Häuser, Plätze, Chausseen, die Großstadt insgesamt liebte. Doch fand man den Weg von den Gipfeln des Geistes in die Niederungen des Wirklichen nur selten; Intellektuelle und Künstler blieben unter sich und versäumten es, ihre «Spekulationen» vom Kopf auf die Füße zu stellen. Die Atmosphäre des Kaffeehauses war eine Mischung aus linker Melancholie und Lebensfreude, exemplarisch für den «Kulturbetrieb» der Weimarer Republik insgesamt. Ironisch meinte Kurt Tucholsky: «Sie dichten, komponieren, schmieren Papier voll und streiten sich um Richtungen, das muss sein. Sie sind expressionistisch und supranaturalistisch; sie sitzen neben dicken Damen auf dem Sofa, kriegen plötzlich lyrische Kalbsaugen und sprechen mit geziertem Mündchen, und sind feige und lassen sich verleugnen oder lügen telefonisch; sie dirigieren Symphonien und fangen einen kleinen Weltkrieg an, und sie haben für alles eine Terminologie. Welche Aufregung –! Welcher Eifer –! Welcher Trubel –! Horch: sie leben!»[62] (Unter vier Pseudonymen publizierte Tucholsky in der «Schaubühne», der späteren «Weltbühne», einer Wochenschrift, die er gemeinsam mit Siegfried Jacobsohn und nach dessen Tod mit dem späteren Friedensnobelpreisträger und Opfer des nationalsozialistischen Terrors Carl von Ossietzky, zu einem der wirksamsten publizistischen Organe der Weimarer Republik machte.)

Der kühle Blick

In dem von nervöser Aktivität geprägten Kulturleben dominierte paradox als ästhetische Grundhaltung der «kühle Blick» der «neuen Sachlichkeit». «Es liegt in der Luft eine Sachlichkeit», so preist ein Schlager die Fetische der neuen Zeit (Luftschiffe, Flugzeuge, Automobile, Elektrizität, Radio, Schallplatte) und verspottet die Werte einer vergangenen Epoche, etwa Liebe oder Empfindsamkeit; als Ballast seien sie bei der Bewältigung des Lebens in einer technisierten Welt nur hinderlich: «Weg mit Schnörkel, Stuck und Schaden! / Glatt baut man die Hausfassaden / Morgen baut man Häuser bloß, / Ganz und gar fassadenlos.» Der Song kommt zu dem Ergebnis: «Fort die Möbel aus der Wohnung, / Fort mit was nicht hingehört. / Wir behaupten ohne Schonung: / Jeder Mensch, der da ist, stört.»[63]

Der Historismus des 19. Jahrhunderts war Absicherung beim «Umzug» in die ungewisse Zukunft der Modernität gewesen; er klammerte sich an Erbstücke aus allen Epochen, um in auratisierter Vergangenheit Halt zu finden. Er diente dazu, vor dem Sturz in die Tiefe der Leere zu bewahren. Erhebende Erhabenheit suggerierte die Beständigkeit der Werte, während längst deren Zerfall vor sich ging.

Mit dem verlorenen Krieg sollte nun Wahrheit um sich greifen und das bedeutete – etwa in der Wohnkultur als symptomatischem Beispiel –, dass man sich des Ballasts repräsentativer Einrichtungen, die durch pompöse Verlogenheit bestimmt waren, entledigte. In Wolfgang Georg Fischers Roman «Wohnungen» verkörpert Bruno Frischherz mit seinem Bekenntnis zur «Schleiflackweiss-Gesinnung» die «neue Sachlichkeit». «Ornament ist Verbrechen, die verlogene Vätermoral, bürgerliche Gattin, eine Jungfrau vor dem Altar, in der Synagoge, aber Bordellbesuchsfreuden, Promotionsfeier im Etablissement der Frau Rosa, Paradesäbel um den nackten Bauch, das konnte sich nur hinter staubigen Makartbuketts, zwischen polsterschweren Kanapees, bei Täbrisläufern, vor Vitrinen mit lachenden falschen Chinesen erhalten; Bruno Frischherz ist dagegen, Neukunst und Neumensch, Frauen und Mädchen ohne Korsett, Häuser, Wohnungen, Möbel ohne formfremde Zutaten, Damen reiten im Herrensitz, Stühle einfach, gerade, rückgratgerecht, das ist der Ton dieser Welt, korsettlose Mädchen auf Fahrrädern, die schmucklose rechtwinkelige Kastenkante mit voll Stolz gezeigtem, sogar messinghell poliertem Scharnier.»[64]

Der Deutsche Werkbund, im Oktober 1907 in München gegründet – eine Vereinigung von Architekten, Handwerkern, Industriellen, Pädagogen und Publizisten (darunter der Architekt und Kunstschriftsteller Hermann Muthesius und der Architekt Peter Behrens) –, wollte die handwerkliche Arbeit durch Einfachheit veredeln, sie mit Kunst und Industrie verbinden. Auf der ersten großen Ausstellung des Deutschen Werkbundes in Köln 1914 gab es noch eine Polarität zwischen schmuckreichem Neoklassizismus und strenger Sachlichkeit, doch indem man die Möglichkeiten der neuen Baumaterialien, vor allem des Glases entdeckte (Glaspavillon von Bruno Taut), setzte sich das Bekenntnis zur schnörkellosen Funktionalität mit dem Motto, dass die Form der Funktion folgen müsse, immer mehr durch.

Das Bauhaus, von den Ideen des Deutschen Werkbundes inspiriert, 1919 in Weimar im gleichen Jahr und am gleichen Ort wie die Republik gegründet, versuchte eine ästhetische Utopie zu verwirklichen, nämlich den massenhaft schlechten Geschmack durch den Verzicht auf das Dekorative und die Betonung von Funktionalität wie Materialgerechtigkeit zu überwinden. Der Wandel von der monarchistisch bestimmten Fassaden-Architektur der Gründerzeit zur einfachen republikanisch-demokratischen Baugesinnung gelang freilich, wegen der Hermetik des Bauhauses, bei der Gestaltung von Fabriken, Kaufhäusern, öffentlichen Bauten und Wohnsiedlungen nur vereinzelt. Doch brachte das Experimentieren mit Materialkombinationen und die Reduktion auf Grundformen, die aller weitschweifigen Arabesken entkleidet waren – von Gebrauchsgegenständen wie Löffel, Tasse, Stuhl bis hin zur Villenkolonie –, wesentliche Impulse für ein verändertes Verhältnis zu den «Dingen», zumal mit pädagogischem Eros Mensch und Umwelt als Ganzes begriffen wurden. Eine solche, geradezu religiös eingefärbte «Werk-Gesinnung» spricht aus dem ersten Bauhaus-Manifest von Walter Gropius, eine schillernde Mischung von Argumenten reiner Vernunft und scharfer Rationalität mit abstrakten Ideen schwärmerischer und messianischer Art, die auf eine umfassende europäische Kulturgemeinschaft zielt. «Architekten, Bildhauer, Maler, wir alle müssen zum Handwerk zurück!

Denn es gibt keine ‹Kunst von Beruf›. Es gibt keinen Wesensunterschied zwischen dem Künstler und dem Handwerker… Gnade des Himmels lässt in seltenen Lichtmomenten, die jenseits seines Wollens stehen, unbewusst Kunst aus dem Werk seiner Hand erblühen, die Grundlage des Werkmäßigen aber ist unerlässlich für jeden Künstler. Dort ist der Urquell des schöpferischen Gestaltens. Bilden wir also eine neue Zunft der Handwerker ohne die klassentrennende Anmaßung, die eine hochmütige Mauer zwischen Handwerkern und Künstlern errichten wollte. Wollen, erdenken, erschaffen wir gemeinsam den neuen Bau der Zukunft, der alles in einer Gestalt sein wird: Architektur und Plastik und Malerei, der aus Millionen Händen der Handwerker einst gen Himmel steigen wird als kristallenes Sinnbild eines neuen kommenden Glaubens.»[65]

Ähnlich wie beim Bauhaus, dessen Dogmatik durch die Individualität der mitarbeitenden Künstler (wie Wassily Kandinsky, Paul Klee, Johannes Itten, Lyonel Feininger) gebrochen wurde, erweist sich die «neue Sachlichkeit» in der bildenden Kunst als ein weites, viele Stilformen umfassendes Spektrum. Gustav Friedrich Hartlaub, Direktor der Mannheimer Kunsthalle, der 1925 die Ausstellung «Neue Sachlichkeit» zusammenstellte, versuchte damit die zu erfassenden Tendenzen kritisch zu charakterisieren und zu kategorisieren. Der Expressionismus mit seinen utopischen universellen Heilserwartungen und seinem religiösen Erneuerungswillen sei im Ersten Weltkrieg zerbrochen und habe einer materialistischen Gesellschaftsordnung und Weltanschauung Platz gemacht; zwei gegensätzliche Exponenten bestimmten die «neue Sachlichkeit»: «Der eine konservativ bis zum Klassizismus, im Zeitlosen Wurzel fassend, will nach so viel Chaos das Gesunde, Körperlich-Plastische in reiner Zeichnung nach der Natur, vielleicht noch mit Übertreibung des Erdhaften, Rundgewachsenen wieder heiligen. Michelangelo, Ingres, Genelli, selbst die Nazarener sollen Kronzeugen sein. Der andere linke Flügel, grell zeitgenössisch, weit weniger kunstgläubig, eher aus Verneinung der Kunst geboren, sucht mit primitiver Feststellungs-, nervöser Selbstentblößungssucht Aufdeckung des Chaos, wahres Gesicht unserer Zeit.»[66] Innerhalb eines solchen Spannungsbogens wurden 32 Künstler mit 124 Werken ausgestellt, darunter Max Beckmann, Otto Dix, George Grosz, Karl Hubbuch, Karl Rössing,

Rudolf Schlichter, Georg Schrimpf – in ihren Weltsichten bald konstruktivistisch, veristisch, surrealistisch, bald magisch-realistisch, dadaistisch und auch noch post-expressionistisch. Dem Etikett «neue Sachlichkeit» wurden die Maler am deutlichsten gerecht, die wie Giorgio de Chirico oder Fernand Léger die Ich-Krise dadurch zu überwinden trachteten, dass sie Dinge und Menschen in einen gewissermaßen luftleeren Raum stellten und auf die Darstellung des Menschen weitgehend verzichteten; oder aber die Figuren in Hüllen (Anzüge, Jacken, Mäntel) verpackten; selbst die Nacktheit wirkte wie ein Kleid. Doch reizt die «Oberflächlichkeit» der Bilder, ihre Meta-Physik zu ergründen.

Auch in der Literatur ist «neue Sachlichkeit» als poetologische Kategorie diffus. Das gemeinsame Charakteristikum unterschiedlicher Autoren bestand darin, dass man dem exstatischen Expressionismus eine Absage erteilte. Insofern war der 1916 in Zürich («Cabaret Voltaire») von den deutschen Schriftstellern Hugo Ball, Richard Huelsenbeck, Hans Arp und dem Rumänen Tristan Tzara ins Leben gerufene Dadaismus wegweisend: Der Expressionismus, so Huelsenbeck, habe die Verinnerlichung gewollt und sich als Reaktion gegen die Zeit empfunden; der Dadaismus sei nichts anderes als ein Ausdruck der Zeit. Im dadaistischen Manifest hieß es: «Die besten und unerhörtesten Künstler werden diejenigen sein, die stündlich die Fetzen ihres Leibes aus dem Wirrsal der Lebenskatarakte zusammenreissen, verbissen in den Intellekt der Zeit, blutend an Händen und Herzen. Hat der Expressionismus unsere Erwartungen auf eine solche Kunst erfüllt, die eine Ballotage unserer vitalsten Angelegenheiten ist? NEIN! NEIN! NEIN! Haben die Expressionisten unsere Erwartungen auf eine Kunst erfüllt, die uns die Essenz des Lebens ins Fleisch brennt?»[67]

In Geistesverwandtschaft dazu meinte Alfred Döblin in «Bemerkungen zum Roman» (1917), dass es verkehrt sei zu meinen, dass dessen Gegenstand der Mensch sei. Sowohl Roman als auch Drama hätten weder mit dem Menschen noch der Wichtigkeit eines einzelnen Helden oder seiner Probleme zu tun; das solle man den Pädagogen, Pfarrern und Psychiatern überlassen. Sachgerecht sei die Auflösung von Ganzheit: «Wenn ein Roman nicht wie ein Regenwurm in zehn Stücke geschnitten werden kann und jeder Teil bewegt sich selbst, dann taugt er nicht.» Welt und Gesellschaft sollten mit diagnostisch-kühlem Blick analysiert und präsentiert werden (Döblin war Arzt); der Film mit distanzierendem Schnitt und Gegenschnitt sowie der Montage bruchstückhafter Wahrnehmungen war Vorbild. Nach filmischen Prinzipien ist Döblins Roman «Berlin Alexanderplatz» (1929) angelegt; stilistisch und inhaltlich gilt er als ein Höhepunkt literarischer «neuer Sachlichkeit» (wobei der dezidierten Absage ans gefühlvolle Pathos ein neues Pathos, sozusagen Berauschung durch Realität, gegenüberstand).

In den Asphaltstädten daheim

Die Großstadt erscheint bei Döblin als Raum, der von gleichzeitigen Geschehnissen und Sachverhalten, Eigenschaften und Beziehungen erfüllt ist; zahllose Handlungsfragmente, Dialogfetzen, Ortsbeschreibungen, Briefe, Prospekte, Tabellen, Zeitungsartikel, Plakattexte und andere Informationsmaterialien werden collagiert. Die Bewegung der Lichter, die Geräusche der Motoren durchdringen die Seele der Menschen, die so keinen Augenblick zur Ruhe findet. 1927 hatte Kurt Pinthus die heldenlose Handlung des Films «Berlin. Die Symphonie der Großstadt» von Walther Ruttmann wie folgt resümiert – wobei das Zitat auch gut geeignet ist, die Döblinsche Wort-Bild-Kunst zu kennzeichnen: «... rapidestes Simultangeschehen, rapideste Bildfolge, als ineinander-, durcheinanderkopiertes, zuckendes Hin und Her, Querhindurch, Drüberweg. Nichts ist gestellt, alles erhascht. Bald mit tückischer Beobachtung die Einzelerscheinung rasch enthüllend, bald, wie mit rasendem Besen zusammengefegt, tausend Erscheinungen zugleich heranraffend. Unsere Netzhaut, unsere Nerven, unser Bewusstsein peitschend, wie, durchs Ohr empfunden, Meisels stampfende, rollende, brausende Begleitmusik. Wir sehen plötzlich, was wir nicht sehen, weil wir es täglich sehen.»[68]
Bei Döblin erscheint die Großstadt als modernes Babylon, als Heimat der Gauner, Huren, Hehler und Zuhälter. Die Handlung kreist um Verbrechen und Unzucht, um das Elend der Slums, um Prostitution, Krankheit, Hunger und Sorge. In den Häusern ist der Unrat der Welt zusammengeschwemmt. Der Himmel «blickt auf die dunklen Stätten der Menschheit». Der Mensch wird auf seine animalischen Funktionen festgelegt.[69] Er geht herum, lebt,

blüht, säuft, frisst, verspritzt seinen Samen, verbreitet weiter Leben. «Dann geht der dicke Kerl raus, schnauft, macht sich hinten den Hosenbund locker, damit der Bauch gut Platz hat. Dem liegen gut drei Pfund im Magen, lauter Esswaren. Jetzt gehts damit los in seinem Bauch, die Arbeit, jetzt hat der Bauch damit zu schaffen, was der Kerl reingeschmissen hat. Die Därme wackeln und schaukeln, das windet sich und schlingt wie Regenwürmer, die Drüsen tun, was sie nur können, sie spritzen ihren Saft in das Zeug hinein, spritzen wie die Feuerwehr, von oben fließt Speichel nach, der Kerl schluckt, es fließt in die Därme ein, auf die Nieren erfolgt der Ansturm, wie im Warenhaus bei der Weißen Woche, und sachte, sachte, sieh mal an, fallen schon Tröpfchen in die Harnblase, Tröpfchen nach Tröpfchen. Warte, mein Junge, warte, balde gehst du denselben Gang hier zurück an die Tür, wo ansteht, für Herren. Das ist der Lauf der Welt.»

Das Buch berichtet von dem ehemaligen Zement- und Transportarbeiter Franz Biberkopf, dessen Schicksal es ist, gegen die Großstadt und ihre Amoralität nicht aufzukommen; er hat in einem Streit seine Geliebte umgebracht, muss ins Gefängnis; kaum entlassen, wird er wieder dem Laster und dem Verbrechen zugetrieben; er wird erneut Zuhälter, Einbrecher, verliert sein Mädchen, das ein Kumpan ermordet; schließlich landet er im Irrenhaus. Er kommt frei. Zuletzt sehen wir ihn am Alexanderplatz: «Sehr verändert, ramponiert, aber doch zurechtgebogen.» Das «furchtbare Ding», das sein Leben war, bekommt einen Sinn. Es ist eine Gewaltkur mit Franz Biberkopf vollzogen worden. «Dies zu betrachten und zu hören, wird sich für viele lohnen, die wie Franz Biberkopf in einer Menschenhaut wohnen und denen es passiert wie diesem Franz Biberkopf, nämlich vom Leben mehr zu verlangen als das Butterbrot.»

Döblins künstlerisches Pandämonium, schwerblütig und sublim, formlos und voller Artistik, kunstfeindlich und trunken vom Rhythmus, hat eigentlich keinen Helden. Der Prolet Franz Biberkopf bedeutet mit seiner primitiven Mörderexistenz die Verneinung des Menschenbildes, das bisher vom europäischen Roman vorausgesetzt wurde.

Döblin war in seiner Jugend aktiver Sozialist gewesen, hatte dann aber die Partei aus Protest gegen ihre Bonzenwirtschaft verlassen und nach der Revolution von 1918/19 vernichtende Kritik an ihren Führern geübt. 1931 veröffentlichte er das Manifest «Wissen und Verändern!», in dem er alle freiheitlich gesinnten Deutschen aufrief, sich auf einen vom Marxismus befreiten Sozialismus zu einigen, weil nur so die von rechts und links drohende Gefahr abgewehrt werden könne. «Seine Auffassung blitzt auch in ‹Berlin Alexanderplatz› hie und da auf. Aber wenn Biberkopf völkische Zeitungen verkauft, die Arbeiter in den Kneipen politisieren oder die Sprache der Gerichte und der Bürokratie leicht parodistisch zitiert wird, sind das nur Farbflecken im Zeitgemälde, wie die beiläufigen Hinweise auf die Wirtschaftskrise oder auf Biberkopfs Erlebnisse im Krieg. Döblin hatte den Glauben an die politischen Parteien längst verloren, er schrieb keinen Zeitroman, sondern ein Gleichnis für den Weg Deutschlands seit der Niederlage» (Walter Muschg).[70]

In der «Asphaltstadt» war auch Bertolt Brecht daheim. «Von allem Anfang / versehen mit jedem Sterbesakrament: / Mit Zeitungen. Und Tabak. Und Branntwein. / Misstrauisch und faul und zufrieden am End.» Es war eine transitorische Heimat – «Von diesen Städten wird bleiben: der durch sie hindurchging, der Wind!»; und es war eine Heimat genussfreudiger Augenblicklichkeit: «Bei den Erdbeben, die kommen werden, werde ich hoffentlich / Meine Virginia nicht ausgehen lassen durch Bitterkeit / Ich, Bertolt Brecht, in die Asphaltstädte verschlagen / Aus den schwarzen Wäldern, in meiner Mutter, in früher Zeit.»[71]

In seinem Tagebuch notiert Brecht Ende 1921, dass niemand bislang die Stadt als Dschungel beschrieben habe, die Stadt, die «ihre Wildheit zurückhat, ihre Dunkelheit und ihre Mysterien. Wie ‹Baal› der Gesang der Landschaft ist, der Schwanengesang. Hier wird eine Mythologie aufgeschnuppert.»[72] «Baal», eine lockere Szenenfolge (1918 ff.), verherrlicht den radikal unbürgerlichen, triebbesessenen Menschen, den Künstler, Säufer, Mörder. Dieses Werk panischen Lebensgefühls, zwischen Fruchtbarkeit und Verwesung oszillierend, steht in der Nähe der Lyrik des jungen Brecht, die er 1927 in der «Hauspostille» gesammelt herausgab. «Des Teufels Gebetbuch» wurde sie genannt: Alle Vorgänge, Tages- und Jahreszeiten, Ströme des Regens und Wuchern der Wälder, Geburt, Begattung und Tod werden hier in der penetranten Terminologie der Verwesung geschildert. Da ist nichts fest, hart, spröd, frisch, unversehrt, alles verschwimmt und verschlammt, zerfließt und zerquillt in Brackwasser, Lauge und fauligem Cocktail (Herbert Lüthy).[73]

Verkörperte Brecht den stringenten linken, marxistisch orientierten Intellektuellen, der seine Kritik am Bürgertum und Kapitalismus in parabelhafte Lehrstücke fasste, zugleich aber auch das Unterhaltungsbedürfnis der Zeit provokant bediente, so zeigte sich Erich Kästner als ein linker ideologieloser, melancholischer Flaneur, der kabarettistisch und feuilletonistisch seine Ansichten vom Theatrum mundi wiedergab:

> Die Städte wachsen. Und die Kurse steigen.
> Wenn jemand Geld hat, hat er auch Kredit.
> Die Konten reden. Die Bilanzen schweigen.
> Die Menschen sperren aus. Die Menschen streiken.
> Der Globus dreht sich. Und wir drehn uns mit.
>
> Die Zeit fährt Auto. Doch kein Mensch kann lenken.
> Das Leben fliegt wie ein Gehöft vorbei.
> Minister sprechen oft vom Steuersenken.
> Wer weiss, ob sie im Ernste daran denken?
> Der Globus dreht sich und geht nicht entzwei.
>
> Die Käufer kaufen. Und die Händler werben.
> Das Geld kursiert, als sei das seine Pflicht.
> Fabriken wachsen. Und Fabriken sterben.
> Was gestern war, geht heute schon in Scherben.
> Der Globus dreht sich. Doch man sieht es nicht.[74]

Kästner, so würdigte Hermann Kesten den Freund, sei ein Zauberer in Vers und Prosa gewesen; Vernunft und Witz, Charme und Grazie, Gelächter und kunstreiche Simplizität, naive Offenheit und moralische Klarheit hätten ihn als Volksfreund und Weltpatrioten gezeigt, «der nichts anderes tat, als cultiver son jardin, aber sein Garten war die humane Welt».[75] Kästner fühlte sich als Vertreter einer Generation, die vom Feierlichen und Ehrwürdigen die Nase voll hatte und stattdessen Gebrauchskultur, Poesie für den Alltag, wünschte. In seinen Gedichtbänden «Herz auf Taille» (1928), «Lärm im Spiegel» (1929), «Ein Mann gibt Auskunft» (1930), aber auch in seinen Kinderbüchern («Emil und die Detektive» (1928), «Pünktchen und Anton» (1931)) erzählt Erich Kästner vom Leben in der modernen Großstadt, von der Arbeitslosigkeit und der politischen Gleichgültigkeit, von den Enttäuschungen der missbrauchten Jugend und von der Hilflosigkeit des Individuums inmitten der politischen und ökonomischen Misere. Das war auch die Thematik der zwischen Sentimentalität und Schnoddrigkeit pendelnden Mascha Kaléko:

Jetzt ruhn auch schon die letzten Großstadthäuser.
Im Tanzpalast ist die Musik verstummt
Bis auf den Boy, der einen Schlager summt.
Und hinter Schenkentüren wird es leiser.

Es schläft der Lärm der Autos und Maschinen,
Und blasse Kinder träumen still vom Glück.
Ein Ehepaar kehrt stumm vom Fest zurück,
Die dürren Schatten zittern auf Gardinen.

Ein Omnibus durchrattert tote Straßen.
Auf kalter Parkbank schnarcht ein Vagabund.
Durch dunkle Tore irrt ein fremder Hund
Und weint um Menschen, die ihn blind vergaßen.

In schwarzen Fetzen hängt die Nacht zerrissen,
Und wer ein Bett hat, ging schon längst zur Ruh.
Jetzt fallen selbst dem Mond die Augen zu …
Nur Kranke stöhnen wach in ihren Kissen.

Es ist so still, als könnte nichts geschehen.
Jetzt schweigt des Tages Lied vom Kampf ums Brot.
– Nur irgendwo geht einer in den Tod.
Und morgen wird es in der Zeitung stehen …[76]

Gottfried Benn, seit 1917 Facharzt für Haut- und Geschlechtskrankheiten, war, auch wenn er sich 1933 für kurze Zeit vom nationalsozialistischen Irrationalismus blenden ließ, ein «Asphaltliterat» par excellence. «Ich sehe nicht viel Natur, komme selten an Seen, / Gärten nur sporadisch, mit Gittern vor, / oder Laubenkolonien, das ist alles, / ich bin auf Surrogate angewiesen: / Radio, Zeitung, Illustrierte.»[77] Seine oft im saloppen Parlando vorgetragene Weltuntergangsstimmung – «er schluchzt mit der Zigarette an der Unterlippe»[78] – war Ausdruck eines lyrischen Ichs, das zur modernen Zivilisation ein höchst zwiespältiges Verhältnis hatte. Bei allem Ekel und Hass, welche die Banalisierung des Lebens in ihm erregte, war er zugleich von den Reizen der Modernität tief ergriffen; er verachtete die Presse, war aber ein leidenschaftlicher

Zeitungsleser; er polemisierte gegen die moderne Naturwissenschaft, informierte sich aber begierig über alle neuen Forschungsergebnisse; er verhöhnte den gesellschaftlichen Betrieb, konnte aber (als Dichter des Nachtcafés) ohne ihn nicht schreiben. Heinz Friedrich nennt Benn «den tragischen Chansoneur», einen Clown aus Verzweiflung. Eschatologische Stimmung, tragischer Snobismus, elegisch-melancholische Sentiments mit Ausblick aufs Abendland brachten Benns Lyrik gelegentlich den Vorwurf ein, wie eine Droge wirken zu wollen. Wegen Wesensverwandtschaft wurde sie daher mit dem Jazz in Verbindung gebracht: er intonierte die Zwiespältigkeit der Zeit. «Aus einem Tanzlokal, an dem ich vorüberkam, scholl mir, heiss und roh wie der Dampf von rohem Fleisch, eine heftige Jazzmusik entgegen. Ich blieb einen Augenblick stehen; immer hatte diese Art von Musik, so sehr ich sie verabscheute, einen heimlichen Reiz für mich. Jazz war mir zuwider, aber sie war mir zehnmal lieber als alle akademische Musik von heute, sie traf mit ihrer frohen rohen Wildheit auch bei mir tief in die Triebwelt und atmete eine naive redliche Sinnlichkeit. Ich stand einen Augenblick schnuppernd, roch an der blutigen grellen Musik, witterte böse und lüstern die Atmosphäre dieser Säle. Die eine Hälfte dieser Musik, die lyrische, war schmalzig, überzuckert und troff von Sentimentalität, die andre Hälfte war wild, launisch und kraftvoll, und doch gingen beide Hälften naiv und friedlich zusammen und gaben ein Ganzes. Untergangsmusik war es, im Rom der letzten Kaiser musste es ähnliche Musik gegeben haben.»[79]

Die Stelle findet sich in dem Roman «Der Steppenwolf» von Hermann Hesse – den fiktiven Aufzeichnungen Harry Hallers, eines neurotischen, übersensiblen, in äußerste seelische Vereinsamung getriebenen Mannes mittleren Alters, dessen Selbstanalyse zugleich einen Versuch zur Diagnose der Zeitkrankheit und zu ihrer Therapie darstellt. «Es wäre mir doch lieb, wenn viele von ihnen merken würden, dass die Geschichte des Steppenwolfes zwar eine Krankheit und Krisis darstellt, aber nicht eine, die zum Tode führt, nicht einen Untergang, sondern das Gegenteil: eine Heilung», so der Dichter im Nachwort.[80] Haller – er selbst fasst seine Existenz in die Chiffre des Steppenwolfs – befindet sich im Zustand der völligen Entfremdung von seiner kleinbürgerlichen Umwelt, zu der er sich dennoch mit einer fast kindlichen Sehnsucht wieder hingezogen fühlt. «Die Ursache dieses Leidens sucht er in dem doppelten Zwiespalt, dem einerseits seine Gegenwart zwischen einer versinkenden alten europäischen Kultur und einer wuchernden modernen amerikanischen Technokratie, andererseits seine eigene sinnlich-geistige Doppelnatur ausgeliefert sind, in der ‹Wölfisches› und ‹Menschliches›, Atavistisch-Animalisches und Humanistisch-Geistiges für ihn unvereinbar im Streit liegen.»[81] Das Radio erscheint als besonderes Zeichen für den Niedergang «edler Kultur». Im «Magischen Theater» des Jazztrompeters Pablo – nichts anderes als eine visionäre Rauschgiftorgie – begegnet Haller Mozart, «ohne Zopf, ohne Kniehosen und Schnallenschuhe, modern gekleidet». Dieser stellt einen Radioapparat auf, schaltet den Lautsprecher ein und sagt: «Man hört München, das Concerto grosso F-Dur von Händel.» Doch der «teuflische Blechtrichter» spukt nur «jene Mischung von Bronchialschleim und zerkautem Gummi aus, welchen die Besitzer von Grammophonen und Abonnenten des Radios übereingekommen sind, Musik zu nennen»; hinter dem «trüben Geschleime und Gekrächze» ist aber immer noch, «wie hinter dicker Schmutzkruste ein altes, köstliches Bild, die edle Struktur dieser göttlichen Musik zu erkennen, der königliche Aufbau, der kühle weite Atem, der satte, breite Streicherklang.»[82]

Was Benjamin analytisch den «Verlust der Aura» nannte,[83] erscheint bei Hesse (im Empfinden des Steppenwolfs) als «Schweinerei»; der scheussliche Apparat als Triumph der modernen Zeit – «ihre letzte siegreiche Waffe im Vernichtungskampf gegen die Kunst?» Indem Mozart lachend die entstellte, entseelte und vergiftete Musik weiter in den Raum sickern lässt, hält er eine Ansprache an die Verächter des neuen Mediums, wobei er dessen Abfall von der Idee – reine Kunst, zerstört durch Technik – als allgemeines Gleichnis für Leben und Welt interpretiert.

Ätherwellen

Das Radio war, wie der Film, ein Medium des «neuen Rom»; es stand für eine kommunikative Globalisierung, die «neuer Sachlichkeit» verpflichtet schien, aber auch ihre Dialektik – als Umschlag ins Gegenteil (Illusionismus und Propaganda) – in sich trug.

Kurt Günther: Der Radionist, 1927

Optimismus überwog jedoch. Von überall her aus der Welt könne man nun in seiner Wohnstube Botschaften empfangen – so der Schriftsteller Robert Seitz, eine weitverbreitete Hoffnung artikulierend:

> Was wir seit frühester Jugend ersehnten:
> Über Grenzen zu sein und kleinlichen Staaten.
> Über Hass und Feindschaft zu sein,
> Und jedem Bruder in der Welt die Hand zu geben
> Über Grenzen und kleinlichen Staaten,
> Plötzlich ist ihm Erfüllung geworden...[84]

Maßgebend für die Entwicklung des Rundfunks in Deutschland war Hans Bredow, den man mit Recht «Vater des deutschen Rundfunks» genannt hat. Er wurde 1879 in Hinterpommern geboren; sein Hochschulstudium konnte er aus Geldnot nicht abschließen; ohne jedes Diplom ging er in die Ingenieurspraxis, wurde jedoch bald Leiter der von den Firmen AEG und Siemens getragenen «Gesellschaft für drahtlose Telegraphie GmbH» (Telefunken). 1917 veranstaltete Bredow vor Reims mit Grammophonmusik für Soldaten die erste Rundfunksendung; kurz nach der Novemberrevolution (4.12.1918) wurde bei der Post eine Rundfunkkommission eingerichtet, als deren Leiter er fungierte. Als überzeugter Demokrat trug er die Idee eines allgemeinen «Rund-Funks», den jedermann empfangen könne, 1919 dem Hauptausschuss der die Verfassung der neuen Republik vorbereitenden Weimarer Nationalversammlung vor. Der technische Schriftsteller Hans Dominik schrieb im Berliner «Lokalanzeiger»: «Trotzdem der Vortragende streng auf dem Boden der Sachlichkeit blieb, konnte er doch gelegentlich Zukunftsperspektiven von Jules Vernescher Kühnheit entwerfen, so beispielsweise den künftigen politischen Redner, der seine Rede an einer Stelle in den drahtlosen Sendeapparat spricht, während sie gleichzeitig in ganz Deutschland von Millionen gehört wird.»[85] Bald darauf wurde Bredow ins Reichspostministerium berufen.

Nach den USA, England und Frankreich nahm der deutsche «Unterhaltungsrundfunk» am 29. Oktober 1923 seinen Betrieb auf. Die «BZ am Mittag» berichtete über diesen Abend: «Drei Minuten vor acht Uhr! Alles versammelt sich im Senderaum. Erwartungsvoll beobachtet man das Vorrücken des Zeigers der Uhr… Acht Uhr! Alles schweigt. In das Mikrophon ertönen nun die Worte: ‹Achtung! Hier Sendestelle Berlin Voxhaus Welle 400. Wir bringen die kurze Mitteilung, dass die Berliner Sendestelle Voxhaus mit dem Unterhaltungsrundfunk beginnt.»[86] Das erste einstündige Konzert umfasste zwölf Darbietungen von Schallplattenaufnahmen, darunter ein Cello-Solo des als Virtuose und Komponist gefeierten Österreichers Fritz Kreisler. Am Ende ertönte die Nationalhymne «Deutschland, Deutschland, über alles», gespielt von der Reichswehrkapelle. Bei der Vox AG handelte es sich um eine 1920 geschaffene «Schallplatten- und Sprechmaschinen AG». In rascher Folge kam es zur Gründung regionaler Sendegesellschaften in größeren Städten und zur Entwicklung rundfunktypischer Sendeformen, wie zum Beispiel Reportage, Hörspiel, Nachrichten; doch sollte vor allem der «Kulturauftrag», etwa durch Musik- und Literatur-Darbietungen, erfüllt werden. Die Bezeichnung des neuen Mediums als «Unterhaltungsrundfunk», die am 17. August 1926 in «Rundfunk» verändert wurde, war insofern signifikant, als man «rund herum» vor allem für Vergnügen sorgen wollte; am «Radio» (eine Kurzform des englischen «radio telegraphy») sollten die Menschen, die es zu dieser Zeit recht schwer hatten, von ihrer Misere abgelenkt und entlastet werden. Nach einer Befragung der Leser der Zeitschrift «Der deutsche Rundfunk» im Juli 1924 bevorzugten 83,3 Prozent der Hörerschaft Operettenmusik, 72,6 Tagesneuigkeiten. Ende 1924 waren etwa 10000 Geräte (zunächst mehr billige oder selbstgebastelte Detektoren, dann zunehmend Röhrenapparate) angemeldet, 1926 gab es bereits über eine Million, 1932 vier Millionen Rundfunkempfänger in Deutschland.

Als der deutsche Rundfunk 1923 begann, befand sich die Weimarer Republik in ihrer größten wirtschaftlichen und politischen Krise; die Hoffnung auf einen demokratischen Sozialstaat schmolz mit der Inflationszeit, die 1923 ihren Höhepunkt erreichte (ein Dollar kostete 4,2 Billionen Papiermark), dahin; der erste zugelassene Radio-Hörer musste übrigens für seine ein Jahr gültige Lizenz 350 Milliarden Mark zahlen. «Die Bürde des verlorenen Ersten Weltkrieges lastete schwer auf der 1918 entstandenen jungen deutschen Republik. Putschversuche von links und rechts, Attentate, denen anfangs der 20er Jahre prominente Politiker zum Opfer fielen, erschütterten das Land ... Es gehörte also schon eine Portion Mut dazu, den Aufbau eines neuen Kommunikationsnetzes in Angriff zu nehmen, dessen Schicksal im Ungewissen lag und für das nach Weisung der Reichsregierung keine Kosten entstehen durften» (Ansgar Diller).[87]

Im Gegensatz zu einer optimistisch-kosmopolitischen Deutung des Rundfunks gab es bald auch besorgte Stimmen, welche die Frage aufwarfen, wem der Rundfunk denn gehöre. «Es gibt keine tendenzlose Kunst, keine tendenzlose Wissenschaft – es gibt überhaupt keine Tendenzlosigkeit. Die Benutzung des Rundfunks den Klassentendenzen des Proletariats vorenthalten, heisst den Rundfunk zur Waffe gegen das Proletariat machen», schrieb Erich Mühsam.[88] Eine solche kritisch-kämpferische Aussage wurde gestützt durch die Tatsache, dass der Weimarer Rundfunk zentralistisch-staatsnah beziehungsweise kommerziell-kapitalistisch war (die einzelnen regionalen Sendegesellschaften waren meist florierende Aktiengesellschaften).

Die «Arbeiter-Radio-Bewegung», ein Versuch der Arbeiter-schaft, das universale publizistische Medium in Dienst zu nehmen, ging bis auf den November 1918 zurück. Für die Arbeiter- und Soldatenräte war der Funk ein wesentliches Kommunikations- und Koordinierungsinstrument. «Nach den Erfahrungen mit dem ‹Funkerspuk› während der Revolution bestanden vor allem Reichswehr und Innenministerium darauf, dass die Sender in der Verfügungsgewalt des Staates blieben.»[89] In einem Brief an das Reichsinnenministerium schrieb der preußische Innenminister Carl Severing: «Alle Wahrscheinlichkeit spricht dafür, dass das im Rundfunkwesen liegende Beeinflussungsmittel sehr bald eine solche Bedeutung gewinnen wird, dass eine Regierung, die darauf keinen maßgeblichen Einfluss hat, überhaupt den Boden unter den Füßen verloren hat.»[90] Sowohl von proletarischer wie bürgerlicher Seite wurde verhältnismäßig rasch die Wichtigkeit des Rundfunks als Machtinstrument erkannt. Die einen versuchten, den Rundfunk im Sinne sozialistischer Welt-Sicht, die anderen im Sinne affirmativer, die Verhältnisse stabilisierender Kultur zu nutzen. Den Gegensatz der beiden Lager machte das Gedicht einer Arbeiterin aus dem Jahr 1932 deutlich, das in der Zeitschrift «Arbeitersender» erschien; diese war ein Organ des «Freien Radio-Bundes Deutschland», zu dem sich «werktätige Rundfunkhörer», die der kommunistischen Partei nahe standen, zusammengeschlossen hatten.

Ich möcht' einmal am Sender stehn
Und sprechen dürfen. – Ohne Zensur.
Ein einziges Mal. – Eine Stunde nur –
‹Hetzen› – und Hass und Feuer säen. –
Lasst einmal mich am Geräte stehn
Und nur einen Tag aus meinem Leben
Wahrhaft und nüchtern ‹zum Besten› geben.
– Nichts weiter. – Es würde ein Wunder geschehn.
– – Ich möchte die wütenden Fratzen sehn
Der satten Bürger und lächelnden Spießer,
Der Jazz- und Rumba-Radau-Genießer. –
All derer, die an der Skala kauern
Auf Hindenburg-Reden und ‹Funkbrettl› lauern,
Wenn's hieße: Achtung! – Deutsche Welle!
Eine Arbeiterin spricht! – Thema: Die Hölle ...[91]

1929, als Bertolt Brecht Radioautor wurde – eine Reihe von Schriftstellern (darunter Alfred Döblin, Johannes R. Becher, Arnold Zweig, Rudolf Leonhard) beschäftigten sich mit Praxis und Theorie des Mediums –, war der deutsche Rundfunk sechs Jahre alt. Sein Hörspiel «Lindberghflug», das 1930 in Baden-Baden zur Aufführung kam, war für die künstlerische Entwicklung des Funks ein bedeutsames Ereignis. Zwei Medien moderner Industriekultur, der Rundfunk und das Flugzeug, waren da in ihrer Faszination vereint. Brecht stellte freilich dann resignierend fest, dass ein Stück, das den Rundfunk verändern sollte, von diesem in der gewohnten Weise verwertet worden sei.

Mit der nationalsozialistischen «Rundfunkrevolution» fanden sowohl der proletarische wie der bürgerliche Rundfunk ihr Ende. Der Rundfunk solle das «Braune Haus deutschen Geistes» sein, forderte der neue Reichssendeleiter Eugen Hadamovsky auf einer Kundgebung des «Reichsverbandes Deutscher Rundfunkteilnehmer» im Berliner Sportpalast 1933. Wenig später schrieb er im «NS-Funk»: «Ich klage das System Bredow vor dem deutschen Volke an: der politischen Verlotterung und Pfründenwirtschaft, der jüdischen Versippung und des Kultur-Bolschewismus, der Profitjägerei und Dividendengesinnung, der Sabotage an der nationalsozialistischen Erhebung.» Im Rundfunk dürfe es nichts geben, was nicht auf den letzten und tiefsten Sinn der Propaganda hinziele. «Wahrer, rechter Rundfunk ist Propaganda schlechthin. Er ist der Inbegriff des Wortes ‹Propaganda›.»[92]

Die kleinen Ladenmädchen gehen ins Kino

Wie bei dem Aufkommen und der Weiterentwicklung der Fotografie im 19. Jahrhundert – der Kodak-Apparat mit einem Papier-Rollfilm und einer möglichen Belichtungszeit von nur einer zwanzigstel Sekunde kam 1888 auf den Markt – glaubte man auch beim Film, der seinen Siegeszug um die Jahrhundertwende antrat («als die Bilder laufen lernten»), an den Triumph «neuer Sachlichkeit»: die Realität könne nun in «unnachahmlicher Treue» eingefangen und festgehalten werden. Dazu kam, dass die großstädtische Erfahrungswirklichkeit sich mit den filmischen Prinzipien der Automatik, Hektik, Diffusion, Assoziation, Kombination, Simultanität, Montage zu decken schien. Vor allem aber erwies sich der Film als Kunst für ein Massenpublikum, das von ihm Fluchthilfe aus meist trister Alltäglichkeit erhoffte; Illusion erschien als *mögliche* Wirklichkeit. Der Kontemplation des Kunst betrachtenden Individuums stellte Walter Benjamin in seinem Traktat «Das Kunstwerk im Zeitalter seiner technischen Reproduzierbarkeit» die stimulierende Zerstreuung im Kollektiv gegenüber. Das Gemälde mit seiner Aura lade den Betrachter zur Nachdenklichkeit ein, die Filmaufnahme beruhe auf Schockwirkung, die, wie jede Schockwirkung, freilich durch gesteigerte Geistes-Gegenwart aufgefangen sein wolle. «Kraft seiner technischen Struktur hat der Film die physische Chockwirkung, welche der Dadaismus gleichsam in der moralischen noch verpackt hielt, aus dieser Emballage befreit.»[93] Für Franz Kafka bedeutete das Kino eine Uniformierung des Auges, das bis jetzt «unbekleidet» gewesen sei; der Blick bemächtige sich nicht der Bilder, sondern diese bemächtigten sich des Blickes; sie überschwemmten das Bewusstsein. Das Auge sei – nach einem tschechischen Sprichwort – das «Fenster der Seele»; Filme jedoch «sind eiserne Fensterläden».[94]

Die 20er Jahre brachten – unter starkem amerikanischen Einfluss – einen außerordentlichen Aufschwung des Films in Deutschland. Zu Beginn der Weimarer Republik gab es bereits über 2000 Kinos, ihre Zahl stieg bis 1930, als die Umrüstung auf Tonfilm in vollem Gange war, auf 3500; neben den Groschenkinos entstanden die Filmpaläste. Das Geschehen auf der Leinwand befriedigte Tagträume; es bot als «optische Täuschung» ein soziales Idyll, während in der gesellschaftlichen Wirklichkeit die Kluft zwischen arm und reich immer tiefer wurde. Der Film mit seiner die Realität transzendierenden Wirkungskraft trug als käufliche Ware Glanz in den normalen Hausstand, vor allem der «kleinen Leute». «Was die beiden vom Leben haben?», fragt Alfred Döblin einmal in seinem Roman «Berlin Alexanderplatz» in Hinblick auf ein Angestellten-Ehepaar; «erstens einer den anderen, dann letzten Sonntag Bühnenschau und Film, dann mal die und mal die Vereinssitzung und Besuch bei seinen Eltern.»[95]

Siegfried Kracauer schrieb März 1928 in der «Frankfurter Zeitung» den Beitrag «Die kleinen Ladenmädchen gehen ins Kino», mit der er die lustvolle Selbstentäußerung unterprivilegierter Menschen anhand der Analyse typischer «Verzauberungsfilme»

Karl Arnold: Filmhunger, 1918

aufzeigte. Wenn die kleinen Ladenmädchen ins Kino gingen, würden ihre Seelen in den Traumkitsch «einmöbliert»; Geborgenheit und Heimat, die sie sonst nicht mehr hätten, würden auf Zelluloid «angeliefert» und in Ermangelung eines individuellen Lebenssinns surrogathaft konsumiert. «Die Filme sind der Spiegel der bestehenden Gesellschaft. Sie werden aus den Mitteln von Konzernen bestritten, die zur Erzielung von Gewinnen den Geschmack des Publikums um jeden Preis treffen müssen.» Kein Kitsch könne erfunden werden, den das Leben nicht imitiere; Tippmamsells modelten sich nach den Vorbildern auf der Leinwand («vielleicht aber sind die verlogensten Bilder aus dem Leben gestohlen»). Die Lebens-Misere werde erträglicher, wenn der Tranquilizer des großen Film-Glücks einverleibt werden könne. In der unendlichen Reihe der Filme kehre eine begrenzte Zahl typischer Motive immer wieder; sie zeigten an, wie die Gesellschaft sich selber zu sehen wünsche. «Der Inbegriff der Filmmotive ist zugleich die Summe der gesellschaftlichen Ideologien, die durch die Deutung dieser Motive entzaubert werden.» Vorgegaukelt wird die «freie Bahn», so als ob es die sozialen Barrieren nicht gäbe und überall die Möglichkeit des Vorankommens bestünde. «Den kleinen Ladenmädchen eröffnen sich ungeahnte Einblicke in das Elend der Menschen und die Güte von oben.»[96]

Der Film war Traumfabrik – aber er visualisierte auch die Alpträume der Zeit. Wichtige Filme der 20er Jahre wie «Der Golem» 1914, «Der müde Tod» 1921, «Dr. Mabuse» 1922, «Nosferatu» 1922, «Die Straße» 1923, «Der letzte Mann» 1924, «Die freudlose Gasse» 1925, «Metropolis» 1926 waren surreal: darum bemüht, die Kehrseiten und Abgründe des im Talmiglanz erstrahlenden goldenen Jahrzehnts aufzuzeigen. In dem Film «Das Kabinett des Doktor Caligari», der 1920 in Berlin uraufgeführt wurde, führt Caligari ein Doppelleben: als Direktor einer Irrenanstalt und als mordender Jahrmarktsschausteller. Für Siegfried Kracauer wurde so ein Seelenzustand bloßgelegt, der zwischen Tyrannei und Chaos lag. Der Film habe Heuchelei, Terror und Aggressivität vorgeführt und damit Wesenszüge des Nationalsozialismus antizipiert.[97]

Der Rauschzustand, in den der Film versetzte, war Teil des allgemeinen Vergnügungstaumels, der nach dem verlorenen Krieg ausbrach und alle Schichten ergriff – mit Kokain als Modedroge für die lebensgierige Avantgarde; und mit dem Charleston als beliebtestem Tanz, der mit seiner exaltierten Beinakrobatik, die den ganzen Körper erschütterte, körperliche Enthüllung und erotische Animation vermittelte. Die «rasende» Unterhaltungskultur zwischen den beiden Kriegen will den Leidensdruck abschütteln helfen; man will in den Tag hineinleben, vom Leben etwas haben. «... Wir versaufen unsrer Oma ihr klein Häuschen, / ihr klein Häuschen, ihr klein Häuschen, / Wir versaufen unsrer Oma ihr klein Häuschen / und die erste und die zweite Hypothek.»[98] Frech und albern, einschmeichelnd und frivol, leidenschaftlich und melancholisch, vor allem auch «unsinnig» («Was macht der Meier am Himalaja?») erklingt die Melodie der Zeit im vor allem über Rundfunk und Schallplatte verbreiteten Schlager; das 1928 gegründete Vokalensemble (Quintett) der Comedian Harmonists erfreute sich besonderer Popularität.

Die Spaß- und Tanzlokale waren überfüllt; die Frauen trugen Bubikopf und Make-up, zeigten Bein und Busen. Man schwelgte in Operettenseligkeit und begeisterte sich für die Revue, einem US-Import. Aus Paris kam die Show der in den USA geborenen Josephine Baker, die dann auch in anderen Revuen und Revuefilmen mitwirkte. Satirische Zeitschriften und Cabarets hielten der Zeit ihren Spiegel vor und leisteten ihr zugleich, indem sie vor allem auf Unterhaltung bedacht waren, Tribut. Ein Wort des Großkritikers Alfred Kerr, an sich auf moderne Kunsterscheinungen bezogen, konnte die vor allem für Berlin typische Mischung von Witz, Banalität, Raffinesse und tieferer Bedeutung charakterisieren: «Ulk mit Weltanschauung.»

«Viel Talent und viele Ideen, die das deutsche Showbusiness zu dem machten, was es war, kamen von außerhalb Deutschlands. Lehár war Ungar, die Stars seiner Operetten, Richard Tauber und Gitta Alpar, Österreicher beziehungsweise Ungarin. Benatzky und Abraham, nach Lehár die Könige der Operette, stammten aus Mähren beziehungsweise der Batschka. Von den großen Filmregisseuren kamen Fritz Lang, Joe May und Josef von Sternberg aus Österreich, G. W. Pabst aus Böhmen. An deutschen Jazz wäre ohne die aus Polen, Ungarn und Rumänien zugewanderten Talente nicht zu denken gewesen. Spezifisch deutsch waren Claire Waldoff (aus Gelsenkirchen) in Berlin, Karl Valentin und Liesl Karlstadt in München – großartige Typen, große Schauspieler, die im Dialekt sprachen und sangen, unübersetzbar, unnachahmlich. Diese drei waren Ausnahmen; die große Welt des Showgeschäfts war kosmopolitisch geworden, es herrschte ein ständiges Hin und Her zwischen den Metropolen der Erde. Wie Deutschland Talente aus dem Osten und Südosten an sich zog, so befanden sich, früher oder später, maßgebende deutsche Filmregisseure und Filmstars auf dem Weg nach Hollywood; manche blieben auf ein paar Jahre, manche für immer. Darunter waren die Regisseure Billy Wilder, Robert Siodmak, Ernst Lubitsch und F. W. Murnau, Erich von Stroheim und natürlich zahllose Darsteller und Schauspielerinnen von Pola Negri bis Marlene Dietrich» (Walter Laqueur).[99]

Im Sport waren die Boxveranstaltungen, von denen sich auch Brecht besonders angesprochen fühlte, äußerst beliebt. Das Boxerlied in dem Film «Liebe im Ring»: «Das Herz eines Boxers muss alles vergessen, / sonst schlägt ihn der Nächste knock-out!», sang

Max Schmeling. Bei den Sechs-Tage-Rennen beförderten die Radler-Teams vor allem nächtliche Luna-Park-Stimmung. Die Autorennen auf der Avus und dem Nürburgring waren sensationelle Höhepunkte der weitverbreiteten Auto-Begeisterung.

Feminisierte Automobilistik

«Die Zeit fährt Auto.» Viele konnten nicht lenken; deshalb hielten sie sich einen Chauffeur. In der Weimarer Republik bedeutete das Auto zunächst – ehe Ende der 20er Jahre das Kleinauto (Hanomag, Dixi, DKW) in die Produktion ging – ein Vehikel für die Hautevolee. Vor allem präsentierte sich am Volant die gut situierte, nach dem dernier cri gekleidete Weiblichkeit. «Die Dame und das Auto – gäbe es jetzt ...», hieß es in der Fachzeitschrift «Motor», Juli 1927, «ein aktuelleres, ein interessanteres Thema für die elegante, für die distinguierte Welt, in der die schöne Frau an der Seite der Vertreter des stärkeren Geschlechts ihr wachsendes Selbstbewusstsein, ihre immer natürlicher werdende Selbstständigkeit tapfer zeigt und – zeigen will?»[100] War das Automobil bis 1918 verdinglichter Archetypus wagemutiger Abenteuerlust, so wurde es nun zum Pendant weicher, verfließender, charmanter Damenhaftigkeit. Das Auto-Bewusstsein verband «neue Sachlichkeit» mit mobilem Romantizismus; die Autoindustrie hielt sich dabei vor allem an die Wünsche des «schönen Geschlechts»: komfortable, glänzende Karossen mit weichen Polstern, schwingender Federung und vielfältigen, die warenästhetischen Schönheitsbedürfnisse bedienenden Accessoires. Zu keiner Zeit gab es so viele Plakate und Werbeanzeigen, die chice Frauen zusammen mit Automobilen darstellten.

Im sportlichen, Wind und Wetter ausgesetzten offenen Automobil der Vorkriegszeit trug man Staubmantel, martialische Lederkleidung und Windschutzkappe. Parfüm vertrug sich nicht mit Benzingeruch. Nun wurde das Auto zum bergenden Gefährt: Die Damen und Herren steigen etwa vor dem Theater barhäuptig und ohne Mantel, in bester Garderobe, aus dem Wagen – bewegen sich von einem Luxusraum in den anderen.

Selbst der Verkehrsunfall erweist sich noch als ein einigermaßen liebliches Ereignis, denn wenn die Dame am Steuer sitzt, fehlt jede Aggressivität; sie jagt mit dem Auto nicht wie ein Projektil durch

In der Automobilausstellung. «Die Dame», 1928

die Straßen; sie fährt in eleganten Bögen. Der Mann sitzt gezähmt, bescheiden auf dem Nebensitz. Erleiden Frauen Pannen, mobilisieren sie damit die männliche Hilfsbereitschaft; vielleicht versagen die Autos überhaupt nur, um der Dame das Flirten zu ermöglichen.

Das dominante, in die Gefühlswelt des Konsums verpackte Auto-Bewusstsein der Zeit war freilich nicht nur auf damenhaft verfließenden, mokanten Charme angelegt; aber auch dort, wo kontrapunktisch die sportliche Linie fortgeführt wird, ist sie mit elegantem mädchenhaften Image verknüpft. Als 1927 die junge Rennfahrerin Clärenore Stinnes, Tochter des 1924 gestorbenen

Großindustriellen, zu einer «wahnwitzigen» Autofahrt rund um den Globus aufbricht, wird in den Zeitungen, die sich auf diese Sensation stürzen, nicht das «männliche Draufgängertum», sondern die extravagante weibliche Kaprice herausgestellt. «An der jungen Dame fällt auf: dass sie sehr jung ist. Dass sie Hosen trägt (aus fabelhaftem Homespun). Dass sie klein und niedlich ist, wie eine Studentin ... Dass sie in einem fort Zigaretten raucht und gern und viel lacht. Dass sie ausser ihrer Muttersprache perfekt englisch, französisch, spanisch und schwedisch spricht ... Für eineinhalb Jahre ist Fräulein Stinnes ausgerüstet: mit drei Sportkostümen, drei Nachmittagskleidern, drei Abendkleidern. Sie sind so geschneidert, dass sie von der Mode nicht eingeholt werden können.»[101] Die Reise (in einer Serienlimousine Marke «Adler», auf weite Strecken von einem Lastwagen der gleichen Firma mit den notwendigen Materialien begleitet) führte durch den Balkan in die Türkei, von dort über den Libanon nach Syrien, in den Irak, nach Persien, dann durch die Sowjetunion in die Mongolei, nach China, durch Japan, Peru, Bolivien, Argentinien, Chile und die USA. Clärenore Stinnes kam im Juni 1929 von dieser Tour de force, deren Strapazen nur der sie begleitende Kameramann und Fotograf Carl-Axel Söderström aushielt – sie heiratete ihn 1930 –, so nach Berlin zurück, wie sie von dort im Mai 1927 aufgebrochen war: als elegante Dame.

Die Fahrt der Clärenore Stinnes machte zudem deutlich: Die Welt war «vernetzbar». Und zwar nun mit Hilfe des Autos für den Einzelnen (nicht wie bei der Eisenbahn fürs Kollektiv). Individuen konnten überallhin gelangen, wenn auch noch mit erheblichen Strapazen. Denn so rasch wie in der Phantasie ging es nicht; der Zustand der engkurvigen staubigen Landstraßen war weiterhin «beschleunigungshemmend»; außerdem gab es zu wenige; sie waren zudem Verbindungslinien für benachbarte Orte, nicht Durchgangsstrecken für ferne Ziele. Die Schnelligkeit der Bewegung, zu der das Auto technisch durchaus fähig war, wurde durch den «Unterbau» wesentlich beeinträchtigt; sie faszinierte zwar bei den Rennen, blieb aber ansonsten weitgehend fiktiv. Der Film, der (wie bei der Eisenbahn) mit dem Auto eine sehr intensive Verbindung einging, verstärkte mit seinen gleichermaßen spannenden wie amüsanten Verfolgungsjagden das Geschwindigkeitsgefühl, das in der Realität nur «streckenweise» befriedigt werden konnte.

In den Großstädten war die «Straßenlage» besser; doch konnte von einer befriedigenden «verkehrsbestimmten Raumordnung» – so H. Kluge 1928 bei seiner Antrittsrede als Rektor der Universität Karlsruhe – nicht die Rede sein; um «freie Bahn» für das Kraftfahrzeug zu schaffen, seien durchgreifende Straßenumbauten, Durchbrüche, Über- und Unterführungen notwendig, die Jahrzehnte in Anspruch nähmen.[102] Die Idee von «Metropolis» war für viele Verkehrsplaner identisch mit der autogerechten Stadt – mit rollenden Verkehrsströmen (während es angesichts der steigenden Verkehrsdichte auch damals schon, zumindest bei der Rush-Hour, zum stehenden Verkehr kam). Solange die verkehrsgerechte Stadt noch nicht verwirklicht war, musste man in besonderem Maße der disziplinierenden Kraft der Polizei vertrauen, die zumindest in den Großstädten einen großen Teil ihrer Dienstzeit für die Regelung des Verkehrs benötigte. Der Schlager nahm sich dieses Phänomens wie des Trends erotischer Autokultur an und «vertingelte» ihn lasziv:

> Die Polizei, die regelt den Verkehr,
> so wie das früher war,
> geht das heut nicht mehr.
> Willst du übern Damm,
> stehst du erst mal stramm,
> bis dir der Blaue winkt
> und der Verkehrsturm blinkt.
> Die kleinen Mädelchen, die freuen sich,
> an jeder Straßenkreuzung ist ein Strich,
> da musst du lang gehn,
> wie sich das gehört,
> dass niemand mehr bei dem Verkehr
> verkehrt verkehrt.[103]

Kleiner Mann, was nun?

Dass das Auge des Gesetzes auf den kleinen Mann wachsam, aber vor allem fürsorglich blicke und ihn beschütze, so wie der Staat insgesamt sich zu bemühen habe, für die Beladenen die Last mit zu tragen und die soziale Misere zu mildern – diese Hoffnung auf den demokratischen Sozialstaat war schon mit der Inflationszeit erheblich enttäuscht worden; mit der 1929 einsetzenden Weltwirtschaftskrise schwand sie vollends dahin. «Denn wie man sich bettet, so liegt man / es deckt einen keiner da zu / und wenn einer tritt, dann bin ich es / und wird einer getreten, dann bist's du!» (Bertolt Brecht).

Der verwahrlost aussehenden Pinneberg, der dem Personalabbau in seiner Firma zum Opfer fiel und nun mit Frau und Kind in einer Berliner Laubenkolonie wohnt (in Hans Falladas 1932 erschienenem Roman «Kleiner Mann, was nun?»), wird eines Tages von einem Polizisten vom Gehsteig gewiesen, da dieser «anständigen Bürgern» vorbehalten sei und nicht dem Gesindel. Da bricht dessen Selbstbewusstsein vollends zusammen; doch findet er in der familiären Geborgenheit noch einmal Halt – hat er doch «Lämmchen», seine aus einer klassenbewussten Arbeiterfamilie stammende Frau, und «Murkel», sein Kind.

«Er stammelt: ‹Oh, Lämmchen, was haben sie mit mir gemacht... Die Polizei..., heruntergestoßen haben sie mich vom Bürgersteig... weggejagt haben sie mich... wie kann ich noch einen Menschen ansehen...?›

Und plötzlich ist die Kälte weg, eine unendlich sanfte grüne Woge hebt sie auf und ihn mit ihr. Sie gleiten empor, die Sterne funkeln ganz nahe; sie flüstert: ‹Aber du kannst mich doch ansehen! Immer und immer. Du bist doch bei mir, wir sind doch beisammen...›

Die Woge steigt und steigt. Es ist der nächtliche Strand zwischen Lehnsahn und Wiek, schon einmal waren die Sterne so nah. Es ist das alte Glück, es ist die alte Liebe. Höher und höher, von der befleckten Erde zu den Sternen. Und dann gehen sie beide ins Haus, in dem der Murkel schläft.»[104]

Der Aufstiegswille Pinnebergs, seine immer wieder scheiternden Versuche, sich eine solide Existenz zu schaffen, sein apolitisches Denken, die Illusion über seine soziale Lage, die passive Anpassung, die private Anständigkeit und das Beharren auf einem bescheidenen, von außen stark bedrohten Familienglück spiegeln die Situation der Angestellten, die nun zum entscheidenden Faktor der politischen Indoktrination und Manipulation geworden waren. Ständig den politischen «Anschlägen» ausgesetzt (die Plakatwelt erreicht in diesen Jahren einen besonderen Höhepunkt![105]), versucht der kleine Mann dem «Kompass zum kleinen Glück» – zwischen der Not seines bedrückten Lebens und den Werbungen der Parteien – zu folgen.

In der rauen Wirklichkeit war das kleine Idyll als «Trotzdem» jedoch selten, die Verzweiflung groß. «Früher Betriebsleiter mit etwa 400 RM Gehalt. Musste Möbel und Pelz verkaufen und ein Zimmer vermieten. Ich bin 40 Jahre alt und verheiratet. Vater von zwei Kindern. Stellenlos seit 1. April 1925.» – «39 Jahre, verheiratet, drei Kinder. Drei Jahre nichts verdient. Zukunft? Arbeit, Irrenanstalt oder Gashahn.» – «Die Kündigung erfolgte, weil Militäranwärter eingestellt wurden. Ich verkaufte meine Möbel. Vor dem Kriege mehrere eigene Geschäfte, die ich infolge des Krieges und meiner Einberufung aufgeben musste. Als ich zurückkam, starb meine Frau. Meine ganzen Ersparnisse sind mir durch den großen Volksbetrug (Inflation) geraubt. Jetzt bin ich 51 Jahre alt und muss deshalb überall hören: ‹So alte Leute stellen wir nicht ein.› Der letzte Schritt ist für mich Selbstmord. Der deutsche Staat ist unser Mörder.» – «Ich bin seelisch gebrochen und beschäftige mich ab und zu mit Selbstmordgedanken. Außerdem habe ich das Vertrauen zu sämtlichen Menschen verloren. 38 Jahre alt, geschieden, vier Kinder.» – «Zukunft? Trostlos, falls nicht bald etwas für uns ältere, doch noch voll arbeitsfähige und durchgebildete Angestellte in irgendeiner Art und Weise getan wird. 44 Jahre, verheiratet.» – «Zukunft trostlos und aussichtslos. Der baldige Tod dürfte das beste sein. Das schreibt ein Zweiunddreißigjähriger (!), Verheirateter und Vater zweier Kinder.»[106] Solche Antworten Stellungsloser, wie sie auf eine Rundfrage des Gewerkschaftsbundes der Angestellten eingegangen waren, zitiert Siegfried Kracauer in seiner Studie «Die Angestellten», die 1929 zunächst in Fortsetzungen im Feuilleton der «Frankfurter Zeitung» und anschließend als Buch erschien. Während bei den Arbeitern trotz Verarmung ein sozialistisches Klassenbewusstsein noch vorhanden war, was sich zum Beispiel in der Mitgliedschaft bei der SPD und KPD zeigte, war die Welt der Angestellten in besondere Turbulenzen geraten. Ihre Zugehörigkeit zum stabilen Mittelstand reklamierend, waren sie zugleich vom Absturz in proletarische Unsicherheit bedroht. Kracauer spricht von 3,5 Millionen Angestellten, davon 1,2 Millionen Frauen. Die Entwicklung zum modernen Großbetrieb bei gleichzeitiger Veränderung seiner Organisationsform, das Anschwellen des Verteilungsapparats und der großen Verbände, die das Kollektivleben zahlreicher Gruppen regelten, das alles habe eine erhebliche Zuwachsrate mit sich gebracht; dementsprechend groß sei nun auch der Abbau von Arbeitsplätzen aufgrund von Rationalisierung, geschäftlichen Krisen und der Armut der öffentlichen Institutionen. Bei seinem Psychogramm der neuen Schicht beziehungsweise Klasse geht Kracauer davon aus, dass die Erwartungen der Angestellten – Kopfarbeit, gerne verkaufen, leichte und saubere Arbeit – enttäuscht würden, aber ständig durch Tagträume, die (wie Ernst Bloch es formulierte) zur «Beute der Betrüger» würden, am Leben sich erhielten.

«Ganze Persönlichkeit», «richtiger Mensch» und «richtige Stelle»: die aus dem Diktionär der verblichenen idealistischen Philosophie geschöpften Worte würden bei den Prüfungsverfahren zur Auslese der Angestellten von den Arbeitgebern dazu verwendet, um Herrschaftsinteressen mit Hilfe von Ideologie durchzusetzen, wobei die Angestellten wiederum die Fiktion von der «abgerundeten Persönlichkeit» als Selbstwertgefühl internalisierten. «Außerordentlich lehrreich ist die Auskunft, die ich in einem bekannten Berliner Warenhaus erhalte. ‹Wir achten bei Engagements von Verkaufs- und Büropersonal› sagt ein maßgebender Herr der Personalabteilung, ‹vorwiegend auf ein angenehmes Aussehen.› Von fern her erinnert er etwas an Reinhold Schünzel in älteren Filmen. Was er unter angenehm verstehe, frage ich ihn; ob pikant oder hübsch. ‹Nicht gerade hübsch. Entscheidend ist vielmehr die moralisch-rosa Hautfarbe, Sie wissen doch...›»[107] Die moralisch-rosa Hautfarbe, die vor allem die weiblichen Angestellten aufzuweisen hätten, sei mit der Verdummung der «jungen Dinger», die jetzt als Stenotypistinnen und Lochkartenmädchen ihre Fingergeschicklichkeit so einsetzten wie früher beim Spielen der Etüden auf den häuslichen Pianos, identisch. Die «kunstseidenen Mädchen», um mit dem Titel eines Romans von Irmgard Keun zu sprechen (1932), waren Geschöpfe, die sowohl von ihrer Arbeitskraft wie von ihrer Sexualität her ausgebeutet wurden.

Innerhalb der Angestelltenwelt werde «Jugend» fetischartig aufgewertet. Die Inserate der Angestelltenzeitungen verdeutlichten, wie in den Phantasmagorien von Glanz und Kraft, Bildung und Persönlichkeit Konversationslexika und Betten, Kreppsohlen, Anti-Schreibkrampffederhalter, Qualitätspianos, Verjüngungsmittel und weiße Zähne vexierhaft eingebettet seien – verdinglichte Seelenrequisiten für den Weg zur höheren Existenz.[108] Der ältere oder alte Angestellte werde rasch gekündigt und in die Verelendung gestoßen. Man nenne dies «natürlicher Abgang». Das Damoklesschwert der Entlassung schwebe über allen; früher glaubte jeder, eine Lebensstellung zu haben; heute habe er Angst vor dem beruflichen Nichts. Nun erführen die Angestellten, wie dem Arbeiter zumute ist; die Möglichkeit einer Solidarität der unteren Klassen verdrängten sie jedoch immer wieder aus ihrem Bewusstsein.

Unter Bezug auf die in der Diskrepanz von Fassade und Wirklichkeit manifest werdende Abgründigkeit der Angestelltenwelt verweist Kracauer auf Franz Kafka. «Wird sonst nach der Wirklichkeit gedichtet, so geht hier die Dichtung der Wirklichkeit voran. In den Werken Franz Kafkas ist der verworrene menschliche Großbetrieb, dessen Entsetzlichkeit an die für Kinder hergerichteten Pappmodelle vertrackter Raubritterburgen erinnert, ist die Unerreichbarkeit der höchsten Instanz ein für allemal dargestellt. Die Klage des verarmten Kleinbürgers, die bis in die Sprache hinein Kafka entlehnt scheint, betrifft zweifelsohne einen extremen Fall, deutet aber doch haarscharf auf den typischen Ort hin, den der mittlere Vorgesetzte, also in der Regel der Abteilungsleiter, im modernen Großunternehmen einnimmt.»[109]

Sieht man von der metaphysischen Dimension von Kafkas (1883–1924) Werken ab, so war in der Tat vor allem im «Prozess» (unvollendet, von Max Brod 1925 herausgegeben) die Situation verkümmerter, im Getriebe der modernen Massengesellschaft und ihrer Bürokratie hoffnungslos verirrter wie verwirrter Menschen eingefangen. Immer auf der Suche nach Lösungen und Erlösung, blieb der kleine Mann im Labyrinth stecken, bei Behörden auf der Wartebank hocken, den unerfindlichen Urteilen der «Oberen» ausgeliefert. «‹Auf das Publikum nimmt man nicht viel Rücksicht›, sagte er. ‹Man nimmt überhaupt keine Rücksicht›, sagte der Gerichtsdiener, ‹sehen Sie nur hier das Wartezimmer.› Es war ein langer Gang, von dem aus roh gezimmerte Türen zu den einzelnen Abteilungen des Dachbodens führten. Obwohl kein unmittelbarer Lichtzutritt bestand, war es doch nicht vollständig dunkel, denn manche Abteilungen hatten gegen den Gang zu statt einheitlicher Bretterwände bloße, allerdings bis zur Decke reichende Holzgitter, durch die einiges Licht drang und durch die man auch einzelne Beamte sehen konnte, wie sie an Tischen schrieben oder geradezu am Gitter standen und durch die Lücken die Leute auf dem Gang beobachteten ... Da keine Kleiderhaken vorhanden waren, hatten sie die Hüte, wahrscheinlich einer dem Beispiel des anderen folgend, unter die Bank gestellt. Als die, welche zunächst der Tür saßen, K. und den Gerichtsdiener erblickten, erhoben sie sich zum Gruß, da das die Folgenden sahen, glaubten sie auch grüßen zu müssen, so dass alle beim Vorbeigehen der beiden sich erhoben. Sie standen niemals vollständig aufrecht, der Rücken war geneigt, die Knie geknickt, sie standen wie Straßenbettler. K. wartete auf den ein wenig hinter ihm gehenden Gerichtsdiener und sagte: ‹Wie gedemütigt die sein müssen.› ‹Ja›, sagte der Gerichtsdiener, ‹es sind Angeklagte, alle, die Sie hier sehn, sind Angeklagte.› ‹Wirklich!› sagte K. ‹Dann sind es ja meine Kollegen.›»[110]

Als «Panik im Mittelstand» beschrieb Theodor Geiger 1930 das Lebensgefühl der bürgerlichen und kleinbürgerlichen Schichten. Es sei geprägt durch die bittere Erfahrung, dass man entweder vom industriellen und wirtschaftlichen Fortschritt kaum profitiert oder, wenn man einen gewissen Besitzstand hatte erreichen können, dieser nach dem Krieg wieder verloren gegangen sei. Der Mittelstand, der sich seit dem 19. Jahrhundert zu Besserem berufen fühlte und durch größtmögliche Anpassung den Anschluss an die herrschenden Schichten zu gewinnen trachtete, fühlte sich in der Demokratie nicht genügend beachtet und geachtet, noch dazu umgeben von Parvenüs, Kriegsgewinnlern, Hochstaplern und Intellektuellen, die sich um soziale Probleme wenig kümmerten. In der Enge des mittelständischen Milieus entwickelten sich aggressive Neidgefühle und Ressentiments, die ein besonderes Reservoir für populistische, vorwiegend nationalistische Strömungen abgaben.

In der Provinz

Solche, die kollektiven Minderwertigkeits- und Neidgefühle mobilisierende, auf Sündenböcke ableitende Bewegungen fanden auch deshalb besonderen Anklang, weil sie den Asphaltdschungel der Großstädte mit seiner Amoralität verketzerten und dafür «Blut und Boden», in Dorf wie Kleinstadt zu Hause, priesen. Was es mit dem «total platten Land» (Alfred Döblin) in Wirklichkeit auf sich hatte, zeigte das gesellschaftskritische Zeitstück.

Mit seinen Komödien «Aus dem bürgerlichen Heldenleben»

(darunter «Die Hose», 1911; «Bürger Schippel», 1913) gehörte Carl Sternheim zu den Autoren, die wegen ihres scharfen Spotts auf die etablierten Spielregeln und Werte, die allein von Macht und Besitzstreben bestimmt seien, im Kaiserreich immer wieder Aufführungsverbote erlitten. Ab 1918 waren die Dramen sehr beliebt und viel gespielt, da sie die deutsche Untertanen-Gesinnung und die verlogene «heile Welt» der Vergangenheit bloßstellten und damit die Gründe für den Untergang 1918 aufzeigten.

«Untertanengesinnung» war auch das Thema der Tragikomödie «Der Hauptmann von Köpenick», mit dem Carl Zuckmayer, trotz der Versuche der Rechten, die Aufführung zu stören, 1931 einen riesigen Publikumserfolg erzielte. Das Stück lief fast drei Jahre in Berlin und wurde viele hunderte Male anderswo aufgeführt. (Der Dichter hatte außerdem auch für den Film «Der blaue Engel», nach dem Roman «Professor Unrat» von Heinrich Mann, 1930, das Drehbuch geschrieben; in den Hauptrollen agierten Emil Jannings und Marlene Dietrich.) In Köpenick hatte sich zu kaiserlichen Zeiten eine unglaubliche Geschichte, ein «deutsches Märchen», ereignet: Der Schustergeselle Voigt, dem man immer wieder wegen des mangelnden Nachweises von Sesshaftigkeit den Pass verweigert hatte, kleidet sich in eine Uniform und stellt Soldaten unter sein Kommando, um sich das notwendige Dokument zu beschaffen. Die Uniform verkörpert den allgewaltigen Staat, vor dem bürgerlich-liberale Zivilität – verkörpert in Bürgermeister Obermüller – zusammenklappt. «‹Sie sind doch Soldat. Sie wissen doch, dass ein Kommando vor Gewehr absolute Vollmacht bedeutet.› Obermüller (zu seiner Frau): ‹Siehst du› (sinkt zusammen).»[III]

In Marieluise Fleißers Drama «Pioniere in Ingolstadt» – 1929 bei der Uraufführung in Berlin einer der größten Theaterskandale dieser Jahre – zerfallen die ländlichen Tugendbegriffe der Dienstbotenwelt wie der kleinbürgerlichen Geschäftswelt unter dem Ansturm einer Kompanie Soldaten, die eine Brücke über die Donau zu bauen hat. Lust und Aggression verbinden sich; man schikaniert sich gegenseitig. Was sich in der Nähe des Stadttors, in einigen Wohnzimmern, im Bierzelt, im Schwimmbad, im Park und auf der Baustelle ereignet, ist die «übliche» Bosheit. Die angekratzte Solidität wird übertüncht. Es bleiben ein paar Erinnerungsfotos und uneheliche Kinder; ein Mord wird als Unfall ausgegeben. Die Fassadenwelt bleibt erhalten («Ingolstadt steht für viele Städte»).

In dem 1924 geschriebenen Stück «Fegefeuer in Ingolstadt» geht es vor allem, in Anklang an Wedekinds «Frühlings Erwachen», um die von Tabus und Prüderie eingeengte pubertäre Situation von Jugendlichen, die in ihrem Alleingelassensein sadistisch und masochistisch unterlegte religiöse Wahnvorstellungen entwickeln. Das kleinstädtische Milieu führt zu sozial- wie sexual-pathologischen Deformationen.

Psychogramme von Kleinbürgern, Proletariern und Angestellten der 20er und 30er Jahre stehen im Mittelpunkt von Ödön von Horváths Dramen, so auch in seinem Roman «Der ewige Spießer». Die Nöte dieser Menschen erweisen sich als Folge von Arbeitslosigkeit und Weltwirtschaftskrise; die politischen Streitigkeiten der bürgerlichen Parteien fördern das Aufkommen des Faschismus. Die Dekuvrierungen, die Horváth in seinen Volksstücken mit Hilfe eines durch Bildungsjargon zersetzten Dialekts vornimmt («Italienische Nacht», 1931; «Kasimir und Karoline», 1932), sind voller Mitleid für die geschundene, ausgebeutete Kreatur. Des Dichters Blick richtet sich dabei weniger auf die Arbeitsverhältnisse als auf die charakteristischen kläglichen Freizeitvergnügungen der kleinen Leute: Picknick an der Donau, Oktoberfest, Heuriger, Zoobesuch, Italienische Nacht. Die Suche nach Identität bleibt angesichts der sozialen Lage, die eine personale Verwirklichung kaum zulässt, meist vergeblich.

Das Volksstück «Kasimir und Karoline» – ein Liebespaar der Inflations- und Arbeitslosenzeit besucht das Oktoberfest, zerstreitet sich und geht neue Verbindungen ein – endet mit einem Dialog zwischen Kasimir und Erna, seiner «Neuen», der wie das abschließende Lied aus der Verzweiflung des Scheiterns heraus um neue Hoffnung ringt:

> *Kasimir:* Träume sind Schäume.
> *Erna:* Solange wir uns nicht aufhängen, werden wir nicht
> verhungern.
> *Stille.*
> *Kasimir:* Du Erna –
> *Erna:* Was?
> *Kasimir:* Nichts. *Stille.*
> *Erna singt leise – und auch Kasimir singt allmählich mit*:
>
> Und blühen einmal die Rosen
> Wird das Herz nicht mehr trüb

Denn die Rosenzeit ist ja
Die Zeit für die Lieb
Jedes Jahr kommt der Frühling
Ist der Winter vorbei
Nur der Mensch hat alleinig
Einen einzigen Mai.[112]

Die Nationalsozialisten spielten geschickt auf der Klaviatur solcher Erfahrungen; sie suggerierten den Depravierten, dass sie, würden sie sich der NS-Bewegung anschließen, endlich die verdiente «Beförderung» erhielten – auf Kosten derer, die als «zivilisatorisches Gelichter» (Kriegsgewinnler, Schieber, Profiteure jeglicher Art) im demokratischen System den Rahm abschöpften. Überall hätten sich Marxisten und Juden ausgebreitet, die mit Hilfe der Theorie von der Gleichheit der Menschen nur ihren eigenen Vorteil suchten. Diejenigen aber, die im eigentlichen Sinne zur Elite gehörten, müssten deshalb in unwürdigen Stellungen verbleiben. Es sei ein verbrecherischer Wahnwitz, so die Rabulistik Adolf Hitlers, einen geborenen Halbaffen so lange zu dressieren, bis man glaube, aus ihm einen Advokaten gemacht zu haben, während Millionen Angehörige der höchsten Kulturrasse in vollkommen unwürdigen Stellungen verbleiben müssten. Es sei eine Versündigung am Willen des ewigen Schöpfers, wenn man Hunderttausende und Hunderttausende seiner begabtesten Wesen im heutigen proletarischen Sumpf verkommen lasse, während man Hottentotten und Zulukaffer zu geistigen Berufen hinaufdressiere. Die Krönung des Menschseins aber sei der Arier, der im Deutschen seine reinste Verkörperung gefunden habe. «Er ist der Prometheus der Menschheit, aus dessen lichter Stirne der göttliche Funke des Genies zu allen Zeiten hervorsprang, immer von neuem jenes Feuer entzündend, das als Erkenntnis die Nacht der schweigenden Geheimnisse aufhellte und den Menschen so den Weg zum Beherrscher der anderen Wesen dieser Erde emporsteigen ließ. Man schalte ihn aus – und tiefe Dunkelheit wird vielleicht schon nach wenigen Jahrtausenden sich abermals auf die Erde senken, die menschliche Kultur würde vergehen und die Welt veröden.»[113]

Goutierte das auf Etepetete bedachte und auf Feinsinnigkeit Wert legende Bürgertum auch nicht so sehr die Diktion der, wie Hitler, meist aus deklassierten Verhältnissen kommenden braunen Funktionäre – die ideologischen Inhalte entsprachen durchaus den bürgerlichen Ressentiments, wie sie hinter affirmativ-kultureller Fassade wucherten. Im Rückblick auf das Ende der Weimarer Republik beschreibt Horst Krüger am Beispiel seiner Eltern die im Mittelstand sich verbreitende Erwartung einer nationalen Epiphanie: «Im Herrenzimmer sitzt meine Mutter und liest meinem Vater aus einem Buch vor. Der Raum ist klein, niedrig und auf jene unbeschreiblich dissonante Weise möbliert, die man damals bürgerlich nannte; Warenhausramsch mit Erbstücken aus der guten alten Zeit angereichert. Runder Pilztisch mit Spitzendecke, Stehlampe mit Pappschirm, billiger Kiefernschreibtisch, kantig und mit Messingnägeln beschlagen. Ein viel zu großer Kronleuchter aus Buckow. Ein riesiger Eichenschrank füllt fast ein Drittel des Zimmers: Erbstück aus Stralau: ‹unser Barockschrank› hieß es zu Hause. Mein Vater sitzt teilnahmslos an seinem schwarzlackierten Schreibtisch. Er hat wie immer Akten vor sich, er kratzt sich wie immer am Kopf, an seiner ‹Wunde›: Verdun 1916. Meine Mutter versinkt hinter dem runden Pilztisch in einem stoffbezogenen fleckigen Sessel: ‹unser Klubsessel› hieß es. Das Licht der Lampe fällt mild über das Buch. Ihre Hände sind schmal, die Finger lang und feingliedrig und huschen nervös über die Zeilen. Sie hat katholische Augen: dunkel, gläubig, basedowstark. Etwas Verkündigendes liegt in ihrer Stimme. Sie liest aus einem Buch vor, das den Titel trägt: ‹Mein Kampf›. Es ist Spätsommer 1933.»[114]

Drittes Reich
1933–1945

Die Guten sind verschwunden

Mit der Berufung Adolf Hitlers zum Reichskanzler durch den Reichspräsidenten Paul von Hindenburg am 30. Januar 1933 begann die zwölf Jahre dauernde Herrschaft der Nationalsozialisten, die im Mai 1945 mit der weitgehenden Zerstörung Deutschlands endete.

Durch die «Verordnung zum Schutz von Volk und Staat» (28. Februar) beseitigte der Führer der NSDAP, die 1932 stärkste Partei im Deutschen Reichstag geworden war, die wichtigsten Grundrechte. Mit dem «Gesetz zur Behebung der Not von Volk und Staat» (23. März) ermächtigte der Reichstag die Regierung, Verordnungen mit Gesetzeskraft ohne Beteiligung des Parlaments zu erlassen; nur die Sozialdemokraten stimmten dagegen. KPD und SPD wurden verboten; die übrigen Parteien lösten sich unter massivem Druck selbst auf. Schon am 15. Juli 1933 verkündete das Reichsgesetzblatt, dass in Deutschland als einzige politische Partei nur die Nationalsozialistische Deutsche Arbeiterpartei bestehe.

Die Zeit des Dritten Reiches *kultur*geschichtlich zu beschreiben bedeutet eine traurige Paradoxie: es gilt, den Verlust jeglicher Kultur und politischer Moral zu konstatieren. Es erfolgte die Regression auf eine abgründige Barbarei; deren Ästhetisierung errichtete eine Fassade des schönen Scheins – der Abdeckung abgründiger Gemeinheit dienend. Das Diktum von Karl Kraus, dass aus dem Volk der Dichter und Denker ein Volk der Richter und Henker geworden sei, war zwar in dieser Form nicht richtig, denn die Deutschen waren nie ein Volk der Dichter und Denker gewesen, und auch nicht alle wurden zu Mördern; es traf jedoch insofern die Wahrheit, als das im 19. und 20. Jahrhundert erreichte Niveau der Enkulturation völlig in sich zusammenbrach und eine überwältigende Anzahl von Deutschen sich als willfährige Vollstrecker terroristischer Herrschaft erwiesen.[1] Mit «objektivem

Paul A. Weber: Das Verhängnis, 1932

Zorn» nannte Ernst Niekisch das Dritte Reich «ein Reich der niederen Dämonen».[2] Die Nationalsozialisten hätten die umfassendste «Gegenauslese» in Fluss gebracht; man habe in seiner Substanz morsch und moralisch angeknackst sein müssen, um in die herrschende Schicht Aufnahme finden zu können. Alle niedrigen menschlichen Existenzweisen gelangten an die Spitze; sie waren der Tross, der Hitler angemessen war. «Der Polizeiagent, der Falschspieler, der Lügner, der Defraudant, der Hochstapler, der Geldschrankknacker, der schwere Junge, der Ordensschwindler, der Abenteurer, der Quacksalber, der Sektierer, der kitschige Gemütsathlet, der Schauspieler, der Schwätzer, der Folterknecht, der Bauchaufschlitzer: das ist die Personage des Dritten Reiches, die die bürgerliche Gesellschaft aus ihren dunkelsten Löchern zur Hilfe gerufen hat; das ist die Menagerie wilder Tiere, denen sie die antifaschistischen Glaubenszeugen zum Fraße vorwirft.»[3]

Mit seherischer Kraft hatte 1848 ein Gedicht Gottfried Kellers («Die öffentlichen Verleumder») die Unkultur-Geschichte des Dritten Reiches vorweggenommen. Das Werk des Schweizer Dichters war im Dritten Reich zwar nicht verboten; wer aber dieses Gedicht, das hektographiert in Kreisen der inneren Emigration zirkulierte, verbreitete oder gar mit Hintersinn zitierte, konnte leicht von der Volksgerichtsbarkeit belangt werden.

Ein Ungeziefer ruht
in Staub und trocknem Schlamme
Verborgen, wie die Flamme
In leichter Asche tut. Ein Regen,
   Windeshauch
Erweckt das schlimme Leben,
Und aus dem Nichts erheben
Sich Seuchen, Glut und Rauch.

Er findet, wo er geht,
Die Leere dürft'ger Zeiten,
Da kann er schamlos schreiten,
Nun wird er ein Prophet;
Auf einen Kehricht stellt
Er seine Schelmenfüße
Und zischelt seine Grüße
In die verblüffte Welt.

Sie teilen aus sein Wort,
Wie einst die Gottesboten
Getan mit den fünf Broten,
Das klecket fort und fort!
Erst log allein der Hund,
Nun lügen ihrer tausend;
Und wie ein Sturm erbrausend,
So wuchert jetzt sein Pfund.

Aus dunkler Höhle fährt
Ein Schächer, um zu schweifen,
Nach Beuteln möcht' er greifen
Und findet bessern Wert:
Er findet einen Streit
Um nichts, ein irres Wissen,
Ein Banner, das zerrissen,
Ein Volk in Blödigkeit.

Gehüllt in Niedertracht
Gleichwie in einer Wolke,
Ein Lügner vor dem Volke,
Ragt bald er groß an Macht
Mit seiner Helfer Zahl,
Die hoch und niedrig stehend,
Gelegenheit erspähend,
Sich bieten seiner Wahl.

Hoch schießt empor die Saat,
Verwandelt sind die Lande,
Die Menge lebt in Schande
Und lacht der Schofeltat.
Jetzt hat sich auch erwahrt,
Was erstlich war gefunden:
Die Guten sind verschwunden,
Die Schlechten stehn geschart!

Wenn einstmals diese Not
Lang wie ein Eis gebrochen,
Dann wird davon gesprochen
Wie von dem schwarzen Tod;
Und einen Strohmann bau'n
Die Kinder auf der Heide
Zu brennen Lust aus Leide
Und Licht aus altem Grau'n.[4]

Die Verse erweisen sich als dichterisches Vademekum bei dem Gang durch eine Phase deutscher Geschichte, bei deren Erleiden mancher Ein- und Hellsichtige zu der bitteren Feststellung glaubte kommen zu müssen, dass nun deutsche Kultur an ihrem Ende angekommen sei. Auschwitz habe das Misslingen der Kultur unwiderleglich bewiesen, so Theodor W. Adorno (der sich freilich später auch zu hoffnungsvollerer Einschätzung durchrang): «Dass es geschehen konnte inmitten aller Tradition der Philosophie, der Kunst und der aufklärenden Wissenschaften, sagt mehr als nur, dass diese, der Geist, es nicht vermochte, die Menschen zu ergreifen und zu verändern.»[5]

Auch wenn nach 1945 im Rahmen eines demokratischen Staatswesens, der ersten gelungenen Republik in Deutschland, Kultur wie «Phönix aus der Asche» sich wieder erhob (eine beliebte Metapher der Trümmerzeit) und solcher Aufschwung sich von kultureller Erbschaft beflügelt wusste, so gilt es mit Entschiedenheit deutlich zu machen, dass ein deutscher Kulturstaat nach Auschwitz nur noch eine «gebrochene Identität» ermöglichen kann. Als der Germanistik-Professor Richard Alewyn nach dem Krieg aus der Emigration zurückkehrte und 1949 erlebte, wie landauf, landab Goethes 200. Geburtstag mit «Stolz» begangen wurde, eröffnete er eine Goethe-Vorlesung mit einer Vorbemerkung, die für deutsche Authentizität schlechthin gelten sollte: «Zwischen uns und Weimar liegt Buchenwald. Darum kommen wir nun einmal nicht herum. Man kann natürlich jederzeit erklären, mit dem deutschen Volk nichts mehr zu tun zu haben. Man kann auch daraus die Frage aufwerfen, wieviel eigentlich Goethe mit den Deutschen zu tun habe. Was aber nicht geht, ist, sich Goethes zu rühmen und Hitler zu leugnen. Es gibt nur Goethe *und* Hitler, die Humanität *und* die Bestialität. Es kann, zum mindesten für die heutigen Generationen, nicht zwei Deutschlands geben.»[6]

Spießermentalität als Pandorabüchse

Der Fackelzug, mit dem am Abend des 30. Januar 1933 die SA (eine paramilitärische Organisation der Hitler-Partei) sowie andere Verbände und Organisationen, vornehmlich ehemalige Frontsoldaten, den am Fenster der Reichskanzlei stehenden Hitler ehrten – das Ereignis wurde von den Rundfunkanstalten übertragen –, wurde von Dr. Joseph Goebbels, Propagandachef der NSDAP, wenig später Reichsminister für Volksaufklärung und Propaganda, mit den Worten kommentiert: «Das, was wir unten erleben, diese Tausende und Tausende und Zehntausende und Zehntausende von Menschen, die in einem sinnlosen Taumel von Jubel und Begeisterung der neuen Staatsführung entgegenrufen, – das ist wirklich die Erfüllung unseres geheimsten Wunsches, das ist die Krönung unserer Arbeit. Man kann mit Fug und Recht sagen: Deutschland ist im Erwachen.»[7]

Die eine freudsche Fehlleistung bekundende Formulierung «sinnloser Taumel» verweist auf das kollektive Psychogramm der Zeit: Sehr viele und dann immer mehr identifizierten sich auf hysterische Weise mit dem «Führer», eine Bindung, die als pseudo-religiöse Unio mystica bis in die letzten Tage des Zweiten Weltkrieges Bestand hatte. Wer Adolf Hitler liebe, liebe Deutschland, wer Deutschland liebe, liebe Gott, lautete eine Eloge des Reichsjugendführers Baldur von Schirach, der aus einer alten Wiener aristokratischen Offiziersfamilie stammte.

Hitler selbst hat den Nimbus und Mythos, von Gott zur Rettung Deutschlands gesandt zu sein, in raffinierten Inszenierungen immer wieder zelebriert und sich in seinen Reden eines entsprechenden sakralen Pathos bedient. «Das ist das Wunder unserer Zeit, dass ihr mich gefunden habt, dass ihr mich gefunden habt unter so vielen Millionen! Und dass ich euch gefunden habe, das ist Deutschlands Glück!» Unter frenetischem Beifall erklärte er sich so im Stil des Johannes-Evangeliums auf dem Reichsparteitag 1936 zum Heilsbringer der Nation. Kurz vorher (20.3.1936) beschwor er die «unlösliche Verbundenheit der Bewegung des Regimes, der Partei und des deutschen Volkes mit seiner Führung anlässlich einer bevorstehenden (Schein-)Wahl: «Heute nun, mein deutsches Volk, rufe ich dich auf, tritt du jetzt mit deinem Glauben hinter mich! Sei du jetzt die Quelle meiner Kraft und meines Glaubens. Vergiss nicht, wer sich selbst auf dieser Welt nicht preisgibt, den wird auch der Allmächtige nicht verlassen. Wer sich selbst hilft, dem wird auch der Allmächtige immer helfen, dem wird er den Weg weisen zu seinem Recht, zu seiner Freiheit und damit zu seiner Zukunft.»[8]

Zwar gab es schon manchen Tyrannen vor Hitler, aber es blieb diesem vorbehalten, zu erreichen, dass sich die Angehörigen eines großen Volkes von 80 Millionen Tag für Tag und Stunde für Stunde mit «Heil Hitler!»-Rufen begrüßten. «Dergleichen war bisher in der Geschichte unbekannt gewesen. Es gab keine Amtsstube, kein

Klassenzimmer und wenig Privatwohnungen ohne ein Bild des Führers. Jede Freimarke erinnerte an ihn. Es gab keine Stadt und kein Dorf, sie mochten noch so klein sein, wo nicht die Hauptstraße Adolf-Hitler-Straße hieß. Keine öffentliche Feier oder Festlichkeit fand statt, bei der nicht die nationalsozialistische Partei in der einen oder anderen Form sich einschaltete. In den Jahren von Hitlers Kampf gegen die Arbeitslosigkeit sah man keinen Bauplatz ohne ein großes Plakat, welches verkündete: ‹Dass wir hier arbeiten, verdanken wir dem Führer!› Es gab keine Filmvorführungen ohne eine Wochenschau mit Propaganda-Stoff. Vielen Neuvermählten wurde unmittelbar nach der Eheschließungszeremonie Hitlers Buch ‹Mein Kampf› in einer Luxusausgabe geschenkt.»[9]

Schon dieses Buch, in zwei Bänden 1925/1926 erschienen, offenbart den psycho-pathologischen Tiefengrund der Verschmelzung von Führer und Geführten: Mit Hitler war ein in seinem Typus grotesk übersteigerter Kleinbürger in die Politik geraten, der mit allem, was er dachte, sprach und tat, der Geisteshaltung und Wesensart eines großen Teils des deutschen Volkes entsprach – eines Volkes, dem vor allem im Wilhelminismus durch die Spitzen und Stützen der Gesellschaft eine perfide Untertanengesinnung anerzogen worden war. Eine «schwarze Pädagogik» hatte weitgehend den Zugang zu emanzipatorisch-aufgeklärten Geistesströmungen verhindert und Kultur nur in ideologischer Verzerrung vermittelt. «Mein Kampf», dessen Tenor und Inhalt dann Tausende von nationalsozialistischen Publikationen und Reden bestimmte und so auch auf diese Weise unters Volk gebracht wurde, glich «Spießers Pandorabüchse» – voller Ressentiments und abgründigen Gemeinheiten; ihr Ungeist wurde in einer mit schiefen Metaphern und rhetorisch aufgeblasenen Banalitäten durchsetzten Suada verbreitet. Hitler besaß die Genialität des Mittelmäßigen; seine Durchschnittlichkeit war überdurchschnittlich; so wurde seine Mediokrität zum Schicksal eines Volkes, das sich Schritt um Schritt von Theorie und Praxis der Humanität hatte abbringen lassen.

Der servile Bourgeois des Zweiten Reiches ging über in einen durch Propaganda und Indoktrination außengesteuerten, durch Rassenhass und Rassenstolz geprägten Volksgenossen. In die Wertvakua affirmativer Kultur konnte sich Bösartigkeit fest einnisten; Krieg und Kunst, Gemeinheit und Schönheit wurden zu auswechselbaren Begriffen; Geschichte, Kultur, Tradition wurden dazu verwendet, Unmenschlichkeit zu kaschieren. Solche «Doppelgesichtigkeit» war keineswegs Heuchelei im üblichen Sinne des Wortes; die Fassade war bereits die Substanz, die Verpackung die Botschaft. Man verehrte Goethe, aber er erinnerte an den Soldatenkönig; man bewunderte das Schöne, aber es war nur muskulöse Nacktheit; man trat für Sauberkeit ein, aber sie war steril; man sprach hohe Worte, doch sie entlarvten sich als hohle Worte; man strebte nach Idealen, doch diese erwiesen sich als Idole; man pflegte Innerlichkeit – auf dem Polster der Plattitüde. Mythologisches Geraune wurde zum Religionsersatz. Der Volksgenosse als Kleinbürger war asozial; der Mitmensch Menschenmaterial. Der Intimbereich des Spießers offenbarte eine heillose innere Leere; die Geliebte war als «Mädel» Geschlechtstier, die deutsche Frau Gebärmaschine; über der Familie thronte der Mann als Patriarch. Minderwertigkeitsgefühle schlugen in bramarbasierende Biermystik um; die Romantik der Horde entlastete von gesellschaftlicher und politischer Verantwortung. Die Triebe wurden nicht absorbiert, geschweige denn sublimiert; sie wucherten zunächst im Verborgenen und traten dann als Antisemitismus aggressiv nach außen; die Wollust der Grausamkeit erhielt die Legitimation, nationaler Ehrendienst zu sein. Die Seele des Volksgenossen war von den Primärtugenden leergefegt; die Kirchen erstarrten im «Milieu»; Religiosität zeigte sich bestenfalls noch als eine «Schmücke-dein-Heim-Ikone».

Gottfried Benn, irrationalen Strömungen gegenüber zunächst selbst anfällig, hat sehr bald die geist- und geschmacklose Dumpfheit der nationalsozialistischen Volksgenossenschaft erkannt. «Ein Volk in der Masse ohne bestimmte Form des Geschmacks, im ganzen unberührt von der moralischen und ästhetischen Verfeinerung benachbarter Kulturländer, philosophisch von konfuser idealistischer Begrifflichkeit, prosaistisch dumpf und unpointiert, ein Volk der Praxis mit dem – wie seine Entwicklung lehrt – alleinigen biologischen Ausweg zur Vergeistigung durch das Mittel der Romanisierung oder der Universalisierung, lässt eine antisemitische Bewegung hoch, die ihm seine niedrigsten Ideale phraseologisch verzaubert, nämlich Kleinbausiedlungen, darin subventionierten, durch Steuergesetze vergünstigten Geschlechtsverkehr; in der Küche selbstgezogenes Rapsöl, selbstbebrütete Eierkuchen, Eigengraupen; am Leibe Heimatkurkeln, Gauflanell und als Kunst und

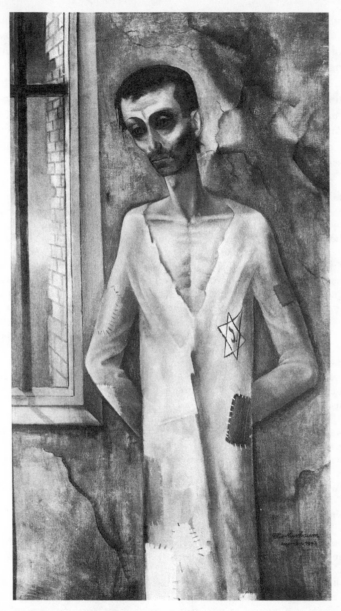

Felix Nussbaum (ermordet in Auschwitz 1944): Jude am Fenster, 1943

Innenleben funkisch gegrölte Sturmbannlieder. Darin erkennt sich ein Volk. Ein Turnreck im Garten und auf den Höhen Johannisfeuer – das ist der Vollgermane. Ein Schützenplatz und der zinnerne Humpen voll Bock, das sei sein Element.»[10]

Die Elemente der nationalsozialistischen Spießer-Ideologie, mit ihrer Vorliebe für bald pseudo-biedermeierlichen, bald natur-romantischen Kitsch, kann man vor allem auch aus belletristischen Machwerken ablesen – etwa aus dem in hoher Auflage verbreiteten Roman von Hans Zöberlein «Befehl des Gewissens» (1937) – ethische Verwahrlosung exemplarisch dokumentierend.

«‹Deine Heimat ist wunderschön›, sagte sie verträumt und lehnt sich in seinen Arm, dass er sie drehen und wenden kann, um ihr die Herrlichkeiten des Landes gebührend zu zeigen und zu loben. ‹Es ist so deutsch wie nicht leicht eines. Mag jeder so von seiner Heimat reden, ich tu' es auch. Im Krieg sind wir Soldaten in vielen Ländern gewesen, aber keines kommt dem unseren gleich in der Welt.› Dann sagen sie lange nichts, so sind sie im Schauen versunken. Nur einmal zeigt er stumm über den Wald im Grunde hin, aus dem sich zwei mächtige Bussarde mit glänzenden Schwingen heben und dann regungslos im Raum schwimmen. Endlose goldene Kreise im Blinken der Sonne segelnd, tauchen sie hoch über die Berge ins Blaue.

Und sie hören ihr Blut, wie es in der Stille singt. Ganz eng liegen sie beisammen im gleichen Atem und Herzschlag. Es ist ein Wesen, das um sie webt und aus ihnen selber kommt. Das spüren sie im An- und Abwallen, das sie immer enger aneinanderdrängt. Und es war ihnen, als sei noch der gleiche Tag, wo sie ihm das Lied sang und das Glück des Erkennens ihrer Liebe über sie kam. Als sei nichts dazwischen gewesen an Qual der Sehnsucht und des Bangens umeinander.

Da schauerten sie leise vor dem Atem der ewigen Schöpfung, der sie weihte, die rätselhafte Gewalt zu üben, neues Leben zu schöpfen für die endlose Kette ihres Blutes aus Uranfang zum Ende alles Daseins...

Er aber lachte von Herzen, als er fortfuhr: ‹Wir werden Kinder haben, das erste muss ein Bub sein!› Sie nickte errötend und behauptete wieder: ‹Wie du!› ‹Aber das zweite muss ein Mädel werden, so eins wie du – süße Frau. Und dann wieder ein Bub, und dann wieder ein Mädel –› ‹Und so weiter!› sagte sie und halste und küsste ihn mit lachendem Mund.

‹Ich bin noch nicht fertig›, schmunzelte er, ‹weisst du, nur so kann ein neues Deutschland besser und sicher aufgebaut werden, wenn wir, vom guten, gesunden Blut, durch unsere Kinder stärker werden als das Kranke. Und das Kranke immer mehr aus dem Volke verdrängen.› ‹Wenn das nur alle begreifen würden!› ‹Ja! Wie viele ordentliche Kerle gehen zugrunde an Leib und Seele durch den falschen Geist.› ‹Und noch schlimmer ist, dass so viele Mädels verdorben werden vom schlechten Blut, und gerade die schönsten und gesündesten. Die Großstädte stumpfen den gesunden Instinkt ab und machen das Blut träge und lüstern und schlammig. Die Menschen werden morsch, das Leben in der stickigen Enge zerfrisst ihnen das Rückgrat und Herz.›

‹Wir kommen doch auch von der Großstadt›, warf sie ein. ‹Es sieht zwar so aus, aber deine Eltern und meine Eltern waren erst vom Lande in die Stadt gekommen, wie sie uns zur Welt brachten.

Sie waren noch voll von frischem Bauernblut, der Mutterleib gesund wie ein Wald›...

‹Dein Haar ist ja seidenfein, so fliegend knisternd, dass es mir an den Fingern bleibt wie Eisen am Magnet, wenn ich darüber streiche. Sieh nur her, so hängen wir aneinander.›

Sie lachte, als sie es sah: ‹Wenn ich aber blond gewesen wäre wie meine Mutter?› – ‹Zuerst habe ich den Funken gespürt, nicht ob du blond oder braun bist.›

‹Wenn ich nun eine Jüdin gewesen wäre?› – ‹Dann hättest du den Funken nicht haben können für mich. Und damit du endlich Ruhe gibst, will ich dir sagen, dass ich eine Reihe blonder Jüdinnen kenne.› – ‹Und ich blonde Juden.› – ‹Ich kenne sogar eine blonde Deutsche, die einen Juden geheiratet hat, so einen ganz kleinen Pfropf, dem sie ein paar echte blonde Siegfriede geboren hat, die mit zwölf Jahren schon größer waren wie ihr Tade. Aber noch echtere Juden geworden sind als der Alte. Und was das interessanteste ist, seine blonde Frau sieht wie eine echte Jüdin aus und ist früher, als sie noch in unserem Hause wohnte, der reinste Engel gewesen. So färbt das ab. Und so frischt der Jude sein Blut wieder auf, der mit seiner Sara höchstens noch kleinere Pfröpfe fertiggebracht hätte.›

‹Ekelhaft›, schüttelte sie sich. ‹Wie kann man sich nur so vergessen!›»[11]

Der Schrumpfgermane als Laut-Sprecher

Bei dem weitgehend gelungenen Versuch der Nationalsozialisten, den Einzelnen in allen lebensweltlichen Bezügen, von der Wiege bis zur Bahre, in die Volksgemeinschaft einzuschmelzen, ihn jeder Selbstbestimmung und des kritischen Gebrauchs der Vernunft zu berauben, spielte das weltanschaulich-propagandistisch und literarisch-ideologisch benützte Wort eine große Rolle. Das dabei von einigen NS-Führern gezeigte Charisma bedeutete insofern auch eine «besondere Ausstrahlung», als sie (sowieso «Laut-Sprecher») mit dem Rundfunk ein Medium zur Verfügung hatten, das sie raffiniert nutzten und ausbauten. Die Forderung: «Rundfunk in jedes Haus!» diente dazu, auf der nationalen Wellenlänge, bald einhämmernd, bald einschmeichelnd (dann in Form von Unterhaltungsprogrammen), das Wohnzimmer mit den Schaltstellen der Macht zu vernetzen. Die Vision der 20er Jahre vom völkerverbindenden, grenzüberschreitenden Medium wurde denunziert; im Krieg stand auf das Abhören von Feindsendern die Todesstrafe. Der Volksempfänger, ein preiswertes Kleinradio mit geringer Reichweite (ohne Empfangsmöglichkeit für die ausländischen Sender), wurde ab 1933 in Gemeinschaftsproduktion der deutschen Rundfunkindustrie hergestellt; er kostete zunächst 76, dann 35 RM; bis 1939 waren 12,5 Millionen Stück verkauft.

Neben Hitler erwies sich als Meister des manipulativen Wortes Joseph Goebbels, vom Flüsterwitz wegen seines zwergenhaften Wuchses und eines Klumpfußes «Schrumpfgermane» genannt. (Aus gut-katholischem Haus stammend, hatte er sein Studium der Germanistik mit der Promotion bei einem jüdischen Professor abgeschlossen; 1924 war er der NSDAP beigetreten.) Nicht brillante Rhetorik oder ausgefeilte sprachliche Ästhetik waren gefragt; der Erfolg der Goebbels-Reden machte deutlich, dass gerade tiefes intellektuelles Niveau zu begeisterter Zustimmung führte. Das zeigte sich schon am 10. Mai 1933, als in verschiedenen Städten des Reiches Vertreter der weitgehend nationalsozialistisch gewordenen deutschen Studentenschaft Bücher «zersetzenden» Inhalts jüdischer, marxistischer oder anderweitig «undeutscher» Autoren auf Scheiterhaufen verbrannten und in Berlin auf dem Opernplatz – hier waren es etwa 20 000 Bände, die zum Verbrennungsort im feierlichen Zug gebracht worden waren – Goebbels dieses Autodafé «wider den undeutschen Geist» mit einer Rede feierte, die sein verlogenes Verhältnis zum Wort bekundete: «Niemals war eine junge studentische Jugend so berechtigt wie diese, stolz auf das Leben, stolz auf die Aufgabe und stolz auf die Pflicht zu sein. Und niemals hatten junge Männer so wie jetzt das Recht, mit Ulrich von Hutten auszurufen: ‹O Jahrhundert! O Wissenschaften! Es ist eine Lust zu leben!›»[12]

Der zynische Fanatismus, mit dem Goebbels seinem «Führer» und dem Regime diente, das Volk in antisemitische Pogromstimmung und willen- beziehungsweise bewusstlos machende Ekstasen hineinsteigernd, erfuhr im Krieg eine nochmalige Verstärkung, mit dem Höhepunkt der Rede im Berliner Sportpalast am 18. Februar 1943, da er in ständig sich wiederholenden Tiraden die Deutschen für den kollektiven Selbstmord, in Siegesgewissheit verhüllt, aufputschte – im Gedenken an die «Helden von Stalingrad» (in der Stadt an der Wolga war mit der Einkesselung und Vernichtung der deutschen 6. Armee durch die Russen 1942/43 Hitler, dem «größten Feldherrn aller Zeiten», die erste große Niederlage des Zweiten Weltkrieges beigebracht worden): «Die Engländer behaupten, das deutsche Volk wehrt sich gegen die totalen Kriegsmaßnahmen der Regierung [Rufe: ‹Nein!›]. Es will nicht den *totalen Krieg*, sagen die Engländer, sondern die *Kapitulation!* [Stürmische Rufe, u. a.: ‹Nein!› ‹Pfui!›] Ich frage Euch: *Wollt Ihr den totalen Krieg?* [Stürmische Rufe: ‹Ja!› Starker Beifall.] Wollt Ihr ihn [Rufe: ‹Wir wollen ihn!›], *wenn nötig, totaler und radikaler, als wir ihn uns heute überhaupt erst vorstellen können?* [Stürmische Rufe: ‹Ja!› Beifall.]»[13]

Als im April 1945 die letzten Tage des Dritten Reiches angebrochen waren, demonstrierte Goebbels am Vorabend von Hitlers 56. Geburtstag (20.4.) noch einmal seine unverbrüchliche Treue, die er, in Selbstsuggestion, auf die längst zerfallene Volksgemeinschaft zu übertragen suchte – Führer wie Geführte apotheotisch in den Mythos entrückend. «Unser Unglück hat uns reif, aber nicht charakterlos gemacht. Deutschland ist immer noch das Land der Treue. Sie soll in der Gefahr ihren schönsten Triumph feiern. Niemals wird die Geschichte über diese Zeit berichten können, dass ein Volk seinen Führer oder dass ein Führer sein Volk verließ. Das aber ist der Sieg. Worum wir so oft im Glück an diesem Abend den Führer baten, das ist heute im Leid und in der Gefahr für uns alle eine viel tiefere und innigere Bitte an ihn geworden: Er soll uns *bleiben*, was er uns *ist* und *immer war – unser Hitler!*»[14]

Arisches Zuchtziel

Unter denjenigen, die des Führers Wort – «wie einst die Gottesboten / getan mit den fünf Broten» – austeilten, war Alfred Rosenberg der maßgebliche «Parteiphilosoph». Sein 1930 in gotischer Schrift gedrucktes, über siebenhundert Seiten starkes Buch «Der Mythus des 20. Jahrhunderts» war neben Hitlers «Mein Kampf» das weltanschauliche Hauptwerk des Nationalsozialismus (bis 1944 in einer Anzahl von etwa 1,1 Millionen verbreitet). Der aus dem Baltikum stammende Verfasser, seit 1923 Hauptschriftleiter der Parteizeitung «Völkischer Beobachter», beeindruckte Hitler durch sein «Wissen», das hauptsächlich aus nationalistischen, antimarxistischen und antisemitischen Traktaten des ausgehenden 19. und anhebenden 20. Jahrhunderts stammte. So hatten ihn besonders die rassistischen Thesen des französischen Grafen Gobineau («Versuch über die Ungleichheit der Menschenrassen», 1853–55) und Houston Stewart Chamberlains Werk «Die Grundlagen des 19. Jahrhunderts» (1899) beeinflusst. In seiner «Wertung der seelisch-geistigen Gestaltenkämpfe unserer Zeit», so der Untertitel des Buches, eingeteilt in die drei Hauptteile «Das Ringen der Werte», «Das Wesen der germanischen Kunst», «Das kommende Reich», verkündete Rosenberg das Erwachen einer neuen, das Christentum ablösenden Religion: «Der Mythos des Blutes, der Glaube, mit dem Blute auch das göttliche Wesen der Menschen überhaupt zu verteidigen, unser mit hellstem Wissen verkörperte Glaube, dass das nordische Blut jenes Mysterium darstellt, welches die alten Sakramente ersetzt und überwunden hat.»[15] (Mit Ausnahme der «Bekennenden Kirche» leistete der Protestantismus nur geringen Widerstand.)

Entweder würden die Deutschen durch Hochzucht des uralten Blutes, gepaart mit erhöhtem Kampfwillen, zu einer reinigenden Leistung emporsteigen, oder aber auch die letzten germanisch-abendländischen Werte der Gesittung und Staatenzucht versänken in den schmutzigen Menschenfluten der Weltstädte, «verkrüppeln auf dem glühenden, unfruchtbaren Asphalt einer bestialisierten Unmenschheit oder versickern als krankheitserregender Keim in Gestalt von sich bastardisierenden Auswanderern in Südamerika, China, Holländisch-Indien, Afrika». Kunst müsse wieder «seelisch» sein: «Seele aber bedeutet Rasse von innen gesehen. Und umgekehrt ist Rasse die Außenseite einer Seele.»[16] Die ebenso primitiven wie rabiaten Emanationen des ab 1934 als «Beauftragter des Führers für die Überwachung der gesamten geistigen und weltanschaulichen Schulung und Erziehung der NSDAP» fungierenden Ideologen – seine Formulierung «Blut und Ehre» stand auf der Schneide des Dolches, den jeder Hitlerjunge trug – waren Ausdruck eines primitiven Pantheismus, der die Welt aus «Träumen» aufbauen wollte: die guten Träumer, das waren die nordischen Menschen, die bösen Träumer die Juden; dazwischen vegetierten die «traumlosen Zerstörer». Was Rosenberg in verquaster Sprache, in Übereinstimmung mit Hitlers «Mein Kampf», an germanisch-nordisch-arischer Welterlösungsmystik verkündete, versuchte der 1930 durch den thüringischen NS-Innenminister Wilhelm Frick auf den eigens für ihn geschaffenen Lehrstuhl für Rassenkunde an die Universität Jena berufene Sozialanthropologe Hans Friedrich Karl Günther wissenschaftlich zu beweisen. Schon in seiner «Kleinen Rassenkunde des deutschen Volkes» (1922) hatte er verkündet, dass die nordische Rasse die große schöpferische Triebkraft der Menschheitsgeschichte sei, weshalb die Vermischung mit anderen Rassen die Menschheitskultur gefährde; vor allem käme es auf das Verhältnis an, in dem die Rassen sich verbunden hätten. Der Idealtypus sei «blond, hochgewachsen, langschädelig, schmalgesichtig mit ausgesprochenem Kinn, schmaler Nase mit hoher Nasenwurzel, weichem, hellem Haar, zurückliegenden hellen Augen, rosig-weißer Hautfarbe».[17] Durch Menschenzucht-Programme, wie sie zum Beispiel der Reichsbauernführer Walter Darré und der von dessen Theorien beeinflusste Reichsführer-SS Heinrich Himmler vertraten, sollte der neue Mensch verwirklicht werden. «Was wir sind und was wir als Volk noch werden können, bestimmt unser Blut, das Blut ist unseres Volkes einziger Reichtum.»[18] Man wolle das beste Blut sammeln: «Wie wir unser altes hannoveranisches Pferd aus wenigen reingebliebenen Vater- und Muttertieren wieder herausgezüchtet haben, so werden wir aus dem besten deutschen Blut durch Verdrängungskreuzungen im Laufe der Generationen wieder den reinen Typ der nordischen Deutschen züchten.»[19]

Da nur etwa fünf Prozent der Deutschen solchem Zuchtziel genügen konnten, setzte eine geradezu manische Suche nach großen blonden Menschen mit blauen Augen ein, die hinter vorgehaltener Hand mit der Alliteration «blond, blau, blöd» bedacht wurden. Ein weiteres, aber natürlich nie offen ausgesprochenes Problem bestand darin, dass die nationalsozialistischen Führer, von den obersten bis in die untersten Ränge, nur in seltenen Fällen dem propagierten Rasseideal entsprachen. Wiederum war es der Flüsterwitz, der dieses Defizit aphoristisch festhielt: «Blond wie Hitler, schlank wie Göring, keusch wie Röhm» (der homosexuell war). Nahm man noch Heinrich Himmler als verklemmten Sadisten, Julius Streicher als Sexualverbrecher, Robert Ley als notorischen Säufer, Hitler als Paralytiker (worauf sein zunehmender körperlicher Verfall gegen Ende des Krieges hinwies), Göring als

Morphinisten, Hess als wirren und später irren Phantasten, Kaltenbrunner als Alkoholiker und sexuellen Wüstling hinzu, so ergab sich ein sehr deutliches Gefälle zwischen Idol und Wirklichkeit. (Nur Reinhard Heydrich, Chef der Sicherheitspolizei, hatte unter der Führerprominenz einen Langschädel.) Eine wichtige Aufgabe der NS-Propaganda war es, Realität auf «Idealität» hin umzuinterpretieren. Dies versuchte schon 1933 Alfred Richter in seinem Buch «Unsere Führer im Lichte der Rassenfrage und Charakterologie», das bald eine hohe Auflagenziffer erreichte. Hitler etwa habe ein gut gewölbtes Oberhaupt, «nach allen Seiten in harmonischer Wölbung verlaufend mit guter Spannung; Allliebe, hohe Religion, Schönheit und Wesensadel. Den Gedanken, dass Hitler ein Ausländer ist und von der gegnerischen Presse jahrelang als Ausländer beschrieben und in gemeinst verfälschten Bildern gezeigt wurde, möchte ich somit restlos beseitigt haben. Hitler ist blond, hat rosige Haut und blaue Augen, ist also rein (arisch-)germanischer Natur, und alle anderen Verbreitungen über sein Aussehen und seine Persönlichkeit hat die schwarze und rote Presse in die Volksseele gesät, was ich hiermit richtiggestellt haben möchte.» Von Rosenberg meint Alfred Richter: «Die Gegner der nationalsozialistischen Bewegung wollten in Rosenberg wegen seiner baltischen Abstammung einen Fremdling sehen, jeder aber, der sich seinen Schädel mit kundigem Blick ansieht, wird ihn sofort als germanisch-deutschen Menschen erkennen, der mit Fug und Recht seinen Platz in den Reihen Adolf Hitlers behaupten darf... Der ausgesprochene Langschädel besagt uns, dass wir es mit einem reinen Bewegungs- und Empfindungsmenschen zu tun haben... Es liegt aber in dem gesamten Augenausdruck ein gewisser Schmerz. Das linke Auge ist auch etwas größer und offener als das rechte, woraus wir ersehen, dass unser Parteigenosse alles aufnimmt, aber in seiner Form ganz vorsichtig wiedergibt.»[20]

Abendland gegen westliche Zivilisation

Alfred Rosenbergs «nordischer Traum» schloss ein, dass das «Abendland» als germanisch-nordisch-arische Leistung erschien. Diese germanische Bedingtheit europäischer Kultur zeige sich in der Dichtung Dantes und Goethes, in der Philosophie eines Kant und Schopenhauer, in der Mystik eines Meister Eckehart, in der Kunst Leonardos und Rembrandts, der Musik Bachs und Richard Wagners, in der Staatskunst Friedrichs des Großen und Bismarcks. «Von diesem Standpunkt aus wird die Behauptung tief gerechtfertigt erscheinen, dass eine nordische Heldensage, ein preußischer Marsch, eine Komposition Bachs, eine Predigt Eckeharts, ein Faust-Monolog nur verschiedene Äußerungen ein und derselben Seele, Schöpfungen des gleichen Willens sind, ewige Kräfte, die zuerst unter dem Namen Odin sich vereinten, in der Neuzeit in Friedrich und Bismarck Gestalt gewannen. Und solang diese Kräfte wirksam sind, so lang, und nur so lang, wirkt und webt noch nordisches Blut mit nordischer Seele in mystischer Vereinigung, als Voraussetzung jeder artechten Schöpfung.»[21]

Von der Feststellung ausgehend, dass jedes Tier sich nur mit einem Genossen der gleichen Art paare («Meise geht zu Meise, Fink zu Fink, Storch zu Störchin») und diese scharfe Abgrenzung der einzelnen Rassen die Wesensart bestimme («es wird aber nie ein Fuchs zu finden sein, der seiner inneren Gesinnung nach etwa humane Anwandlungen Gänsen gegenüber hat»), kommt Hitler in «Mein Kampf» zur «Verkündung des heiligsten Menschenrechts»: nämlich zu sorgen, dass das Blut rein erhalten bleibe. Rosenberg noch übertrumpfend, erscheint ihm Kultur schlechthin als «arisches» Produkt. «Alles, was wir heute auf dieser Erde bewundern – Wissenschaft und Kunst, Technik und Erfindungen – ist nur das schöpferische Produkt weniger Völker und vielleicht ursprünglich einer Rasse. Von ihnen hängt auch der Bestand dieser ganzen Kultur ab. Gehen sie zugrunde, so sinkt mit ihnen die Schönheit dieser Erde ins Grab ... Was wir heute an menschlicher Kultur, an Ergebnissen von Kunst, Wissenschaft und Technik vor uns sehen, ist nahezu ausschließlich schöpferisches Produkt des Ariers. Gerade diese Tatsache lässt den nicht unbegründeten Rückschluss zu, dass er allein der Begründer höheren Menschentums überhaupt war, mithin den Urtyp dessen darstellt, was wir unter dem Wort ‹Mensch› verstehen.»[22] «Arisch war übrigens von seinem begrifflichen Ursprung her ein Ausdruck der Philologie, der die indogermanische Sprachenfamilie, zu der Slawen, Perser, Griechen, Germanen, Kelten gehören, bezeichnet. Gegen den Missbrauch des Wortes wandte sich schon 1888 der Sprachforscher Friedrich Müller mit der Bemerkung, dass für ihn ein Völkerkundler, der von arischer Rasse, arischem Blut, arischen Augen und arischem Haar spreche, genauso ein Sünder sei, wie ein Wissenschaftler, der von einer brachycephalischen [= rundköpfigen] Grammatik rede.»[23]

Dass der geschichtliche Irrwitz vom arischen Ursprung der Kultur beziehungsweise der europäischen Kultur bei den sogenannten Gebildeten nicht nur unwidersprochen hingenommen, sondern in den Schulen, Universitäten und Kultureinrichtungen propagiert wurde, hing mit der Instrumentalisierung des Begriffs «Abendland» zusammen, wie sie seit dem späten 19. Jahrhundert von nationalen und nationalistischen Vertretern des Geisteslebens betrieben wurde – in Gegenposition zu westlicher Zivilisation.

In den «Betrachtungen eines Unpolitischen», begonnen zu Anfang des Ersten Weltkrieges, hatte Thomas Mann vehement Aufklärung und Demokratie attackiert. Zu überwinden wäre die Welt ästhetischer Verfeinerung zu Gunsten des kraftvollen Lebens; damit bekämpfte er auch die eigene, nun als Schwäche empfundene künstlerische Mentalität. Der westliche Zivilisationsliterat – hier hatte er vor allem seinen Bruder Heinrich Mann im Auge – zerstöre die metaphysische Dimension des Menschen. Verhindert werden müsse die Politisierung des Geistes, die Umfälschung des Geistbegriffs in den der besserwisserischen Aufklärung mit ihrer Philanthropie. «Der Unterschied von Geist und Politik enthält den von Kultur und Zivilisation, von Seele und Gesellschaft, von Freiheit und Stimmrecht, von Kunst und Literatur; und Deutschtum, das ist Kultur, Seele, Freiheit, Kunst und nicht Zivilisation, Gesellschaft, Stimmrecht, Literatur.»[24]

Die «Betrachtungen eines Unpolitischen» sind in ihrer Tendenz typisches Produkt der wahnhaften Aufbruchsstimmung von 1914, die im Krieg die Erneuerung, das regenerierende Stahlbad, empfand. Der Krieg bedeute die erhoffte Umwertung der Werte. «Alles in allem ist der Mensch offenbar nicht der edle Fadian und Literaturheilige, als welchen der Zivilisationsliterat ihn entweder jetzt schon sieht oder den er doch baldmöglichst aus ihm machen möchte. Der Mensch empfindet Zivilisation, Fortschritt und Sicherheit nicht als unbedingtes Ideal; es lebt ohne Zweifel unsterblich in ihm ein primitiv-heroisches Element, ein tiefes Verlangen nach dem Furchtbaren, wofür alle gewollten und aufgesuchten Strapazen und Abenteuer Einzelner im Frieden: Hochgebirgstaten, Polarexpeditionen, Raubtierjagden, Fliegerwagnisse nur Auskunftsmittel sind. Auf Menschlichkeit dringt ‹der Geist›, aber was wäre eine Menschlichkeit, der die männliche Komponente abhandengekommen wäre?»²⁵

Die Stelle beschreibt das Taedium vitae der Zeit: den Ekel am befriedeten, glückhaften Leben; den damit verbundenen Aggressionsstau (als Folge einer repressiven zwielichtigen und doppelbödigen Moral); die Ablehnung kulturpubertärer Wirrnis, aus der man nun in die Eindeutigkeit eindimensionalen Denkens und Handelns auszubrechen hoffte. Und als «Gegenaktion»: den Willen zu Kraft und Macht; eine Todesgedanken, Melancholie und Pessimismus übertrumpfende Lebensgläubigkeit, die dem «Opfergang» rhapsodisch sich überantwortet (den allerdings Thomas Mann, anders etwa als Ernst Jünger, nur am Schreibtisch praktizierte).

Indem Mann hier Kultur gegen Zivilisation ausspielt und deutsche Kultur im Besonderen mit abendländischer Kultur gleichsetzt – bekanntlich wandelte er sich dann in der Weimarer Republik zu einem aufrechten und engagierten Vertreter von Demokratie und Parlamentarismus –, unterscheidet er sich kaum von dem Aufruf, den 93 deutsche Professoren am 4. Oktober 1914 «An die Kulturwelt» richteten. Paradoxerweise musste dieser freilich mit «Appel au monde civilisé» und «To the civilized world» übersetzt werden, da sowohl den Franzosen wie den Engländern ein wertmäßiger Unterschied zwischen den Begriffen Kultur und Zivilisation nicht geläufig ist. «Sich als Verteidiger europäischer Zivilisation zu gebärden, haben die am wenigsten das Recht, die sich mit Russen und Serben verbünden und der Welt das schmachvolle Schauspiel bieten, Mongolen und Neger auf die weisse Rasse zu hetzen. Es ist nicht wahr, dass der Kampf gegen unseren sogenannten Militarismus kein Kampf gegen unsere Kultur ist ... Ohne den deutschen Militarismus wäre die deutsche Kultur längst vom Erdboden getilgt.»²⁶

Was hier in der Woge des aggressiven Patriotismus hochkam, war eine Frontstellung gegen die seit der Aufklärung sich entwickelnde Moderne, die als Zerstörung der wahren Werte empfunden wurde. Das Abendland wird zum Opfer der Moderne erklärt beziehungsweise erscheint die Moderne als Verrat am Abendland; diese bedeute – so Oswald Spengler in seinem Werk «Der Untergang des Abendlandes» 1918/1922 – «Stadtkultur, unmetaphysische Zivilisation, Ende und Kosmopolitismus statt Heimat, Masse statt Volk und Konvention statt Tradition». Nach Wagner, Manet, Marées,

Cézanne, Leibl und Menzel, deren Kunst er noch gelten ließ, sei zeitgenössische Kunst nur noch Ohnmacht und Lüge. «Was besitzen wir heute unter dem Namen ‹Kunst›? Eine erlogene Musik voll von künstlichem Lärm massenhafter Instrumente, eine verlogene Malerei voll idiotischer, exotischer und Plakateffekte, eine erlogene Architektur, die auf dem Formenschatz vergangener Jahrtausende alle zehn Jahre einen neuen Stil ‹begründet›, in dessen Zeichen jeder tut, was er will, eine erlogene Plastik, die Assyrien, Ägypten und Mexiko bestiehlt.»[27]

Freilich setzte sich Spengler von der germanisch-nordisch-arischen Kulturmonomanie insofern ab, als sein Versuch, die Umrisse der Morphologie der Weltgeschichte aufzuzeigen, von einem pluralistischen Denkansatz ausging. Er sprach von «Kulturen» (also von Kultur im Plural), die, Organismen vergleichbar, in einer erhabenen Zwecklosigkeit aufblühten – wie die Blumen auf dem Felde. «Ich sehe statt jenes öden Bildes einer linienförmigen Weltgeschichte, das man nur aufrecht erhält, wenn man vor der überwiegenden Menge der Tatsachen das Auge schließt, das Schauspiel einer Vielzahl mächtiger Kulturen, die mit urweltlicher Kraft aus dem Schoße einer mütterlichen Landschaft, an die jede von ihnen im ganzen Verlauf ihres Daseins streng gebunden ist, aufblühen, von denen jede ihrem Stoff, dem Menschentum, ihre *eigne* Form aufprägt, von denen jede ihre *eigne* Idee, ihre *eignen* Leidenschaften, ihr *eignes* Leben, Wollen, Fühlen, ihren *eignen* Tod hat.»[28] Den im Wilhelminismus und in der Weimarer Republik weit verbreiteten antizivilisatorischen Kulturpessimismus förderte Spengler freilich dadurch, dass er die ägyptische, babylonische, indische, griechische, römische, arabische, mexikanische Hochkultur als abgestorben erklärte und die noch lebende faustisch-abendländische, im Gegensatz zur aufsteigenden russischen Kultur, in der Alterungskrise sah. Die Aufklärung habe das Endstadium eingeleitet, nämlich die Zivilisation; Technokratie, Imperialismus und Sozialismus im Zeichen des Cäsarismus könnten jedoch das Ende verzögern.

Aus nationalsozialistischer Sicht bedeutete jedoch der «Untergang des Abendlandes» nicht die letzte Phase eines organischen Werdens und Sterbens; er war die Folge des bösartigen Versuchs des Juden, durch Blutverseuchung abendländischen Aufstieg zu verhindern. Die Vernichtung des Judentums und die Politik der Aufnordung werde allerdings die Fortdauer und den Sieg des

Abendlandes in Form eines «germanischen Reichs deutscher Nation» bewirken, für dessen Bestand sich der als Vollender der deutschen Geschichte empfindende Hitler als Garant empfahl: «In den nächsten tausend Jahren findet in Deutschland keine Revolution mehr statt», verkündete er auf dem Reichsparteitag 1934, und nach dem Anschluss Österreichs ans Reich legte er am 14. März 1938 das Gelöbnis ab: «Was immer auch kommen mag, das Deutsche Reich, so wie es heute steht, wird niemand mehr zerschlagen und niemand mehr zerreißen können! Keine Not, keine Drohung, keine Gewalt kann diesen Schwur brechen.»[29]

Literatur als Hort deutscher Sendung

Die nationalsozialistische Bewegung sei in erster Linie durch ihre Redner zum Sieg geführt worden; die Revolutionen der Weltgeschichte zeigten, dass an ihrem Anfang immer die Agitatoren, die Propagandisten und die oratorischen Talente gestanden hätten, meinte Joseph Goebbels in seiner Rede zur Eröffnung der «Woche des deutschen Buches» im Berliner Sportpalast, November 1934; doch heiße dies nicht, dass man die Kunst des Bücherschreibens verachte, schließlich gehöre er selbst zur Gilde der Schriftsteller und auch Hitler habe «Mein Kampf» geschrieben. (Diesen als genuines oberösterreichisches Autorentalent pries übrigens der Germanist Josef Nadler in der 4., von 1938 bis 1941 erschienenen Auflage seiner «Literaturgeschichte der deutschen Stämme und Landschaften», die – erstmals zwischen 1912 und 1928 herausgekommen – die literarischen Erscheinungen auf Stamm, Sippe und Landschaft zurückzuführen versuchte.)

Goebbels sprach vor einem Publikum von rund 15 000 Volksgenossen; darunter waren zahlreiche Dichter, Schriftsteller und Verleger; eingeführt wurde er durch den Schriftsteller Hans Friedrich Blunck, der in der Weimarer Republik durch «nordische» Themen hervorgetreten war und nun das Amt des Präsidenten der Reichsschrifttumskammer einnahm; diese war eine Abteilung der im September 1933 gebildeten Reichskulturkammer, deren Aufgabe darin bestand, «die deutsche Kultur in Verantwortung für Volk und Reich zu fördern, die wirtschaftlichen und sozialen Angelegenheiten der Kulturberufe zu regeln». Der Nationalsozialismus, so Goebbels, werde dem Buch neue Lebenskraft geben, indem er die zerstörten Bindungen zum Volke wiederherstelle. Der blasse Ästhetizismus müsse einer neuen Vitalität Platz machen; der Dichter habe die Zeit zu gestalten und damit über die Zeit hinauszuragen. Was das konkret bedeutete, hatte e contrario schon die Bücherverbrennung gezeigt, bei der u.a. Werke von Sigmund Freud, Karl Marx, Ernst Bloch, Albert Einstein, Alfred Kerr, Kurt Tucholsky, Arthur Schnitzler, Erich Kästner, den Brüdern Mann und vielen anderen deutschen, aber auch ausländischen Autoren (zum Beispiel Ernest Hemingway) verbrannt worden waren. Die Feuersprüche, vor allem gegen die bürgerlich-humanistische Literatur der Weimarer Republik gerichtet, zeigten in ihrem Pro, wie man sich die erneuerte Literatur wünschte. «Gegen Klassenkampf und Materialismus, für Volksgemeinschaft und idealistische Lebenshaltung!... Gegen Dekadenz und moralischen Verfall! Für Zucht und Sitte in Familie und Staat!... Gegen seelenzerfasernde Überschätzung des Trieblebens, für den Adel der menschlichen Seele!... Gegen Verfälschung unserer Geschichte und Herabwürdigung ihrer großen Gestalten, für Ehrfurcht ihrer großen Vergangenheit!... Gegen volksfremden Journalismus demokratisch-jüdischer Prägung, für verantwortungsbewusste Mitarbeit am Werk des nationalen Aufbaus!... Gegen literarischen Verrat am Soldaten des Weltkrieges, für Erziehung des Volkes im Geist der Wehrhaftigkeit!... Gegen dunkelhafte Verhunzung der deutschen Sprache, für Pflege des kostbarsten Gutes unseres Volkes!... Gegen Klassenkampf und Materialismus... Gegen Frechheit und Anmaßung, für Achtung und Ehrfurcht vor dem unsterblichen deutschen Volksgeist!...»[30]

Als im März 1933 aus der Preußischen Dichterakademie unter politischem Druck Alfred Döblin, Leonhard Frank, Ludwig Fulda, Georg Kaiser, Bernhard Kellermann, Heinrich Mann, Alfred Mombert, René Schickele, Fritz von Unruh, Jakob Wassermann und Franz Werfel ausschieden – von den «alten» bedeutenden Dichtern blieben Gerhart Hauptmann, Gottfried Benn, Oskar Loerke; Ricarda Huch trat freiwillig aus; Stefan George und Hans Carossa nahmen eine Neuberufung nicht an –, kommentierte dies Will Vesper, der Herausgeber der NS-Zeitschrift «Neue Literatur», mit den Worten: «Man traut seinen Augen nicht, welch brave Leute eigentlich im Grunde alle diese Burschen waren, die mit der

Jauche ihrer Literatur seit einem Jahrzehnt unser Volkstum vergifteten, mit ihrer Verhöhnung alles dessen, was einem Volk heilig sein muss, mit ihrer Zersetzung aller Bindungen und Gesetze, mit ihrer alle Lebenswerte pervertierenden Schnoddrigkeit, ihrer Lustmord- und Bordellatmosphäre, ihren homosexuellen Widerlichkeiten, mit ihrem bolschewistischen, nihilistischen Snobismus. Über Nacht sind aus all diesen Saulussen, diesen Mördern und Verfolgern und Vergiftern des deutschen Geistes, Paulusse geworden – wahrhaftig nicht aus innerer Erleuchtung, sondern weil der Blitzschlag des Volksgerichts ihnen in die Knochen gefahren ist.»[31]

Als Antwort auf einen Artikel von Hermann Hesse, der auf die nun in Deutschland herrschenden unerträglichen Zustände eingegangen war und den jüdischen S. Fischer-Verlag als den noch «immer vornehmsten Verlag der deutschen Bücherwelt» gelobt hatte, schrieb Vesper: «Er tut, als habe Deutschland keine Dichter, als wäre das neue deutsche Schrifttum nur von Konjunkturschmierern geschrieben. Er verrät die deutsche Dichtung der Gegenwart an die Feinde Deutschlands und an das Judentum. Hier sieht man, wohin einer sinkt, wenn er sich daran gewöhnt hat, an den Tischen der Juden zu sitzen und ihr Brot zu essen. Der deutsche Dichter Hermann Hesse übernimmt die volksverräterische Rolle der jüdischen Kritik von gestern.»[32]

Der völkische, durch seine Balladen populäre Dichter Börries von Münchhausen jubelte im «Börsenblatt für den deutschen Buchhandel», dass der Kampf für das «Heilige Dritte Reich» sich «als ein Kampf für die geistige Freiheit der Welt» erweise. «Die geistige Freiheit der Welt aber ist beschlossen in der deutschen Sendung: Hort des Schrifttums der Welt zu sein.»[33]

In diesem Hort fanden sich dann bald all jene Dichter ein, die bereit waren, die Kraft des Bodens, germanische Wehrhaftigkeit, die Reinheit des Blutes und den heiligen Kampf gegen die Juden zu verherrlichen. Sie priesen die intakte Idylle des Dorfes und die darin lebenden prachtvollen, stadtfeindlichen Zuchtmenschen (mit guter Anatomie: hohem Busen, kräftigen Muskeln und breitem, gebärfreudigem Becken) – Knut Hamsuns «Segen der Erde» nacheifernd, das einzige Werk von irgendwelchem Rang, das auf den im NS-Eher-Verlag (München) regelmäßig erscheinenden Listen empfehlenswerter Bücher vermerkt war.[34] Die «volkhaften» Schriftsteller nazifizierten germanische Flursegen, verfassten

Pflüger-, Säer-, Schnitterlieder en masse (bald der Erde, bald der Sonne entgegen), zelebrierten mythische Gottesdienste für Früchte, Erde und Vieh, verherrlichten die stolzen, herrischen, trutzigen, blondhaarigen, blauäugigen all- und altdeutschen Mannen und Maiden, die sich rasseveredelnd kopulierten – in einer Sprache, die von urigen Vergleichen und Metaphern strotzte, der jedoch allenthalben die miese plüschige Kleinbürgerstimmung der Jahrhundertwende aus den grammatikalischen und syntaktischen Blößen schaute. Liebe wurde im Stil aufgenordeter Courths-Mahler-Schnulzen dargeboten. Man hielt Ausschau in der deutschen Geschichte nach völkischen Gestalten; Widukind, Luther, Heinrich I., Hutten, Eckehart, Böhme, Kopernikus, Veit Stoß u.a. wurden in diesem Sinne verfälscht und in einer Sprache beschrieben, die durch entlegene Genitive, Inversionen und Partizipien (Mannes Trutz; hat er gekämpfet; singend er da stehet) altertümlich herausgeputzt war.

In der Lyrik dominierten Blut-Lieder, Flammenlieder, Marschier- und Landruflieder, Fahnenlieder, mit stereotyp immer wiederkehrenden Reimassoziationen wie: Blut – Glut / Flamme – Stamme / Nacht – Feuer entfacht / Morgenrot – Tod / Ruhm – Heiligtum / Fahnen fliegen – Männer siegen / vom Ruf besessen – schreiten vermessen.

> Volk will zu Volk,
> Blut will zu Blut,
> und Flamme will zu Flamme!
> Steig auf zum Himmel, heilge Glut,
> rausch fort von Stamm zu Stamme![35]

Doch sollten in der neuen Literatur auch die «weichen Gefühle» genügend bedacht werden. In seiner autobiographischen «Geschichte eines Deutschen» schreibt Sebastian Haffner, dass in Deutschland in den Jahren 1934 bis 1938 so viele Kindheitserinnerungen, Familienromane, Landschaftsbücher, Naturgedichte, so viele «zarte und zärtliche Sächelchen und Spielereien» geschrieben worden seien wie nie zuvor. «Eine ganze Literatur voller Herdenglöckchen und Gänseblümchen, voller Große-Ferien-Kinderglück und erster Liebe und Märchenduft und Bratäpfeln und Weihnachtsbäumen, eine Literatur von geradezu penetranter Innerlichkeit und Zeitlosigkeit, wie auf Verabredung massenhaft hergestellt, inmitten von Aufmärschen, Konzentrationslagern, Munitionsfabriken und Stürmerkästen.»[36]

Eine breite Schlammflut des Kitsches brachte auf diese Weise heran, was seit Jahrzehnten das Herz des deutschen Bildungsbürgers erfreut hatte: die Sentimentalität seiner Haustrost-Anthologien und «lyrischen Andachten», den hohlen Vaterlandskult und Chauvinismus seiner Kommers-Bücher, die verbogene Gefühlswelt seiner Gesangsvereinsbücher und schulischer Liederfibeln; es war ein unerschöpfliches Arsenal für Altheidelberger Kaschemmenseligkeit, stopffreudige und mondsüchtige Familienidylls, rheinbewusste Franzosenwut und preußisch-kühne Morgenrot- wie Morgenritt-Begeisterung.

Die nationalsozialistische Dichtung, so Ralf Schnell, müsse als «Nichtliteratur» definiert werden; ihre Ästhetik ziele allein auf Macht, Kampf, Unterwerfung, Ausgrenzung und Herrschaft. Die mit Beifall bedachte Äußerung von Goebbels zur Eröffnung der Buchwoche 1934: «Ich frage dich, was du liest, und ich sage dir, wer du bist!» traf, freilich in einem ganz anderen Sinne, als es der Propagandaminister gemeint hatte, durchaus zu: Die Massen-Rezeption der NS-Dichtung machte den tiefen Pegelstand des deutschen kulturellen Bewusstseins überdeutlich.[37]

Auch die deutschen Klassiker versuchte man, in den Dienst der NS-Weltanschauung zu stellen, was weitgehend gelang – vor allem mit Hilfe einer Germanistik, die schon im Wilhelminismus und dann in der Weimarer Republik völkisch-nationalistisch sich gebärdet hatte; obwohl zunächst, um die Jahrhundertwende, die als Schüler Wilhelm Scherers im strengen Geist des Positivismus erzogenen Philologen, Editoren und Biographen die wichtigsten Lehrstühle besetzt hielten. Es war für den fatalen Paradigmenwechsel signifikant, dass die antisemitische Literaturgeschichte von Adolf Bartels einen sehr großen Erfolg hatte und dieser 1905 vom Weimarer Großherzog zum Professor ernannt wurde. 1912 hieß es dann im «Aufruf zur Begründung eines deutschen Germanistenverbandes», dass das deutsche Geistesleben stärker als bisher auf völkische Grundlagen gestellt werden müsse; das bedeutete auch, dass der Dichter als Führer stilisiert wurde. Gustav Roethe, der führende deutsche Germanist der älteren Generation (er war am Ende des Ersten Weltkrieges sechzig Jahre alt), schloss eine Goethe-Rede 1924 mit den Worten: «Die Bahn, die uns

Goethe weist, das ist die deutsche Bahn. Goethe, wir grüßen Dich. Wir danken Dir, Du unser Freund, unser Held, unser Führer!»[38] Vier Jahre später veröffentlichte der aus dem George-Kreis kommende Max Kommerell sein Buch «Der Dichter als Führer in der deutschen Klassik»; doch hielt er sich – bis zu seinem Tod 1944 Ordinarius in Marburg – vom nationalsozialistischen Ungeist fern. Umso mehr dienten diesem Herbert Cysarz, Gerhard Fricke, Ernst Bertram und der Österreicher Heinz Kindermann, der nach Tätigkeit in Danzig und Münster 1943 das «Institut für Theaterwissenschaft» in Wien gründete.

Neben Goethe und Hölderlin, der schon im Ersten Weltkrieg von jugendbewegten Kriegsfreiwilligen heroisiert worden war («Hölderlin im Tornister»), wurde vor allem Friedrich Schiller für den nationalistischen Kult missbraucht. «Schiller ist der ewige Deutsche, der Prophet unserer Zeit», hieß es im «Völkischen Beobachter» 1934, aus Anlass des 175. Geburtstages des Dichters. Goebbels nannte den «Geisteshelden» einen großen und unerreichten Vertreter des deutschen Idealismus, den bewundernswerten Gestalter deutscher Kraft und dichterischer Gnade, der im Leben, Dichten und Sterben bewiesen habe, dass das Genie erst letzte Vollendung erfahre, wenn es sich mit dem Charakter paare und durch die Wesenseinheit beider das höchste Glück der Erdenkinder in der Persönlichkeit finde. «In strahlender Reinheit soll er vor dem neuen Deutschland aufs Neue erstehen, für alle Zeiten der Dichter der deutschen Revolution.»[39]

Politische Äquilibristik der ernsten und der leichten Muse

Hatte Schiller die «Schaubühne» als moralische Anstalt verstanden, so sollte sie im Dritten Reich zur völkischen Erziehungsanstalt werden. «Der Weg zum deutschen Nationaltheater ist somit derselbe, der zum Endziel der deutschen Erziehung überhaupt führt und dieses heisst: der deutsche Mensch!»[40] Deshalb solle es von jüdischen beziehungsweise kulturbolschewistischen Vertretern des einstigen liberalen Theaters gesäubert und, wie die anderen Kultureinrichtungen, gleichgeschaltet werden.

In einem Loblied auf Hermann Göring, dem als preußischem Ministerpräsidenten die Berliner Staatstheater unterstanden – er war zudem in zweiter Ehe mit der Schauspielerin Emmy Sonnemann verheiratet und fühlte sich als ein auch künstlerisch ambitionierter Renaissancefürst –, hieß es in der Zeitschrift «Das Theater» (1935), dass dieser «leidenschaftliche Freund deutscher Kunst» das morsche Gebälk beseitigt und neue starke junge Kräfte mit dem Wiederaufbau der deutschen Theaterkunst beauftragt habe. «Das Startum hat abgewirtschaftet. Eine Gemeinschaft der Künstler verbindet sich zur künstlerischen Tat. Jeder Einzelne in dieser Gemeinschaft ist wahrer Künstler und *nur* Künstler, ist Diener der Kunst und ihrer Werke ... Der Spielplan pflegt neben den Werken der überlieferten wirklich guten Kunst die Wiedergewinnung kostbarer Stücke in Oper und Schauspiel für die Bühne unserer Zeit ... Eine gewaltige Zahl prominenter Künstler in Oper und Schauspiel folgt der Leitung dieser Männer. Die hochwertigsten persönlichen künstlerischen Einzelleistungen verschweißen sich im Leben der Berliner Staatstheater zu einer monumentalen geschlossenen Einheit künstlerischen Wollens und Vollbringens.»[41]

Bei dem als «geistvoll-schöpferisch» hochgelobten, von Göring als Intendanten des Berliner Schauspielhauses, dann des Preußischen Staatstheaters berufenen Gustav Gründgens – er war in erster Ehe mit Erika Mann verheiratet (deren Bruder Klaus porträtierte ihn später in einem Schlüsselroman mit dem bezeichnenden Titel «Mephisto») –, bei diesem meisterlichen Schauspieler und Regisseur, der früher Sympathie für den Kommunismus gezeigt hatte, in der Weimarer Republik am Deutschen Theater in Berlin großen Erfolg hatte und 1936 zum preußischen Staatsrat ernannt wurde, erfüllten sich die Propagandaerwartungen der Nationalsozialisten freilich nicht. Er verstand es in politischer Äquilibristik, dem Theater einen gewissen Freiraum zu verschaffen.

«Mit Fehling und Lothar Müthel hatte Gründgens Jessners Regisseure im Haus, und ebenso einen starken Stamm seiner Schauspieler: Bernhard Minetti, Walter Franck, Albert Florath, Maria Koppenhöfer u. a. Unter Gründgens kamen, wie er selbst, zum Teil aus dem Reinhardt-Theater neue Kräfte dazu: Werner Krauss, Hermine Körner, Käthe Gold, Marianne Hoppe u. a.

Im Deutschen Theater übernahm bald Heinz Hilpert die Führung, der Geist und Stil Max Reinhardts weiterführte: immer bedacht auf eine hohe, sinnliche, farbige Schauspielerkultur, Atmosphäre der Szene, humanen Grundzug im Spielplan wie im poetischphilosophischen Spielablauf. Hilpert verstand Regie als Dienst an der Dichtung; Shakespeares und Molières Komödien, Shaws und Hauptmanns Stücken galt seine Zuneigung. Seine Klassiker-Aufführungen blieben (selbst ‹Faust› mit Ewald Balser) gegenüber Fehlings zeitkritischer Wucht leise, ohne Pomp. Konsequent vermied Hilpert einen politischen Spielplan, umging immer wieder die Forderung Schlössers («Reichsdramaturg»), Stücke der jungen Autoren aufzuführen. (Erst Anfang 1944, am Beginn des Zusammenbruchs, sah er sich genötigt, Werner Deubels Kolberg-Stück ‹Die Festung› ins Programm zu nehmen.) Hilpert besaß Mut: Bei Goebbels setzte er 1938 die Freilassung Ernst Wiecherts aus dem KZ durch, weil er dessen ‹Verlorenen Sohn› spielen wollte. Er liebte das zarte Kammerspiel, pflegte in Reinhardts kleinem Haus das (heitere) Konversationsstück, bis der Kriegsausbruch ihn ‹durch das Verbot feindausländischer Gesellschaftsstücke› in eine schwere Krise stürzte. Man dachte an seine Ablösung. Aber Goebbels wusste, dass er ihn brauchte. Schon nach dem Anschluss Österreichs hatte er Hilpert die Direktion des Theaters in der Josefstadt in Wien übertragen, das von Reinhardt in der Emigration bis 1938 geleitet worden war (Eröffnung im Herbst 1938 mit: Shakespeare, Tschechows ‹Kirschgarten›, Lessings ‹Minna› und Raimund). – Bis in die letzten Jahre des NS-Regimes wurde gegen die Nachwirkungen des undeutschen, unheroischen Reinhardt-Theaters polemisiert. Damit war Hilpert gemeint. Ihm ist es zu verdanken, dass vieles davon erhalten und in das Theater der Nachkriegszeit eingebracht werden konnte.

Und auch der dritte der Direktoren der großen Berliner Bühnen, Heinrich George, kam aus dem Theater der Republik, aus seiner linken Szene. Er hatte mit den Kommunisten sympathisiert; bei Erwin Piscator war er einer der Hauptschauspieler gewesen. Der Missliebige (und Entlassene) wurde ab 1934 eine Hauptkraft für Gründgens und Fehling im Staatstheater: ein Vollblutmensch, von exzessiver Natur, intensiv und gewaltig im Ausdruck. Sein ‹Götz von Berlichingen› wirkte wie Gründgens' ‹Mephisto› aus der Republik bis weit in die NS-Zeit hinein. Der Verzicht auf seine frühere politische Haltung verschaffte dem ehemals Verfolgten dann die Förderung durch Goebbels. 1938 wurde er Intendant des Schiller-Theaters (mit Günther Weisenborn als Chefdramaturg). Er war der erste Schauspieler seines Hauses (‹Der Richter von

Zalamea›, ‹Der große Kurfürst›, ‹Wallenstein›). George kam aus dem Expressionismus. In Horst Caspar und Will Quadflieg erzog er sich junge, idealistisch wirkende klassische Helden. Sie waren bald die Lieblinge Berlins. Georges Klassikerspielplan, den er durch viele Stücke aus Skandinavien ergänzte, stützte sich auf sie» (Günther Rühle).[42]

Während an völkischen und bodenverwurzelten Romanen kein Mangel herrschte und diese nicht zuletzt wegen geringer Auswahl-möglichkeit ihre Leserschaft fanden, fehlten geeignete Stücke, die dem Theaterpublikum Vergnügen hätten bereiten können. Auch mit Klassikern ließ sich die Lücke nicht schließen, zumal mit zu-nehmender Senkung des Lebensstandards («Kanonen statt But-ter!») und dann vor allem aufgrund der Entbehrungen im Krieg das Bedürfnis nach kompensatorischer Unterhaltung sehr zu-nahm; man erinnerte sich zudem an die kessen, lasziven, charman-ten, beschwingten goldenen Zwanziger Jahre; so fanden das Lust-spiel, vor allem die Klamotte und die Operette großen Anklang (ob auf dem Theater oder verfilmt). Das widersprach zwar dem prüden Spießertum der NS-Funktionäre, wurde aber als Ablen-kung der Bevölkerung vom grauen Alltag hingenommen, später sogar gefördert. Der Erfolg von Schlagern wie «Ich tanze mit dir in den Himmel hinein», «Kann denn Liebe Sünde sein?», «Ich wün-sche dir Glück, Jonny», «O mia bella Napoli», «Ich werde jede Nacht von Ihnen träumen», «Bel ami», «La Paloma», «Das kann doch einen Seemann nicht erschüttern», «Wir machen Musik», «Ich weiss, es wird einmal ein Wunder geschehn», «Ich wollt' ich wär' ein Huhn», «Kauf dir einen bunten Luftballon» und anderen zeigte, welche Sehnsüchte die Massen bewegten. Komponisten wie Peter Kreuder, Werner Bochmann, Peter Igelhoff, Ralf Benatzky, Nico Dostal intonierten solche trivial-ästhetischen Fluchtbewegungen; Protagonistinnen und Protagonisten des «süßen Lebens», wie Ilse Werner, Margot Hielscher, Margot und Heidi Höpfner, Evelyn Künneke, Marika Rökk, Lilian Harvey, Johannes Heesters, Wil-helm Strienz, Hans Albers, vor allem auch die Schwedin Zarah Leander, die freilich mehr das tragische (süß-saure) Genre vertrat, wurden zu Stars, obwohl die nationalsozialistische Kulturpolitik den Starkult der Weimarer Republik bei jeder Gelegenheit denun-zierte. Der schnelle Foxtrott «Die Nacht ist nicht allein zum Schla-fen da», in der Interpretation von Gustav Gründgens, aus einem der bekanntesten Kostümfilme des Dritten Reiches («Tanz auf dem Vulkan», 1938) konnte mit seiner Beschwörung der Pariser Atmosphäre geradezu als Zeichen des Widerstands empfunden werden.

Wenn die Bürger schlafen gehn
in der Zipfelmütze
und zu ihrem König flehn,
dass er sie beschütze,
ziehn wir, festlich angetan,
hin zu den Tavernen.
Schlendrian, Schlendrian
unter den Laternen.

Die Nacht ist nicht allein zum Schlafen da,
die Nacht ist da, dass was gescheh'.
Ein Schiff ist nicht nur für den Hafen da,
es muss hinaus, hinaus auf hohe See.

Berauscht euch, Freunde, trinkt und liebt und lacht
und lebt den schönsten Augenblick.
Die Nacht, die man in einem Rausch verbracht,
bedeutet Seligkeit und Glück!

Wenn im Glase perlt der Sekt
unter roten Ampeln
und die Mädchen süß erschreckt
auf dem Schoß uns strampeln,
küssen wir die Prüderie
von den roten Mündern.
Amnestie, Amnestie
allen braven Sündern.[43]

Mit dem von Hans Leip getexteten und von Norbert Schulze vertonten Schlagerlied «Lili Marleen» gelang sogar der Durchbruch zur Internationalität.

Vor der Kaserne,
vor dem großen Tor
stand eine Laterne
und steht sie noch davor,
so woll'n wir da uns wiedersehn,
bei der Laterne woll'n wir stehn
wie einst Lili Marleen,
wie einst Lili Marleen.[44]

Verbreitet war das Lied in über fünfzig Sprachen, dargeboten von einer Vielzahl bekannter und unbekannter Interpretinnen, die sich aber fast alle an der Deutschen Lale Andersen, geborene Bunnenberg, verheiratete Wilke, orientierten. Die Nationalsozialisten behinderten ihre künstlerische Tätigkeit, erteilten ihr auch einmal ein Auftrittsverbot. (Nach dem Mai 1945 wurde die Insel Langeoog, wohin die Sängerin bei Kriegsende aus Berlin geflüchtet war, zum Wallfahrtsort vor allem auch alliierter Soldaten, die darauf brannten, die Andersen sehen und hören zu können.)

Der deutsche Volksgenosse sollte nach dem Konzept der nationalsozialistischen Kulturpolitik von Jazz, Shimmy, Charleston, Foxtrott, Rumba und anderen «Negertänzen» abgebracht und zum deutschen Rund- und Reihentanz bekehrt werden. Im Rundfunk wurde der Jazz 1935 verboten; 1937 erfolgte die «Anordnung über unerwünschte und schädliche Musik», die mit der «Anordnung zum Schutz des musikalischen Kulturgutes» auf alle ausländischen Schlager ausgedehnt wurde. Doch konnte mit verbalen Ereiferungen und brachialen Verbotsmaßnahmen der Jazz nicht ausgerottet werden; er hielt sich in privaten Nischen, vor allem bei oppositionell beziehungsweise regimekritisch eingestellten Jugendlichen, weiter. Sein Bruder Robert, ein Jazzfan, so erzählt Walter Kempowski, habe während des Krieges so viele Schellackplatten besessen, dass er zehn eng beschriebene Schreibmaschinenseiten brauchte, um die rund 250 Titel, von Ambrose und Armstrong bis Fats Waller und Benny de Weille aufzuzeichnen.[45] «Swing-Heinis» nannte man diese Jugendlichen; Swing war eine Musik von Zivilisten für Zivilisten, die im Zweiten Weltkrieg besonders auch von alliierten «Soldatensendern», als Ableger der BBC an der französischen Küste installiert, verbreitet wurde. Die Musik von Benny Goodman, Tommy Dorsey, Artie Shaw und im Besonderen von Glenn Miller begeisterte die Landser, die dann als Kriegsgefangene noch mehr in den Sog dieser ein neues Lebensgefühl bekundenden Melodien gerieten.

Vor allem die Dienststelle Rosenberg verfocht gegenüber der auf kulturelles Prestige bedachten «Großzügigkeit» von Goebbels und Göring die reine Lehre. Überall spürte sie jüdischen Musikern, Komponisten, Librettisten, Interpretinnen und Interpreten nach, wobei auch für tote Komponisten der Ariernachweis erbracht werden musste; für Georges Bizet etwa, der die Schwester seines jüdischen Librettisten geheiratet hatte, war ein umfängliches Verfahren notwendig, um «Carmen» für die deutsche Oper zu retten. Franz Lehár war jüdisch versippt, aber da Hitler für «Die lustige Witwe» schwärmte und man nicht wollte, dass die «minderwertigen Magyaren» sich des gebürtigen Ungarn bemächtigten, fand man eine Sonderregelung. Leon Jessels Operette «Das Schwarzwaldmädel» (1917) wurde gespielt, verfilmt, sogar vor die NS-Kulturgemeinden gebracht; dann gelang es der Dienststelle Rosenberg, den Autor als nicht-arisch zu entlarven; er wurde 1941 verhaftet und starb an den ihm im Gefängnis beigefügten Verletzungen.

Als exemplarisch für das Schicksal manches im Dritten Reich verehrten, dann aber verfolgten Publikumslieblings mag das Schicksal des Schauspielers Robert Stampa, der sich Dorsay nannte, gelten, der im Oktober 1943 zum Tode verurteilt und hingerichtet wurde, weil er in der Kantine des Deutschen Theaters Führerwitze erzählt hatte. (Der Anklagevertreter argumentierte: «Dieser Mann ist der Sohn einer geschiedenen Schauspielerehe, hat also nie ein ordentlichen Elternhaus gehabt. Er war von 1933 fast ausschließlich an jüdischen Theatern engagiert, ist daher vollkommen jüdisch zersetzt; so etwas muss ausgemerzt werden.»[46])

Dorsay hatte nicht nur die nationalsozialistische Machtergreifung überstanden, sondern seine in der Weimarer Republik begonnene Karriere fortsetzen und ausbauen können. 1937 brachte er im Berliner «Wintergarten», dem ehemaligen Eispalast in der Friedrichstraße, eine der größten und bekanntesten Amüsierstätten der Reichshauptstadt, die Revue-Operette «Heute bin ich verliebt» heraus, in der er auch als Sänger und Tänzer mitwirkte. Bislang hatte das Haus die Operette gepflegt, darunter «Die Fledermaus» von Johann Strauss (1874) und Paul Linckes «Frau Luna» (1899); nun kam ein neu-alter umjubelter Ton auf. «Komm, tanz mit mir Swingtime!», hieß das Motto. «Swingtime? Ist denn nicht in den Tanzlokalen das Swingtanzen verboten? Im Rundfunk das Senden von Swing-Musik ausdrücklich untersagt? Und hier steht der kleine quirlige Dorsay mit Swing im Blut und singt und swingt: ‹Komm, tanz mit mir Swingtime, my Darling beim Swingtime, da küsse ich dir, and you kiss me›. Szenenapplaus! Da capo! Nur zu gerne kommt Robert Dorsay dieser Forderung des Publikums nach, ihm macht es ungeheuren Spaß zu singen, zu tanzen, zu swingen. Dass er damit immer wieder aneckt, stört ihn wenig. Er versucht gar nicht erst, sich im Zaum zu halten. Die Leisetreterei vieler seiner Kollegen ist ihm fremd. Jeder weiss, was dieser Robert Dorsay denkt und fühlt. Natürlich weiss es auch der allmächtige Propagandaminister Goebbels. Noch genießt Robert Dorsay Narrenfreiheit. Wer einen solchen Erfolg hat, wird so schnell nicht ernsthaft belangt. Doch es gibt Warnzeichen – Robert Dorsay nimmt sie kaum als solche wahr» (Ulrich Liebe).[47]

Dorsay hat auch im «Kabarett der Komiker» mitgewirkt, neben Werner Fincks «Katakombe» eines der wenigen Häuser, die den Kahlschlag 1933 überstanden hatten, und zwar in Helmut Käutners «Der Apfel ist ab», der verkürzten und entschärften Fassung eines 1935 zunächst verbotenen «Paradeisspiels». Ferner brillierte er im Film; so stand er in «Das Mädchen mit dem guten Ruf» (Drehbuch Axel Eggebrecht, Regie Hans Schweikart) mit Olga Tschechowa und Attila Hörbiger vor der Kamera. Bei «Liebesbriefe aus dem Engadin» war Regisseur, Produzent und Hauptdarsteller Luis Trenker wegen seiner meist heroischen Bergfilme («Der Kampf ums Matterhorn», 1928; «Berge in Flammen», 1931) bei Publikum und NS-Führung sehr beliebt.

Flüsterwitz und innere Emigration

Die Denunziation wegen eines Flüsterwitzes hatte das Ende von Robert Dorsays Karriere und Leben gebracht. Strengste Sanktionen gegen Witzemacher forderte Goebbels; wie alle NS-Führer spürte er instinktiv, dass von diesen, weil sie die Lächerlichkeit des Regimes bloßstellten, Aufsässigkeit verbreitet würde.

> Wer ist ein deutscher Mann?
> Wer hunnisch regiert, Napoleon markiert,
> in Österreich geboren,
> den Bart englisch geschoren,
> wer italienisch grüßt,
> deutsche Mädchen Kinder kriegen lässt,
> aber selber keine Kinder machen kann.
> Das ist ein deutscher Mann![48]

Das Lachen, das die Nationalsozialisten wünschten, sollte, wie es Julius Streichers Absicht in seiner Zeitschrift «Der Stürmer» war, bewirkt werden durch die zynische Verspottung der Juden, der

Schwachen, der «Rassisch-Minderwertigen». In diesem Sinne freute sich der Propagandaminister, von dem es hieß, dass er Ehrenbürger von Schwetzingen geworden sei, weil er als einziger Deutscher den Spargel quer essen könne, dass es in Deutschland Humor genug und übergenug gebe: «Es ist jene Art von Humor, wie sie seit ewigen Zeiten in den breiten Massen des Volkes gepflegt wurde, ein Humor der gutmütig, anständig und sauber ist und wenn nötig auch derb und zugreifend sein kann.»[49]

Seit Stalingrad, so heisst es in einem geheimen Lagebericht des Sicherheitsdienstes der SS, habe das Erzählen von staatsabträglichen und gemeinen Witzen, selbst über die Person des Führers, erheblich zugenommen, was eine Abschwächung der Kriegsbegeisterung zeige. «Beim Einzug des Führers in eine Stadt stehen kleine Mädchen mit Blumen Spalier. Eines davon streckt dem Führer einen Grasbüschel entgegen. ‹Was soll ich denn damit tun›, fragt Hitler. ‹Essen›, antwortet die Kleine. ‹Die Leute sagen jeden Tag, erst wenn der Führer ins Gras beisst, kommen bessere Zeiten.›»[50] Auch das nahende Ende der NS-Herrschaft wurde thematisiert.

> An der Laterne, vor der Reichskanzlei,
> hängen unsere Bonzen,
> Der Führer ist dabei.
> Da woll'n wir beieinander stehn,
> wir wollen unsern Führer sehn,
> wie einst am ersten Mai.[51]

Für diejenigen, die der «inneren Emigration» angehörten, bedeutete der Flüsterwitz – vorgetragen mit «deutschem Blick» (Absicherung, dass kein ungebetener Dritter mithöre) – eine gewisse Entlastung vom täglichen totalitären Druck; doch erinnerte er gleichermaßen an die Repression, unter der man litt. So versuchte man lieber, die Bürde dadurch abzuschütteln, dass man sich ins poetische Wolken-Kuckucksheim hinwegträumte; illusionistische Dichtung war ablenkender Trost und abgeschirmtes Refugium; sie «schuf in einer Welt des Schreckens ein sehr künstliches Arkadien, eine sublime und sozial wirksame Möglichkeit des Selbstbetrugs.»[52] Aus der Trivialität und der Barbarei zog man sich ins Schöne, Edle und Bleibende zurück; der «lauten Vergänglichkeit» setzte man das «stille Ewige» entgegen. In der Natur und Kultur «atemholend», entrückten sich Oskar Loerke und Wilhelm Lehmann den schlimmen Zeiten:

Der Duft des zweiten Heus schwebt auf dem Wege,
Es ist August. Kein Wolkenzug.
Kein grober Wind ist auf den Gängen rege,
Nur Distelsame wiegt ihm leicht genug.

Der Krieg der Welt ist hier verklungene Geschichte,
Ein Spiel der Schmetterlinge, weilt die Zeit.
Mozart hat komponiert, und Shakespeare schrieb Gedichte,
So sei zu hören sie bereit.

Ein Apfel fällt. Die Kühe rupfen.
Im Heckenausschnitt blaut das Meer.
Die Zither hör ich Don Giovanni zupfen,
Bassanio rudert Portia von Belmont her.

Auch die Empörten lassen sich erbitten,
Auch Timon von Athen und König Lear.
Vor dem Vergessen schützt sie, was sie litten.
Sie sprechen schon. Sie setzen sich zu dir.

Die Zeit steht still. Die Zirkelschnecke bändert
Ihr Haus. Kordelias leises Lachen hallt
Durch die Jahrhunderte. Es hat sich nicht geändert.
Jung bin mit ihr ich, mit dem König alt.

(Wilhelm Lehmann)[53]

Die Literatur der inneren Emigration zeigt widersprüchliche Aspekte. Hans Dieter Schäfer spricht in einer Untersuchung über die «Deutsche Kultur und Lebenswirklichkeit 1933–1945» von einem «gespaltenen Bewusstsein»; denn manche Autoren, die das Verbrecherische des Nationalsozialismus erkannten, zogen sich deshalb nicht aus der Öffentlichkeit zurück; sie hatten bei ihren Veröffentlichungen auch keineswegs so große Schwierigkeiten durch die Zensur, wie sie nachträglich behaupteten. «Aufs Ganze gesehen haben wir ... im Inneren weit weniger unter Atemmangel gelitten, als es von heute aus den Anschein hat», stellte Joachim Günter 1968 fest. «Verlage wie Beck, Goverts, Rauch, S. Fischer/ Suhrkamp und so bedeutende Zeitschriften wie die ‹Neue Rundschau›, die ‹Europäische Revue›, die ‹Deutsche Rundschau›, die ‹Literatur› und konfessionelle Organe wie ‹Hochland› und ‹Eckart› spezialisierten sich auf die Veröffentlichung beziehungsweise Rezension von nichtnationalsozialistischer Literatur. Von Bedeutung für die Kontinuität der Moderne waren vor allem die Feuilletons des ‹Berliner Tageblatts,› der ‹Frankfurter Zeitung›, der ‹Kölnischen Zeitung› und der ‹Deutschen Allgemeinen Zeitung›. Publikationsmöglichkeiten fanden sich lange Zeit in den Magazinen ‹Die Dame›, ‹Die Neue Linie› und ‹Koralle›, aber auch in Organen, die der völkischnationalen Propaganda aufgeschlossener gegenüber standen wie der Wochenzeitung ‹Das Reich› und der Zeitschrift ‹Das innere Reich›, in der von den Autoren unserer Gruppe immerhin Emil Barth, Johannes Bobrowski, Günter Eich, Albrecht Fabri, Peter Huchel, Karl Krolow, Horst Lange, Wolf von Niebelschütz, Johannes Pfeiffer und Eugen Gottlob Winkler mit Veröffentlichungen vertreten sind. Ein ganz und gar unpolitischer Debutant wie Karl Krolow konnte noch unmittelbar vor 1945 eine breite literarische Karriere beginnen, ohne dass es Schwierigkeiten mit der Zensur gab. In den letzten Kriegsjahren veröffentlichte er mehr als sechzig Gedichte und gut zwei Dutzend Betrachtungen und Rezensionen in der Presse, wobei er nur selten Kompromisse mit der NS-Ideologie schließen musste. Auch Max Frisch machte sich in Deutschland schon unter der Hitler-Diktatur einen Namen. 1934 und 1937 publizierte er bei der Deutschen Verlags-Anstalt seine ersten beiden Prosabände ‹Jürg Reinhart. Eine sommerliche Schicksalsfahrt› und ‹Antwort aus der Stille›, die von der deutschen Kritik mit Beifall begrüßt wurden. Mehr als ein Drittel von Günter Eichs Nachkriegsgedichtband ‹Abgelegene Gehöfte› (1948) wurde bereits während des Dritten Reiches geschrieben und z.T. in Zeitschriften und Zeitungen gedruckt. Konflikte Eichs mit der Zensur sind unbekannt. Ähnliches gilt für Peter Huchel, der wie fast alle seine Generationsgefährten keineswegs ‹während der Hitlerzeit… geschwiegen› hat. Bis einschließlich 1939 sind von ihm vierzehn Hörspieltitel bekannt. Eich behauptete, seine zweiundzwanzig von 1933–1940 gesendeten Arbeiten seien damals kaum beachtet worden; dem steht die Tatsache entgegen, dass das den Semmelweis-Stoff behandelnde Spiel ‹Tod an den Händen› von den Hörern im Winter 1938/39 zu den beliebtesten Funkdichtungen gewählt wurde.»[54]

Abgesehen von einer relativ kleinen Gruppe von Autoren, die durch eine radikale Verneinung des Regimes sich auszeichneten – wie etwa Friedrich Percyval Reck-Malleczewen, aus einer ostpreußischen protestantischen Junkerfamilie stammend, Offizier im Ersten Weltkrieg, dann Arzt und Schriftsteller (u. a. «Charlotte Corday», «Tagebuch eines Verzweifelten»[55]), im KZ Dachau im Februar 1945 gestorben, und Reinhold Schneider –, zeigte sich bei den meisten Dichtern der inneren Emigration eine Mentalität, bei der sich distinguierte Distanzierung mit zurückhaltendem Opportunismus mischte. Exemplarisch das Verhalten des Dichters Hans Carossa, das durch den Willen geprägt war, «innerlich zu leben», sich nicht zu engagieren, von der Not sich abzukapseln und auf die «Welt der Werte» zu bauen. Schon in seinem Bericht aus dem Ersten Weltkrieg («Führung und Geleit») finden sich die hierfür bezeichnenden Sätze: «... Wählte ich mir zum Schutzpatron jenen flämischen Bauern, der in der Schlacht von Waterloo zwischen den kämpfenden Heeren voll Gelassenheit seinen Acker bestellte. Zum Lesen kam ich nur selten in jener Zeit.»[56] Carossa glaubte sich mit Goethe einig, wenn er seine eigene Persönlichkeit kultiviere. Hoch auf dem Rittsteig bei Passau führte er das Leben eines «Weisen» – den verehrenden Wanderern «brachte die Hausfrau Milch, Nüsse, krossgebackenes Brot und frische Butter vom Gehöft».[57] Was sich «kluger Erfahrung» darbot, wurde in feinziselierte, kunstgewerbliche Sätze verarbeitet: «Der Liebende der Tierwelt aber, wie muss es ihn anmuten, wenn ihm auf sonnigen Hängen bei Oberzell die Smaragdeidechse begegnet, die ihn an südliche Reisen erinnert.»[58] Ob Eidechse oder Hitlers 50. Geburtstag (1939) – der Stil war der gleiche: «Dieser Geburtstag war einer von denen, welche Rilke die ‹betonten› nannte: der fünfzigste. Eine bloße Gratulation wurde leider von vorneherein als ungenügend bezeichnet; sie sollte mit einem klaren Bekenntnis zum Führer verbunden sein... Ich stellte aus einigen meiner Bücher Zitate... zusammen... Wer sie richtig las, musste in ihnen eine höflich-mittelbare Beschwörung des Mannes erkennen, von dessen Entschlüssen nun einmal unsere Zukunft abhing. Und so war auch der Segenswunsch am Schluss durchaus ernst gemeint... Ich sandte mein Schreiben ab und verlor es bald aus dem Gedächtnis.»[59] Peinlich ist weniger der Geburtstagsgruß an den «Führer»; er ist aus der Zeit heraus zu verstehen; blamabel ist, wie der Dichter im Nachhinein den Vorgang stilisiert, ihn in genüsslich-betulichen Satzgebilden einfängt, wo ein hartes, die traurige Situation aufreißendes Wort am Platz gewesen wäre. Nur ein Dichter deutscher Innerlichkeit konnte einen derartigen Geschmack der Geschmacklosigkeit entwickeln.

1938 hatte Carossa auf der festlichen Abschlusskundgebung der
5. Reichsarbeitstagung des Amtes Schrifttumspflege seine Rede
«Einsamkeit und Gemeinschaft» gehalten. 1941 war er in einem
Sammelband zum Geburtstag des «Führers» mit einer Hitler-
Hymne vertreten. Im gleichen Jahr wurde er in Weimar zum Prä-
sidenten einer «Europäischen Schriftstellervereinigung» gekürt.[60]
Dem Nationalsozialismus «abhold», ließ Carossa sich doch als
Aushängeschild des Regimes gebrauchen.[61]

Am Beispiel seiner Vaters Eberhard Meckel – eines erfolgreichen
Schriftstellers der dreißiger Jahre – hat Christoph Meckel («Suchbild») die Typologie einer Schriftstellergeneration aufgezeigt, die
sich mit dem Nationalsozialismus zwar nicht identifizierte, aber
dennoch, von den schrecklichen Geschehnissen nicht sonderlich
aufgewühlt, in ruhigen Lebenskreisen mit einer gewissen Selbstzufriedenheit sich bewegte. Während Bertolt Brecht, Alfred Döblin und Heinrich Mann emigrierten, Oskar Loerke und Ernst Barlach in Deutschland zu Tode erstickten, während Otto Dix und
Oskar Schlemmer in süddeutschen Dörfern untertauchten, Musiker, Wissenschaftler und Regisseure verschwanden, Kollegen dif-
famiert, verfolgt und verboten, Bücher verbrannt und Bilder be-
schlagnahmt wurden, habe Meckel «ruhige Verse in traditioneller
Manier» geschrieben und ein Haus gebaut, in dem er alt werden
wollte. «Mit keinem Gedanken und keinem Wort verließ er den
Umkreis einer verfestigten, geistesgläubigen, deutsch-literarischen
Bürgerlichkeit. An Flucht oder Landwechsel wurde nicht gedacht.
Es ist nicht anzunehmen, dass zwischen ihm und den Freunden von
Emigration die Rede war. Eine Notwendigkeit schien nicht vorhanden. Sie konnten leben, hatten Familie und Haus, wurden be-
ruflich kaum in Frage gestellt noch aus Gründen der Herkunft
oder Gesinnung verfolgt. Sie hatten soeben mit der Arbeit begonnen, sich eingerichtet im ersten, bescheidenen Erfolg, in dichterischer, beruflicher und privater Selbstgewissheit, außerhalb Deutschlands hatten sie keine Chance, waren überhaupt zu jung und
besaßen keinen Namen, der ein Dasein in anderen Sprachen getragen hätte. Mein Vater lebte unbehelligt im Dritten Reich, lebte
blind in die kürzer werdende Zukunft, betonte Widerwillen, Ver-
achtung, Stolz und vertraute machtlos auf die Macht des Geistes.
Alles Weitere überließ er dem Schicksal. ‹Schicksal› – der Begriff
stand kostenlos zur Verfügung und war ihm in die Wiege gemur-

melt worden. Aufdringlich, dumpf und unabwendbar stand die Begriffswelt des deutschen Idealismus in den Dreißiger Jahren herum, wurde von Staatspropaganda aufpoliert, verdeckte ganz andere Weltbilder und ließ sich – nach persönlichem Bedarf – zu erstaunlich dichten Scheuklappen umarbeiten. Er war, wie auch Martin Raschke, durchaus nicht unempfindlich für die ‹Atmosphäre› des nationalsozialistischen Fortschritts, aber er war und blieb außerstande, die reale Politik zu erkennen. ‹Ich lebe den Augenblick, ich lebe den Tag.› Die Naturlyrik richtete sich in der Laubhütte ein, aber die Laubhütte stand auf eisernem Boden und war von Mauern aus Stacheldraht umgeben.»[62]

Totalitäre Jugenderziehung

Der Deutschunterricht, wie auch der Unterricht in den Fächern Geschichte, Geografie und Turnen, war nach dem Sieg über Frankreich und der Gründung des Zweiten deutschen Reiches 1870/71 durch das «Sedanlächeln» der Lehrer geprägt (Benedetto Croce).

Die Neuordnung des deutschen Schulwesens in der Weimarer Republik wollte dagegen in innerer Reform sittliche Bildung, staatsbürgerliche Gesinnung, persönliche und berufliche Tüchtigkeit im Geiste der Völkerversöhnung bewirken, doch gelang solche Verbindung nur höchst unzureichend. Ende der zwanziger Jahre schrieb der Erzieher Hans M. Johannsen über die entsprechende Bestimmung der Reichsverfassung: «Man ging bei der Abfassung dieses Artikels offenbar davon aus, dass diese beiden Begriffe sich nicht ausschließen. Gewiss tun sie das nicht … Aber von der Feststellung, dass diese beiden Faktoren politischen Denkens sich nicht ausschließen, bis zur Überwindung der Spannung, die stets zwischen ihnen bestand, ist ein großer Schritt, der sogar den geistigen und politischen Heroen der letzten Jahrhunderte in voller Eindeutigkeit nie gelang. Und ein zweiter, nicht minder großer Schritt, aus dieser schöpferischen Synthese des Geistes des deutschen Volkstums und der Völkerversöhnung Unterricht und Erziehung an der Schule zu gestalten. Ist das nicht eine Unmöglichkeit?»[63]

Versöhnung, fuhr der Pädagoge fort, sei zwischen einzelnen

Menschen möglich, wenn jeder einzelne eigene Schuld am Zerwürfnis sich eingestehe und bereue. Wer sie in den Beziehungen zwischen Völkern anwende, kenne weder die geschichtlich gewordene Struktur des Volkes, noch den Organismus einer Kollektivseele wie die eines Volkes. Versöhnung erfolge unter Aufgabe bestimmter Hassgefühle, Ressentiments oder auch realer Lebensbedürfnisse, kurz: als eine Tat der Selbstlosigkeit, ja Selbstentäußerung. Dazu sei ein Individuum fähig, nicht aber ein Volk, das den gesunden Willen zum Leben und zum Wachsen in sich trage. Selbst in solcher differenzierenden Betrachtung hatte die Volkstumsideologie bereits über den Geist der Völkerversöhnung gesiegt; gesiegt hatte aufs Neue die Zwangsvorstellung von der «natürlichen» Fremdheit und Feindschaft der Völker, die bald darauf Deutschland und die Welt in eine neue Katastrophe führen sollte.

Den Kern des gesamten Unterrichts im Dritten Reich bildeten die deutschkundlichen Fächer, zu denen Geschichte, Erdkunde, Biologie und Kunsterziehung gezählt wurden. Bedeutendstes Vehikel ideologischer Schulbildung war das Fach Deutsch; wie nirgends sonst bot sich hier die Möglichkeit, Werthaltungen zu vermitteln und deren Verarbeitung beim Schüler über den Aufsatz zu kontrollieren. Entsprechend wurde beim Literaturunterricht eine rein literatur- und motivgeschichtliche Betrachtung abgelehnt; die Grundforderung sei vielmehr, das alle Zeiten überdauernde deutsche Wesen immer wieder von neuem lebendig zu machen. Die Literaturgeschichte wurde verfälscht, wobei man mit grobem Raster alles irgendwie «Brauchbare» um- beziehungsweise aufnordete (das Mittelalter, den Sturm und Drang, die Klassik, die Romantik), das «nicht Brauchbare» diffamierte und «ausschaltete». Auch hier dominierte der Rassenhass, die «Sternchenmethode», die den jüdischen Dichter und Denker aus der deutschen Geistesgeschichte auszuklammern suchte. «Gerade weil es heute wichtig ist, feststellen zu können, ob eine Redensart jüdischer Herkunft ist oder nicht», lesen wir im Vorwort des «Büchmann» («Geflügelte Worte»), «will der Büchmann auch fernerhin über solche Worte Auskunft geben. Selbstverständlich soll etwa das Verbleiben Heinrich Heines in dem Kapitel ‹Aus deutschen Schriftstellern› nicht besagen, dass der Herausgeber ihn dem deutschen Schrifttum zurechnet.»[64] – Als die Heinestraße in Chemnitz ihre Bezeichnung verlor, hieß es: «Es dürfte angebracht sein, die Öffentlichkeit darauf hinzuweisen, dass Heinrich (Harry) Heine (1797–1856), nach dem diese Straße bisher benannt war, ein deutschfeindlich eingestellter jüdischer Dichter gewesen ist. Heine war der Begriff ‹Ehrfurcht vor allem Hohen und Heiligen› stets unbekannt. Auch das Deutschtum an sich zog er in den Schmutz ...»[65]

Nicht Humanität, sondern vollendete Nationalität sollte die Essenz des Deutsch-Unterrichts sein; die deutsche Schule, forderte Hitler, bräuchte nicht eine humanistische, sondern eine arteigene Form; der deutsche Junge der Zukunft hätte schlank und rank zu sein, flink wie ein Windhund, zäh wie Leder und hart wie Krupp-Stahl.

In «Mein Kampf» hieß es, dass der völkische Staat seine gesamte Erziehungsarbeit in erster Linie nicht auf das Einpumpen bloßen Wissens einzustellen habe, sondern auf das Heranzüchten kerngesunder Körper. Erst in zweiter Linie komme dann die Ausbildung der geistigen Fähigkeiten. Ein zwar wissenschaftlich wenig gebildeter, aber körperlich gesunder Mensch mit gutem, festem Charakter, erfüllt von Entschlussfreudigkeit und Willenskraft sei für die Volksgemeinschaft wertvoller als ein geistreicher Schwächling.[66]

Wichtiger noch als die Indoktrination in der Schule war die Tatsache, dass der junge und heranwachsende Mensch in keiner Phase seines Lebens der Vereinnahmung durch den totalitären Staat entgehen sollte. «Diese Jugend», so Hitler in einer Rede in Reichenberg im Sudetenland 4. Dezember 1938, «lernt ja nichts anderes als deutsch denken, deutsch handeln, und wenn diese Knaben mit zehn Jahren in unsere Organisation hineinkommen und dort oft zum erstenmal überhaupt eine frische Luft bekommen und fühlen, dann kommen sie vier Jahre später vom Jungvolk in die Hitler-Jugend, und dort behalten wir sie wieder vier Jahre. Und dann geben wir sie erst recht nicht zurück in die Hände unserer alten Klassen- und Standes-Erzeuger *(Lachen)*, sondern dann nehmen wir sie sofort in die Partei, in die Arbeitsfront, in die SA oder in die SS, in das NSKK und so weiter. Und wenn sie dort zwei Jahre oder anderthalb Jahre sind und noch nicht ganz Nationalsozialisten geworden sein sollten *(Lachen)*, dann kommen sie in den Arbeitsdienst und werden dort wieder sechs und sieben Monate geschliffen, alles mit einem Symbol, dem deutschen Spaten *(Beifall)*. Und was dann nach sechs oder sieben Monaten noch an Klassenbewusstsein oder Standesdünkel da oder da noch vorhanden sein sollte, das übernimmt dann die Wehrmacht zur weiteren Behandlung auf zwei Jahre (*Beifall*), und wenn sie nach zwei, drei oder vier Jahren zurückkehren, dann nehmen wir sie, damit sie auf keinen Fall rückfällig werden, sofort wieder in die SA, SS und so weiter, und sie werden nicht mehr frei ihr ganzes Leben. Und wenn mir einer sagt, ja, da werden aber doch immer noch welche überbleiben: Der Nationalsozialismus steht nicht am Ende seiner Tage, sondern erst am Anfang! (*Sieg-Heil-Rufe*)»[67]

Zwischen Pädagogik und Politik gab es kaum eine Nische, die dem jungen Menschen die Möglichkeit bot, zum eigenverantwortlichen, mündigen Individuum heranzureifen. Dem Einzelnen galt die Fürsorge nur insoweit, als er bereit war, ein nützliches und notwendiges Glied der Volksgemeinschaft zu werden, und diese war nach dem militärischen Modell geformt. Die Vorstellung von einer ernsthaften sozialen Verantwortung fehlte; deshalb gab es letztlich auch kein solidarisches Handeln, denn Solidarität hätte vorausgesetzt, dass die Absicht, die Schwäche des Anderen zu mildern, bestanden hätte – basiert doch eine Solidargemeinschaft auf Empathie und der Einfühlung ins Schicksal des Mitmenschen. Gegenüber der «Natürlichkeit» der sozialen Gegebenheiten gab es nur Unterwerfung, kein auf Änderung und Milderung zielendes Handeln. Dementsprechend konnte die Hitler-Jugend (Hitlers Jugend) nicht zur sozialen Verantwortung erzogen werden, «so sehr sie sich auch – nicht ganz zu unrecht – rühmte, in ihren Reihen die ‹Klassengegensätze› weitgehend überwunden zu haben. Selbst die Wohlfahrtsaktivitäten der HJ beruhten nicht auf einer regulativen Idee sozialer Verantwortung, denn derjenige, der heute noch eine Spende in die Sammelbüchse gegeben hatte, konnte morgen von der Gestapo abgeholt werden, ohne dass dies der Idee der ‹Volksgemeinschaft› irgendwie Abbruch getan hätte. Sozialpolitischer Aktivismus und Enthusiasmus muss also keineswegs per se schon ein pädagogisches Konzept von sozialer Verantwortung enthalten.»[68]

Die durch das totalitäre Erziehungssystem Erfassten sahen dies jedoch mit überwältigender Mehrheit völlig anders; sie überantworteten sich geradezu rausch- beziehungsweise wahnhaft der ideologischen Außensteuerung, zumal diese mit jugendpsychologischer Raffinesse einerseits dem Aktivitätsbedürfnis der Kinder und Heranwachsenden (etwa beim Gelände- und Kriegsspiel) und andererseits dem pubertären Drang nach pathetischer Überhöhung von Realität, vor allem durch Feier und Feste, entsprach. (Der staatsoffizielle NS-Feierkalender war außerordentlich dicht bestückt.)

Im Rückblick, ernüchtert angesichts des verlorenen Krieges und entsetzt über die Verbrechen des Nationalsozialismus (die man vorher in seiner Verblendung nicht wahrgenommen hatte), erinnerte sich die ehemalige BDM-Führerin und Referentin der BDM-Pressestelle in der Reichsjugendführung Melitta Maschmann, wie in den Feierstunden zum Beispiel Verse gesprochen wurden, die dem Sinn nach Gebete waren. «Mit ihrer dichterischen Sprache waren sie nur eine andere Ausdrucksform für das, was wir auch durch die Musik sagen wollten: unseren Dank für die Gemeinschaft, in der wir leben durften, für den ‹Aufbruch› unseres Volkes, für die Ernte, für die Geburt eines Kindes oder für die Schönheit des Sommers. In diesem Dank war zugleich das Versprechen enthalten, dass wir uns mühen wollten, der Gemeinschaft, in die wir gerufen waren, recht zu dienen.» Man sei so von dem Glück des Mitschaffendürfens erfüllt gewesen und habe solchen Stolz auf die Verantwortung, die man als Jugendlicher tragen durfte, empfunden, dass der Gedanke, Gott könne vielleicht auf der Seite derer stehen, die gegen den Nationalsozialismus seien, absurd vorgekommen wäre. «Es war beglückend und erhebend, sich unter das göttliche Wohlwollen zu stellen. Der eigene Ameiseneifer bekam dabei fast einen Glorienschein.»[69]

Der schöne Schein des Terrors

Faszination und Gewalt waren die tragenden Säulen des Nationalsozialismus. Der schöne Schein überglänzte die banale und grauenvolle Wirklichkeit; die Ästhetisierung der Barbarei, vor allem mit Hilfe von Inszenierung und Mythisierung, führte dazu, dass sich die Volksmassen mit dem Regime identifizierten. Nach Peter Reichel war die politische Funktion der Ästhetisierung im Dritten Reich für die gesellschaftliche Binnenintegration wie für die Selbstdarstellung des Regimes und die Kaschierung der Staatsverbrechen notwendig. Die ästhetischen Phänomene und Handlungskonzepte hätten dabei dazu tendiert, selber zu einer eigenständigen Form faschistischer Herrschaft zu werden. Hitler habe Ästhetisierung konkret, wenn auch vordergründig, als «Verschönerung des Lebens», als Erzeugung einer Scheinwirklichkeit verstanden; diese sollte die Wahrnehmung und das Realitätsbild von Millionen beeinflussen und ihnen visuell und symbolisch zugestehen, was ihnen real versagt wurde. «Die Regisseure dieser Scheinwirklichkeit wollten die Massen eine von der empirischen Wirklichkeit welt*anschaulich* abweichende Sicht der Dinge glauben machen. Sie konnten das um so leichter, weil sie selbst in einer Welt voller Mythen und Fiktionen lebten. Und sie waren mit der Erzeugung von schönem Schein wohl auch erfolgreich – jedenfalls bis weit in die Kriegsjahre hinein –, weil sie die verfügbaren technischen Mittel differenziert und professionell zu nutzen verstanden. Insofern wird man hier zumindest von einer instrumentellen Rationalität sprechen müssen. Zudem hatten es die NS-Regisseure mit einem Publikum zu tun, das – je nach Geschmack und Bildung – lieber unterhalten oder erbaut als politisiert oder gar indoktriniert werden wollte. Es gab sich dabei einer doppelten Selbsttäuschung hin. Es täuschte sich nicht nur in seinem Glauben an die Autonomie der schönen Künste, sondern vor allem über das politische Programm Hitlers.»[70] Mit dem Kriegsende jedoch fiel die mit pseudokünstlerischen Mitteln «produzierte» Dauerekstase rasch und vollständig in sich zusammen.

Den Machthabern und ihren Helfern gelang es, die vor allem in den 20er Jahren extensiv entwickelte Kulturindustrie mit ihren «progressiven Medien» wie Film, Rundfunk, Fotografie, Schallplatte, Lichtreklame, Rotationsdruck raffiniert zu nutzen. Der amerikanische Historiker Jeffrey Herf spricht von einem «reaktionären Modernismus», der seinen Höhepunkt in den jährlichen, seit 1927 in Nürnberg stattfindenden Reichsparteitagen fand. Das dortige gigantomanisch konzipierte Gelände mit einer riesigen Kongresshalle – sie blieb ein Torso, da die Umsetzung der zunächst von Paul Ludwig Troost und nach dessen Tod 1934 von Albert Speer verantworteten Planung mit Kriegsausbruch ins Stocken geriet – bot die Möglichkeit für organisierte Massenkundgebungen Hunderttausender von Menschen, eingehüllt in ein Flaggenmeer, aufgepeitscht von Marschmusik und Sprechchören.

Leni Riefenstahl, die in den 20er Jahren in den von dem Regisseur Arnold Fanck entwickelten Bergfilmen mitgewirkt hatte und dann zur führenden Filmregisseurin des Dritten Reiches aufstieg, setzte die nationalsozialistischen Epiphanien (denn immer stand die Gottgestalt des Führers im Mittelpunkt) in faszinierende Bilder um; deren Suggestion trug wesentlich dazu bei, dass sich der Einzelne, obwohl willenloses Element der Massenchoreographie, nicht unterjocht, sondern als Teil eines höherwertigen Ganzen und somit aufgewertet fühlte. Mit ihren die Nürnberger Parteitage verherrlichenden Dokumentarfilmen «Sieg des Glaubens» (1933) und «Triumph des Willens» (1934) sowie dem vierstündigen Filmepos «Olympia» (1938) verschaffte sie Ereignissen, die der Kaschierung von Gewalt galten, größte Popularität. «Die Hakenkreuzfahne inszenierte sie als Insignie der Macht. Damit ist es Leni Riefenstahl gelungen, das Rituelle eines Reichsparteitages mit seinen langweiligen Aufmärschen und redundanten Reden in eine hedonistische Feier zu verwandeln, Menschennatur in einen gut vermarktbaren Kunsthonig umzuschlagen ... Den Menschen denaturalisiert sie vom Subjekt der Selbstbestimmung zum Objekt politischer Willkür. Als unverrückbarer Komparse der NS-Gemeinschaft schließt der einzelne zum Vordermann auf; einmal ins Bild gestellt, bewegt er sich in allen Riefenstahl-Filmen nur auf Kommando» (Hilmar Hoffmann).[71]

Im Repertoire der NS-Propaganda war der Film vor allem darauf angelegt, die Herzen zu erobern und den Verstand beziehungsweise kritisches Urteilsvermögen durch visuelle «Überwältigung» auszuschalten, Ressentiments zu mobilisieren, aber auch die Flucht ins Unpolitische (als Kompensation von Enttäuschung und Leid) zu ermöglichen. Die Feststellung von Goebbels, dass der Film eines der modernsten und weitreichendsten Mittel zur Beeinflussung der Massen sei, fand auch eine quantitative Bestätigung: Im Jahr 1939 gingen die Bewohner des Deutschen Reiches 624 Millionen Mal ins Kino, vier Jahre später hatte sich die Zahl der Kinogänger mit 1,1 Milliarden nahezu verdoppelt. Die Filmfirmen wuchsen zu einem Großkonzern unter dem Dach der Ufa (Universum-Film AG) zusammen; diese hatte der Presse- und Filmzar Alfred Hugenberg schon in der Weimarer Republik gegründet und, in enger Zusammenarbeit mit den Nationalsozialisten, zu einem Instrument gemacht, mit dem er der Bevölkerung nationalistische Ideen nahe brachte und Internationalismus, Demokratie und Sozialismus bekämpfte. 1933 wurde die Filmbranche gleichgeschaltet; die Reichsfilmkammer unterdrückte nicht-genehme Produktionen und belegte politisch oder rassisch unerwünschte

Mitarbeiter mit Berufsverbot. Viele Schauspielerinnen und Schauspieler, darunter Elisabeth Bergner, Therese Giehse, Lilian Harvey, Asta Nielsen, Helene Weigel, Ernst Deutsch, Peter Lorre, Alexander Moissi, Richard Tauber, Conrad Veidt, Adolf Wohlbrück, sowie Regisseure wie Curt Goetz, Fritz Kortner, Fritz Lang, Ernst Lubitsch, Max Ophüls, Erwin Piscator, Erich Pommer, Max Reinhardt, Robert Siodmak, Billy Wilder – insgesamt über 1500 Filmschaffende, Filmpublizisten und Filmkomponisten – emigrierten. Andere, wie Hans Albers, Willy Birgel, Heinrich George, Paul Hörbiger, Emil Jannings, Theo Lingen, Hans Moser, Heinz Rühmann, Heidemarie Hatheyer, Brigitte Horney, Hilde Krahl, Olga Tschechowa, Paula Wessely, die aus Überzeugung oder der Karriere wegen im Land blieben, trugen dazu bei, dass der NS-Film ein «handwerklich» hohes Niveau erreichte. Als Stars gehörten sie zu den am besten bezahlten Künstlern und genossen besondere Privilegien. Es kam vor, dass verfemte Schriftsteller Drehbücher schreiben durften (so Erich Kästner für den Film «Münchhausen», 1942) und «jüdisch versippte» Schauspieler oder solche mit teiljüdischer Abstammung eine freilich jederzeit widerrufbare Sondergenehmigung für ihre Arbeit erhielten. 1941 bezichtigte die Gestapo die Frau des Schauspielers Joachim Gottschalk der Rassenschande und gab ihr und ihrem acht Jahre alten Sohn einen Tag, um das Land zu verlassen. Die Eltern töteten das Kind und begingen gemeinsam Selbstmord; der tragische Tod löste tiefe Erschütterung in Künstlerkreisen aus. (Selbstmord mit seiner jüdischen Frau verübte auch der Schriftsteller Jochen Klepper.)

Die etwa tausend Spielfilme aus der Zeit des Dritten Reiches, ob historisch, patriotisch oder unterhaltend, ob auf Gemeinschaftsbildung, Wehrertüchtigung oder Kriegsverherrlichung zielend, waren fast immer ideologisch bestimmt; dazu kam – von den Propagandafilmen der Frühzeit (wie «SA-Mann Brandt», «Hitlerjunge Quex») über Kriegsfilme (wie «Feuertaufe», «Stukas», «Kolberg») bis zu den Filmen über große Gestalten der deutschen Geschichte («Bismarck», «Ohm Krüger», «Der große König») – ein latenter oder offener Antisemitismus. Ob das «reife Volk» sich vergnügte (in Filmen wie «Stern von Rio», «Quax der Bruchpilot», «Feuerzangenbowle») oder auf Erbauung aus war («Wunschkonzert»), nach Goebbels sollte es stets «nationale Einwirkung und Erziehung» erfahren.

Werner Heldt: Aufmarsch der Nullen, um 1933/34

Unter den Hetzfilmen bereitete «Jud Süß» (1940, mit Ferdinand Marian, Werner Krauss, Kristina Söderbaum, Regie: Veit Harlan) den Massenmord an den Juden indirekt, «Der ewige Jude», der im gleichen Jahr angelaufene hinterhältigste aller Dokumentarfilme, die im Dritten Reich gedreht wurden[72], die Massenvernichtung der Juden direkt vor. Verantwortlich für letzteres Schandwerk war der Reichsfilmintendant und SS-Hauptsturmführer Dr. Fritz Hippler, der gelehrigste und skrupelloseste Adept unter Goebbels Filmexperten. Nach der Berliner Premiere folgte eine weitere im Kasino-Lichtspielhaus zu Litzmannstadt (Lódz); der Berliner «Film-Kurier» sprach von einer Aufführung des Filmwerks an einer symbolischen Stätte, denn hier sei ja ein großer Teil des Bildstreifens gedreht worden. Durch dieses Getto «wanderte damals, noch ehe die ordnende Hand der deutschen Verwaltung eingriff und diesen Augiasstall ausmistete, die Filmkamera, um ein tatsächliches, ein unverfälschtes Bild jenes stinkenden Pfuhls zu erhalten, von dem aus das Weltjudentum seinen ständig fließenden Zustrom erhielt».[73]

Sie logen alle

Pressekommentare von solcher menschenverachtenden Art, wie hier in einer Film-Fachzeitschrift, sind durchaus typisch für den Tiefstand der deutschen Publizistik nach ihrer Gleichschaltung 1933. Goebbels, als oberster Meinungsmacher, sorgte dafür – unter anderem durch die täglichen Pressekonferenzen mit ihren Anweisungen für die Tendenz der Aufmacherartikel und die Nachrichtenauswahl –, dass journalistische Arbeit als «Dienst an Volk und Staat» geleistet wurde; abweichende Meinungen hatten da keinen Platz.

Trotz Monopolisierung des Informationsmaterials und mittelbarer wie unmittelbarer Einwirkung auf die einzelnen Redaktionen, gab es jedoch Spielräume; so konnte etwa die «Frankfurter Zeitung» noch bis 1943 gemäßigt-kritisch berichten. Beim «Berliner Tageblatt» – in der Weimarer Republik eine jüdisch-liberale Zeitung, von bürgerlichen Intellektuellen für ein anspruchvolles Publikum gemacht, das während der Wirtschaftskrise in Schwierigkeiten geriet – vermochte der Chefredakteur Paul Scheffer dem Blatt gewisse Schutzwinkel, zu denen vor allem das Feuilleton gehörte, zu erhalten. In ihrem Buch «Wir lügen alle. Eine Hauptstadtzeitung unter Hitler», eine Mischung von Autobiographie, kritischer Reflexion und Dokumentation, gibt Margret Boveri, die bis 1937 als außenpolitische Redakteurin am «Berliner Tagblatt» arbeitete (später war sie Auslandskorrespondentin der «Frankfurter Zeitung»), einen Einblick in die damaligen Bedingtheiten journalistischer Arbeit. Des täglichen Kampfes und Wettlaufs mit den Sprachregelungen des Propagandaministeriums offensichtlich müde, zog sich Scheffer 1936 von der Leitung zurück und ging als Auslandskorrespondent nach New York, von wo aus er für das «Berliner Tageblatt» und, als dieses eingestellt wurde, für die 1940 gegründete Wochenzeitung «Das Reich» schrieb.

Im Gegensatz zu dem täglich erscheinenden «Völkischen Beobachter», dem Zentralorgan der NSDAP – ein Rabaukenblatt: aggressiv, brüllend, hart, grob und zynisch[74] –, war «Das Reich» nach dem Grundprinzip konzipiert, dass hier die besten Köpfe der Nation ausschließlich aufgrund ihrer Qualifikation, ohne Rücksicht auf Parteizugehörigkeit ausgewählt, die wichtigsten Fragen der

Nation behandeln und in Berichten aus dem Ausland möglichst viele Informationen bieten sollten; ein reichhaltiges Feuilleton war darauf aus, der «Frankfurter Zeitung» Konkurrenz zu machen.

Die treibende Kraft für das mitten im Krieg, allerdings in einer Zeit großer militärischer Erfolge verwirklichte Projekt anspruchsvoller Publizistik war Rolf Rienhardt, Hauptamtsleiter in der Reichspressekammer, die von Max Amann, einem primitiven, brutalen und sich rücksichtslos bereichernden Funktionär, der in Personal-Union auch Vorsitzender des Zeitungsverlegerverbandes war, geleitet wurde. Eigenartiger Weise gelang es Rienhardt, Goebbels und seinen Staatssekretär Otto Dietrich von der Neugründung zu überzeugen; offensichtlich schmeichelte es dem Propagandaminister, dass er, der wohl intellektuell genug war, um die Ödnis der deutschen Presselandschaft zu beurteilen, in einem Blatt mitarbeiten konnte, das, zunächst unter der Chefredaktion von Eugen Mündler (dem letzten Hauptschriftleiter des «Berliner Tageblatts»), eine illustre Gesellschaft begabter Autoren versammelte – darunter Max Bense, Hellmut von Cube, Will Grohmann, Theodor Heuss, Karl Korn, Oskar Loerke, Eduard Spranger, W. E. Süskind, Benno von Wiese, Ernst Schnabel, August Scholtis, Egon Vietta, Wolfgang Weyrauch. Zu den Kriegsberichterstattern gehörten Clemens Graf Podewils, Lothar-Günther Buchheim, Joachim Fernau, Walter Henkels, Christoph Freiherr von Imhoff, Erich Peter Neumann (der später die junge «Reich»-Redakteurin Elisabeth Noelle heiratete), Jürgen Petersen, Jürgen Schüddekopf, Eberhard Schulz. Goebbels hatte sich ausbedungen, den jeweiligen Leitartikel selbst zu schreiben, was mit 2000 RM honoriert wurde. In seinem Beitrag in der letzten Nummer (22. April 1945), die wahrscheinlich noch ausgedruckt, aber nicht mehr aus Berlin versandt wurde, schrieb er: «Der Krieg ist in ein Stadium eingetreten, in dem nur noch der volle Einsatz der Nation und jedes Einzelnen Rettung bringen kann.»[75] Das war zu einem Augenblick, da – so hieß es in einem anderen Beitrag – Angloamerikaner und Sowjets zum konzentrischen Großangriff auf Berlin, «der deutschen Bastion, die Europa verkörpert», angetreten waren. Der Historiker Ernst Anrich resümierte unter dem Titel «Deutsche, nicht Französische Revolution» noch einmal das antiaufklärerische Programm der Zeitung und Hanns Johst steuerte ein Gedicht («Frühling 1945») mit dem Refrain bei: «... Wer jetzt nicht glaubt und nicht zum Glauben steht, / Der hat sich frech nur zum Erfolg gestellt, / Und aller Eid, der unserm Deutschland galt, / Zerbricht voll Scham in solcher Knechtgestalt. / Wir aber sagen gegen Zeit und Welt / Des ewgen Reiches ewiges Gebet.»[76]

Fast alle Beiträge in der Wochenzeitung «Das Reich», so Hans Dieter Müller in seinem «Portrait einer deutschen Wochenzeitung», ließen sich auf die Formel: «Ordnung, Herrschaft, Idylle» bringen. Bloßer Opportunismus und bloße Korrumpierung würden als Erklärung nicht ausreichen, solchen Konsens zu begreifen. Er habe in einer tief verwurzelten antiaufklärerischen Haltung gelegen. «Der Journalist hat auf den Tag zu reagieren. Wer sich entschied, unter den Bedingungen der nationalsozialistischen Herrschaft zu schreiben, hatte auf ihre Verordnungen, Maßnahmen, Maximen zu reagieren; die Notwendigkeit des journalistischen Berufs, viel und in der Hast der täglichen Redaktionsarbeit zu schreiben, setzte ihn außerdem kaum dazu instand, die Worte zu wägen, wie der spätere Betrachter es heute kann. Aber der bürgerliche Journalist, der sich in Bildungszusammenhängen sieht, auf seine Sprache achtet, auf Geltung und Einfluss Wert legt, tritt auch mit dem Anspruch auf, ein Verhältnis zur ‹Wahrheit› zu besitzen, was in seinem Metier nur bedeuten kann: zur gesellschaftlichen Realität, und hier muss man eine Disponiertheit zur Selbsttäuschung konstatieren, die offensichtlich mit seinem Verhältnis zur Macht zu tun hat. Die eigentümliche Attitude, von ‹hoher Warte› schreiben zu wollen, sich als Ratgeber der Kabinette, als eingeweiht in die Dinge der Macht, auf der Seite von Ordnung und Herrschaft zu fühlen, täuscht ihn darüber hinweg, dass der Journalismus, der nicht auf die Aufdeckung von Machtstrukturen aus ist, sondern an ihnen partizipieren will – unter welchen Vorzeichen auch immer – in Anpassung enden muss. Sie täuscht ihn bis zu einem Ausmass, dass der registrierende und beschreibende Verstand die Beziehung zur politisch-gesellschaftlichen Realität verliert: die im «Reich» beschriebene Wirklichkeit hatte mit der Wirklichkeit des Dritten Reiches nichts mehr zu tun. Der durch Bildung ‹geschärfte› Blick versagte, auch nur die Konturen des gesellschaftlichen Prozesses wahrzunehmen. In sprachpflegerischen Bemühungen, im ‹Stil› ein Korrektiv zu sehen, kann nur als Ausweichbewegung, als Teil jener Attitude angesehen werden: viele gut geschriebene Artikel im «Reich» belehren darüber, dass der Inhalt von ‹Stil› beliebig sein kann.»[77]

Geartete Kunst

Dass Hitler nach seinem Weggang aus Linz in Wien an der Akademie der bildenden Künste abgewiesen wurde und als kleiner Maler sich seinen Lebensunterhalt zu verdienen suchte, dürfte die Entwicklung seiner autoritären Persönlichkeitsstruktur wesentlich bestimmt haben. Zu dieser gehört der «Konventionalismus», das starre Gebundensein an das mittelständische, von Grundwerten weitgehend abgelöste sekundäre Tugendsystem (Sauberkeit, Ordentlichkeit, Pflichtbewusstsein), und die aggressive Absicht, überall Leute aufzuspüren, welche dieses verletzen, um sich über diese erregen und sie verurteilen wie bestrafen zu können; ferner ein Denken in starren Kategorien, die in Überheblichkeit verabsolutiert und anderen oktroyiert werden.

Kaum zum Reichskanzler berufen, begann Hitler als Praeceptor Germaniae seine wirre, schon in «Mein Kampf» dargelegte Kunstauffassung in staatliche Politik umzusetzen. Das Ende der «verjudeten und bolschewisierten Kunst» sei mit dem Dritten Reich gekommen; angesichts der «krankhaften Auswüchse irrsinniger und verkommener Menschen»[78] – mit dieser Sammelkritik bedachte er fast alle künstlerischen Strömungen seit dem Naturalismus – sei es nun Sache der Staatsleitung, zu verhindern, dass ein Volk dem geistigen Wahnsinn in die Arme getrieben werde.[79] In der Debatte zum «Ermächtigungsgesetz» (23. März 1933) erklärte er: «Die Kunst wird stets Ausdruck und Spiegel der Sehnsucht und der Wirklichkeit einer Zeit sein. Die weltbürgerliche Beschaulichkeit ist im raschen Entschwinden begriffen. Der Heroismus erhebt sich leidenschaftlich als kommender Gestalter und Führer politischer Schicksale. Es ist Aufgabe der Kunst, Ausdruck dieses bestimmenden Zeitgeistes zu sein. Blut und Rasse werden wieder zur Quelle der künstlerischen Intuition werden.»[80]

Bei der Grundsteinlegung zum «Haus der deutschen Kunst» in München am 15. Oktober 1933 – in Anwesenheit zahlreicher Ehrengäste, darunter auch der päpstliche Nuntius («Ich habe Sie lange nicht verstanden, aber ich habe mich lange darum bemüht. Heute verstehe ich Sie») – forderte Hitler, dass «diese Stadt» sich wieder zurückbesinne auf ihre eigentliche Mission, nämlich «Stätte des Erhabenen und Schönen zu sein, auf dass sich wieder als Wahrheit erweise, dass man diese Stadt gesehen haben muss, um Deutschland zu kennen.»[81]

Da München als die wichtigste Kunst-Stadt Deutschlands galt, wurde sie auch zur Schau- und Richtstätte der nationalsozialistischen Kunstbarbarei gegen die Moderne.[82] Hier hatte 1935 der gegen den Wunsch der Akademie zum Professor ernannte Adolf Ziegler, wegen seiner pedantischen Akt-Malerei als «Reichsschamhaar-Maler» verspottet, eine Ausstellung «Berliner Kunst» mit Werken von Ernst Barlach, Max Beckmann, Erich Heckel und Käthe Kollwitz in der Neuen Pinakothek mit Unterstützung des Gauleiters Adolf Wagner schließen lassen. Und hier wurde am 19. Juli 1937 in den Räumen der Gipssammlung des Antiken-Museums die von Ziegler als Präsident der «Reichskammer der Künste» organisierte Ausstellung «Entartete Kunst» gezeigt, mit der die durchaus populäre Offensive gegen die jüdische Zersetzung der Kunst beziehungsweise gegen den Kunstbolschewismus einen Höhepunkt erreichte; angeprangert wurden u.a. Werke von Paul Klee, Max Beckmann, Otto Dix, Karl Schmidt-Rottluff, Ernst Ludwig Kirchner, Max Pechstein, Emil Nolde, Franz Marc, August Macke. Mehr als 2 Millionen Besucher sahen die Schand-Ausstellung, die von annähernd 110 Künstlern rund 600 Werke zeigte, die von Ziegler bei der Eröffnung als «Ausgeburten des Wahnsinns, der Frechheit, des Nichtskönnertums und Entartung» bezeichnet wurden.[83]

Parallel dazu fand die Einweihung des «Hauses der deutschen Kunst» statt, bei der Hitler in einer großen Kulturrede mit stupender Banalität und Primitivität gegen moderne Kunst geiferte und die «neue deutsche Kunst» in verquollenem Pathos pries: «Ich will daher in dieser Stunde bekennen, dass es mein unabänderlicher Entschluss ist, genau so wie auf dem Gebiet der politischen Verwirrung, nunmehr auch hier mit den Phrasen im deutschen Kunstleben aufzuräumen. ‹Kunstwerke›, die an sich nicht verstanden werden können, sondern als Daseinsberechtigung erst eine schwulstige Gebrauchsanweisung benötigen, um endlich jenen Verschüchterten zu finden, der einen so dummen oder frechen Unsinn geduldig aufnimmt, werden von jetzt ab den Weg zum deutschen Volke nicht mehr finden! ... Außerdem ist es entweder eine unverfrorene Frechheit oder eine schwer begreifliche Dummheit, ausgerechnet unserer heutigen Zeit Werke vorzusetzen, die vielleicht vor zehn- oder zwanzigtausend Jahren von einem Steinzeitler hätten gemacht werden können. Sie reden von einer Primitivität der Kunst, und sie vergessen dabei ganz, dass es nicht die Aufgabe der Kunst ist, sich von der Entwicklung eines Volkes nach rückwärts zu entfernen, sondern dass es nur ihre Aufgabe sein kann, diese lebendige Entwicklung zu symbolisieren ... Und wenn einst einmal auch auf diesem Gebiet wieder die heilige Gewissenhaftigkeit zu ihrem Rechte kommt, dann wird, daran zweifle ich nicht, der Allmächtige aus der Masse dieser anständigen Kunstschaffenden wieder einzelne emporheben zum ewigen Sternenhimmel der unvergänglichen, gottbegnadeten Künstler großer Zeiten.»[84]

Die jährlichen großen Kunstausstellungen in München, jeweils von Hitler eröffnet, sollten ein «Tempel für rassisch geprägte neue deutsche Kunst» sein; sie waren stattdessen ein Kuriositätenkabinett für kleinbürgerlichen Wandschmuck, aufgenordetes Kunstgewerbe, wie es auch schon vor 1933 bestanden hatte – unter Bevorzugung von Tier-, Landschafts-, Bauern-, Handwerker-, Arbeiter- und Kriegs-Motiven.[85]

Natürlich sollte auch die Plastik den neuen nationalsozialistischen Menschen herausstellen in seiner «griechischen Schönheit», die in Wirklichkeit Brutalität signalisierte, und einer «Würde», die sich als Rassenhochmut gab. Arno Breker schuf entsprechende, ins Kolossale gesteigerte Ab- und Vorbilder des deutschen Mannes, stiernackig und mit nichtssagendem Gesichtsausdruck. Von den Werken des bei Hitler sehr beliebten Bildhauers Joseph Thorak – er schuf auch die Monumentalstatuen, die den Eingang zur neuen Reichskanzlei in Berlin flankierten – meinte ein hilfloser Kritiker (bei der großen Kunstausstellung 1938): «Die riesige Bronzefigur eines muskulösen Mannes, der in der linken Hand eine Weintraube hält, hat die ebenso muskulöse schwerhüftig gestraffte Gestalt eines Weibes, das der Künstler ‹Gastlichkeit› nennt, zum Gegenstück erhalten. Die in ihren hocherhobenen Händen einen Kranz haltende Figur einer sehr massiven nackten Frau, ‹Bekrönung› geheißen, stemmt sich mit beiden Füßen rückwärts gegen einen Sockel: dadurch will der Bildhauer den Eindruck erzielen, als ob die mächtige Gestalt schwebe.»[86]

Wenn Hitler von bildender Kunst sprach, dann meist im Zusammenhang mit Architektur. In seiner Jugend wollte er erst Maler, dann Baumeister werden. Mit Albert Speer, den er mit der Planung von Großprojekten, darunter der neuen Reichskanzlei und des Nürnberger Reichsparteitagsgeländes, geradezu überhäufte – 1937 ernannte er ihn zum Generalbauinspekteur für die Reichshauptstadt – verband ihn Freundschaft; er schätzte und bewunderte dessen Einfallsreichtum und technisches Können. Gigantische Bauten erschienen ihm eine Garantie für den Ewigkeitswert des Nationalsozialismus zu sein. Aus dem zerbombten Berlin sollte nach dem Krieg «Germania» als Mittelpunkt des angestrebten großgermanischen Reiches entstehen. «Unsere Dome sind Zeugen der Größe der Vergangenheit! Die Größe der Gegenwart wird man einst messen nach den Ewigkeitswerten, die sie hinterlässt. Nur dann wird Deutschland eine neue Blüte seiner Kunst erleben und unser Volk das Bewusstsein einer höheren Bestimmung.»[87]

Für Linz, Hitlers Heimatstadt, war ein europäisches Kunstzentrum, eine Art Mekka oder Rom geplant; eine neue nationale Metropole sollte entstehen, die das kosmopolitische Wien ersetzen würde; in einem Super-Museum sollte mit den berühmtesten Werken der neueren und neuen «germanischen Klassik», aus allen europäischen Ländern zusammengeraubt, die deutsche kulturelle Vormachtstellung demonstriert werden.

Die repräsentativen Bauten des Nationalsozialismus waren «Mausoleums-Architektur», pompöse Symbole für die Unterdrückung von Freiheit und Humanität. Und auch dort, wo die Spitzenfunktionäre wohnten, dominierte ein feierlich-pathetisches Design im Stil von Bestattungsinstituten. Das sterile, aufwändige Dekor war freilich auch mit folkloristischer Niedlichkeit durchsetzt, denn die Schreibtischtäter und Massenmörder hatten durchaus einen Sinn für «Gemütlichkeit». Der Kommandant des Vernichtungslagers Auschwitz-Birkenau, Rudolf Höss, schuf sich in der Nähe der rauchenden Schornsteine der Krematorien ein idyllisches Domizil, mit vielen Blumen und Planschbecken für die Kinder. «Meine Familie war mein zweites Heiligtum.»[88]

Neben der neuen Reichskanzlei mit ihren von Paul Ludwig Troost gestalteten Räumen, Möbeln, Insignien, Bildern, Lüstern – sakrale Vorzeige-Architektur, auf Einschüchterung angelegt – schuf sich Hitler mit dem Berghof auf dem Obersalzberg ein holzvertäfeltes Alpen-Dorado: Kachelöfen, Handwebereien, Nippes, plüscherne Fauteuils und trauter Lampenschein sollten «Schönheit mit einfachem Herzen» vorführen.[89] Für die heimliche Geliebte Hitlers, Eva Braun, waren sowohl in der Reichskanzlei wie auf dem Obersalzberg bescheidenere Räume vorgesehen; die Zimmer des einfachen «süßen Mädels» aus München – «eher nett und frisch als schön» (Albert Speer)[90] – sollten offensichtlich bewusst im Schatten von Hitlers Prachtentfaltung stehen.[91]

Sonja Günter spricht bei der stilgeschichtlichen Einordnung der Innenräume, wie sie die Repräsentanten des Dritten Reiches bevorzugten, vom «Dampferstil», der in seiner Mischung aus barocken und klassizistischen Elementen und mit Attributen der deutschen Art Déco alle Natürlichkeit vernichtet habe. Für das Pathos der Distanz sollte der Mastaba-Stil (abgeleitet von dem arabischen Wort für den alt-ägyptischen Grabbau) sorgen. Er machte nicht nur Anleihen beim Königsgrab der Ägypter, sondern auch bei dem der Inkas, einer Stufenpyramide. Indem die Designer des Dritten Reichs einige tausend Jahre historischer Entwicklung übersprangen, schufen sie damit «die Wohnung für den göttergleichen Hellenen», der Macht über Leben und Tod besitze; in den Worten von Peter Weiss («Ästhetik des Widerstands»): «überpersönliche Macht, die Geknechtete, Versklavte wollte, in Unzahl, und wenige in der Höhe, die mit einem Fingerzeig die Geschicke bestimmten». Das Volk, das an «feierlichen Tagen» hierher kommen durfte, sollte kaum aufzublicken wagen «zum Abbild seiner eigenen Geschichte».[92]

Zu der eklektischen Collage nationalsozialistischer Wohnstile gehörte schließlich der Brauhausstil; der germanisch-nordischen Variante, sozusagen eine feudalisierte Abart der bei den Massen besonders beliebten bäuerlich-kleinbürgerlichen Holdrio-Heimeligkeit, frönte im Besonderen Hermann Göring, der sich in der Schorfheide bei Berlin einen pompösen Jagdsitz schuf, den er «Karinhall» nannte – zum Andenken an seine 1931 an Tuberkulose gestorbene erste (schwedische) Frau ein Mittelpunkt von Festen und Staatsjagden. «Auf dem Giebel des Hauses kreuzen sich Pferdeköpfe – Mythos bewacht die gute Stube» (Ernst Bloch).[93]

Verhalten der Eliten

In einem Aphorismus hatte Franz Grillparzer 1848 prophezeit, dass in Deutschland der Weg der neueren Bildung von der Humanität über Nationalität zur Bestialität führe. Als nach dem deutschen Sieg über Frankreich 1870/71 die Meinung weit verbreitet war, nun habe auch die deutsche Kultur über die welsche Zivilisation gesiegt, bezeichnete Nietzsche dies als einen höchst verderblichen Wahn, der den Sieg in die Exstirpation des deutschen Geistes zugunsten des deutschen Reiches verwandle.[94]

Beide Äußerungen weisen darauf hin, dass der «nationale Aufbruch» von 1933 eine lange Vorgeschichte hatte. Die Nationalsozialisten waren so erfolgreich, weil die große Mehrheit der intellektuellen und funktionalen Eliten bereits im Kaiserreich und dann vor allem in der Weimarer Republik den «deutschen Sonderweg» beschritten hatten, d.h. die wirtschaftliche, soziale und politische Entwicklung auseinander gelaufen waren und es dem Bürgertum, trotz ökonomisch entscheidender Stellung nicht gelungen war, die politische Macht zu erringen und die erforderliche Demokratisierung voranzutreiben. Angesichts wachsender innerer Spannungen schließlich sah es – nach dem Vorbilde Bismarcks – in einem Krieg den letzten, verzweifelten Ausweg.

Aufgrund des Scheiterns der Revolution von 1848 blieb die aus Aufklärung und Französischer Revolution erwachsene Hoffnung auf eine bürgerliche, Freiheit, Gleichheit und Brüderlichkeit verwirklichende Gesellschaft unerfüllt – was schließlich in Umkehrung der Ideale dazu führte, dass der Bürger zum Untertanen wurde; die emanzipatorischen bürgerlichen Vorstellungen von Kultur verdorrten im «Kulturmilieu» des Kaiserreichs, das eine protestantische Prägung aufwies und durch die Verbindung von Bildung und Besitz charakterisiert war. Man stellte sich gegen Aufklärung, Liberalismus und Demokratie. Lange vor dem Dritten Reich «hatte sich die Abschnürung Deutschlands von den politischen Traditionen des Westens vollzogen und war die Flucht in die ‹deutsche Innerlichkeit› mit einer tiefgreifenden Desorientierung im politischen Raum erkauft worden» (Hans Mommsen).[95] Soziale Berührungsängste hätten zwar verhindert, dass sich diese Kreise vor der nationalsozialistischen Machteroberung in den Dienst der NSDAP stellten, die man als eine noch unvollkommene, von den Parteischlacken nicht hinreichend befreite deutsche Erneuerungsbewegung begriff. «Nach dem 30. Januar entfielen diese Bedenken weithin; die Bereitschaft zur Anpassung und Selbstgleichschaltung wie zur Billigung rassenantisemitischer Maßnahmen war eine allgemeine Erscheinung. Entschlossener und beherzter Widerstand blieb, von wenigen Ausnahmen abgesehen, fast vollständig aus.»[96]

Selbst die Juden, die als Sündenböcke antimodernistischer Ressentiments herhalten mussten, waren als wichtiger und wirtschaftlich einflussreicher Teil des deutschen Bürgertums in erheblichem Maße von patriotischem Enthusiasmus bewegt. Nach der Verfassung des Zweiten deutschen Reiches von 1871 waren sie zwar gleichberechtigte Staatsbürger geworden; doch blieben ihnen die Offiziersränge der preußischen Armee ebenso verschlossen wie Regierungsämter und die meisten akademischen Positionen. Das berühmte Versprechen des Kaisers 1914, von nun an kenne er keine Klassen, Parteien und Religionen mehr, war von der jüdischen Bevölkerung begeistert begrüßt worden. Was im Frieden nicht zu erreichen war, die vollständige Integration der Juden in die deutsche Gesellschaft, sollte der Krieg herbeiführen: Die Bande der Solidarität zwischen christlichen und jüdischen Soldaten, die Seite an Seite in dem selben Schützengraben kämpften und starben, würden die letzten noch vorhandenen Barrieren und Stereotype beseitigen. «Wie Max Weber, der ursprünglich überzeugt war, dass dieser Krieg ‹wirklich – was auch der Ausgang sei – groß und wunderbar über alles Erwarten› sei, bekundete auch der Philosoph Hermann Cohen, der prominenteste deutsch-jüdische Denker jener Tage, seinen Stolz darauf, diese heroische Stunde Deutschlands noch erleben zu dürfen. In seinem Aufsatz ‹Deutschtum und Judentum› vertrat er die These, es sei die besondere Aufgabe der Juden, den Supremat der deutschen Kultur unter ihren Glaubensgenossen in anderen europäischen Ländern zu verbreiten. So wie die Sozialdemokraten dem Ruf des Kaisers zu den Waffen folgten, ließen auch die deutschen Zionisten keinen Zweifel daran, dass sie ihre Pflicht als deutsche Soldaten erfüllen würden, und eine Gruppe von Zionisten kehrte sogar eigens aus Palästina zurück, um für ihr deutsches Vaterland zu kämpfen» (Michael Brenner).[97]

Die Desillusionierung im Krieg und vor allem nach dem Krieg führte zwar zu einer jüdischen kulturellen Renaissance, geprägt von Männern wie Leo Baeck, Martin Buber, Franz Rosenzweig, doch konnte die Wiederaneignung jüdischen Wissens sowie das Ringen um religiöse Authentizität und Identität keine politische Wirkung ausüben, da die immer mehr an Einfluss gewinnende «konservative Revolution» jede Toleranz, vor allem das Verständnis für die Artikulationen jüdischer Religion und Kultur, vermissen ließ.

Die Mehrzahl der Universitätsprofessoren, Lehrer, Juristen, Offiziere, Beamten, auch protestantische Theologen widersetzten sich dem in der Weimarer Verfassung postulierten Pluralismus der Werte, den sie als Werterelativismus denunzierten; die Eliten sehnten sich nach einem «sinnstiftenden Ganzen», das sie in der nationalen Gemeinschaft sahen. Die Karriere des Staatsrechtlers Carl Schmitt in den 20er Jahren (später der führende Rechtstheoretiker des NS-Staates) gründete auf seiner Ablehnung der Weimarer Verfassung; sie habe den Staat geschwächt und sich an einen Liberalismus geklammert, der ausser Stande sei, die Probleme einer modernen Massendemokratie zu lösen. Die parlamentarische Demokratie erweise sich als eine «veraltete bürgerliche Regelungsmethode».

Zudem, so der denunziatorische Kulturpessimismus der Rechtsintellektuellen, führe Liberalismus zur Libertinage. «Wohin ein deutscher Patriot auch blickte, er fand wenig, was ihn hätte trösten können; die nationalen Werte wurden ungeniert untergraben und ins Lächerliche gezogen, der Buchmarkt war von pazifistischen Romanen überschwemmt, die männlichen Tugenden wurden in den Schmutz gezogen; im Theater wurden Inzest, Päderastie oder zumindest eheliche Untreue verherrlicht. Berlin hatte von Paris den Ruf einer Weltmetropole der Laszivität und Obszönität übernommen. Illustrierte und Magazine zeigten nackte Tänzerinnen und internationale Gangster, häufig beide auf einem Bild; das Kino verdarb die junge Generation mit der Verherrlichung von Sadismus und Vergewaltigung, der Prostituierten und deren Zuhältern als Haupthelden. Es schien, als sei nur noch das Kriminelle, Hässliche, das Blasphemische von Interesse für die moderne Kunst. Alles übrige stand auf niedriger Kulturstufe und tat es bestenfalls für den geistigen Normalverbraucher und als Unterhaltung für den Spießer. Über ganz Deutschland hinweg führten die Literaten das große Wort, Feinde der Ordnung, Profitmacher des Chaos. Wie Tuberkelbazillen infizierten sie alle schwachen Zellen des Gesamtkomplexes Gesellschaft. Selbst halt- und wurzellos, richteten sie ihre heftigen Angriffe gegen jegliche Manifestation eines gesunden Patriotismus. Sie waren schamlos und maßlos, sie waren die Apostel der Sensationsgier, sie suchten ständig nach neuen Trends, neuen Denk- und Lebensformen, mochten diese noch so wertlos sein. Ihr Würgegriff musste gelöst werden, um eine kulturelle Gesundung zu ermöglichen» (Walter Laqueur).[98]

Die nationalsozialistische Propaganda und Kultur übernahm eine solche Brandmarkung der Weimarer Kultur fast unverändert; mit deren Hilfe liquidierte sie verhältnismäßig leicht die Freiheit der Künste. Die diffamierten Linksintellektuellen wiederum hatten meist keine, ihnen Halt und Kraft verleihende politische Heimat (mit Ausnahme der kommunistisch orientierten); sie waren von der Republik nicht begeistert: «man dient der Republik, aber man liebt sie nicht», meinte der Historiker Hans Delbrück; es fehlte ihnen jeder Verfassungspatriotismus.[99]

Als das Dritte Reich angebrochen war, zeigte sich, dass manche der konservativen und rechts orientierten Intellektuellen sich in die innere Emigration zurückzogen, oder, wie Ernst Jünger, in die Armee emigrierten, da sie die barbarische Verhaltens- und Handlungsweise der Nationalsozialisten ablehnten. Von den Linksintellektuellen beziehungsweise den als bolschewistisch-jüdisch, materialistisch, liberalistisch verschrienen Künstlern flohen viele ins Ausland – ein Exodus, welcher der deutschen Kultur eine tiefe Wunde schlug, von der sie sich auch nach 1945 nicht mehr erholte.

Nach Angaben des emigrierten Sozialwissenschaftler Emil J. Gumbel (in dem 1938 in Strassburg herausgegebenen Sammelband «Freie Wissenschaft – ein Sammelbuch aus der deutschen Emigration») wurden von den NS-Machthabern bis Ende 1936 zirka 1500 Wissenschaftler vertrieben, eine Zahl, die sich nach dem Anschluss Österreichs auf 2000 erhöhte. «Von den im ‹Biographischen Handbuch der deutsch-sprachigen Emigration nach 1933› verzeichneten annähernd 8600 Emigranten zählen unter Einschluss der politischen Publizisten ungefähr 5500 Persönlichkeiten im weiteren Sinne zu den verschiedenen Sektoren des kulturellen Lebens, die knappe Hälfte von ihnen, ca. 2400–2500, waren Wissenschaftler, ca. 1600 Emigranten des ‹Biographischen Handbuches› zählten zu den Schriftstellern und Publizisten» (Horst Möller).[100] Die Kulturemigration war in quantitativer Hinsicht nur ein geringer Teil der gesamten Emigration nach 1933; mehr als 500000 dieser Emigranten waren im weitesten Sinne jüdischer Herkunft.

Unter den emigrierten Schriftstellern waren Bertolt Brecht, Hermann Broch, Johannes R. Becher, Max Brod, Martin Buber,

Alfred Döblin, Stefan George, Oskar Maria Graf, Ödön von Horváth, Hans Henny Jahnn, Hermann Kesten, Else Lasker-Schüler, Thomas Mann, Heinrich Mann, Klaus Mann, Alfred Polgar, Erich Maria Remarque, Kurt Tucholsky, Ernst Toller, Fritz von Unruh, Jakob Wassermann, Franz Werfel, Stefan Zweig, Arnold Zweig, Carl Zuckmayer; unter den bildenden Künstlern Max Beckmann, Lyonel Feininger, George Grosz, Wassily Kandinsky, Paul Klee, Oskar Kokoschka, Fritz Wotruba.

Das Ende

Nach zwölf Jahren großer Triumphe – im Zweiten Weltkrieg gelang Hitler und seinen Generalen zunächst die Eroberung von fast ganz Europa und weiter Teile Russlands – führten die Erfolge der westlichen Alliierten und der Sowjets schließlich zur totalen Niederlage des großdeutschen Reiches. Am 7. Mai 1945 erfolgte die bedingungslose Kapitulation der Deutschen Wehrmacht gegenüber den Westalliierten und am 8. Mai gegenüber der UdSSR. Bei der Gesamtbilanz muss man davon ausgehen, dass ungefähr 45 Millionen Menschen im Krieg ihr Leben verloren – allein in der Sowjetunion rund 20,6 Millionen (davon 7 Millionen Zivilisten); von den 5,7 Millionen Sowjetsoldaten in deutscher Gefangenschaft starben 2 Millionen. In Deutschland dürften 5,25 Millionen, darunter mehr als eine halbe Million Zivilisten im Luftkrieg, umgekommen sein. In Polen starben 4,52 Millionen, darunter 4,2 Millionen Zivilisten. Von den getöteten Zivilpersonen stellten die Juden Europas zahlenmäßig die größte Gruppe dar (etwa 5 Millionen). Die Zahl der Deutschen, die in Ostdeutschland, Ostmittel- und Südosteuropa durch die Flucht vor der Roten Armee und später durch die von den neuen Machthabern durchgeführte Vertreibung ihre Heimat verloren, beläuft sich auf 12 Millionen; 2 Millionen kamen während oder im Gefolge der Flucht und Vertreibung ums Leben. Bei Kriegsende befanden sich 8 bis 10 Millionen sogenannter Displaced persons auf deutschem Boden; das waren überwiegend durch die Nationalsozialisten aus den besetzten Gebieten Zwangsverschleppte, politische Flüchtlinge fremder Nationalitäten und Ostjuden, die vor Pogromen in ihren Heimatländern nach Deutschland flohen. Auch mehrere Millionen Deutsche, vornehmlich aus den

Hermann Bruse: Hungermarsch, 1945/46

westlichen Reichsgebieten, waren «entwurzelt» (meist aus den vom alliierten Bombenkrieg besonders betroffenen Gebieten evakuiert).

Etwa 1,35 Millionen Tonnen Bomben hatten die Alliierten auf Deutschland und 0,65 Millionen Tonnen auf die besetzten Gebiete abgeworfen; davon mehr als die Hälfte auf die Städte. Etwa eine halbe Million Menschen kam dabei ums Leben. Durch die Zerstörung beziehungsweise Beschädigung von etwa 3,37 Millionen Wohnungen waren 7,5 Millionen Menschen obdachlos geworden.

Der größte Teil der überlebenden deutschen Soldaten (etwa 11 Millionen) wurden in Gefangenenlagern festgehalten; bei Kriegsende waren 1,5 Millionen Soldaten in sowjetische Hand

Gerda Rotermund: Höchster Alarm. Radierung aus der Folge
«De Profundis», 1947 ff.

gefallen, 3 Millionen insgesamt; über 1 Million Soldaten überlebte
die Leiden der Gefangenschaft nicht.[101]

Die nationalsozialistischen «Eliten» hatten beim letalen Finale
das Bild erbärmlicher Feigheit und Verantwortungslosigkeit geboten. Diejenigen, die als kleine oder große Parteigänger des Regimes, als dessen Funktionäre und Exekutoren den «heroischen
Opfergang des Volkes» weiter propagierten, die als Führer in Politik, Militär, Verwaltung schließlich die Strategien für die Selbstvernichtung des deutschen Volkes entwarfen (denn nur «verbrannte Erde» sollte dem Feind überlassen werden), bereiteten
klammheimlich ihren Ausstieg aus der Apokalypse vor. Die Er-
bärmlichkeit, mit der die schlimmsten Staatsverbrecher und Massenmörder sich der «Verantwortung» (was immer das in einem
Staat ohne ethische Prinzipien hieß) zu entziehen suchten, hat geschichtlich keine Parallele.

Heinrich Himmler etwa, Reichsführer SS, fanatischer Rassen-
ideologe und Hauptverantwortlicher für die Durchführung des
Massenmords an den Juden, versuchte mit den Westmächten sepa-

rate Kapitulationsverhandlungen einzuleiten. Seine absurde Absicht, nach Hitlers Tod die Führung Deutschlands zu übernehmen, ließ ihn in Verbindung mit dem Präsidenten des schwedischen Roten Kreuzes, Folke Bernadotte, treten; dieser überbrachte Himmlers Angebot an General Dwight D. Eisenhower. Himmler hatte als Vorgabe für die Verhandlungen Hunderttausende von KZ-Häftlingen «angeboten», die auf diese Weise gerettet wurden.[102] Die Alliierten wiesen die Versuche nationalsozialistischer Hauptkriegsverbrecher (neben Himmler auch Göring), Teilkapitulationen zu erreichen, von sich. Von Hitler geächtet und von Großadmiral Karl Dönitz, den Hitler zu seinem Nachfolger ernannt hatte, aus allen Ämtern entlassen (die Alliierten sollten dadurch günstig gestimmt werden), irrte Himmler bis zum 21. Mai in der Umgebung von Flensburg umher; er hatte seinen Schnurrbart abrasiert, sein linkes Auge mit einer schwarzen Klappe bedeckt und sich die Uniform eines einfachen Soldaten angezogen. Zusammen mit elf SS-Offizieren versuchte er, in seine bayerische Heimat zu gelangen. An einer britischen Kontrollstelle zwischen Hamburg und Bremerförde angehalten, gab er sich zu erkennen und beging kurz darauf mit Hilfe einer Zyankali-Ampulle, die er in der Mundhöhle verborgen hatte, Selbstmord.

Der 1940 zum Reichsmarschall ernannte Hermann Göring, der am 21. Juli 1941 den Auftrag zur «Gesamtlösung der Judenfrage» im deutschen Einflussgebiet Europas gegeben hatte (Europa sollte von «Westen nach Osten systematisch von Juden gesäubert werden»), ersuchte den «Führer» um Enthebung von seinem Amt als Oberbefehlshaber der Luftwaffe, da er an einer jetzt akut gewordenen Herzkrankheit leide. Kurz vorher hatte er, der zusammen mit einer Lastwagen-Kolonne (voller Wertgegenstände aus seinem feudalen Besitz «Karinhall») auf den Obersalzberg bei Berchtesgaden gefahren war, noch vorsichtig telegraphisch bei Hitler angefragt, ob er nicht als Stellvertreter des Führers sofort die Gesamtführung des Reiches übernehmen könne, da Hitler doch im Gefechtstand in der Festung Berlin zu bleiben gedenke.[103] Göring habe sich wohl zurückgezogen, so kommentierte die «Frankfurter Presse», um nicht als Kriegsgefangener behandelt zu werden, wenn ihn das unabwendbare Schicksal erreiche und er in alliierte Hände gerate.[104] Zunächst wurde Göring jedoch von der SS wegen Hochverrats festgenommen.

Hitler, wegen ständiger Krämpfe, Wutausbrüche und zahlreicher Anfälle ungehemmten Schluchzens kaum mehr seiner Sinne mächtig, hatte inzwischen Göring und Himmler, also zwei seiner engsten Mordgesellen, verstoßen. Im politischen Testament vom 29. April 1945 bekräftigte er diese Entscheidung: «Ich stoße vor meinem Tode den früheren Reichsmarschall Hermann Göring aus der Partei aus und entziehe ihm alle Rechte, die sich aus dem Erlass vom 29. Juni 1941 sowie aus meiner Reichstagserklärung vom 1. September 1939 ergeben könnten... Ich stoße vor meinem Tode den früheren Reichsführer SS und Reichsminister des Innern Heinrich Himmler aus der Partei sowie allen Staatsämtern aus... Göring und Himmler haben durch geheime Verhandlungen mit dem Feinde, die sie ohne mein Wissen und gegen meinen Willen abhielten, sowie durch den Versuch, entgegen dem Gesetz die Macht im Staate an sich zu reißen, dem Lande und dem gesamten Volk unabsehbaren Schaden zugefügt, gänzlich abgesehen von der Treulosigkeit gegenüber meiner Person.»[105]

Wie vielen Spitzenfunktionären des NS-Regimes die Flucht wirklich gelang, ist ungeklärt. Martin Bormanns Leiche hat der Reichsjugendführer Arthur Axmann in Berlin liegen gesehen; Überreste wurden später entdeckt. Der SS-Obersturmbannführer Adolf Eichmann, 1939 Leiter des Judenreferats im Reichssicherheitshauptamt, der in Durchführung der «Endlösung» den Transport der Juden in die Vernichtungslager organisiert hatte, konnte in Argentinien Fuß fassen (1960 wurde er vom israelischen Geheimdienst nach Israel entführt und dort 1961 hingerichtet). Übrigens waren – nachdem sie die Bevölkerung zum heldenhaften Weiterkämpfen aufgerufen hatten – auch fast alle Gauleiter verschwunden.

Die meisten Hauptkriegsverbrecher konnten jedoch bald dingfest gemacht werden. Nach Göring fasste man den ehemaligen Leiter der Nazi-Organisation «Deutsche Arbeitsfront», Robert Ley, einen besonders korrupten Bonzen, 80 km südlich von Berchtesgaden. In den österreichischen Alpen wurde auch der SS-Obergruppenführer Ernst Kaltenbrunner festgenommen. In Flensburg entdeckte man den Chefideologen Alfred Rosenberg. Seit dem 20. April hatte sich der frühere Reichsaußenminister Joachim von Ribbentrop unter falschem Namen verborgen gehalten; er wurde am 12. Juni verhaftet.

Die in Nürnberg beim Hauptkriegsverbrecherprozess (aber auch in den zwölf Nachfolgeprozessen) belangten nationalsozialistischen Machthaber und Funktionäre sind von ihrer Zahl und Gewichtigkeit her ein schlagender Beweis für die Tatsache, dass das NS-Gangster-Syndikat zwar das deutsche Volk in den vollständigen Untergang hineintreiben wollte, aber selbst mit allen erbärmlichen Tricks zu überleben trachtete. Der amerikanische Publizist William L. Shirer, dem ein monumentales Werk über «Aufstieg und Fall des Dritten Reiches» zu danken ist, beendet sein Buch mit einer knappen Schilderung dieser erbärmlichen Personage (zwanzig saßen auf der Anklagebank; Ley hatte sich bereits vor Beginn des Prozesses in seiner Zelle erhängt):

«Ich sah sie in Nürnberg. In dieser Stadt hatte ich sie oft bei den alljährlichen Reichsparteitagen auf der Höhe ihrer Glorie und Macht beobachtet. Auf der Anklagebank vor dem Internationalen Militärgerichtshof sahen sie anders aus. Sie hatten eine beträchtliche Verwandlung durchgemacht. Auf ihren Sitzen zusammengesunken, nervös hin- und herrutschend, erinnerten sie in ihren unscheinbaren Anzügen nicht mehr an die arroganten Führer von ehedem. Sie wirkten wie eine zusammengewürfelte Schar von Mediokritäten. Man konnte es kaum fassen, dass solche Leute wie sie eine so ungeheure Macht ausgeübt hatten, dass solche Menschen wie sie eine große Nation und den größten Teil Europas hatten erobern können.» [106]

Das Dritte Reich als «Reich der niederen Dämonen» hatte viele Stufen der Niedrigkeit. Die «Führer» konnten mit der Begeisterung eines «Volkes in Blödigkeit» rechnen; dieses wiederum wurde gelenkt von unzähligen Amtswaltern, die auch Überwachungs- und Disziplinierungsaufgaben hatten. Die Exekution des Terrors, wie er von Schreibtischtätern geplant wurde, oblag einem Heer von staatlich aktivierten und legitimierten Sadisten. SS und Waffen-SS taten sich bei Massenmorden besonders hervor; vielfach konnte man dabei auf Freiwilligkeit rechnen. 200 000 bis 300 000 Täter dürften direkt und aktiv an der «Endlösung», der Tötung von Kriegsgefangenen, den Justizmorden und an der «Euthanasie»-Aktion beteiligt gewesen sein.

Als die Stunde Null kam, verhielten sich die Schergen nicht anders als ihre «Führer» und Auftraggeber: Untertauchen, der Verantwortung sich entziehen, war für sie nun oberstes Gebot. Man hatte ja nur Befehle erfüllt, eigentlich nichts gewusst, war jedenfalls jetzt kein Nazi mehr.

Der ehemalige Kommandant des Vernichtungslagers Auschwitz, SS-Obersturmbannführer Rudolf Höss, 1945 in die Zentrale der «Inspektion KL» befördert, zeigt auch in den letzten Tagen des Dritten Reiches seinen Sinn für Disziplin. Als guter Familienvater, pflichtbewusster Untertan, versucht er, ins Chaos der allgemeinen Auflösung Ordnung zu bringen. In Erwartung einer neuen Aufgabe für die Zeit nach dem Krieg zeigt der Perfektionist der industriellen Menschenvernichtung sogar Züge von Mitleid. Die Wege der Leidenszüge der Überlebenden der Konzentrations- und Vernichtungslager, die nun nach Westen getrieben wurden, seien – so berichtet er – leicht zu verfolgen gewesen; alle paar hundert Meter habe man einen zusammengebrochenen Häftling oder einen Erschossenen gefunden. «Alle von mir erreichbaren Trecks wies ich nach Westen ins Sudetenland, damit sie nicht in den maßlos verstopften Schlauch bei Neiße hineingerieten. Allen Führern solcher Züge verbot ich auf das strengste, nicht mehr marschfähige Häftlinge zu erschießen. Sie sollten diese in den Dörfern an den Volkssturm abgeben.» Als die Nachricht kommt, dass Hitler tot sei, «kam meiner Frau sowie mir gleichzeitig der Gedanke: Jetzt müssen auch wir gehen! Mit dem Führer war auch unsere Welt untergegangen. Hatte es noch für uns einen Sinn weiterzuleben? Man würde uns verfolgen, uns überall suchen. Wir wollten Gift nehmen. Ich hatte dies meiner Frau beschafft, damit sie bei einem unverhofften Vorstoß der Russen diesen mit den Kindern nicht lebend in die Hände fiel. Doch um unserer Kinder willen taten wir es nicht. Um ihretwillen wollten wir all das Kommende auf uns nehmen. Wir hätten es doch tun sollen. Ich habe es später immer wieder bereut. Es wäre uns, vor allem meiner Frau und den Kindern, viel erspart geblieben. Und was werden sie noch alles durchmachen müssen? Wir waren mit *der* Welt verbunden und verkettet – wir hätten mit ihr untergehen müssen.»[107]

«Wir *hätten* mit ihr untergehen müssen...» Gerechtigkeit ereilte die meisten der Kommandanten der Konzentrationslager wie den Führer der Einsatzgruppen und Einsatzkommandos der Sicherheitspolizei dann doch: Sie kamen auf der Flucht um, begingen, als es keinen anderen Ausweg mehr gab, Selbstmord oder wurden hingerichtet (so auch Höss 1947 in Polen).

Adolf Hitler wollte, dass seinen eigenen Untergang möglichst viele Deutsche nicht überlebten. Am 19. März 1945 verkündete er in einem Mitternachtsgespräch seinem Rüstungsminister Albert Speer, der an diesem Tag seinen 40. Geburtstag feierte, mit «eisigem Ton»: Wenn der Krieg verlorengehe, dann sei auch das Volk verloren. Man brauche nicht auf die Grundlagen, die das deutsche Volk zu seinem primitivsten Weiterleben benötige, Rücksicht zu nehmen. «Im Gegenteil ist es besser, selbst diese Dinge zu zerstören. Denn das Volk hat sich als das schwächere erwiesen, und dem stärkeren Ostvolk gehört ausschließlich die Zukunft. Was nach diesem Kampf übrigbleibt, sind ohnehin nur die Minderwertigen, denn die Guten sind gefallen.»[108]

Noch am Morgen des gleichen Tages wurde diese düstere Ankündigung in einen Führerbefehl umgesetzt. Schnellstens hätten alle Truppenführer die militärischen Verkehrs-, Nachrichten-, Industrie- und Versorgungsanlagen sowie Sachwerte innerhalb des Reichsgebietes, die sich der Feind für die Fortsetzung seines Kampfes irgendwie sofort oder in absehbarer Zeit nutzbar machen könne, zu zerstören.[109] Am 12. April wurde dann noch vom Oberkommando der Wehrmacht verfügt, dass Städte bis zum äußersten verteidigt und gehalten werden müssten, ohne jede Rücksicht auf Versprechungen oder Drohungen, die durch Parlamentäre oder feindliche Rundfunksendungen überbracht würden. «Für die Befolgung dieses Befehls sind die in jeder Stadt ernannten Kampfkommandanten persönlich verantwortlich. Handeln sie dieser soldatischen Pflicht zuwider, so werden sie wie alle zivilen Amtspersonen, die den Kampfkommandanten von dieser Pflicht abspenstig zu machen versuchen, oder gar ihn bei der Erfüllung seiner Aufgaben behindern, zum Tode verurteilt.»[110]

Die nur sozialpathologisch zu verstehende Bindung an Hitler war immerhin noch so stark, dass der «Nero-Befehl» zur Zerstörung Deutschlands teilweise befolgt wurde. Doch wagte es Albert Speer, der noch vor dem Unterfangen «Verbrannte Erde» Hitler eine Denkschrift übergeben hatte («Wir in der Führung haben die Verpflichtung, dem Volk in den schweren Stunden, die es zu erwarten hat, zu helfen»[111]), sich in Verbund mit anderen Dienststellen der Durchführung des Vernichtungsbefehls entgegenzustellen. «Aber es blieb bis zum Ende ein riskantes Spiel. Bis in den April 1945 hinein verfügte der Diktator nämlich über ein Mittel, das die

Wirkung von Sprengstoff bei weitem übertraf: Das ungeheure Arsenal von chemischen Kampfstoffen, deren Einsatz den Untergang Deutschlands wohl tatsächlich herbeigeführt hätte. Aber solange sich Hitler in seinem Bunker in Berlin an die Hoffnung einer eigenen letzten Überlebenschance klammerte, zögerte er. Als er dann schließlich in der eingeschlossenen Reichshauptstadt den Tod ins Auge fassen musste, war diese letzte furchtbare Waffe nicht mehr einsatzbereit und das Leben der Bevölkerung sowie seine Existenzgrundlagen gerettet.»[112]

Als kitschiges Rührstück ging das Leben des Diktators, der wie kein anderer das Glück und Leben von Abermillionen zerstört hatte, zu Ende; der Entschluss zum Selbstmord fiel in der Nacht vom 28. zum 29. April. Vorher ließ er sich noch mit seiner Geliebten Eva Braun trauen; Goebbels und Bormann waren die Trauzeugen; ein Gauamtsleiter namens Walter Wagner, der in einer nahe stationierten Volkssturmeinheit diente, wurde herbeigeholt. Diesen gegenüber erklärte das Paar, dass sie rein arischer Abstammung sowie frei von Erbkrankheiten seien.

In seiner großen Hitler-Biographie bemerkt Joachim Fest mit Recht, dass offensichtlich von diesem Zeitpunkt an das Geschehen und dessen Steuerung Hitler endgültig entglitten waren; die Vermutung liege nahe, dass er den Schlussakt gern grandioser, katastrophaler, mit einem größeren Aufwand an Pathos, Stil und Schrecken inszeniert hätte. «Statt dessen wirkte, was nun noch geschah, seltsam ratlos, improvisiert, als habe er die Möglichkeit eines unwiderruflichen Endes in Erinnerung an die zahlreichen wundergleichen Kehrtwendungen seines Lebens bis zu diesem Augenblick nie wirklich bedacht. Der grausige Einfall dieser Hochzeit zum Doppelselbstmord jedenfalls, ganz als fürchte er sich vor einem illegitimen Totenlager, eröffnete einen trivialen Abgang und demonstrierte, wie ausgegeben und selbst mit seinen Effekten am Ende er war, auch wenn die wagnerisierende Reminiszenz vom Vereinigungstod dem Vorgang in seinen Augen den versöhnlichen Zug tragischen Debakels geben mochte. Aber was immer sich noch mit seinem Namen verband: Es war ein entmythologisierendes Ende.»[113]

Hitler verfasste ein politisches und ein privates Testament; vor allem mit ersterem erreichte seine wahnhafte Verblendung einen neuen, nun letzten Höhepunkt – die Verstoßung des Volkes wieder zurücknehmend. «Ich sterbe mit freudigem Herzen angesichts der mir bewussten unermesslichen Taten und Leistungen unserer Soldaten an der Front, unserer Frauen zu Hause, den Leistungen unserer Bauern und Arbeiter und dem in der Geschichte einmaligen Einsatz unserer Jugend, die meinen Namen trägt.» Im privaten Testament hieß es (hier sprach noch einmal der kleinbürgerliche «Zollbeamtensohn aus Leonding, der er hinter allen Verkleidungen stets geblieben war»): «Da ich in den Jahren des Kampfes glaubte, es nicht verantworten zu können, eine Ehe zu gründen, habe ich mich nunmehr vor Beendigung dieser irdischen Laufbahn entschlossen, jenes Mädchen zur Frau zu nehmen, das nach langen Jahren treuer Freundschaft aus freiem Willen in die schon fast belagerte Stadt hereinkam, um ihr Schicksal mit dem meinen zu teilen. Sie geht auf ihren Wunsch als meine Gattin mit mir in den Tod. Er wird uns das ersetzen, was meine Arbeit im Dienst meines Volkes uns beiden raubte. Was ich besitze, gehört – soweit es überhaupt von Wert ist – der Partei, sollte diese nicht mehr existieren, dem Staat. Sollte auch der Staat vernichtet werden, ist eine weitere Entscheidung von mir nicht mehr notwendig. Ich habe meine Gemälde in den von mir im Laufe der Jahre angekauften Sammlungen niemals für private Zwecke, sondern stets nur für den Ausbau einer Galerie in meiner Heimatstadt Linz an der Donau gesammelt. Dass dieses Vermächtnis vollzogen wird, wäre mein herzlichster Wunsch.»[114]

Da Hitler befürchtete, dass das für den Selbstmord vorgesehene Gift nicht rasch und zuverlässig genug den Tod herbeiführe, befahl er, die Wirkung des Mittels an seinem Schäferhund zu erproben. Der Hund starb rasch. Am 1. Mai 1945 verbreitete der Rundfunk folgende Meldung: «Aus dem Führerhauptquartier wird gemeldet, dass unser Führer Adolf Hitler heute nachmittag in seinem Gefechtsstand in der Reichskanzlei, bis zum letzten Atemzug gegen den Bolschewismus kämpfend, für Deutschland gefallen ist.»[115] Joseph Goebbels folgte dem Vorbild seines Führers; am Abend des 1. Mai 1945 ließ er zunächst seine sechs Kinder töten – seinen vielen Verbrechen ein weiteres schlimmes hinzufügend; dann befahl er (wahrscheinlich einem SS-Mann), seine Frau und ihn durch Schüsse in den Hinterkopf zu töten; man goss vier Kanister Benzin über die Leichen und zündete sie an. Die Verbrennung erfolgte nur flüchtig; die Russen konnten am nächsten Tag die verkohlten Leichen sofort identifizieren.

1. Mai 1945 in einem böhmischen Städtchen. Die deutschen Soldaten sind noch nicht vertrieben; ein Leutnant hält eine Ansprache: «‹Und so wie Jesus Christus sterben musste und seine Idee, das Christentum, nach seinem Tod die Welt erobert hat, so wird auch die Idee Adolf Hitlers, der Nationalsozialismus, nach seinem Tod die Welt erobern. Adolf Hitler und seine unsterbliche Idee Sieg...› Das dreifache Heil hätte in dem engen Gang eigentlich dröhnen müssen, es klang aber doch recht schwach.» Der Leutnant befiehlt dann noch: «In Hinblick auf den Tod des Führers fällt heute der Dienst aus.» Das wird als gute Nachricht empfunden.[116]

1. Mai 1945. In New York schreibt Alfred Kantorowicz in sein Tagebuch: «Jedenfalls wird niemand nun sagen können, dass Hitler den Krieg nicht verloren habe. Vor neun Monaten, am 20. Juli, hätte sein Tod eine Legendenbildung zur Folge gehabt, das Geraune der Unbelehrbaren: ‹Ja, wenn sie uns unseren geliebten Führer nicht umgebracht hätten, würden wir den Krieg am Ende noch gewonnen haben.› Das können sie heute wohl schwerlich behaupten. Wer weiss? Die deutsche Verstocktheit ist abgründig.»[117]

2. Mai 1945. Erich Kästner berichtet aus Mayrhofen, dass die Leute herumstünden und einander erzählten, dass Hitler im Sterben liege. Am nächsten Tag heisst es, er liege nicht im Sterben, sondern sei in Berlin gefallen. «Da man auf vielerlei Art sterben, aber nur fallen kann, wenn man kämpft, will man also zum Ausdruck bringen, dass er gekämpft hat. Das ist nicht wahrscheinlich. Ich kann mir die entsprechende Szene nicht vorstellen.» Heil Dönitz, sagten die Leute zum Spaß, wenn sie einander begegneten. Die Leute räumten ihre Parteiabzeichen, Führerbilder und belastende Dokumente beiseite.[118]

2. Mai 1945. Petra S., Hamburg, notiert in ihrem Tagebuch: «War das eine herrliche Nacht!! Ich schlief so selig, dass ich immer nur dachte: ‹Hitler tot, Nazis tot! Hitler und die Nazis tot!› Und heute morgen dann ging es zur Schule. Auf dem Weg zum Borgweg hielt ich Ausschau, ob man noch Parteiabzeichen erblicken kann. Keines, wohin das Auge auch sah. Seltsam, kein Mensch weinte oder sah auch nur traurig aus, obwohl doch der geliebte, verehrte Führer, in dem die Vollidioten fast einen Gott sahen, nicht mehr lebte und die Knute aus der Hand legen musste.»[119]

Geteiltes und vereintes Deutschland
1945–2000

Der Mai war gekommen

Zwölf Jahre dauerte das Dritte Reich (fünfzehn Jahre die Weimarer Republik); fünfundfünfzig Jahre waren im Jahr 2000 seit der Befreiung vom Nationalsozialismus vergangen. In Westdeutschland erfolgte in der zweiten Hälfte des vergangenen Jahrhunderts die Entwicklung eines freien Kulturlebens; in Ostdeutschland kam es zur Errichtung einer neuen Diktatur, die, bei aller Unterschiedlichkeit zum Dritten Reich, wiederum die Künste gängelte und die Freiheit des Geistes unterdrückte. Die vergangenen Jahrzehnte zeigten in der Bundesrepublik Deutschland eine außerordentlich große Fülle von kulturellen Vorgängen, Strömungen, Bewegungen; aber auch in den Nischen der DDR erbrachten die Künste herausragende Leistungen.

Vieles, das in den beiden Deutschland nach dem Krieg als neu empfunden wurde, erwies sich als eine Wiederaufnahme und Weiterentwicklung von dem, was in der Zeit vor 1933 konzipiert und bereits damals zur Reife gekommen war. Die Zerstörung der deutschen Kultur, auch eine Folge der Emigration und Ermordung vieler Intellektueller, Wissenschaftler und Künstler, war jedoch so umfassend und tief greifend, dass der Neuaufbau in der Zeit nach 1945 mit großen Schwierigkeiten zu kämpfen hatte. Dieser war zudem durchsetzt von fatalen Kontinuitäten; es war keineswegs so, dass mit der totalen deutschen Niederlage eine Stunde Null anbrach. Die Wiedergewinnung des Wertvollen muss zusammengesehen werden mit reaktionären und restaurativen Tendenzen, die im Westen oft von Modernität überlagert waren, auch auf Grund der freiheitlichen Gesellschaftsordnung kupiert werden konnten, die Kulturpolitik der DDR jedoch dominant bestimmten.

Das Ende des Dritten Reiches mit der bedingungslosen Kapitulation der deutschen Wehrmacht fiel in den Mai 1945; der Frühling war so sonnig und warm, dass man sich wie im Sommer fühlte. Das schönste Geschenk: die Stille. Wenn er an den frühen Mai 1945 denke, erinnerte sich Arnulf Baring, war es zunächst diese Lautlosigkeit, diese Ruhe, Tag für Tag unter einem blauen Himmel. In der warmen Sonne zu sitzen und kaum noch Angst zu haben.[1] «Die Bäume waren so grün und der Himmel so blau wie niemals wieder, als der Krieg zu Ende ging... Im Wald wuchsen Veilchen. Es gab eine Stelle, die war mein kleiner Garten, weil dort die Veilchen im Kreis wuchsen, wie zu einem Blumenbeet. Da lag an einem frischen Maimorgen ein toter Soldat. Er lag da noch lange, denn niemand begrub ihn. Er verweste langsam, und um ihn verblühten die Veilchen, denn es ging auf den Sommer zu. Nur wir Kinder wussten von ihm, und wir sagten es niemandem» (Helma Sanders-Brahms).[2]

Die Deutschen hatte man in den zwölf Jahren des Dritten Reiches, aber auch schon vorher, mit Naturmystik und -mythik vollgestopft – ein unerträgliches Geraune von Scholle und Heimat, Blut und Boden. Nun aber empfanden sehr viele «Natur» wieder in einer ganz ursprünglichen Weise, jenseits ideologischer Verklemmung: voll symbolischer Kraft, mit dem Gefühl, noch einmal davongekommen zu sein; der «schöne Mai» bestärkte die Ahnung in den Herzen, dass es «weitergehe».

Die letzte Strophe von Gottfried Kellers visionärem Gedicht «Die öffentlichen Verleumder», das in mancher der von den Alliierten Besatzungsmächten lizenzierten neuen deutschen Zeitungen abgedruckt wurde, traf diese Stimmung:

> Wenn einstmals diese Not
> Lang wie ein Eis gebrochen,
> Dann wird davon gesprochen
> Wie von dem schwarzen Tod;
> Und einen Strohmann bau'n
> Die Kinder auf der Heide
> Zu brennen Lust aus Leide
> Und Licht aus altem Grau'n.

«Für mich», schrieb später die 1933 emigrierte, in New York als Publizistin tätige Hannah Arendt an Uwe Johnson, «ist die letzte Strophe dieses Gedichtes immer der Weisheit letzter Schluss für die ganze Angelegenheit gewesen».[3]

Die Fähigkeit zum Neuanfang sprach auch aus den Worten, die Thomas Mann aus dem amerikanischen Exil am 10. Mai 1945 an

Karl Hofer: Im Neubau, 1947

seine deutschen Rundfunkhörer richtete (in einer Sendereihe der
BBC, die seit Oktober 1940 den Dichter zu Wort kommen ließ).
Die Stunde des nationalsozialistischen Endes sei hart und traurig,
weil Deutschland sie nicht aus eigener Kraft hatte herbeiführen
können. Furchtbarer, schwer zu tilgender Schaden sei dem deutschen Namen zugefügt, die Macht sei verspielt worden. «Aber
Macht ist nicht alles, sie ist nicht einmal die Hauptsache und nie
war deutsche Würde eine bloße Sache der Macht. Deutsch war es
einmal und mag es wieder werden, der Macht Achtung, Bewunde-
rung abzugewinnen durch den menschlichen Beitrag, den freien
Geist.»[4]

Positiv! Positiv, mein Lieber!

1946 veröffentlichte der Historiker Friedrich Meinecke «Betrachtungen und Erinnerungen», die er «Die deutsche Katastrophe»
nannte. Indem man, und zwar mit Recht, die bisherige deutsche
Geschichte Grau in Grau male, ihre Irrwege, Holzwege, Sackgassen
aufzeige, ergebe sich bei Einkehr und Umkehr die Möglichkeit, ein
«neues, zwar gebeugtes, aber seelisch reineres Dasein zu beginnen
und den Entschluss zu stärken, für die Rettung des uns verbliebe-

nen Restes deutscher Volks- und Kultursubstanz den uns verbliebenen Rest der eignen Kraft einzusetzen». Dem hätte auch die Verwirklichung eines Wunschbildes zu dienen, das dem Autor «in den furchtbaren Wochen nach dem Zusammenbruch in den Sinn kam»: In jeder deutschen Stadt und größeren Ortschaft sollten sich gleichgerichtete Kulturfreunde zu einer Gemeinschaft im Namen Goethes zusammenfinden; diesen «Goethegemeinden» würde die Aufgabe zufallen, «die lebendigsten Zeugnisse des großen deutschen Geistes durch den Klang der Stimme den Hörern ins Herz zu tragen – edelste deutsche Musik und Poesie zugleich ihnen immer zu bieten».[5]

Ganz anders die tiefe Ratlosigkeit, die den aller bürgerlicher Sicherheit beraubten, in die gesellschaftliche und individuelle Einsamkeit verstoßenen, im amerikanischen Exil lebenden Theodor W. Adorno erfasst hatte; im Herbst 1944, «weit vom Schuss» (also aus der Distanz des Emigranten, die Reflexion ermöglichte), meinte er: «Der Gedanke, dass nach diesem Krieg das Leben ‹normal› weitergehen oder gar die Kultur ‹wiederaufgebaut› werden könnte – als wäre nicht der Wiederaufbau von Kultur allein schon deren Negation –, ist idiotisch. Millionen Juden sind ermordet worden, und das soll ein Zwischenspiel sein und nicht die Katastrophe selbst. Worauf wartet diese Kultur eigentlich noch?»[6]

Als populärer erwies sich da die naiv-kulturelle Position, wie sie Meinecke einnahm. Sein Vorschlag machte deutlich, wie wenig offensichtlich der totale Zusammenbruch das bürgerliche Kulturbewusstsein verändert hatte – nicht einmal bei einem Autor von liberal-aufgeklärter Provenienz. Das Unfassbar-Furchtbare wird mit Hilfe affirmativer Kultur «aufgefangen»; auf die Not des nach der totalen Niederlage isolierten Individuums antwortete sie wie eh und je mit idealistischem Illusionismus, mit dem Gebot allgemeiner Menschlichkeit; dem leiblichen Elend wird die Schönheit der Seele entgegengesetzt, brutalem Egoismus mit dem Hinweis auf das Tugendreich der Pflicht begegnet.[7]

Zwischen den mit Adorno und Meinecke markierten Polen kultureller Befindlichkeit entwickelte sich der Spannungsbogen eines Kulturbewusstseins, das sich seinen Standort angesichts von Erschütterung und Biedersinn, Neuanfang und Überlieferung, Urbanität und Provinzialismus erst suchen musste. Immer wieder begegnet man dem Bekenntnis zu den Klassikern, die, im Ideenhimmel angesiedelt, als Vermittler zeitloser, ewig gültiger Werte gepriesen werden, Lebenshilfe spendend. Daneben besinnliche Feuilletons aus literarischen Cafés, die es schon lange nicht mehr gab. Es rührt aus heutiger Sicht die Beflissenheit, mit der man daran ging, Kultur nach einer barbarischen Zeit wieder zu etablieren. Die Neurezeption von Goethes «Iphigenie» war signifikant; viele Bühnen eröffneten mit diesem Drama ihre erste Spielzeit nach dem Krieg oder begriffen das Stück (neben Lessings «Nathan») als Kern ihres Trümmerzeit-Spielplans. Dass jeder die Stimme der Wahrheit und Menschlichkeit höre, hatte das Dritte Reich zwar auf ungeheuerliche Weise widerlegt; man wollte diesen brutalen Sachverhalt als «Kulturwesen» jedoch nicht zur Kenntnis nehmen. Selbst die Emigranten, zumindest in ihrer Mehrzahl, überwölbten die Ödnis, die sie antrafen, mit dem Glauben an die unzerstörbaren Werte deutscher Geist- und Gemüthaftigkeit.

Wolfgang Langhoff, vor den Nationalsozialisten in die Schweiz geflohen, in Zürich als Schauspieler tätig, einer der ersten, die nach der Besetzung Deutschlands wieder zurückkehrten, Intendant in Düsseldorf (1946 übernahm er dann das Deutsche Theater in Ost-Berlin), schrieb in einem «Deutschlandbrief» am 18. Februar 1946 in der «Neuen Zeitung» an die in Zürich verbliebenen Freunde und Kollegen: «Wenn ich zum Fenster hinausblicke, starren mich auf der anderen Straßenseite die leeren Löcher und zerbrochenen Fassaden der ausgebrannten Häuser an: ein Anblick, der dem Rückwanderer in den ersten zwei Wochen das Herz stillstehen lässt, an den er sich aber bald wie alle anderen so sehr gewöhnt, dass sein Auge darüber hinweggeht, als wäre alles in bester Ordnung. Was will man machen, wenn die Zerstörung das Normale, die Unversehrtheit das Anormale ist? Übertragt getrost dieses Bild des äußeren Zerfalls und die Gewöhnung daran auf den seelisch-sittlichen Zustand der Mehrheit der Bevölkerung, dann habt Ihr einen ungefähren Begriff von den Aufgaben, die sich mit den Worten ‹Wiederaufbau›, ‹Erneuerung›, ‹geistige Gesundung› und so weiter verbinden. Die Gewöhnung ist die furchtbarste Kraft und Fessel jeder Aufwärtsentwicklung.»

Aber dann erhebt sich Langhoff am Ende seines Briefes ganz in den Überbau idealistischer Kultur, die er bei den anderen, schuldverdrängend, am Werke sieht: «Es ist herrlich, wieder in der Heimat zu sein. Was liebe ich also? Die Landschaft? Die Sprache? Die

Literatur? Den Rhein? Einen Traum – ? Ich habe einmal in der Schweiz in einem Interniertenheim für Mädchen Gedichte gesprochen. Es waren Mädchen aller Nationen. Nach dem Vortrag waren wir noch lustig zusammen. Die Mädchen sangen Lieder in allen Sprachen, weniger schön, aber frisch und laut. Sie nickten den Takt mit den Köpfen. Dann sangen ein paar allein: Schlager, Spottverse, auch revolutionäre Lieder. Schließlich sang eine Fünfzehnjährige hell, dünn, glockenrein, ohne jede Sentimentalität, Dehnung oder Färbung: ‹Sah ein Knab' ein Röslein stehn...› Das ist es, glaube ich, was ich liebe und was mir den Glauben an Deutschlands Auferstehung erhält.»[8]

Auferstehung Deutschlands aus dem Geiste einer Tradition, die verschüttet gewesen war und nun wieder aus der Tiefe emporstieg. Verwüstete Gefilde, doch erste grünende Hoffnung; freilich auch Zweifel an dem, was da blieb: «Horch hinein in den Tumult deiner Abgründe. Erschrickst du? Hörst du den Chaos-Choral aus Mozartmelodien und Herms Niel-Kantaten? Hörst du Hölderlin noch? Kennst du ihn wieder, blutberauscht, kostümiert und Arm in Arm mit Baldur von Schirach? Hörst du das Landserlied? Hörst du den Jazz und den Luthergesang?»[9]

Wolfgang Borchert, 1921 geboren, schwerkrank aus dem Krieg heimgekehrt und 1947 verstorben, stellte solche «Anfragen» an ein fragwürdig gewordenes Kulturbewusstsein mit der Expressivität eines Vertreters der verlorenen Generation. In seinem Stationen-Drama «Draußen vor der Tür» (1947) kommt der frühere Unteroffizier Beckmann, nachdem er vergeblich versucht hat, seinem früheren Oberst die «Verantwortung» zurückzubringen, zum Direktor eines Kabaretts. «Sehen Sie», sagt dieser, «gerade in der Kunst brauchen wir wieder eine Jugend, die zu allen Problemen aktiv Stellung nimmt. Eine mutige, nüchtern-revolutionäre Jugend. Wir brauchen einen Geist wie Schiller, der mit zwanzig seine ‹Räuber› machte. Wir brauchen einen Grabbe, einen Heinrich Heine! So einen genial angreifenden Geist haben wir nötig! Eine unromantische, wirklichkeitsnahe und handfeste Jugend, die den dunklen Zeiten des Lebens gefasst ins Auge sieht, unsentimental, objektiv, überlegen. Junge Menschen brauchen wir, eine Generation, die die Welt sieht und liebt wie sie ist. Die die Wahrheit hochhält, Pläne hat, Ideen hat... Jung muss diese Jugend sein, leidenschaftlich und mutig. Gerade in der Kunst.»[10]

Was der Dichter in ironischer Brechung dem Kabarettdirektor in den Mund legt und dann durch die «Vogelscheuchengestalt» des geschundenen, ekstatisch zerrissenen, verzweifelten Kriegsheimkehrers mit der Gasmaskenbrille ad absurdum führt, trifft in der Stimmungslage den Oberflächenglanz des damaligen Kulturbewusstseins, das oft genug in ein idealistisches Imponiergehabe pervertierte – unterstützt von den alliierten Umerziehungsmaßnahmen, die den Opportunismus mit seinen Mundbekenntnissen förderten. In den Worten des Kabarettdirektors: «Positiv! Positiv, mein Lieber! Denken Sie an Goethe! Denken Sie an Mozart! Die Jungfrau von Orléans, Richard Wagner, Schmeling, Shirley Temple!»

Kahlschlagmentalität

Unterhalb der Ebene kultureller Pseudo-Idyllik entwickelte sich freilich auch ein unromantischer und handfester Wirklichkeitssinn. Den dunklen Seiten des Lebens sah man gefasst ins Auge, naiv-staunend oder überlegen-abgebrüht oder mit einer Mischung aus beidem. Helmut Schelsky hat rückblickend 1957 die Nachkriegsjugend als «skeptische Generation» bezeichnet: nüchtern, ideologiefern und propagandaresistent. Die in Kriegs- und Nachkriegszeit erfahrene Not und Gefährdung der eigenen Familie durch Flucht, Ausbombung, Deklassierung, Besitzverlust, Wohnungsschwierigkeiten, Schul- und Ausbildungsmängel oder gar durch den Verlust der Eltern oder eines Elternteils hätten einen sehr großen Teil dieser Jugend frühzeitig gezwungen, für den Aufbau und die Stabilisierung ihres eigenen Daseins Verantwortung oder Mitverantwortung zu übernehmen. Die Gefährdung der vitalen materiellen Daseinsgrundlagen und die damit verbundenen Erschütterungen der Beziehungen innerhalb der Familie, im Bereich der Schule und beruflichen Ausbildung bewirkten eine den anderen Jugendgenerationen in diesem Ausmaß und dieser Eindringlichkeit nicht zugängliche neue Bedürfnisgrundlage (als Streben nach sozialer Verhaltenssicherheit): «Sie sah und sieht sich heute vor die Notwendigkeit und die Aufgabe gestellt, diese persönliche und private Welt des Alltags, vom Materiellen her angefangen, selbst stabilisieren und sichern zu müssen.» Für Schelsky bedeutete der jugendliche Skeptizismus beziehungsweise Konkretismus eine Absage an romantische Freiheits- und Naturschwärmereien, an einen vagen Idealismus, aber auch an intellektuelle Planungs- und Ordnungsschemata, die das Ganze in einem Griff zu erfassen und zu erklären glaubten.[11]

Die pragmatisch sich entwickelnde Skepsis korrespondierte mit einer wirklichkeitsbezogenen, das Realitätsprinzip jedoch auch transzendierenden Kultur der Ernüchterung. Günter Eich etwa war ein Dichter, der «Inventur» machte: affirmativer Sprache den Stuck abschlug und mit seiner lyrischen Reduktionstechnik die «Lage» blank und schmucklos, tapfer und schutzlos beschrieb:

> Dies ist meine Mütze,
> dies ist mein Mantel,
> hier mein Rasierzeug
> im Beutel aus Leinen.

> Konservenbüchse:
> Mein Teller, mein Becher,
> ich hab in das Weissblech
> den Namen geritzt.

> Geritzt hier mit diesem
> kostbaren Nagel,
> den vor begehrlichen
> Augen ich berge ...[12]

Die schöpferische Kraft war zwar verdorrt, aber nicht erstorben. Die Bleistiftmine wird dem im Gefangenenlager isolierten Dichter zum Instrument der Hoffnung; sie liebt er am meisten: «Tags schreibt sie mir Verse, / die nachts ich erdacht.»

Eich gehörte zur «Gruppe 47», die 1947 im Haus der Schriftstellerin Ilse Schneider-Lengyel im Allgäu zum ersten Mal zusammengekommen war und einen neuen Sprach- und Schreibstil zu kreieren suchte, der sich im finsteren Deutschland den Verlockungen des inneren Deutschland – also dem eskapistischen Innerlichkeitskult – entzog. «Der Ton der kritischen Äußerungen ist rauh, die Sätze kurz, knapp, unmissverständlich. Niemand nimmt ein Blatt vor den Mund. Jedes vorgelesene Wort wird gewogen, ob es noch verwendbar ist, oder vielleicht veraltet, verbraucht in den Jahren der Diktatur, der Zeit der großen Sprachabnutzung. Jeder Satz wird, wie man sagt, abgeklopft. Jeder unnötige Schnörkel wird gerügt. Verworfen werden die großen Worte, die nichts besagen und nach Ansicht der Kritisierenden ihren Inhalt verloren haben: Herz, Schmerz, Lust, Leid. Was Bestand hat vor den Ohren der Teilnehmer sind die knappen Aussagesätze. Gertrude Stein und Ernest Hemingway sind gleichsam unbemerkt im Raum. Der Dialog, der Sprechstil dominiert. ‹Ja›, sagt er, oder auch ‹Nein›, und das ‹Nein› und ‹Ja› hat Bestand, aber schon die nächste Wortzusammensetzung ‹Ja, du Gute› wird hohnlachend verworfen. Wer sagt schon noch ‹du Gute›, und wenn er es sagt, kann er es noch lange nicht schreiben, es sei denn ironisch, aber die Ironie ist abwesend in dieser ersten Zeit des Neubeginns.»[13]

Wolfgang Weyrauch nannte wenige Monate später in einem Kurzgeschichtenband neuer Erzähler («Tausend Gramm») die Literatur, die bei diesem privaten und intimen Treffen am Bannwaldsee sichtbar geworden war, «Kahlschlagliteratur». Verpönt war die gepflegte, zur «Schönschreibekunst» stilisierte bürgerliche Sprache in allen ihren Varianten; sie erschien veraltet, verrostet, verlogen. «Nichts hatte mehr Bestand vor der Wirklichkeit, in der wir lebten. Eine neue Sprache war notwendig, um diese Wirklichkeit transparent zu machen, eine Sprache der direkten Aussage, klar, eindeutig, präzise.»[14]

Gottfried Benn wurde insofern zu einer geistigen Schlüsselfigur der Trümmerzeit, als er zwar einerseits im Gehirn einen Irrweg sah, was dem weiterwirkenden Irrationalismus entsprach; andererseits jedoch den Weg ins gelobte Land urbaner Freiheit und rationaler Welt-Anschauung wies, für die nun wieder estimierte «neue Sachlichkeit» stand. Der Lyriker, für Benn die wichtigste Spezies unter den Künstlern, könne gar nicht genug wissen, er könne gar nicht genug arbeiten; er müsse an allem nahe dran sein, er müsse sich orientieren, wo die Welt heute halte, welche Stunde an diesem Mittag über der Erde stehe. «Er muss Nüstern haben – mein Genie sitzt in meinen Nüstern, sagte Nietzsche –, Nüstern auf allen Start- und Sattelplätzen, auf dem intellektuellen, da wo die materielle und die ideelle Dialektik sich voneinander fortbewegen wie zwei Seeungeheuer, sich bespeiend mit Geist und Gift, mit Büchern und Streiks – und da, wo die neueste Schöpfung von Schiaparelli einen Kurswechsel in der Mode andeutet mit dem Modell aus aschgrauem Leinen und mit ananasgelbem Organdy. Aus allem kommen die Farben, die unwägbaren Nuancen, die Valeurs – aus allem kommt das Gedicht.»[15]

Mit Benns Ambivalenz identifizierte sich die junge Generation, die nicht so recht wusste, ob sie aus der Not eine Tugend machen und «innerlich» bleiben sollte, oder ob sie die Trutzburgen der Seele verlassen, die Mauern metaphorischen Hochmuts schleifen und sich in den Strudel großstädtischer Modernität stürzen sollte. Benn artikulierte die Widersprüchlichkeiten des der Trümmerzeit immanenten mentalen Strukturmusters: Absage an die Eitelkeit der Welt, wobei die Introspektion durchaus auch kokette Züge trägt; Fernweh nach einem besseren Leben (das sich zum Beispiel an den goldenen Jahren der Weimarer Republik orientiert und die Verdumpfung durch den nationalsozialistischen Provinzialismus beklagt); Unterwegssein in Richtung Zukunft, das die Hoffnung auf Ankunft bald rhapsodisch, bald ironisch, bald skeptisch, bald konkretistisch durchspielt.

Musica antiqua und nova

Die kulturelle Tiefenschicht wurde in der Trümmerzeit vor allem durch «ernste Musik» angesprochen; diese empfand man als Überlebensmittel. Eine solche typisch deutsche Gattungsbezeichnung vor allem für klassische und romantische Musik – geprägt von Komponisten wie Beethoven, Mozart, Schubert, Bruckner, Brahms – rangierte auf der Wunsch- und Wertskala der Trümmerzeit sehr hoch oben. Man wollte «unsterbliche Tonkunst», ausgenommen Richard Wagner, der einige Zeit verpönt war, «nach der Kulturdemontage des ‹totalen Krieges› einfach wieder hören können, gerade als Trost und Abschirmung gegen Gewesenes, als Ausgleich und Mutmacher in der Gegenwart. Und dank dieser unbefragt restaurativen Tendenzen etablierte sich schon wenige Monate nach Kriegsende eine ebenso notdürftige wie regsame Konzerttätigkeit von meist provinziellem Zuschnitt … Und nahezu irreal im Vergleich zur allenthalben herrschenden Bedürftigkeit im Lebensnotwendigsten kreisten bereits früh bei den neu eingesetzten Verwaltungsorganen Ideen und Pläne zum Wiederaufbau von Konzertsälen und Opernhäusern. Tatsächlich jedoch spielten schnell zusammengewürfelte Musikergruppen zumeist noch in Notquartieren, in Kirchen, Gasthäusern, Schulen oder auch Privathäusern. Und dort, wo sich der neue Geist der Nachkriegszeit am ehesten hätte abzeichnen können, im Repertoire der aufgeführten Werke, unterschied sich das Gebotene – außer in der zudiktierten Begünstigung von kleineren Besetzungen oder Kammermusik – höchstens insoweit vom Üblichen und Vertrauten, als nun die Werke der unterm Nazi-Regime verbotenen, verpönten oder, nach der geltenden Sprachregelung, ‹unerwünschten› Komponisten einbezogen, manchmal sogar mit Vorrang behandelt wurden» (Ulrich Dibelius).[16]

Siebzig Tage nach der Kapitulation gaben die Münchner Philharmoniker unter Eugen Jochum im Prinzregententheater ihr erstes Konzert mit Werken von Mendelssohn-Bartholdy, Mozart, Tschaikowsky. Im weitgehend zerstörten Berlin hatten die Berliner Symphoniker bereits am 26. Mai ein Konzert ebenfalls mit Werken von Mendelssohn-Bartholdy, Mozart, Tschaikowsky aufgeführt (ihr letztes Konzert hatte am 15. April, also vor Kriegsende, mit Werken von Beethoven und Wagner stattgefunden); mit jüdischen und russischen Komponisten im Programm wollte man nun demonstrieren, dass man die Vergangenheit bewältigt habe.

Was die Musikpolitik des nun untergegangenen Nationalsozialismus betraf, so hatte sie bei klassisch-romantischem Repertoire relativ große Freiräume geboten; allerdings wurden berühmte Komponisten wie Beethoven «aufgenordet», heroisiert, auch ideologisiert; Franz Liszts «Les Préludes» leitete Sieges-Sondermeldungen der deutschen Wehrmacht ein; als sich der Untergang des Dritten Reiches vollzog, ertönte im Rundfunk Beethoven- und Wagner-Musik.

Moderne Musik, etwa von Komponisten wie Arnold Schönberg, Franz Schreker, Alban Berg, Kurt Weill, war im Dritten Reich dem Verdikt verfallen, «entartet» zu sein; auch dann, wenn «Neutöner» wie Werner Egk gute Verbindungen zu Nationalsozialisten pflegten, wurde ihre Arbeit mit Ressentiments betrachtet (lediglich Carl Orff hatte mit «Carmina burana» einen großen Erfolg). Bei den Konzertprogrammen waren jüdische Komponisten (wie Gustav Mahler) ausgeschlossen; jüdische Interpreten wurden verfolgt oder in die Emigration getrieben, darunter Bruno Walter, Otto Klemperer (an hervorragenden «arischen» Dirigenten verließen lediglich Fritz Busch und Erich Kleiber Deutschland, während Hans Knappertsbusch, Wilhelm Furtwängler und Herbert von Karajan, seinerzeit jüngster Generalmusikdirektor, unter den Nationalsozialisten reüssierten). Ein Lexikon der Juden in der Musik, verfasst von einem Referenten in der Reichsmusikkammer und dem Leiter der «Hauptstelle Musik beim Beauftragten des Führers für die Überwachung der gesamten geistigen Schulung und Erziehung der NSDAP» (das war Alfred Rosenberg), sorgte dafür, dass die Rassenpolitik auch im Bereich der Musik exekutiert wurde.

Das Musikleben in der unmittelbaren Nachkriegszeit kümmerte sich um Vergangenheit wenig; exemplarisch dafür war der «Fall Furtwängler». Bald nach Kriegsende forderte in einem offenen Brief eine Anzahl prominenter Berliner Persönlichkeiten die Rückkehr des von den Besatzungsbehörden inkriminierten Wilhelm Furtwängler als Dirigent des Philharmonischen Orchesters Berlin. Die Amerikaner erklärten, dass der Dirigent auf der «schwarzen Liste» bleiben müsse, da er sich im Dritten Reich durch seine Tätigkeit in prominenter Stellung mit dem Nationalsozialismus identifiziert habe. Die Sympathie weiter Kreise für Furtwängler, meinte Alexander Mitscherlich in einer «Analyse des Stars» (Juli 1946), zeige, dass es sich nicht um eine rein deutsche Angelegenheit handle; es gehe darum, ob das Wort von der Kunst, die nichts mit der Politik zu tun habe und dem Künstler den sacro egoismo zubillige, angesichts der nationalsozialistischen Verbrechen noch gelten könne. Leute wie Furtwängler wollten, dass alles vergessen werde, die Instrumente neu gestimmt würden und das Spiel weitergehe. «Es wird sicher weitergehen. Soll es mit den alten Spielern weitergehen? Gilt für Furtwängler selbst, was er von Hindemith sagte, ehe er ihn vergaß, dass man auf einen Mann seiner Qualität nicht so ohne weiteres verzichtet? Man muss es, wenn man in einen unauflöslichen Konflikt mit dem sauberen Gewissen gerät. Wenn alles mit den alten Spielern weitergehen sollte, dann wäre wieder nichts gewonnen, dann wäre jedes Opfer umsonst.»[17] Das aber war die Meinung eines Außenseiters. Ab 1947 war Furtwängler wieder Leiter der Berliner Philharmoniker und dann ab 1952 deren Dirigent auf Lebenszeit (gest. 1954).

Hitler, der Wagner-Verehrer, hatte regelmäßig als Gast die Bayreuther Festspiele besucht; deren antisemitische «Gralshüterin» Winifred Wagner (die Schwiegertochter Richard Wagners) war eine gleichermaßen glühende wie bornierte Verehrerin des «Führers». Ab 1951 fanden die Festspiele wieder statt; allerdings hatte

Winifred Wagner zugunsten ihrer Söhne Wieland und Wolfgang auf jede Mitwirkung verzichten müssen. Bei der Eröffnung mit «Parsival» war im Festspielhaus eine Verlautbarung angeschlagen: «Im Interesse einer reibungslosen Durchführung der Festspiele bitten wir von Gesprächen und Debatten politischer Art auf dem Festspielhügel freundlichst absehen zu wollen. ‹Hier gilt's die Kunst.› Die Festspielleitung.»[18] Der Versuch der Wagner-Enkel, das Werk ihres Großvaters zu «entrümpeln», vor allem durch «magischen Realismus», etwa mit Hilfe von Lichtregie, an die Stelle geistfeindlicher Mythen eine reflektierte und zur Reflexion auffordernde Symbolik zu setzen, suggerierte Modernität. Das konservative Publikum, das «treu an Minne und Brünne» hing, war entsetzt – so wie Winifred Wagner, die ihre Korrespondenz aus dem Fichtelgebirge mit dem Vermerk «im Exil» versah. Doch griff in In- und Ausland die Meinung um sich, dass der «Fall Wagner» nun abgeschlossen sei; man entdeckte im unpolitischen Wagner den «wahren Wagner». Künstler, Kritiker, frühere Volksgenossen, Staatsbürger, Liberale, Christlich-Soziale, Sozialdemokraten, Kapitalisten, Gewerkschaftler eilten beflissen ins Bayreuther Festspielhaus.

Die Tatsache, dass die Oper als Gattung, vor allem im traditionellen Inszenierungsstil, wenig Anstößiges bot, ließ sie auch nach 1945 verhältnismäßig unbekümmert und konventionell wiedererstehen. Als Heinrich Strobel, von der französischen Militärregierung im November 1945 beauftragt, die Musikabteilung für einen Sender in Baden-Baden (Südwestfunk) aufzubauen – er war aus Paris, wohin er 1935 emigriert war, zurückgekehrt –, seine ersten Informationsfahrten durch den Südwesten machte, war er enttäuscht, was sich da als «Neuanfang» auf dem Musiktheater tat. Dazu kam der «Run auf die Operette». «Ich sah entweder den alten Illusionsplunder, der um so peinlicher wirkte, als die Not aus jeder Falte der mager bestrichenen Kulissen lugte – oder die alte Spielästhetik, deren ‹bewährte› Effekte Sinn und Geist jeglicher Musik abtöten. Ich las Opern-Spielpläne, die sich kaum von den Spielplänen des ‹tausendjährigen Reiches› unterschieden.»[19]

Unter den modernen Opern erreichte Paul Hindemiths Werk «Mathis der Maler», Erstaufführung im Dezember 1946 im Württembergischen Staatstheater, eine relativ hohe Akzeptanz. Abgesehen davon, dass vor allem das «Deutsche» an dieser Oper über das

Leben des Malers Grünewald gefeiert wurde, hatte dies mit der großen Popularität Hindemiths in der Zeit vor seiner Emigration (1938) zu tun. Als der Komponist im Frühsommer 1947 nach Frankfurt kam – auf Dauer aus Amerika nach Deutschland zurückzukehren, lehnte er ab –, begrüßte man ihn nicht nur als einen «wunderbaren Musiker», sondern auch als ein Familienmitglied, das jetzt auf Besuch zurückgekommen sei (in Hanau geboren, war er Konzertmeister an der Frankfurter Oper gewesen). Gegenüber radikaler Atonalität stellte Paul Hindemiths Schaffen einen «Kompromiss» in Form «gemäßigter Modernität» dar; er stand für Kontinuität. Dies wurde auch in der Zeitschrift «Aufbau» nachdrücklich gewürdigt. Die neue Musik danke es dem Komponisten, dass er sie aus dem Fragmentarischen, aus der chaotischen Urkraft wieder zur Gestalt erlöst habe, dass er aus ihren stammelnden Wortbrocken eine Sprache bilden half. Man empfand Hindemith einerseits als einen Repräsentanten des Antifaschismus, andererseits als einen Künstler, der das nationale Erbe verkörperte.[20]

Der Mangel an aufrechter Gesinnung stempelte Richard Strauss zum Gegenbeispiel: ein zwar hochbegabter, aber charakterlich dubioser Künstler, der mit seinem Opportunismus die Zwielichtigkeit des Künstlertums unter dem Nationalsozialismus verkörperte. «Ein Talent von solcher Originalität und Kraft, ein Genie beinahe – und weiss nicht, wozu seine Gaben ihn verpflichten! Ein großer Mann – so völlig ohne Größe! Ich kann nicht umhin, dies Phänomen erschreckend und auch ein wenig degoutant zu finden» (Klaus Mann).[21]

Für die Erneuerung des Musiklebens der Trümmerzeit war der Rundfunk von ausschlaggebender Bedeutung. Als Spitzenreiter unter den Sendeanstalten auf dem Gebiet der modernen Musik erwies sich der Südwestfunk in Baden-Baden. Dort hatte Strobel ein kleines Archiv von Schellackplatten und die Reste eines Kurorchesters vorgefunden. In kürzester Zeit entstand ein leistungsfähiges Orchester, das unter Otto Klemperer bereits 1946 sein erstes Konzert gab. Paul Hindemith und Arthur Honegger dirigierten eigene Werke; 1948 wurde Hans Rosbaud als Chefdirigent des Südwestfunks verpflichtet. In der ersten Nachkriegsnummer der von ihm herausgegebenen Zeitschrift «Melos» (November 1946) beklagte Strobel, dass der größte Teil der deutschen Musikfreunde so gut wie keine Kenntnis habe von den letzten dreißig Jahren der Kunst, ob man dabei an Chagall oder Picasso, an André Gide oder Huxley, an Debussy oder Strawinsky denke.

Aber nicht nur Unkenntnis, sondern auch die Abneigung gegenüber moderner Musik war beim Publikum wie in Fachkreisen weit verbreitet. An der Spitze der Antimodernisten stand der Münchner Komponist und Musikschriftsteller Alois Melichar[22]; er konnte sich nicht nur auf die Zustimmung der «Klassizisten» stützen, sondern auch derjenigen, die unmittelbar an die Zeit vor dem Dritten Reich anzuknüpfen dachten – hatten doch die dreißiger Jahre für die neue Musik eine Epoche des Rückschlags beziehungsweise der Rückbildung bedeutet, in der sich populistische Tendenzen in den Vordergrund drängten und die Avantgarde dem Verdacht ausgesetzt war, eine Sekte zu sein.[23] Seit der Mitte der zwanziger Jahre formierte sich diese Gegenbewegung, die auf leicht spielbare Klaviermusik, Spielmusiken für Liebhaber und Laien zielte und eine Erneuerung der Chorliteratur aus dem Geiste der Jugend- und Arbeiterbewegung betrieb. Laienspiel, Lehrstück und Schuloper wandten sich gegen Esoterik; für die Kinder schuf man leicht darstellbare, in der Schule aufzuführende Spiele. Der Laie sollte überhaupt zum aktiven Musizieren gebracht werden; die moderne komplizierte und komplexe Musik stand dem entgegen. Walter Abendroth, maßgebender Musikkritiker der «Zeit», konservativ eingestellt, artikulierte später (bei der Besprechung des Melichar-Buches «Musik in der Zwangsjacke») diesen Antimodernismus, wie er sich aus der Zeit vor 1933 in die Zeit nach 1945 hinüberrettete: «Die extrem-revolutionäre Richtung der neuen Musik war, wie alle übersteigerten Umsturzideen im Kunstleben, zu Anfang der dreißiger Jahre bereits im Abklingen. Was an ihr fruchtbare Anregung gewesen war, fing an (gemäß den gar nicht so radikalen Absichten Schönbergs) in die Evolution, die organisch-logische Entwicklung einzugehen und damit seine eigentliche Mission zu erfüllen. Da kam Hitler mit seinen Verboten. Und nun ging der Extremismus in die Emigration. Dort aber, wo diese Dinge bis dahin gar keine besondere Rolle gespielt hatten, wurden sie plötzlich zur Repräsentanz der verfolgten Geistesfreiheit. Sie bekamen zugleich einen politischen Akzent (das heisst: sie hatten ihn schon eben von Hitler bekommen), durch den sie zur Ehrensache der freien Welt wurden.»[24]

Ein solches Diktum war allerdings typischer für die Wirtschaftswunderwelt als für die Trümmerzeit; denn unmittelbar nach Kriegsende und in den Jahren danach fand die neue Musik als Auflehnung gegen die Harmonielehre, fand die atonale Melodie als Gegenposition zum Sensualistisch-Emotionalen (auch Trivialen und Sentimentalen) verhältnismäßig große Resonanz; jedenfalls größere Aufgeschlossenheit als später, da die Abstraktion im Gegenzug den Konkretismus, in dem man genießerisch aufging, hervorrief. Es vollzog sich die Wiederentdeckung der antiromantischen Generation und der Aufstieg ihrer variantenreichen Nachfolger (auch Überläufer) – der Schönberg, Berg, Webern, Hindemith, Egk, Jarnach, Reutter, Hartmann, Fortner, Blacher, Zimmermann, Klebe, Henze. Deren «Liebe zur Geometrie» faszinierte; in vielen, wenn auch kleinen Kreisen, wurden leidenschaftliche Diskussionen um die neue Musik geführt. Man erkannte, dass hier Künstler am Werk waren, die Vergangenheit nicht nur als zu bewahrendes Erbe, sondern auch als wegzuräumendes Hindernis begriffen. Nicht mehr in Gettos und Geheimbünden sollte die neue Musik in Zukunft eingesperrt sein; vor allem von der Breitenwirkung des Rundfunks und der Schallplatte erhoffte man sich die Heranbildung einer anders hörenden Generation.

Zur Pflege zeitgenössischer Musik wurden eigene Konzertreihen geschaffen; bereits im Oktober 1945 hatte Karl Amadeus Hartmann in München «Musica viva» gegründet – ein Modell für analoge Versuche im In- und Ausland. In besonderen Kursen und Wochen wurden Komponistenkollegen, Musikstudenten und interessierte Laien mit moderner Musik vertraut gemacht. Die Internationalen Ferienkurse für Neue Musik im Jagdschloss Kranichstein bei Darmstadt (gekoppelt mit den von der Stadt Darmstadt veranstalteten «Musiktagen») waren zunächst nur als ergänzende Verlängerung des regulären Lehrangebotes an deutschen Konservatorien und Musikhochschulen gedacht; sie wurden jedoch zusehends zu einem internationalen Forum der Moderne, von dem wesentliche Impulse ausgingen. Im August/September 1946 studierte hier Wolfgang Fortner mit den Teilnehmern Brecht-Hindemiths «Lehrstück» ein; Hermann Heiss berichtete über die Zwölftonmusik; erstmals erklangen in Deutschland Hindemiths «Ludus tonalis» und das 5. Streichquartett. Fortner, 1907 in Leipzig geboren, wirkte immer wieder bei den Darmstädter Ferienkursen mit, leitete auch Musica-viva-Reihen in Heidelberg und Freiburg. Seine ersten Kompositionen waren durch Bach, Reger, Hindemith und Strawinsky geprägt; nach dem Zweiten Weltkrieg hatte er den Wechsel zur Zwölf-Ton-Technik, die er sehr individuell handhabe, vollzogen. Seine einzige Symphonie schrieb er 1947; die Uraufführung fand am 2. Mai 1948 in Baden-Baden statt.

Karl Amadeus Hartmann, geboren 1905, hatte es im Dritten Reich abgelehnt, mit Kompositionen hervorzutreten – und somit für die Schublade gearbeitet. Nach Kriegsende vollendete er sein zweites Streichquartett und revidierte seine ersten vier Symphonien, die nun ebenso wie das szenische Oratorium «Simplicius Simplicissimus» uraufgeführt wurden. Auch von Boris Blacher, Jahrgang 1903, wurden wichtige Werke, die in den Kriegsjahren entstanden waren, erst nach 1945 bekannt. 1948 erhielt er eine Berufung an die Berliner Musikhochschule. Aus seinen in der Trümmerzeit entstandenen Werken ragen hervor die Kammeroper «Die Flut» (1947) und «Die Nachtschwalbe» (1948). Die Avantgarde der älteren und jüngeren Künstler (neben den Erwähnten vor allem noch Bernd Alois Zimmermann und Giselher Klebe) orientierte sich, was deutsche Komponisten anging, in starkem Maße an Arnold Schönberg, Anton von Webern und Paul Hindemith. Die Zwölf-Ton-Technik Schönbergs faszinierte als ein Prinzip, das Konstruktivität und subjektiven Ausdruck zugleich versprach. Thomas Manns Auseinandersetzung mit ihr in seinem Roman «Doktor Faustus. Das Leben des deutschen Tonsetzers Adrian Leverkühn, erzählt von einem Freunde» (1947) verlieh ihr zusätzlich einen dämonischen Glanz, was ihr kulturelles Ansehen steigerte. In Schönberg verkörperte sich die Dialektik der Aufklärung: Sein aus dem romantischen 19. Jahrhundert übernommener messianischer Glaube an die Idee des rastlosen, ewigen Fortschritts, den er mit ungeheurer Gründlichkeit auf die gesamte Klangmaterie der Musik ausdehnte (unter der Annahme, ihr für die Zukunft ungeahnte Möglichkeiten eröffnen zu können), stand in Widerspruch zum Niedergang eben dieses bürgerlich-romantischen Geistes. «Aus der Geschichte der Musik ist er nicht wegzudenken: Verfall und Niedergang des Bürgertums: Gewiss. Aber welch eine Abendröte», meinte Hanns Eisler, Schönberg-Schüler, der aus Amerika, wo er als deutscher Kommunist «unamerikanischer Umtriebe» verdächtigt wurde, nach Ost-Berlin zurückkehrte.[25] Schönberg, der nach dem Krieg ergreifende kompositorische Trauerarbeit leistete (mit der Kantate «Ein Überlebender aus Warschau» von 1949), widmete sich in seinen letzten Jahren vor allem metaphysischen und religiösen Fragen – die Position eines musikalischen Konstruktivismus gewissermaßen transzendierend; er starb 1951 in Los Angeles, wohin er 1934 emigriert war.

Anton von Webern war 1945 umgekommen; als er, aus Wien geflohen, in dem salzburgischen Städtchen Mittersill, wo seine Tochter lebte, vor die Tür ging, um frische Luft zu schöpfen, schoss ihn ein amerikanischer Posten nieder; Webern hatte die Ausgangssperre übertreten. Die musikalischen Avantgardisten der zweiten Generation sahen in ihm, über Schönberg hinaus, das höchste Vorbild. Um seinen Namen kristallisierte sich die serielle Musik; bereits 1949 hatte Olivier Messiaen beim Kranichsteiner Ferienkurs das erste gänzlich durchstrukturierte Musikstück komponiert, bei dem die Reihenordnung für die zwölf verfügbaren Tonhöhen auch auf andere kompositorische Bestimmungsgrößen (Rhythmik, Lautstärke, Klangfarbe) ausgedehnt wurde.[26]

Von einer «Reise durch das deutsche Konzertleben» berichtete Horst Koegler 1957, dass das Repertoire der modernen Musik – die in manchen Städten schon bei Bruckner beginne – auf den größten Widerstand beim durchschnittlichen Konzertpublikum träfe. Private Veranstalter könnten sich Konzerte mit ausschließlich zeitgenössischen Programmen überhaupt nicht leisten; sie täten es liebend gern, versicherten sie alle, aber das Publikum ließe sie glatt im Stich; man schreibe böse Briefe oder drohe mit der Nichterneuerung eines Abonnements zur nächsten Saison, wenn ein Solist wage, zu dem ihm widerwillig zugestandenen modernen Stück noch ein oder gar zwei weitere zu spielen.[27] «Publikumslieblinge» konnten jedoch «vermitteln»: dem Cellisten Ludwig Hoelscher zum Beispiel verdankten viele moderne Komponisten erfolgreiche Uraufführungen; Dietrich Fischer-Dieskau setzte sich für Hans Werner Henze und Aribert Reimann ein. Unter den Dirigenten war Hermann Scherchen ein Protagonist der «musica nova», was sowohl die Vertreter der älteren Generation (Schönberg, Berg, Webern) als auch ihre jüngeren Nachfolger betraf.

Neben Hindemiths Oper «Mathis der Maler» wurden andere Werke ins Repertoire aufgenommen – wie Kreneks im Dritten Reich totgeschwiegene Oper «Karl V» (Düsseldorf 1958). Dezidiert wandten sich moderne Komponisten der Literaturoper zu, in

Absage an die schwülstigen Libretti der traditionellen Oper. Beispiele dafür waren: Gottfried von Einems «Dantons Tod» (G. Büchner); Werner Egks «Irische Legende» (W. B. Yeats) und «Der Revisor» (N. Gogol); Wolfgang Fortners «Bluthochzeit» (G. Lorca); Hans Werner Henzes «Der Prinz von Homburg» (Text von Ingeborg Bachmann) und «Elegie für junge Liebende» (W. H. Auden); Giselher Klebes «Die Räuber»; Hermann Reutters «Don Juan und Faust» (Chr. D. Grabbe).[28]

Die Geschichte von Bernd Alois Zimmermanns einziger Oper «Die Soldaten» nach dem Schauspiel von Jakob Michael Reinhold Lenz zeigte, wie schwer es war, modernes Musiktheater innerhalb der Organisationsstrukturen eines Stadttheaters, aber auch in Hinblick auf die eingeschliffenen Seh- und Hörgewohnheiten des Publikums zu verwirklichen. Zimmermann erhielt für diese Oper einen Kompositionsauftrag der Stadt Köln. Als 1959 die ersten beiden Akte vorlagen, erklärten der damalige Kölner Intendant Oscar Fritz Schuh und sein Generalmusikdirektor Wolfgang Sawallisch, die Oper sei unaufführbar. Zimmermann brach die Ausarbeitung des dritten Aktes ab, konnte aber den Westdeutschen Rundfunk für eine konzertante Fassung gewinnen, die 1963 öffentlich zur Uraufführung kam. Der neue Intendant des Kölner Theaters, Arno Assmann, erklärte sich bereit, die szenische Uraufführung nun vorzunehmen; die Oper ging, nach Fertigstellung des dritten Aktes, am 15. Februar 1965 zum ersten Mal über die Bühne und wurde daraufhin von acht weiteren Häusern übernommen.[29]

Nur einen kleinen Kreis erreichte die serielle Musik, vor allem repräsentiert von der tonangebenden Trias Luigi Nono (geb. 1924), Pierre Boulez (geb. 1925) und Karlheinz Stockhausen (geb. 1928) – anstelle von Schönberg nun Anton von Webern sich zur Leitfigur wählend.[30] Die Mathematisierung der Ordnung von Klangmaterialien führte 1951 zur Einrichtung des ersten «Elektronischen Studios» im Kölner Funkhaus.[31] Elektronische Musik sei, so Karlheinz Stockhausen, im wörtlichen Sinne unanschaulich: Sie entspreche deshalb dem Rundfunkhören, bei dem es eben nichts zu sehen gäbe. «Ich kann von mir selbst sagen, dass ich am besten solche Musik höre und meine Phantasie am freiesten ist, wenn ich allein bin, nur lausche, am besten die Augen schließe, um auch die Dinge um mich herum auszuschließen.»[32]

Im Dezember 1968, in der Zeit studentischer Unruhen und Protestaktionen, sollte Henzes Oratorium «Das Floß der Medusa» in Hamburg aufgeführt werden. Ein Che-Guevara-Poster und eine rote Fahne auf dem Podium führten zur Konfrontation zwischen dem Veranstalter (dem «Establishment des Rundfunks») und SDS-Gruppen aus Berlin und Hamburg. Henze begeisterte sich für das neue junge, demokratische Bewusstsein; überall «artikulierten junge Leute ihre Wut, ihren Protest, ihren Abscheu gegen eine Gesellschaft, die all ihren Vorstellungen, Plänen, Utopien von wahrhaft menschlichen Lebensverhältnissen zynisch ins Gesicht lachte.»[33] Die Studio-Atmosphäre schien verlassen; man war wieder bei «etwas Lebendigem» angelangt. Rhythmische Ho-Tschi-Minh-Rufe skandierten das Ende der Zeit der schönen Selbsttäuschungen. Seinen Wohnsitz aus Italien nach Deutschland zu verlegen, das Dorado ästhetischen Scheins mit dem Ort politischer Aktion zu vertauschen – daran dachte der Spieler und Lyriker, Eklektiker und Genießer Henze, der nun seine Zigarren aus Kuba bezog, freilich nicht.

Bewegt von der Hoffnung aller Deutschen

1948 war man an einem wirtschaftlichen «Etappenziel» angelangt, das man 1945 angesichts der totalen Niederlage nicht mehr glaubte erreichen zu können: Mit der Währungsreform wurde wieder ein materieller Unterbau geschaffen, der sich im Laufe der Zeit als so tragfähig erwies, dass der kulturelle Überbau, wie er im Grundgesetz mit den Grundrechten 1949 geradezu idealtypisch vorschien, nicht mehr ins Wanken kam. Der Staat sei um des Menschen willen da, nicht der Mensch um des Staates willen, hieß es im Verfassungsentwurf des Beratenden Konvents von Herrenchiemsee. Gerechtigkeit als überwölbendes Prinzip schloss Sozialstaatlichkeit (mit der Sozialpflicht des Staates) ein. Freiheit und Gleichheit wurden vielfältig aufgefächert – als Recht auf freie Entfaltung der Persönlichkeit, als Recht auf Leben und körperliche Unversehrtheit, als Gleichheit vor dem Gesetz, als Gleichberechtigung von Mann und Frau, als Freiheit des Glaubens und des Gewissens, als Recht auf Kriegsdienstverweigerung aus Gewissensgründen, als Freiheit von Kunst, Wissenschaft, Forschung und Lehre, als Organisations- und Versammlungsfreiheit, als Recht auf Freizügigkeit, Berufswahl und Wahl der Ausbildungsstätte; das Eigentum sollte verpflichten, sein Gebrauch dem Wohle der Allgemeinheit dienen. «Bewegt von der Hoffnung aller Deutschen» – diese Formulierung, wie sie der Grundsatzausschuss im Parlamentarischen Rat für die Präambel der neuen Verfassung vorgeschlagen hatte, war zwar in der endgültigen Fassung nicht mehr anzutreffen; doch spiegelte diese den festen Willen der demokratischen Kräfte, vereint das staatliche Schicksal zu meistern. Der deklamatorische Charakter des «Vorspruchs» verstand sich als Option auf einen nationalen Zustand politischer Sittlichkeit, der endgültig den Unrechtsstaat des Nationalsozialismus überwinden sollte: «Im Bewusstsein seiner Verantwortung vor Gott und den Menschen, von dem Willen beseelt, seine nationale und staatliche Einheit zu wahren und als gleichberechtigtes Glied in einem vereinten Europa dem Frieden der Welt zu dienen ...»[34]

Die kulturelle Entwicklung vollzog sich freilich nicht nur «verfassungskonform». Theodor W. Adorno, wieder aus der Emigration nach Frankfurt zurückgekehrt, konstatierte zwar in seinem Aufsatz «Auferstehung der Kultur in Deutschland?» im Mai 1950, dass er von dem hier herrschenden geistigen Klima positiv überrascht sei; er hätte erwartet, dass der nackte Zwang zur Selbsterhaltung während des Krieges und der ersten Jahre danach dem Bewusstsein das gleiche angetan hätte, was den Städten durch die Bomben widerfuhr; man setzte Stumpfheit, Unbildung, zynisches Misstrauen gegenüber jeglichem Geistigen voraus; man rechnete mit dem Abbau von Kultur, dem Verschwinden der Teilnahme an dem, was über die tägliche Sorge hinausgehe; davon könne aber keine Rede sein; die Beziehung zu den geistigen Dingen sei stark. Allerdings wirkten – und damit wandte sich Adorno der dunklen Seite des sich formierenden deutschen Wirtschaftswunders zu – «Bilder» aus dem autoritären Bereich weiter: «Die Welt ist aus den Fugen, aber die Fugen sind mit träger Masse ausgefüllt; die Kultur ist in Trümmern, aber die Trümmer sind weggeräumt, – wo sie noch stehen, sehen sie aus, als wären sie ehrwürdige Ruinen.»[35]

Die in der Potsdamer Konferenz Juli/August 1945 von den «großen Drei», den Siegermächten – das waren die USA, nach dem Tod des amerikanischen Präsidenten Roosevelt durch dessen Nachfolger Harry S. Truman, Großbritannien, zunächst durch Winston Churchill, dann als Folge von Neuwahlen durch den neuen Premierminister Clemens Richard Attlee und die UdSSR, durch Stalin vertreten – beschlossene Besatzungspolitik hatte vorgesehen, Deutschland zu entmilitarisieren, zu entnazifizieren und zu demokratisieren. Der durch das Grundgesetz festgelegte föderative Aufbau des westdeutschen Staates und die nach Gründung der DDR, ebenfalls 1949, bewirkte Teilung Deutschlands schienen eine Rückkehr zur Großmacht auszuschließen. Dazu kam, dass der erste Bundeskanzler Konrad Adenauer (1917 – 1933 Oberbürgermeister von Köln, 1933 als Gegner des Nationalsozialismus aus allen Ämtern entlassen) in seinem konservativ-katholischen Lebenszuschnitt durch ein antipreußisches, dem Nationalstaat skeptisch gegenüberstehendes Geschichtsverständnis geprägt war. Gewählt von einer Koalition aus den neugegründeten Parteien der CDU/CSU, FDP und DP (Deutsche Partei), gelang es ihm in der langen Zeit seines Wirkens (bis 1963), die Bundesrepublik in den Westen einzubinden, was die Versöhnung mit Frankreich einschloss. Zugleich arbeitete er zielstrebig daran, für die Bundesrepublik größtmögliche Selbstständigkeit und Gleichberechtigung zu erreichen, wobei er die zunehmenden Spannungen zwischen Ost und West («Kalter Krieg») geschickt nutzte. Die erfolgreiche Verwirklichung des Programms, das Adenauer (von 1950 bis 1966 auch Bundesvorsitzender der CDU) in seiner ersten Regierungserklärung verkündete, führte zum wirtschaftlichen Aufstieg der Bundesrepublik. Der Wohnungsbau und die Landwirtschaft seien zu fördern, die industriellen Demontagen einzuschränken oder einzustellen, die Heimatvertriebenen und Kriegsgeschädigten zu integrieren. Mit der Oder-Neiße-Linie als Grenze und der damit vorgenommenen Abtrennung deutscher Gebiete könne man sich nicht abfinden. Die Allianz mit Frankreich und vor allem den USA, die auf einmalige Weise in der Geschichte einem besiegten Lande halfen, gelte es auszubauen.

Seit 1948 lief das von dem amerikanischen Außenminister George Catlett Marshall initiierte europäische Wiederaufbauprogramm – bestimmt von der Erkenntnis, dass das Gedeihen auch der neuen deutschen Demokratie von einer «blühenden Wirtschaft» abhängig sei. Statt Planwirtschaft sollte soziale Marktwirtschaft den Aufstieg bewirken. Diese vertrat im Besonderen Ludwig Erhard (1945 bis 1946 bayerischer Wirtschaftminister, 1948 bis 1949 Direktor der Verwaltung für Wissenschaft des vereinigten

Wirtschaftsgebietes, 1949 bis 1963 Bundeswirtschaftsminister, 1963 bis 1966 Bundeskanzler). Die soziale Marktwirtschaft beruhte auf der neoliberalen Überzeugung (ein hohes Maß an antizipatorischer Vernunft bekundend), dass Freiheit und Bindung zusammenfinden müssten, wolle man die dogmatische, die menschlichen Bedürfnisse missachtende Sterilität der Planwirtschaft wie den sozial rücksichtslosen Laissez-faire-Kapitalismus vermeiden. «Mit dem Namen Erhard verbindet sich für mich die radikalste Veränderung der deutschen Gesellschaft in diesem Jahrhundert, radikaler als alles was vorher erfolgt ist, wenn man an die Gesellschaft denkt und nicht etwa nur an die politischen Strukturen» (Ralf Dahrendorf).[36]

Unfähigkeit zu trauern

Dass Konrad Adenauer vor allem in seinen späteren Jahren so erfolgreich war, hing auch damit zusammen, dass er dem Volkswillen, der keine tiefgreifende Auseinandersetzung mit der nationalsozialistischen Vergangenheit wollte, entgegen kam. Nachdem durch den internationalen Militärgerichtshof der Alliierten in Nürnberg dreizehn Prozesse gegen die Hauptkriegsverbrecher und die ihnen willfährigen Eliten durchgeführt worden waren und in einer Reihe anderer Prozesse, vorwiegend gegen das Wachpersonal der Konzentrationslager, Strafverfahren stattgefunden hatten, griff eine große Indifferenz gegenüber den Verbrechen des Dritten Reiches um sich – eine Stimmungslage, die von CDU/CSU, FDP und aufkommenden rechten Parteien dadurch genutzt wurde, dass man für die Beendigung der Entnazifizierung und für die umfassende Integration der ehemaligen NSDAP-Parteimitglieder eintrat.

Die unmittelbar nach dem Ende des Krieges unter dem Eindruck der Katastrophe und der Öffnung der Konzentrationslager erkennbare Erschütterung weiter Kreise – herausragend der Philosoph Karl Jaspers in seiner Auseinandersetzung mit der deutschen Schuld – wich einem «kommunikativen Beschweigen» (Hermann Lübbe). Bei bestimmten Anlässen zeigte man zwar seine antifaschistische Gesinnung, doch war die alltägliche Praxis durch die «Unfähigkeit zu trauern» bestimmt. Im gleichnamigen Buch 1967 haben Alexander und Margarete Mitscherlich, im Rückblick auf die

David Low: Nürnberger Prozeß. «Neue Zeitung», 14. Oktober 1946

Epoche des Wirtschaftswunders, davon gesprochen, dass die Bundesdeutschen, indem sie sich der Auseinandersetzung mit der eigenen nationalsozialistischen Vergangenheit entzogen, zur materialistischen Expansion fähig wurden. Der Verlust des historischen Gewissens entband von der melancholischen Selbstanklage und der Selbstzerfleischung. Unbekümmert von der Notwendigkeit, Vergangenheit aufzuarbeiten, habe die große Majorität der Deutschen die Periode der nationalsozialistischen Herrschaft wie eine Infektionskrankheit in Kinderjahren empfunden. Während man es vor 1945 unter der Obhut des Führers lustvoll genoss, ein «Volk der Auserwählten» zu sein, sei man nach Kriegsende mit großer Verdrängungsenergie rasch zur Normalität übergegangen, als habe sich Auschwitz nicht ereignet. Die Wiederherstellung des Zerstörten, der Ausbau und die Modernisierung des industriellen Potenzials, die Konzentration auf zivilisatorisches Wohlleben absorbierten die seelische und geistige Energie.[37]

Besonders fatal war, dass die «Unfähigkeit zu trauern» auch dazu führte, dass die nationalsozialistischen Verbrechen in großem Maßstab ungesühnt blieben. Der Titel eines ostdeutschen Filmes aus dem Jahr 1946: «Die Mörder sind unter uns» (Regie: Wolfgang Staudte) nahm die bedrückenden Versäumnisse der nachfolgenden Jahrzehnte vorweg. Adenauer ging mit schlechtem Beispiel voran. Hans Globke, juristischer Kommentator der Nürnberger Rassengesetze, wurde sein engster Mitarbeiter; Theodor Oberländer, Bundesvertriebenenminister von 1953 bis 1960, galt als tiefbraun. Der Großbankier Hermann Abs, im Dritten Reich Inhaber von über vierzig Aufsichtsratsmandaten, war sein Freund und Finanzberater; als stellvertretender Vorsitzender im Aufsichtsrat der Bank für Wiederaufbau leitete er die deutsche Delegation bei der Londoner Konferenz zur Regelung der deutschen Auslandsschulden. Adenauer und seine Regierung – unterstützt von den westlichen Alliierten, denen Antikommunismus bald wichtiger als Antifaschismus war – begünstigten die Reinwaschung und den Aufstieg der durch ihre NS-Vergangenheit belasteten Personen. Den Rechtsparteien trat man nicht energisch entgegen; die weiten Rieselfelder nationalistischer und neofaschistischer Agitation wurden nicht ausgetrocknet, die Gerichte kümmerten sich nicht oder zu spät um NS-Verbrechen. Standhafte und integere Juristen wie Fritz Bauer (hessischer Generalstaatsanwalt, Initiator des Auschwitz-Prozesses) und Martin Hirsch (Mitglied des Bundestages) gab es nicht sehr viele. Kein Richter oder Staatsanwalt wurde wegen Justizverbrechen im Dritten Reich rechtskräftig verurteilt, obwohl allein die Zahl der Todesurteile durch Sonder- und Kriegsgerichte gegen Deserteure, «Wehrkraftzersetzer» und «Volksschädlinge» auf über 40 000 geschätzt wird; der Volksgerichtshof, unter dem Präsidenten («Blutrichter») Roland Freisler fällte bis 1944 4951 Todesurteile, darunter auch gegen die Mitglieder der Widerstandsgruppe «Weiße Rose» und die Männer des 20. Juli. Nun wirkte ein großer Teil der «Mörder in Robe» (wie auch viele in die NS-Verbrechen verwickelte Ärzte, Universitätsprofessoren und Verwaltungsbeamte) am Aufbau der Bundesrepublik mit, denn – so hieß es – mit den wenigen Unbelasteten sei «kein Staat zu machen». Im April 1951 beschloss der Bundestag ein Gesetz, das mit seinen späteren Änderungen zur Folge hatte, dass beinahe alle ehemaligen NS-Beamten einen «Rechtsanspruch auf Wiedereinstellung» erhielten und außerdem ihre Bezüge für die Zeit der Nichtbeschäftigung nachfordern konnten. 90 Prozent der nach

1945 entlassenen Nazi-Beamten fanden so wieder zurück in den Staatsdienst.[38]

Die 1958 von den Justizministern der Ländern eingerichtete Zentrale Stelle der Landesjustizverwaltung zur Aufklärung nationalsozialistischer Verbrechen konnte zwar dank ihres couragierten Leiters, des früheren Staatsanwalts Adalbert Rückerl, umfangreiche Ermittlungen durchführen; für eine Sühne aber war es oft zu spät; vor allem fehlte der staatsmoralische Impetus, die notwendigen Gerichtsverfahren einzuleiten, um die furchtbare Schuld der vielen Einzelnen (wie der Gesamtheit des deutschen Volkes) aufzudecken. Mit zunehmendem zeitlichen Abstand zum Dritten Reich wurde eine schlüssige Beweisführung zudem schwer. Außerdem war bei «Schreibtischtätern» das juristische Beurteilungsinstrumentarium inadäquat. 1984 zog die «Süddeutsche Zeitung» eine Bilanz, die ein Licht auf die erschreckende moralische Indolenz des neuen Staates warf: «Trotz des in Ludwigsburg auf mehr als 1,3 Millionen Karteikarten gespeicherten und systematisch aufgeschlüsselten Aktenstoffes, trotz 4802 Vorermittlungs- und ungefähr 13 000 Ermittlungsverfahren seit 1958 – unter dem Strich bleibt dennoch eine Bilanz, die unerträglich sein muss für Opfer, die Auschwitz oder Majdanek, Theresienstadt oder Treblinka überlebt haben. Von 88 587 Personen, die bis zum 1. Januar 1983 nationalsozialistischer Straftaten beschuldigt worden sind, wurden nur 6465 verurteilt, 12 zum Tode, 158 zu lebenslanger Freiheitsstrafe. 80 355 wurden freigesprochen und gegen 1767 Angeklagte sind die Verfahren noch anhängig; mit erheblichen Freiheitsstrafen ist jedoch kaum noch zu rechnen.»[39]

Der rechtsorientierte Armin Mohler, langjähriger Sekretär Ernst Jüngers, hatte 1962 die Schließung der zeitgeschichtlichen Archive gefordert – man müsse erst Zeit gewinnen; die war längst gewonnen; den meisten Verbrechern kam man zwar auf die Spur, man belangte sie aber nicht. Mohler gehörte 1967 zu den ersten Preisträgern der Deutschlandstiftung, deren Stiftungsgesellschaft aus einer Stammtischrunde mediokrer Nationalkonservativer bestand, mit Konrad Adenauer als Ehrenpräsident. Die institutionalisierte Rechte, die politisch zusammen mit der NPD zeitweilig verhältnismäßig stark in Erscheinung trat, wurde damit auch «kulturell» sichtbar, und noch dazu von hoher politischer Warte aus protegiert (neben Mohler wurden der Historiker Ludwig Freund, weil er nicht zur «politisierenden Schicht instinktloser Intellektueller» gehöre, und der Dichter Bernt von Heiseler, als Kämpfer gegen die «ethische Herabwürdigung und Zerstörung ethischer Werte und Bindungen», ausgezeichnet).[40] Bei der Preisverleihung in München waren die Spitzen und Stützen der Gesellschaft, darunter Kardinal Julius Döpfner, Erzbischof von München-Freising, und der bayerische Ministerpräsident Alfons Goppel, anwesend.

Am Ende des «Oratoriums in 11 Gesängen» «Die Ermittlung» von Peter Weiss (1965), das sein Material dem Auschwitz-Prozess entnahm, sagt der «Angeklagte 1»: «Wir alle / das möchte ich nochmals betonen / haben nichts als unsere Schuldigkeit getan / selbst wenn es uns oft schwer fiel, / und wenn wir daran verzweifeln wollten / Heute / da unsere Nation sich wieder / zu einer führenden Stellung / emporgearbeitet hat / sollten wir uns mit anderen Dingen befassen / als mit Vorwürfen / die längst als verjährt angesehen werden müssten.»[41] Ralph Giordano sprach 1987 von einer «zweiten Schuld»: der Verdrängung und Verleugnung der nationalsozialistischen Verbrechen. Sie habe die politische Kultur der Bundesrepublik bis auf den heutigen Tag wesentlich mitgeprägt; eine Hypothek, an der sie lange zu tragen habe. Dass sie dann zu einem Teil abgetragen werden konnte, war das Verdienst des Bundespräsidenten Richard von Weizsäcker, der nach jahrzehntelanger Unsicherheit der Bonner Politik gegenüber der Einschätzung des Kriegsendes seine herausragende Souveränität bewies, als er in einer Ansprache anlässlich des 40. Jahrestags der Beendigung des Krieges in Europa und der NS-Gewaltherrschaft (1985) sowohl der Historisierung des Dritten Reiches als auch der damit verbundenen Schuldminderung, Schuldabwälzung oder gar Schuldverdrängung entgegentrat.[42] Diese Rede, die in kurzer Zeit in 1,2 Millionen Exemplaren und 60 000 Schallplatten beziehungsweise Tonbandkassetten verbreitet wurde und große Zustimmung fand, stellte einen «politischen Befreiungsschlag» dar; sie enthielt drei unbequeme Wahrheiten: die Priorität des Befreiungsmotivs, die ungeteilte Reverenz gegenüber allen Opfern des Nationalsozialismus und die kritische Bewertung des Mitläufertums. «Wir haben allen Grund, den 8. Mai 1945 als das Ende eines Irrweges deutscher Geschichte zu erkennen, das den Keim der Hoffnung auf eine bessere Zukunft barg.»[43]

Den Irrweg deutscher Geschichte hatte Helmuth Plessner in seiner Studie «Die verspätete Nation. Über die politische Verfügbarkeit des bürgerlichen Geistes» – in der Emigration, Zürich 1935, geschrieben – darin gesehen, dass die herrschenden Eliten sich immer mehr von der westlichen demokratischen und liberalen Ideenwelt wie Praxis, Auswirkung der französischen Revolution, entfernten und so der deutschen bürgerlichen Gesellschaft des 19. Jahrhunderts und danach eine wegweisende politische Idee fehlte. Der «Anschluss» an die westliche Entwicklung erfolgte nun nach 1945. Die der Zerschlagung des Dritten Reiches folgende Westernization im Bereich der späteren BRD war die Folge einer zunächst oktroyierten Umerziehung, die aber immer mehr, vor allem von jungen Menschen, akzeptiert wurde. Zugleich aber konnte man Reeducation auch begreifen als Anknüpfung an frühere freiheitliche Strömungen der deutschen Geistes- und Realgeschichte.

Seit ihrer Unabhängigkeitserklärung 1776 erschienen die Vereinigten Staaten auch in Deutschland als konkrete Utopie: als ein Land der Freiheit, in dem die Verwirklichung von privaten wie kollektiven Träumen möglich schien. In Goethes «Wilhelm Meisters Wanderjahren» stellt die «Versammlung der Tätigen» eine Gruppe von Menschen dar, in der jeder ein Handwerk beherrscht; sie will in die Neue Welt auswandern, und nur der darf sich ihr anschließen, der sich als nützlich erweist. «Eilen wir deshalb schnell ans Meeresufer und überzeugen wir uns mit einem Blick, welch unermessliche Räume der Tätigkeit offen stehen, und bekennen wir schon bei dem bloßen Gedanken uns ganz anders aufgeregt.»[44] In der Zeit der Restauration und der gescheiterten liberalen wie demokratischen Bewegungen setzten dann viele enttäuschte Revolutionäre auf die USA. Die Massen, die im 19. Jahrhundert Deutschland verließen – von rund 4,5 Millionen Überseeauswanderern gingen etwa 4 Millionen in die USA –, rekrutierten sich freilich vor allem «aus den tiefer liegenden Schichten der Sozialpyramide: aus Handwerkern und Kleingewerbetreibenden, die, als kleinbürgerlich-konservative Revolutionäre, im Grunde in den Schutz der zerbrochenen Zunftverfassung zurückstrebten, weil sie auf Zeit Opfer jener wirtschaftsliberalen Modernisierung geworden waren, die wesentlich zum Erstarken des Wirtschaftsbürgertums beigetragen hatte; und sie rekrutierten sich aus kleinbäuerlichen Schichten, die das ‹tolle Jahr› nur am Rande miterlebt hatten oder gar nur vom Hörensagen kannten.»[45] Tiefenpsychologisch gesehen waren sie jedoch im Goethischen Sinne «angeregt» und «aufgeregt». Ferdinand Kürnbergers Roman «Die Amerikamüden» (1855), dessen Titel freilich bereits darauf hinweist, welche Enttäuschungen die Amerika-Fahrer vielfach heimsuchte, beginnt mit dem hymnischen Ausruf eines Ankömmlings – geschildert wird die Amerikareise des Dichters Nikolaus Lenau: «Amerika! Welcher Name hat einen Inhalt gleich diesem Namen! Wer nicht Dinge der gedachten Welt nennt, kann in der wirklichen Welt nichts Höheres nennen. Das Individuum sagt: mein besseres Ich; der Erdglobus sagt: Amerika. Was unmöglich in Europa, ist möglich in Amerika; was unmöglich in Amerika, das erst ist unmöglich.»[46]

Über viele Publikationen, darunter Erwin Rosens Bestseller «Der Lausbub in Amerika» (1913), bis hin zu Robert Jungks Reportagen «Die Zukunft hat schon begonnen» (1952), erfuhren die Daheimgebliebenen von der technischen und industriellen Wunderwelt des dergestalt verklärten Kontinents. Schließlich waren die USA, als 1933 der Exodus des deutschen Geistes einsetzte, den meisten der vertriebenen Dichter, Maler, Architekten, Komponisten, Dirigenten, Regisseure, Schauspieler, Verleger, Naturwissenschaftler, Sozialwissenschaftler, Philosophen, Pädagogen, Psychologen etc. ein sicheres, wenn auch wirtschaftlich oft schwieriges Refugium.

1945 konnte die kulturelle Westbindung aus solchen Wurzeln Kraft schöpfen: viele Familien hatten Vorfahren, Verwandte und Bekannte in den USA, wobei paradoxerweise die von den Nationalsozialisten forcierte Ahnenforschung solche Verbindungen wieder in Erinnerung gebracht hatte. Die kulturelle Amerikanisierung in den golden-hässlichen 20er Jahren war zudem nicht vergessen, zumal der NS-Film auch an Amerika (Hollywood) sich orientierte und die Unterdrückung westlicher kultureller Strömungen keineswegs vollständig gelang. Dazu kam, dass schon im Dritten Reich, vor allem nach Stalingrad und auf Grund des deutschen Zusammenbruchs soziale und gesellschaftliche Erdbeben wie Verwerfungen erfolgten, die später die Westernization, vorwiegend Americanization, erleichterten.[47]

Americanization bezeichnet zunächst primär den materiellen Vorgang der immer stärkeren Angleichung der Volkswirtschaft Deutschlands (wie Europas) an das Vorbild der USA.[48] Die Leitfossilien der modernen Warenwelt (etwa Blue Jeans, Coca-Cola, Supermarkt, HiFi, Video, Television, Computer) sind amerikanischen Ursprungs. Americanization steht aber auch zentral für Westernization als ideellem Vorgang: nämlich der Angleichung der politisch-sozialen Wertvorstellungen an das amerikanische Modell. «Amerika repräsentierte die modernste und mächtigste jener ‹westlichen› Gesellschaften, die in der klassischen liberalen Tradition wurzelten; Deutschland hatte keine politisch tragfähige Einbindung in diese Tradition finden können, sondern gewissermaßen nur Luftwurzeln gebildet. Deshalb bezeichnet der amerikanische Einfluss auf die Konzeption der politischen und vor allem der wirtschaftlichen Rahmenbedingungen der Verfassung den Punkt, von dem aus eine mentale und intellektuelle Transformation der Gesellschaft der Bundesrepublik ihren Ausgang nahm. Die obrigkeitliche und anti-individualistische Tradition des sozialen und politischen Verhaltens verlor die beherrschende Bedeutung. In der Nachkriegszeit bildete sie vielmehr nur noch einen Pol, dem ein anderer jetzt direkt gegenüberlag: Das war die Vorstellung von ‹democracy›, von der tendenziell egalitären Massendemokratie. Zwischen beiden Polen baute sich ein Spannungsfeld auf, welches rund zwei Jahrzehnte lang existierte. Der dadurch erzeugte Fluss und Gegenfluss der Argumente kennzeichnet den Prozess der Verwestlichung; er sollte von der parallel dazu verlaufenden Amerikanisierung des alltäglichen Lebens deutlich unterschieden werden.»[49]

Die kulturelle Westbindung begann 1945 mit dem Vorrücken der westalliierten Truppen auf deutsches Gebiet, also im Februar/ März; sie wurde intoniert durch Musik aus den Rundfunkgeräten, die für viele deutsche Ohren aus der Weimarer Republik bekannt war: Jazz. Er löste die Marschmusik ab. Mit ihr habe Staatsgewalt zum Gehorsam eingeschüchtert; beim Vier-Viertelrhythmus, in den man aus dem Zwei-Viertelrhythmus nahezu unbemerkt hinübergleiten könne, sei jeder Kampfgeist verpufft, habe sich der Mensch entkrampft und brüderlich mit allen andern im Kollektiv swingend zusammengefunden (Oliver Hassencamp).[50]

Der freie Geist als westlicher Geist beeindruckte die Deutschen in ganz besonderem Maße in Form des von den Besetzern ermöglichten offenen Journalismus: Zuerst erschienen die Heeresgruppenblätter (weitgehend das Werk von Hans Habe, des Leiters des «Publicity and Psychological Warfare Detachments» der 12. US-Armeegruppe), dann die in der zweiten Hälfte des Jahres 1945 von den drei Westmächten lizenzierten neuen deutschen Zeitungen. Zwischen Juli 1945 und September 1949 waren dies, auf der Basis der Nachrichtenkontroll-Vorschrift Nr. 1 vom 12. Mai 1945, 155 neue Tageszeitungen (Amerikaner und Briten je 61, Franzosen 33). Darunter waren in der amerikanischen Zone die «Süddeutsche Zeitung» (München), die «Nürnberger Nachrichten», der «Münchner Merkur», die «Stuttgarter Zeitung», die «Stuttgarter Nachrichten», der «Weser-Kurier» (Bremen). In der britischen Zone wurden u.a. die «Rheinische Post» (Düsseldorf), die «Westfälische Rundschau» (Dortmund), die «Hannoversche Presse», das «Hamburger Echo», die «Kölnische Rundschau» und die «Freie Presse» (Bielefeld) genehmigt. Zugelassene Berliner Zeitungen waren «Der Tagesspiegel», «Telegraph», «Der Kurier», «Der Morgen», «Nachtexpress», «Berlin am Mittag».

Hätte es in der Trümmerzeit jedoch die «Neue Zeitung», eine «amerikanische Zeitung für die deutsche Bevölkerung», nicht gegeben, so wäre trotz des deutschen «Pressewunders» die kulturelle Westbindung nicht so nachdrücklich erfolgt; sie wurde großformatig in der ehemaligen Druckerei des «Völkischen Beobachters» in München gedruckt. Mit den Chefredakteuren Hans Habe und, ab Januar 1946, Hans Wallenberg (einem gebürtigen Berliner mit US-Staatsbürgerschaft, der zuvor in seiner Geburtsstadt die als amerikanische Konkurrenz zur sowjetischen «Täglichen Rundschau» entstandene «Allgemeine Zeitung» geleitet hatte) sowie mit Erich Kästner als Feuilletonchef sorgte die «Neue Zeitung» für eine Erweiterung des geistigen und kulturellen Horizonts, wie sie die deutsche Publizistik jahrelang nicht zuwege brachte. Ihre Auflage betrug im Mai 1946 1 328 500 Exemplare, so dass, statistisch gesehen, auf je 15 Einwohner der amerikanischen Besatzungszone eine Zeitung kam.

Die Vermittlung und Würdigung deutscher Exilliteratur stellte einen Schwerpunkt der Redaktionsarbeit dar. Vor allem aber kamen in fast jeder Nummer Schriftsteller und Publizisten der Emigration selbst zu Wort, darunter linke Sozialisten und Kommunisten (zum Beispiel Johannes R. Becher, Stefan Heym, Anna Seghers). Solches Engagement brachte der «Neuen Zeitung» auch heftige Attacken ein. Das Blatt wie ihr Chefredakteur wurden generell der Linkslastigkeit bezichtigt. Als Wallenberg 1948 in die USA zurückkehrte, sollte aus diesem Grund seine Anstellung als Rundfunkredakteur bei der «Stimme Amerikas» hintertrieben werden. In Deutschland überwog jedoch die Zustimmung zu einer Redaktionspolitik, die sich der Aufklärung und damit den besten Traditionen des journalistischen Liberalismus verpflichtet fühlte.

Wäre durch Westernization nicht das Pressewesen und der Rundfunk (unter Kontrolle und Leitung des BBC-Mannes Hugh Carlton Greene) regeneriert beziehungsweise neu geschaffen worden, wäre mit dem dann in die Gruppe 47 einmündenden «neuen Stil» reduktionistischen Sprechens (orientiert an der amerikanischen Short-Story-Literatur) der NS-Sprache nicht der ideologische, pathetisch-verquollene Stuck abgeschlagen worden, wäre insgesamt westlicher Geist nicht zur Antriebskraft des kulturellen Erneuerungsprozesses geworden – wir würden heute noch viel mehr unter der Regression ins «Typisch-Deutsche» leiden.

Reeducation

Der Neubeginn der deutschen Demokratie im Zeichen der Westbindung – zunächst grassroots democracy – war von den westlichen Alliierten systematisch vorbereitet worden. Dabei war das Einsetzen der deutschen Verwaltungskräfte durch die alliierte Militärherrschaft «Beförderung» im doppelten Wortsinne: Unbelastete oder solche, von denen man annahm, dass sie dem Nationalsozialismus fern gestanden hatten, erhielten ohne lange Ausleseverfahren einflussreiche Positionen (mussten aber damit rechnen, dass sie, wenn sie sich zum Beispiel nicht bewährten oder als nicht konform genug erwiesen, rasch wieder «gefeuert» wurden); sie wurden in ihr Amt dadurch gebracht, dass ein Militärfahrzeug (Jeep) vor der Wohnung vorfuhr und sie für die neue Aufgabe «abholte»; Bedenkzeit gab es da kaum.

Unter Beibehaltung der deutschen Verwaltungsorganisation hatten die Westalliierten ein gutes Gespür für Führungskräfte; zum Beispiel wurde Reinhold Maier Ministerpräsident von Württemberg, Wilhelm Kaisen Bürgermeister in Bremen, Fritz Schäffer, ihm folgend Wilhelm Hoegner, Ministerpräsident von Bayern, Karl Scharnagl Oberbürgermeister von München. Viele spätere prominente Bundespolitiker, wie etwa Konrad Adenauer, Fritz Erler, Gustav Heinemann, Franz Josef Strauss, begannen ihre Nachkriegskarriere als Oberbürgermeister oder Landräte. Die Besatzungsmächte besaßen gute Informationen über die für die neuen demokratischen Aufgaben infrage kommenden Personen. Die Amerikaner hatten Anfang 1942 die Aufstellung «weißer Listen» in Angriff genommen und diese im Wesentlichen bis Dezember 1944 fertig gestellt; sie beruhten vornehmlich auf den Aussagen von Emigranten – eine Reihe von ihnen arbeitete in amerikanischen Regierungs- und Verwaltungsstellen –, auf «geheimen Quellen» (Informationen der diplomatischen Vertretung der USA in Deutschland bis 1941, als Hitler den USA den Krieg erklärte), Aussagen amerikanischer Geschäftsleute und Recherchen des Geheimdienstes. Ferner nutzte man die Aussagen «gutgesinnter» Kriegsgefangener und holte bei der Besetzung vor Ort Auskünfte bei Geistlichen, Vertretern früherer demokratischer Parteien, Gewerkschaften sowie «Honoratioren» der inneren Emigration ein. Beamte, die entweder von den Nationalsozialisten entlassen worden waren oder zu Beginn des Dritten Reiches in den Ruhestand getreten waren, wurden wieder eingestellt.

Unter den Kulturoffizieren waren Deutsche, die in die Emigration getrieben worden waren, wie Carl Zuckmayer, Golo Mann, Hans Mayer, Peter de Mendelssohn, Alfred Döblin (in der französischen Zone) oder deutschsprechende Amerikaner und Engländer, die in den zwanziger Jahren in Deutschland studiert hatten oder tätig gewesen waren. (In Berlin wirkten übrigens vielfach russische Kulturoffiziere, die als Angehörige der sogenannten «Petersburger Fraktion» sich dem westlichen Geist sehr verbunden fühlten.)

In England war in Vorbereitung der Reeducation, zusammen mit einer Reihe deutschsprachiger Emigranten, der deutsche Sozialdemokrat Waldemar von Knoeringen tätig; er hatte sich 1933 in letzter Minute vor den Nazis retten können – über Österreich, die Tschechoslowakei und Frankreich war er nach Großbritannien gelangt. In Ascot entstand ein Elite-Lager für antifaschistische Kriegsgefangene, die in den Westzonen führend am Aufbau des demokratischen Staates mitwirken sollten. Knoeringen arbeitete auch an der Schaffung einer Prisoner-of-War-Universität mit, die eine umfassende politisch-historische Bildung vermitteln sollte; daraus entstand Wilton Park, ein Ort des deutsch-britischen Diskurses über die «Kriegsgefangnen-Zeit» hinaus.

Die Westintegration der Bundesrepublik war bald gekennzeichnet durch eine doppelte Abgrenzung. Zum einen wurde die freiheitlich-demokratische Ordnung als direkte Antithese zur kommunistischen Diktatur in der DDR begriffen, die Hinwendung zum Westen legitimierte sich in erster Linie aus den Konfliktlagen des Kalten Krieges. Zum anderen ermöglichte die Frontstellung gegen die «rote Diktatur» unter Zuhilfenahme der Totalitarismus-These eine nachträgliche und nachdrückliche Abgrenzung gegenüber der «braunen Diktatur»; das verstärkte die Bereitschaft zur Abkehr von der deutschen Vergangenheit und damit auch von älteren deutschen Traditionssträngen – von politischen Ordnungsvorstellungen und gesellschaftlichen Werthaltungen, die schon in der Geschichte und Vorgeschichte des Deutschen Reichs angelegt waren.

Wie im Fall der «Neuen Zeitung» war für die kulturelle Westbindung im Rahmen des West-Ost-Gegensatzes wiederum ein Printmedium, nämlich die Zeitschrift «Der Monat» – von Geldern des amerikanischen Geheimdienstes CIC unterstützt – von großer Bedeutung;[51] sie war gewissermaßen der Leuchtturm inmitten vieler Zeitschriften, die von Deutschen, früher meist der inneren Emigration angehörend, ediert wurden; sie waren so zahlreich, dass man von einer «Flucht in die Zeitschrift» sprach.

«Der Monat» sorgte für den Re-Import deutscher Kultur und versammelte die herausragendsten Repräsentanten des europäischen und amerikanischen Geisteslebens um sich; jenseits hoher und hohler Worte wurde abendländisches Bewusstsein tradiert und problematisiert; es gab kaum einen westlichen Autor von Rang, der nicht für die Zeitschrift schrieb; junge Autoren wurden entdeckt und in den steten Diskurs einbezogen. Im Oktober 1948 erstmals erschienen, war der «Monat» im Wesentlichen das Werk Melvin J. Laskys – geboren 1920, 1942 bis 1943 Literaturredakteur des «New Leader», 1944 bis 1945 Kriegsberichterstatter, 1946 bis 1948 Auslandskorrespondent. Neben ihm wirkte Hellmut Jaesrich, das literarische Gewissen der Redaktion.

«Der Monat» und der in Berlin sich entschieden gegen Kommunismus und Stalinismus (SED und DDR) engagierende Lasky waren maßgebend beteiligt am «Kongress für kulturelle Freiheit», der in Konfrontation mit der östlichen Unterdrückungspolitik die deutsche Intelligenz auf die kulturelle Westbindung, die sich hier vornehmlich als europäische erwies, «einschwor». «Die gemeinsame Frontstellung gegen den Kommunismus wirkte als verbindendes Element zwischen den nationalen Traditionalisten, die sich am deutschen ‹Pol› ankristallisierten, und den Befürwortern der europäisch-atlantischen Integration, die am westlichen ‹Pol› zu finden waren. Politische Gegensätze zwischen bürgerlichen Konservativen und demokratischen Sozialisten spielten am Beginn der 50er Jahre eine nachgeordnete Rolle angesichts der übergreifenden, einhelligen Ablehnung des Totalitarismus.»[52] Zur Abschlusskundgebung des Kongresses, der größte Beachtung in den internationalen Medien fand, waren Zehntausende von Berlinern aufs Gelände am Funkturm gekommen. Ignazio Silone stellte fest: «Dieser Kongress für kulturelle Freiheit war für uns Teilnehmer eine Wiederbegegnung und ein neues Beginnen. Es war eine Wiederbegegnung von Männern des Widerstandes. Nur das eine will ich hier sagen: Männer und Frauen von Berlin! In Eurem Bekenntnis zur Freiheit seid Ihr nicht allein.»[53]

In den 50er und 60er Jahren war dann die deutsche Kultur wohl endgültig im Westen angekommen – obwohl die 68er-Protestbewegung, letztlich vergeblich, Westernization beziehungsweise Americanization zu stoppen versuchte; sie war freilich selbst durch den amerikanischen Underground, die amerikanische Hippie-Bewegung und die amerikanische Pop-Music (Woodstock 1969) geprägt.

Hässlichkeit verkauft sich schlecht

Die schnellen Veränderungen der städtischen und ländlichen Gesellschaft, der Lebensbedingungen und des individuellen wie kollektiven Daseinsgefühls zwischen Währungsreform (1948) und Auschwitz-Prozess (1963-65) stellten eine Entwicklung dar, die man als «Modernisierung» durch Wiederaufbau bezeichnen kann.

In den 50er Jahren, so der Politologe Hans Maier, sei nicht einfach eine neue Gesellschaft aus einer alten entstanden, wie ressentiment-getrübte Urteile lauten; vielmehr hätten die Deutschen unter Adenauer endgültig und unwiderruflich Bekanntschaft mit den Formprinzipien einer modernen Gesellschaft gemacht, nachdem der konvulsivische Antimodernismus des Dritten Reiches zu Ende gegangen sei. Lothar Gall sieht einen höchst faszinierenden Vorgang darin, wie eine scheinbar konservative, nach außen hin Bewahrung und Wiederherstellung proklamierende Regierung in den ersten Jahren der Bundesrepublik in Wahrheit auf Veränderung, auf den Wandel setzte und von ihm die Befestigung des Gemeinwesens und zugleich der eigenen Position erwartete.

Das neue Forschungsparadigma, nämlich die «janusköpfigen» 50er Jahre, hat Axel Schildt minuziös in den Erscheinungsformen der damaligen Kultur aufgespürt. Dabei erweist sich, dass das Projekt der Moderne, das sich – in Abweichung vom deutschen Sonderweg – als breit einladende Straße des Fortschritts anbot, gerade auch in der Kunst und ihrer Rezeption sich auswirkte. «Die deutsche Kunst, ihre Volkstümlichkeit, ihre individuelle oder nationalkulturelle Bildungsfunktion, ihre Schönheit werden nicht mehr, wie noch während der Weimarer Republik, gegen die kulturelle Moderne beschworen; wie auch umgekehrt diese Moderne nicht mehr als Bedrohung der deutschen Kunst oder gar des ‹Volkstums› angesehen wird» (Georg Bollenbeck).[54] Der glückliche Umstand, dass eine demokratische Gesellschaft ökonomisch florierte (mit Vollbeschäftigung und steigendem stabilen Wohlstand), war für das Gelingen der Modernisierung von ausschlaggebender Bedeutung.

Nach den Schrecknissen der Kriegs- und Nachkriegszeit verbreitete sich das Gefühl der Zufriedenheit inmitten intakter Familien und eines Wohnstils, der mit seinem lockeren, harmonisch-farbigen Design das Glücksgefühl der schönen neuen Welt vermittelte. Man kann davon ausgehen, dass die Deutschen mit ihrem Land nie so einverstanden waren wie damals; nie wieder habe es ein derartiges Heimatgefühl gegeben. «Überall Kurven, Bauchiges, Schwingendes. So als sollte die böse Zackigkeit von Hakenkreuz, Hitlergruß und SS-Rune durch die Gnade von Käfer, Muschel, Niere vergeben und vergessen werden. In diesen Formen fühlten wir uns versöhnt» (Karl Markus Michel).[55]

Mit der Verwandlung der durchlittenen grauen Welt in etwas

Harald Duwe: Großes Strandbild (Ausschnitt)

technisch Blitzblankes glaubte man den Anschluss an die Weltzivilisation erreicht zu haben; Friedrich Dürrenmatt hat diese Saturiertheit, da ihm das Bewusstsein von Schuld gefehlt habe, in seiner «Tragischen Komödie» «Der Besuch der alten Dame» (1956) karikiert:

> *Die Frauen:* Ziemende Kleidung umschließt den zierlichen Leib nun
> *Der Sohn:* Es steuert der Bursch den sportlichen Wagen
> *Die Männer:* Die Limousine der Kaufmann
> *Die Tochter:* Das Mädchen jagt nach dem Ball auf roter Fläche
> *Der Arzt:* Im neuen, grüngekachelten Operationssaal operiert freudig der Arzt
> *Alle:* Das Abendessen

Dampft im Haus. Zufrieden
Wohlbeschuht
Schmaucht ein jeglicher besseres Kraut
Der Lehrer: Lernbegierig lernen die Lernbegierigen.
Der Zweite: Schätze auf Schätze türmt der emsige Industrielle
Alle: Rembrandt auf Rubens
Der Maler: Die Kunst ernähret den Künstler vollauf.
Der Pfarrer: Es berstet an Weihnachten,
Ostern und Pfingsten
Vom Andrang der Christen das Münster
Alle: Und die Züge
Die blitzenden hehren
Eilend auf eisernen Gleisen
Von Nachbarstadt zu Nachbarstadt, völkerverbindend,
Halten wieder.[56]

Die Modernisierungsschübe der 50er und 60er Jahre zielten auf
Verschönerung; man wollte schöner leben, schöner wohnen, schöner speisen, schöner sich kleiden, schöner reisen; der amerikanische life-style sollte «adoptiert» werden. Die «schöne Seele» wurde
dabei vernachlässigt. Der große Erfolg der seit Oktober 1955 erscheinenden Zeitschrift «Das Schönste» verdeutlichte die gepflegte
Geistigkeit der in der eingeebneten Mittelstandsgesellschaft nach
oben drängenden Schicht der Erfolgreichen. Die «Monatsschrift
für alle Freunde der schönen Künste» (Theater, Filmkunst, Fernsehen, Tanz, Musik, Dichtung, Malerei, Plastik, Baukunst, Wohnkultur) appellierte an die vielen «Freunde der schönen Künste, die nach
echten Werten suchen». Das Schöpferische und Unvergängliche
aufzuspüren, über die künstlerischen Ereignisse und ihre Repräsentanten in Bild und Wort zu berichten, also eine Kulturchronik
der Zeit zu bieten, war das Anliegen – übrigens bis in den Anzei-
genteil hinein, handelte es sich doch dort um die «Ankündigung
von Unternehmen, die sich mit ihren Erzeugnissen zum Qualitäts-
begriff bekennen». Zielgruppe war eine gutgelaunte Elite, die die
Schönheiten der Kultur explorieren wollte und somit «allmonat-
lich das neue Heft mit Ungeduld» erwartete.

Motto der Wirtschaftswunderwelt war «Hässlichkeit verkauft
sich schlecht» – Titel eines Buches des amerikanischen Formgestal-
ters Raymond Loewy, 1953, das zum geflügelten Wort wurde. Die
Massengesellschaft nivellierte sich «nach oben». Warenästhetik
wurde nicht als Manipulation beziehungsweise Verführung, son-

Paul A. Weber: Die Experten, 1965

dern als Erziehung verstanden. Die konkrete Umwelt machte deutlich: jeder, wenn er nur strebsam genug war, konnte sich «guten Geschmack» leisten, wobei die revolutionäre Verwendung des Kunststoffes für die Dinge des alltäglichen Bedarfs (Diolen, Krepp, Nylon, Perlon, PVC, Resopal, Trevira) dafür sorgte, dass «Schönheit» erschwinglich blieb. Es dominierte das Bizarre, Kapriziöse, Asymmetrische; dazu kam die Farbe, die in greller und überschäumender Buntheit Verwendung fand. Die Vorurteile gegenüber moderner Kunst, Ergebnis nationalsozialistischer Indoktrination, wirkten sich zwar weiter aus; wurden jedoch Mondrian, Klee, Kandinsky, Miró in den Dekor von Gebrauchsgegenständen umgesetzt, so erfreuten sie sich großer Beliebtheit. Als 1952 die Weberei Pausa AG einen Wettbewerb für Dekorationsstoffe veranstaltete, waren von den 9000 eingereichten Vorlagen 70 Prozent in abstrakten Dessins gehalten. An Materialien waren beliebt: Holz gebogen, rund, oval gepresst und verleimt; Glas, Drahtglas progressiv geschnitten und geschliffen; Metall gestanzt, gelocht, gebogen, gefärbt; Möbelstoff mit konkaven Noppen und plastischen Wollrippen; Teppiche mit «abstrakten» Mustern; Vorhänge und Kissen mit ornamental-asymmetrischen Kompositionen; bunte Plastikfolien für die verschiedensten Materialien; schrägbeinige Möbel, Sessel in Swing-Form; Tütenleuchten.[57]

Der Nierentisch charakterisierte exemplarisch die verdinglichte Bereitschaft zur Extravaganz – Ausbruch aus dem mit Bauern- und Jägerstil versetzten, im Dritten Reich aufgenordeten Plüsch. Nun wollte man sich so einrichten, wie es dem modernen Menschen entsprach. Dabei korrespondierte der Drang in die Ferne mit der Bereitschaft, Anschluss ans designerische Weltniveau, das hieß: an die Standards der führenden westlichen Industrienationen, zu finden.

Existenzialismus und Lidschatten-Melancholie

Der Widerstand gegen das smarte deodorante Frischwärts des international style formierte sich als «Französisierung» – im Zeichen des Existenzialismus. Herausragender «Start- und Sattelplatz» für intellektuelle Neugierde aufs «abweichlerische» Leben und eine die eigene Existenz in den Mittelpunkt rückende kulturelle Verwirklichung wurde Paris (als kultureller Topos freilich oft auch mit New York/ Manhattan verschränkt). Dort residierte Jean-Paul Sartre, mit der Schriftstellerin Simone de Beauvoir in freier Liebe verbunden; deren Buch «Das andere Geschlecht» (1949) strahlte in den fünfziger und sechziger Jahren als «Leuchtfeuer für die in der Dunkelheit einer namenlosen Verzweiflung ganz und gar isolierten Frauen» (Alice Schwarzer).[58]

Im gesellschaftlichen Bewusstsein wurde Sartres Überzeugung, dass Freiheit dem Wesen des Menschen vorausgehe und es erst ermögliche («Ich *bin* meine Freiheit!»), als eine Lebenshaltung empfunden, die «Systemzwänge» – sei es durch Religion, Staat, Ideologie – aufzuheben vermochte. Sartre hat seinen Existenzialismus als Humanismus in dem Stück «Die Fliegen» (1942) eindrücklich illustriert; nach dem Krieg wurde das Stück in Deutschland erstmals in dem von den Russen in Berlin gegründeten Theaterclub «Möwe» – die arrivierte Kunstwelt traf sich dort bei Bier, Wodka, Würstchen, Borscht – herausgebracht; Sartre war zusammen mit Simone de Beauvoir angereist. (In den Westzonen waren «Die Fliegen» wegen ihres aufrührerischen und auch «amoralischen» Gehalts zunächst verboten; im September 1947 wurden sie dann von Gustav Gründgens in Düsseldorf aufgeführt.) Um den mykenischen Königspalast, der die Ermordung Agamemnons durch Ägisth und die Ehebrecherin Klytämnestra sah, haben sich Myriaden von Aasfliegen, welche die zur Reue antreibenden Erinnyen symbolisieren, versammelt. Orest, der mit Hilfe seiner Schwester Elektra die Rache vollzieht, d.h. die Mutter ermordet, bekennt sich zur Tat, die andere als Frevel empfinden; er trotzt den Göttern wie den Menschen. Gegenüber Jupiter, der ihn einen Sklaven der Freiheit nennt, entschuldigt er sich nicht: «Ich bin weder Herr noch Knecht, Jupiter, ich bin meine Freiheit! Kaum hast du mich erschaffen, so habe ich auch schon aufgehört, dein eigen zu sein… Deinen Befehlen sich fügend, stand meine Jugend vor meinem Blick, flehend wie eine Verlobte, die man verlassen will; ich sah meine Jugend zum letzten Mal. Aber plötzlich ist die Freiheit auf mich herabgestürzt, und ich erstarrte, die Natur tat einen Sprung zurück, und ich hatte kein Alter mehr, und ich habe mich ganz allein gefühlt, inmitten deiner kleinen, harmlosen Welt, wie einer, der seinen Schatten verloren hat, und es war nichts mehr am Himmel, weder Gut noch Böse, noch irgendeiner, um mir Befehle zu geben… Ich werde nicht unter dein Gesetz zurückkehren: ich bin dazu verurteilt, kein anderes Gesetz zu haben als mein eigenes… Denn ich bin ein Mensch, Jupiter, und jeder Mensch muss seinen Weg erfinden.»[59]

Inmitten des angepassten Provinzialismus der Mittelstandsschicht (mit Gummibaum-Exotik und Capri-Tourismus) faszinierte solche «Widerständigkeit». Vom «Menschen in der Revolte» sprach Albert Camus; die Revolte schaffe Solidarität: «Ich revoltiere, also sind wir.» Zu Camus' Tod im Jahre 1960 schrieb die Zeitschrift «Das Schönste»: «Eine Hoffnung ging verloren.»[60]

Der Existenzialismus (im weitesten Sinn des Wortes verstanden) war vor allem bei der Jugend Mode, Attitüde und Kontrastfolie zum bundesrepublikanischen «schwitzenden Idyll» – Pièce noire,

Koketterie mit der Verlorenheit. Die «leeren Menschen», die Ernest Hemingway in «Fiesta» schildert – das Buch wurde 1950 als einer der ersten Titel der rororo-Taschenbuchreihe wieder aufgelegt und erwies sich als stupender Erfolg –, stellen eine kragenlose, unrasierte Gesellschaft dar, eine Bande von desperaten und wurzellosen Intellektuellen, Exzentrikern und Berserkern. Die Öde des Daseins soll überwunden werden in exorbitanten Fress- und Saufgelagen und in langen Liebesnächten. Zwischen Whisky und Stierkampf spannt sich der Bogen eines süßen, wilden Lebens.

Die Haupthandlung von Audens Epos «Das Zeitalter der Angst» (deutsch 1958) – für den konservativen Lyriker, Essayisten und Kritiker Hans Egon Holthusen («Der unbehauste Mensch», 1951) ein Beispiel der modernen Malaise – spielt in einer New Yorker Bar. «Wenn der Gang der Geschichte unterbrochen ist und Armeen die eintretende Öde, die sie nie wieder gutmachen können, mit ihren großartigen Reden organisieren, wenn Notwendigkeit sich mit Grauen und Freiheit sich mit Langeweile verbinden, dann hat das Bar-Geschäft seine gute Zeit.»[61] Als Relikt des Krieges war die Bar geblieben; «aus dem Relikt ist eine Hydra geworden, zwischen Modernität und Müllabfuhr just in der Mitte. Die Bar ist in der Wüste des demokratischen Alltags für viele Zeitgenossen die abendliche Oase.»[62] Vor allem war die Bar zentraler Treffpunkt der neuen «Existenzialistengeneration», die von den fleißigen, biederen Wohlstandsbürgern mit «schrägem Blick», misstrauisch wie bewundernd, beäugt wurde.

In Françoise Sagan und Bernard Buffet personifizierte sich der dunkle Schönheitskult der 50er Jahre, der Jugend-Stil androgyner Melancholie und narzisshafter Koketterie. Bonjour Tristesse: Der Widerstand gegen das Spießertum blieb im Wesentlichen auf eine ästhetische Revolte beschränkt. Françoise Quoirez, die sich Françoise Sagan nannte, publizierte mit neunzehn Jahren ihren Roman (1954), dem sie ein Gedicht von Paul Eluard voranstellte: «Adieu tristesse / Bonjour tristesse / Tu es inscrite dans les lignes du plafond ... Verlass mich Traurigkeit / Kehr wieder Traurigkeit / Du bist in das Gebälk meiner Träume geschrieben ...» Die 17-jährige Cécile erzählt von ihrem Liebesleben, von dem ihres Vaters und von der Traurigkeit, die sie «wie Seide, weich und ermattend» einhüllt. Sie verkörpert inmitten einer sterilen Luxuswelt das neue Schönheitsideal der Epoche: den Teenager mit dem Horror vor Wohlerzogenheit, Ordentlichkeit, pedantisch geregelter Lebensführung. Faire l'amour – straflos, angstfrei. Das faszinierte vor allem Mädchen zwischen Backfisch und junger Frau, deren Erziehung auf Anstand und gute Sitte «festgelegt» war und deren Sexualität unterdrückt wurde. «Du schaust aus wie eine verwilderte Katze. Wie gern hätte ich eine schöne, blonde, vollschlanke Tochter mit sanften Porzellanaugen.»[63] Aus dem Kultbuch wurde ein Kultfilm (Regie Otto Preminger, 1958); unzählige Mädchen schnitten sich wie Jean Seberg, die in der Verfilmung die Hauptrolle spielte, ihre Haare auf Streichholzlänge.

Herber in der Verzweiflung erschien das Werk von Bernard Buffet. Der 1928 in Paris geborene Künstler verkaufte 1947 sein erstes Bild; 1948 machte ihn die Verleihung des «Prix de la Critique» bekannt; im nachfolgenden Jahrzehnt schuf der Maler etwa 1500 Werke. Zusammen mit Françoise Sagan, für deren Ballett «Das verpasste Rendezvous» er das Bühnenbild entwarf, und Roger Vadim, der als Journalist Brigitte Bardot entdeckt hatte und ihr als Filmregisseur (er war in erster Ehe mit ihr verheiratet) zum Durchbruch verhalf, gehörte Buffet zur französischen «frühreifen» Generation. Sein Markenzeichen war eine hochstilisierte Düsternis, die sich gut verkaufte. Seine Stilleben waren Stiltode, «Natures mortes». Wie eine Illustration zu Sartres «Ekel» oder des «Fremden» von Camus stellten sie verkrampfte, aber letztlich doch nur gespielte Lebensangst dar. «In ihrer strengen geometrischen Komposition wirken sie erstarrt, hohl, grinsend; der flächige Mensch selbst, in leeren Räumen verloren, ist in eine leblose Dinglichkeit eingegangen, mit seiner dreieckigen Maske, seinen Spinnengliedern» (Werner Bökenkamp).[64]

Heuss – homme de lettres

Der bundesrepublikanische Provinzialismus hatte mit Bonn als Hauptstadt seinen politischen Mittelpunkt. Adenauer, dem die Hektik von Städten wie Frankfurt und Berlin suspekt war und der als Bürger von Rhöndorf dort auch weiterhin seinen Rosengarten pflegen wollte, machte mit der Entscheidung für die rheinische Klein-, aber auch Universitätsstadt indirekt deutlich, dass der neue Staat ein solcher der Bescheidenheit und Zurückhaltung sein wollte.

Der erste Bundespräsident, Theodor Heuss, der dann in Bonn residierte, zeigte jedoch, dass die Enge und Betulichkeit des Ortes – Wolfgang Koeppen verglich ihn in einem 1953 erschienenen Roman mit einem «Treibhaus» – keineswegs die Wiedergewinnung kultureller Geltung beeinträchtigen mussten. Er war ein sanfter, aber erfolgreicher Gegenspieler zu Adenauer, dem Patriarchen – ein geistreicher homme de lettres, ein Mann republikanischer Bonhomie. In seinem Gesicht, meinte Carl Zuckmayer, fänden sich Erbe und Alter seines Volkes ganz und zu gleichen Teilen vermischt mit frischer, lebendiger Gegenwärtigkeit. «Es ist unabhängig von Tracht und Mode und – obwohl durchwoben von einer ganz bestimmten Geisteshaltung, ihrer Tradition und ihrer Erneuerung – auch unabhängig von Lehre und Doktrin: fern von den physiognomischen Verengungen der Dogmatik, doch in seiner natürlichen Fülle und Flüchtigkeit immer gehalten vom Goldenen Schnitt der bewussten Humanität.»[65] Am 12. September 1949 wurde Heuss im zweiten Wahlgang mit 416 Stimmen zum Bundespräsidenten gewählt. Nicht die Haltung der oppositionellen SPD hatte die Besetzung des Bundespräsidentenamtes schwierig gestaltet, sondern die heftige Ablehnung, die er als FDP-Vorsitzender in weiten Kreisen der CDU/CSU hervorrief. Seine politischen Auffassungen erschienen der Union als zu liberal; zudem wurde sein distanziertes Verhältnis zum Christentum moniert.

Aber gerade als kulturell engagierter Liberaler wurde Heuss zum Praeceptor Germaniae: milde zwar, aber bestimmt; verbindlich, doch geistig stringent. «Wenn ich für unsere Generation oder unsere Richtung eine pädagogische Aufgabe sehe, so ist es die, den Menschen die Nüchternheit zur Pflicht zu machen», schrieb Heuss an den späteren Vorsitzenden der FDP Thomas Dehler, dessen politische Leidenschaft er kritisierte; man solle nicht mit dem Hammer politisieren.[66] Ein solcher Gegensatz bezog sich freilich mehr aufs Temperament als auf grundlegende Fragen. Beide waren in ihrer Gesinnung republikanisch, damit jedoch keineswegs repräsentativ für ihre Partei, die FDP; weil diese 1955 in Niedersachsen den Verleger rechtsradikaler Schriften, Leonhard Schlüter, zum Kultusminister gemacht hatte, wollte Heuss sogar aus der Partei austreten (Proteste aus der Öffentlichkeit bewirkten Schlüters baldigen Rücktritt).

Heuss war universal gebildet. Für seine vielen Reden, die er als

Repräsentant des geistigen Deutschland nicht nur halten musste, sondern auch halten wollte – herausragend seine Ansprache zum 20. Juli 1944 («Dank und Bekenntnis») –, gilt das Diktum, mit dem Hans Bott, Freund und persönlicher Referent, ihn als «bekennenden liberalen Schriftsteller» charakterisierte: «Aus der Verpflichtung zur inneren Wahrhaftigkeit dürfe es kein Schweigen geben, denn jede Kritik von Rang lebt nicht aus Anordnungen, sondern aus der Freiheit der inneren Berufung. Der Geist ist Gewissen, intellektuelle Reinlichkeit und Redlichkeit, ist religiöse Verantwortung – und das sind Werte, die der Luft der Freiheit bedürfen. Dem Pathos und der großen Dimension für Banalitäten setzte er die schlichte Präzisheit, die Sachlichkeit, den Sinn für Tatsachen entgegen.»[67]

Heuss sah seine Aufgabe darin, der neuen Republik wieder zu kultureller Tradition zu verhelfen: Deutscher Geist sollte, soweit er sich als ein solcher erwiesen hatte, «bewahrt» bleiben (fünfzehn Jahre war Heuss Vorsitzender des Verwaltungsrates des Germanischen Nationalmuseums – das einzige Ehrenamt, das er auch als Bundespräsident beibehielt); deutscher Geist musste «überwunden», kritisch «weggeräumt» werden, wenn er der Affirmation verfallen und republikanischer Sittlichkeit entgegengesetzt war; wahrer deutscher Geist sollte «Erhöhung», Sublimierung erfahren und damit ein Hort für kulturelle Kraft und Stärkung sein (im Hinblick auf den Geschichtsauftrag des Germanischen Nationalmuseums prägte er den freilich nur mit «gemischten Gefühlen» zu akzeptierenden Satz, dass dieses eine «Fluchtburg der deutschen Seele» darstelle). Heuss wusste aus eigener politischer Erfahrung – obwohl er Hitler skeptisch gegenüber gestanden war, hatte er mit den vier anderen Abgeordneten der Deutschen Staatspartei im März 1933 dem Ermächtigungsgesetz zugestimmt –, dass die Grundrechte nicht Abstraktionen bleiben durften, sondern Kompass für konkretes Handeln zu sein hatten. «Das bleibt und wird bleiben: die Spannung zwischen den ‹ewigen Gesetzen›, in denen wir die ‹unantastbare Würde des Menschen› ansprechen, Zeitgenossen und Mitleidende ihrer vielmillionenfachen Schändung und den immer, immer gegenwärtigen Notwendigkeiten, den Menschen vor dem Staat, den Staat vor dem Menschen, den Menschen vor dem Menschen zu schützen. Es ist die Sinngebung einer Verfassungsgerichtsbarkeit, das Ewige und das Gegenwärtige, auf den

Einzelmenschen wie auf die Gemeinschaft abgestellt, außerhalb aktuell gesehener Interessenslagen, in sich zu binden.»[68]

Als Theodor Heuss ins höchste Staatsamt berufen wurde, war er ein relativ Unbekannter; bei seiner Wiederwahl 1954 fielen von 987 abgegebenen Stimmen 871 auf ihn. Eine demoskopische Umfrage ein Jahr zuvor hatte erbracht, dass 63 % der Bevölkerung dies wünschten. 14 000 Glückwunschschreiben trafen allein in der Villa Hammerschmidt ein, seinem Amtssitz, den er mit großbürgerlichem Geschmack eingerichtet hatte. Heuss war zur bekanntesten Identifikationsfigur der neuen Republik geworden. Bei seinem Tod am 12. Dezember 1963 schrieb die «New York Times»: «Er war das passende Symbol des neuen Deutschland und er war der Hauptarchitekt der demokratischen Formen dieses Staates.»[69] Die Liebe und Verehrung, die ihm entgegengebracht wurden, waren gespeist von dem Wärmestrom, der von ihm ausging. Heuss verkörperte, neben Adenauer als Realpolitiker, die Wünsche und Sehnsüchte, die man – im eigenen Haus wie im Gehäuse des Staates – erfüllt beziehungsweise befriedigt sehen wollte: Gemüthaftigkeit und Gemütlichkeit, lebensnahe Geistigkeit und integere Lebensführung, repräsentative Würde und großväterliche Leutseligkeit.

Von Seiten der Sozialdemokratischen Partei Deutschlands war Kurt Schumacher für das Amt des Bundespräsidenten nominiert worden (er erhielt 312 Stimmen). Der Vorsitzende der SPD – einer Partei, die nach 1945 an eine lange, durch den Kampf um soziale Gerechtigkeit und bürgerliche Freiheiten, vor allem auch antifaschistisch geprägte Tradition anknüpfen konnte und dementsprechend die neue Demokratie essentiell mitgestaltete – war im Ersten Weltkrieg schwer verwundet worden; in der Weimarer Republik saß er als Abgeordneter im Deutschen Reichstag. Während der Zeit des Nationalsozialismus fast ständig in Gefängnissen und Konzentrationslagern inhaftiert, war er wohl der leidenschaftlichste Politiker der Nachkriegszeit; intransigent stand er zu seinen politischen Überzeugungen.[70] Ohne seinen Kampf im Parlamentarischen Rat wäre wohl kein Bundesstaat, sondern ein Staatenbund entstanden; sein Engagement für ein wiedervereinigtes Deutschland als politisches Nahziel – in rigoroser Ablehnung des Kommunismus – konnte sich freilich angesichts der von Adenauer forcierten Westbindung nicht durchsetzen; doch hat er gerade auch in dieser so wichtigen «Schicksalsfrage» das gesamtdeutsche Ge wissen verkörpert. Mit verletzender Schärfe attackierte er seine Gegner, was selbst die eigene Fraktion befremdete; zudem störte seine «nationale Arroganz» (Adenauer nannte er einen «Kanzler der Alliierten»). Wilhelm Kaisen, Bürgermeister und Senatspräsident von Bremen, warnte Schumacher 1949 vor dem verhängnisvollen Bestreben, den Patriotismus für die SPD zu monopolisieren, verkannte dabei freilich, dass dieser von der historisch begründeten Angst bewegt war, die Deutschen könnten wieder einmal die SPD der Vaterlandslosigkeit bezichtigen. Die neue Republik erlebte er als ein physisch gebrochener, aber geistig unanfechtbarer Kämpfer, der eine neue politische Kultur und Moral forderte; er starb 1952. «Wir bejahen die Demokratie als große tragende Idee unserer Vergangenheit und der Zukunft. Wir sind demokratische Sozialisten, das heisst, wir kämpfen für den Sozialismus mit den Mittel der Demokratie.»[71]

1950 schlug Heuss in seiner republikanischen Gesinnung vor, das Deutschlandlied als Nationalhymne durch die «Hymne an Deutschland» von Rudolf Alexander Schröder zu ersetzen, was freilich in Hinblick auf den pathetisch-überladenen, traditionell-lyrischen Text auch die Begrenzung seines literarischen Geschmacks aufzeigte. Unter Bezug auf den Reichspräsidenten Friedrich Ebert, der in der Weimarer Republik das Deutschlandlied durch eine «staatsmännische Entscheidung» zur Nationalhymne erklärt hatte, konnte sich Konrad Adenauer, der hier wie generell aufs Volksbewusstsein setzte (ohne Gefühl dafür, ob es sich um «richtiges» oder «falsches» Bewusstsein im Sinne politischer Moral handelte), durchsetzen.[72] Heuss, der in der Flaggen-Frage des neuen Staates erfolgreich gewesen war – die Farben Schwarz-Rot-Gold knüpften an 1848 und 1918 an –, hatte den Traditionalismus und sein Beharrungsbedürfnis unterschätzt: nicht deshalb, weil man hier und da in den ersten Jahren der Bundesrepublik die erste Strophe des Deutschlandliedes singen hörte, was von ausländischen Beobachtern aufmerksam notiert wurde, sondern weil eben die Fakten gegenwärtiger (demokratischer) Politik geringer wogen als historisch zurückliegende, aber weiter wirkende reaktionäre Tendenzen.

Dennoch konnte Mitte der fünfziger Jahre (1956) der Publizist Fritz René Allemann mit Recht, in einer Mischung von Staunen und Erleichterung, konstatieren, dass Bonn nicht Weimar sei.

Zwar gebe es nur eine Minderheit engagierter Demokraten, aber die Feinde der neuen Gesellschaft hätten noch viel weniger Anhänger, während sich die große Mehrheit der Bevölkerung allmählich an die neue Ordnung gewöhne und sich mit ihr anzufreunden beginne. Tatsächlich gab es, so Axel Schildt, «während des gesamten Bestehens der Bundesrepublik keine existentiellen inneren Krisen, völlig anders als in den vorherigen Phasen der deutschen Geschichte des 20. Jahrhunderts, aber auch positiv abgehoben von manchen westeuropäischen Ländern – etwa Italien oder Frankreich – und erst recht von der negativen Kontrastfolie des anderen deutschen Staates. Schon die schlichte Wiedergabe der ökonomischen Misere, politischen Repression und kulturellen Engstirnigkeit der DDR in den westdeutschen Medien bestärkte das Gefühl der eigenen umfassenden zivilisatorischen Überlegenheit gegenüber den ‹Brüdern und Schwestern in der SBZ›, wie die Bevölkerung der DDR in den Sonntagsreden von Politikern bis in die sechziger Jahre vorzugsweise tituliert wurde.»[73]

Ulbricht, der Satrap

Parallel zur Konstituierung der Bundesrepublik Deutschland war aus der sowjetisch besetzten Zone (SBZ) die Deutsche Demokratische Republik (DDR) hervorgegangen; deren Verfassung, von der provisorischen Volkskammer am 7. Oktober 1949 in Kraft gesetzt, bezeichnete den ostdeutschen Staat als antifaschistisch und radikal-demokratisch. An einem ganzheitlichen Deutschland wurde festgehalten; es gebe nur *eine* deutsche Staatsangehörigkeit. Alle Staatsgewalt gehe vom Volke aus; jeder Bürger habe das Recht und die Pflicht zur Mitgestaltung. «Inhalt und Grenzen der Staatsgewalt» bestimmten die Bürgerrechte im Rahmen allgemeiner Gesetzesvorbehalte. Neben persönlichen Freiheits- und Schutzrechten traten kollektive soziale Rechte wie etwa das Recht auf Arbeit. Äußerlich wurde das Bild einer bürgerlich-parlamentarischen Verfassung (an Weimar orientiert) geboten. «Werteinbußen für die in der Verfassung formulierten Grundrechte waren jedoch durch den Mangel an Rechtsstaatlichkeit schon vorprogrammiert, insbesondere durch das Fehlen eines richterlichen Prüfungsrechts sowie einer Verfassungsgerichtsbarkeit. Der als Ersatz konzipierte Verfassungsausschuss der Volkskammer, der die Verfassungsmäßigkeit von Gesetzen prüfen sollte, hat diese Aufgabe nicht wahrgenommen» (Friedrich Thomas).[74] Wie unverbindlich die Verfassung war, zeigte sich allein schon darin, dass das Ideologem «Aufbau des Sozialismus» mit Hilfe der verstärkten Verfolgung politisch Andersdenkender sowie Unbequemer aus den eigenen Reihen und der oft willkürlichen Kriminalisierung von Mitgliedern der bürgerlichen Mittelschicht in die Wirklichkeit umgesetzt wurde.

Auf dem dritten Parteitag der SED im Juli 1950 charakterisierte sich die Partei als bewusster und organisierter Vortrupp der deutschen Arbeiterklasse, geleitet vom Marxismus-Leninismus. Das Zentralkomitee der Partei wählte Walter Ulbricht in das neu geschaffene Amt des Generalsekretärs. Dieser propagierte eine Verschärfung des Klassenkampfes. Bei einer ersten «Parteisäuberung» wurden vor allem ehemalige Westemigranten entmachtet, so Paul Merker (bisher Politbüro-Mitglied), Leo Bauer (Chefredakteur des Deutschlandsenders), Willy Kreikemeier (Generaldirektor der Reichsbahn, im Gefängnis zu Tode gefoltert), Lex Ende (Chefredakteur des «Neuen Deutschland», als Häftling im Uran-Bergbau gestorben); sie hätten mit dem US-Agenten Noel H. Field kollaboriert; ähnliche Vorwürfe waren bereits gegen osteuropäische KP-Führer erhoben worden.[75]

Die Anfänge des 1893 als Sohn eines Schneiders in Leipzig geborenen, nach dem Kriegsdienst 1919 als Mitbegründer der KPD in Leipzig hervorgetretenen Kommunisten Walter Ulbricht waren durch eine offene Bildungswelt bestimmt. Carola Stern schildert in ihrer Biographie, Ulbricht habe sich intensiv mit dem Marxismus, der Geschichte des Altertums, des Mittelalters und der Neuzeit sowie mit verschiedenen Kulturbereichen und dem «klassischen Erbe» (Schiller und Goethe als Schrittmacher des Sozialismus) beschäftigt; doch zeigte sich bereits damals eine dem bourgeoisen affirmativen Kulturverständnis durchaus ähnliche Eindimensionalität des (Roten-Plüsch-)Denkens. «In diese Vorstellungswelt gehören der ‹Kampf gegen Nikotin und Alkohol› und das Sporttreiben, gehören Abneigung gegenüber neuen Erkenntnissen, gegenüber undogmatischem Weiterdenken. Hierher gehört der Trugschluss, dass man mit Hilfe marxistischer Formeln Kunst und Wissenschaft nicht nur verstehen, sondern auch ‹anleiten› könne. In dieser erschreckend unkomplizierten und mit wenigen Formeln völlig erklärten Welt haben die Individualisten, die Nichtsportgestählten, die Lebenslustigen, die Nachdenklichen, die Christen, die Zweifler, die Bürger, die Träumer, die Künstler nichts zu suchen.»[76] Ulbrichts Hauptstärke war von Anfang an sein Ordnungsbewusstsein, sein Fleiß, sein organisatorisches Talent, sein phänomenales Namensgedächtnis, seine unermüdliche Arbeitskraft – alles Sekundärtugenden, die einem jeweiligen Kurswechsel nicht im Wege standen.

Der UdSSR, mit «Gott Stalin» an der Spitze, dankte es der gelernte Tischler, dass er in die kommunistische Führungselite aufstieg, wobei die Skrupellosigkeit, mit der er über die eigenen Genossen und Mitkämpfer hinwegschritt, zum Qualifikationsverfahren des Stalinismus gehörte. Die Vermutung, dass Ulbricht aus persönlicher Rivalität 1934 den Versuch, den kommunistischen früheren Reichstagsabgeordneten Ernst Thälmann aus nationalsozialistischer Haft zu befreien, verhindert habe, ist zwar hinsichtlich seiner Alleinschuld nicht erhärtet, doch war er hier wie dann vor allem bei den gerade die deutschen Emigranten betreffenden Moskauer Säuberungen der Jahre 1936/37 maßgeblich beteiligt. Dabei muss man allerdings einräumen, dass Ulbricht – nach seiner Berliner illegalen Tätigkeit zunächst in Paris lebend (um dort eine deutsche Volksfront aufzubauen) – nicht nur Täter, sondern auch Opfer war. Wie die Sowjetbürger lebten die Emigranten, in ihrem Hauptunterkunftsort, dem Hotel «Lux», in Angst und Schrecken, denunzierten sich gegenseitig, um dem Bannstrahl, mit dem Stalin wahllos frühere Gefolgsleute verschwinden, verhaften, ermorden ließ, zu entgehen (es handelte sich um 2546 Opfer). Der Terror raste. Wer eben noch höchster Repräsentant der Sowjetmacht war, wie etwa der sowjetische Politiker und Wirtschaftstheoretiker Nikolai Iwanowitsch Bucharin (einst enger Kampfgenosse Lenins), der Trotzki nahestehende Gregorij Jesejewitsch Sinowjew oder der lange Zeit in Berlin lebende Karl Radek (Komintern-Mitglied), konnte am nächsten Tag angeklagt und umgebracht werden. Ulbricht gelang es, ungeschoren zu überleben, was er nicht nur seinem Geschick, sondern auch dem Zufall verdankte. Der Stalinkult, den Ulbricht und die übrigen DDR-Funktionäre betrieben, wurde dadurch nicht beeinträchtigt: «Gedenke, Deutschland, deines Freunds, des besten. / O danke Stalin, keiner war wie er / so tief verwandt dir. Osten ist und Westen / in ihm vereint» (Johannes R. Becher, 1953).[77]

Die Ära Walter Ulbrichts sollte bis zu seiner Entmachtung im Juni 1971 dauern. Den «Baumeister der zweiten deutschen Diktatur», zunächst in völliger Abhängigkeit von der UdSSR – er selbst sprach freilich stets davon, dass es um die Entwicklung eines selbständigen deutschen Staates in Kooperation mit dem Sowjetunion ginge –, nannte Sebastian Haffner in den sechziger Jahren den erfolgreichsten deutschen Staatsmann seit Bismarck und führte den martialisch-dogmatischen Charakter des SED-Regimes auf die Repressionen und Verfolgungen zurück, welche die deutschen Kommunisten seit dem Beginn ihrer politischen Existenz hatten erleiden müssen.[78] Im Gegensatz zu dem ingeniösen, bei allen autoritativen Zügen die westliche Ideenwelt der Demokratie, des Liberalismus und Humanismus verkörpernden Adenauer handelte es sich freilich bei Ulbricht um den Triumph der farblos-nichtssagenden Mittelmäßigkeit, den zunächst unaufhaltsamen Aufstieg eines bornierten und zugleich eiskalten Apparatschiks. Kurz nach der bedingungslosen Kapitulation war er aus Moskau nach Berlin zurückgekehrt, um das ostdeutsche kommunistische Gesellschaftssystem und Staatswesen aufzubauen – als Statthalter freilich, was er angesichts seiner Ambitionen wohl als Demütigung empfand. Eine Hassliebe verband ihn mit dem Land, aus dem er fortgegangen war und in das er nun als entscheidende Führungspersönlichkeit wieder zurückkehrte. Und er war geprägt durch den «sublimierten Masochismus», wie er als rätselhaftes Mentalitätsmuster für die sowjethörigen Kommunisten zwischen den beiden Weltkriegen typisch war; sie starben nicht nur für ihren Glauben im Kampf gegen den Nationalsozialismus, sie opferten sich auch willig, unschuldig-schuldbewusst, dem Moloch der eigenen Partei, die sie verriet, folterte und umbrachte. Stalin und seine Mitverbrecher suchten sich in ihrem Sadismus, der zugleich der Verbreitung von Angst und Schrecken dienen sollte, gerade unter den Treuesten ihre Opfer. Der «wütende Gott» – «Der Gott, der versagte» war nach dem Zweiten Weltkrieg Titel einer Anthologie, in der abtrünnige ehemals kommunistische Intellektuelle Rechenschaft über ihren Irrweg ablegten[79] – konnte sich meist auf seine Sendboten verlassen; Ulbricht war einer der verlässlichsten von ihnen.

Die Vereinigung der KPD mit der SPD zur SED bedeutete für Ulbricht auch die Kompensation seines Bruchs mit der SPD in der Novemberrevolution von 1919; die Kommunisten wären die echten Marxisten und Revolutionäre, die Deutschland den richtigen Weg eröffneten. Ein solcher ideologisch-utopischer Verblendungszusammenhang vertuschte, dass die Bildung der neuen «demokratischen deutschen Arbeiterpartei» auf der Basis von Zwang und Betrug erfolgte – was man daran erkennen konnte, dass dort, wo die Entscheidung in Freiheit erfolgte, die Ablehnung weit überwog: In West-Berlin stimmten 82 Prozent der Sozialdemokraten gegen die Vereinigung. Doch gab es auch bei den Sozialdemokraten Zustimmung – motiviert durch eine Mischung von Idealismus und Opportunismus. Otto Grotewohl, 1945 Vorsitzender des Zentralausschusses der SPD, war von 1946 bis 1954 zusammen mit dem Kommunisten Wilhelm Pieck Vorsitzender der SED und ab Oktober 1949 Ministerpräsident beziehungsweise Vorsitzender des Ministerrates der DDR.

Die «fixe Idee» einer Einheitspartei verwirklichten Ulbricht und seine Genossen mit rücksichtsloser Energie. Etwa 20 000 ehemalige Sozialdemokraten verloren in der Sowjetzone beziehungsweise DDR ihren Arbeitsplatz; 100 000 Sozialdemokraten mussten in den Westen fliehen; 5000 Sozialdemokraten wurden von ostdeutschen oder sowjetischen Gerichten verurteilt – von ihnen sind 400 in der Haft verstorben. «Insgesamt hat sich Kurt Schumachers Voraussage vom ‹Blutspender SPD› innerhalb der SED bewahrheitet. Selbst die These von der ‹freiwilligen› Vereinigung, die den Druck auf die Sozialdemokraten verschleiern sollte, konnte nicht darüber hinwegtäuschen, dass mit der Wandlung der SED zur stalinistischen ‹Partei neuen Typus› bereits 1948 jeder sozialdemokratische Einfluss verschwand, ja der ‹Sozialdemokratismus› zum Hauptfeind der nunmehr offen kommunistischen SED erklärt wurde» (Hermann Weber).[80]

Das «Vaterland der Werktätigen» war ein solches nur für diejenigen, deren «soziale Arbeiterinteressen» sich mit denen der Staatsideologie deckten. Zunächst hatte die sowjetische Militäradministration die nationalsozialistischen Lohnregelungen weitge-

Wolfgang Mattheuer: Zwiespalt, 1979

hend übernommen; sie wurden durch Steuerungssysteme ersetzt, die am sowjetischen Gesellschaftsmodell orientiert waren – das hieß einer staatlich gelenkten Planwirtschaft mit dem Ziel der Erhöhung der Produktivität durch gesteigerte Arbeitsleistung und einer Verbesserung der Arbeitsdisziplin. Als am 17. Juni 1953 größere Teile der Arbeiterschaft gegen ihre Ausbeutung demonstrierten – ausgelöst durch die von der Regierung verfügte Erhöhung der Normen um mindestens 10 % – wurde der Aufstand mit Hilfe der sowjetischen Besatzungsmacht niedergeschlagen. Der «egoistische» Anspruch der Menschen auf ein besseres Leben wäre unvereinbar mit dem «beschleunigten Aufbau des Sozialismus».

Nach Wilhelm Piecks Tod 1960 wurde das Amt des Staatspräsidenten abgeschafft und ein Staatsrat installiert, dessen Vorsitz Ulbricht übernahm. Durch die Vereinigung parteilicher Macht mit der nominell höchsten staatlichen Autorität befand er sich nun auf dem Zenit seiner Karriere. Im Wechselspiel von Zuckerbrot und Peitsche wurde die Disziplinierung der Bevölkerung weiter vorangetrieben. Einerseits wurde durch den Mauerbau 1961 die Bevölkerung hermetisch vom Westen abgeschlossen, andererseits versuchte das «Neue ökonomische System der Planung und Leitung» (NÖSPL) seit 1963 die Arbeitsproduktivität zu steigern und mittels liberalerer «ökonomischer Hebel» die Effektivität der Planungsökonomie zu erhöhen. Mit der Roten Armee im Rücken wurde jedoch jeder Arbeitskonflikt unterbunden; Streik war zudem auch ideologisch ausgeschlossen; es galt die Doktrin, dass Arbeiter gegen sich selbst nicht vorgehen könnten.

Walter Ulbrichts politisches Ende kam 1971, als Erich Honecker, der nach einem langen Zuchthausaufenthalt im Dritten Reich als Jugendsekretär des Zentralkomitees der KPD 1945 seine Parteikarriere fortgesetzt hatte, in Abstimmung mit Leonid Breschnew, dem Generalsekretär der KPDSU und Staatsoberhaupt der UdSSR, ihn zum «freiwilligen Rücktritt» bewegte. Der «Unersetzliche» – vor dem Politbüro bezeichnete er sich als «unwiederholbar» und die DDR als «Lehrmeisterin des Ostens» – hatte seine Rolle ausgespielt; er passte auch nicht zu dem Entspannungskurs, der nun das Verhältnis zwischen Ost und West, mit bewirkt durch die neue Ostpolitik der westdeutschen Regierung unter Willy Brandt und Walter Scheel, bestimmte; schließlich gab es auch eine wahnhafte Vorstellung des sowjetischen Parteichefs, dass Ulbricht plötzlich gemeinsame Sache mit Brandt gegen die Interessen der Sowjetunion machen könnte.[81] Wie bei den stalinistischen Säuberungen, freilich nun auf menschlichere Weise (ohne Mord beziehungsweise Hinrichtung, sondern durch Versetzung in den «Ruhestand», was freilich bedeutete, dass man zur Unperson wurde), musste derjenige, der von dem Gefühl durchdrungen war, er habe dem Sozialismus auf deutschem Boden zum überragenden Sieg verholfen und damit den Sowjetsozialismus überboten, «schlagartig» abtreten. «Adenauer und Ulbricht versuchten zu überbrücken, was nicht zuletzt durch ihre Politik zerbrochen war. Beide scheiterten dabei nicht nur an den Klippen der Weltpolitik, sondern auch an sich selbst. Sie hatten sich so stark und so sichtbar für die Sonderexistenz ihres Teilstaats engagiert, dass sie zu Symbolen der Teilungspolitik wurden. Adenauer galt als der Spalter Deutschlands auch bei vielen

Ostdeutschen, die der SED fernstanden... Ulbricht war für die meisten Westdeutschen zur abschreckenden Verkörperung all dessen geworden, was man im Westen vom Kommunismus fürchtete. Auch ein vernünftiger Vorschlag wurde indiskutabel, wenn er von ihm kam. Adenauer und Ulbricht waren erfolgreich, soweit sie in ihrem Teil Deutschlands agierten. Jeder wurde zum Vater seines Staates, zog ihn auf, bis er auf eigenen Füßen stand. Aber dabei fanden beide ihre Grenzen. Sie vermochten die Bundesrepublik und die DDR gegeneinander aufzubauen, nicht aber, sie miteinander zu versöhnen» (Peter Bender).[82]

In Monika Marons Roman «Stille Zeile sechs» diktiert Herbert Beerenbaum, ein ehemals mächtiger Funktionär, der Historikerin Rosalind Polkowski seine Memoiren. An einer Stelle erinnert sich der Funktionär an seine Rückkehr nach Deutschland. «Der Augenblick, in dem unser Zug über die Grenze nach Deutschland fuhr, gehörte zu den glücklichsten meines Lebens. Heim ins befreite Deutschland, befreit durch die Sowjetarmee. Weinend lagen alle Genossen im Zug sich in den Armen. In dieser Stunde wussten wir: Es würde unser Deutschland werden, auf ewig befreit von kriegslüsternen Imperialisten und mordgierigen Faschisten. Wir ahnten, welch schwerer Weg, benetzt von Schweiss und Tränen, vor uns lag.» Inzwischen ist die Rhetorik des ehemals mächtigen Stalinisten «wie die Schleimhaut seiner Kehle» vertrocknet und «seine Unnachgiebigkeit mit der Verkalkung des Rückgrats brüchig geworden».[83] Die ideologische Macht, so Polkowski (damit auch das Urteil Monika Marons über Ulbricht und die SED-Nomenklatura artikulierend), habe alles verdorben. Was viel Anfang versprach, wäre dennoch keiner gewesen, da er auf stalinistischen Verbrechen beruhte; und dann sei dieser trügerische Anfang, als eigener Weg zum Sozialismus zunächst viele in seinen Bann schlagend, nochmals pervertiert worden.

Herbert Beerenbaums Identität gründet im Antifaschismus; dieser gehörte in der Tat zum Fundament der DDR, war – so Bender – gleichermaßen Attraktion und Instrument. Die DDR legitimierte sich dadurch – wie die Bundesrepublik durch ihre demokratische Verfassung; sie verkündete, sie allein habe die Lehren aus der deutschen Geschichte gezogen; innen- wie außenpolitisch bildete der Antifaschismus die einzige unangreifbare existenzielle Legitimation der DDR. Zum SED-Sozialismus habe es demokratisch-sozialistische Alternativen gegeben, zum Antifaschismus nicht. «Da dies in voller Glaubesgewissheit geschah, entstand eine schreckliche Selbstgewissheit. Die deutschen Kommunisten fühlten sich nicht verantwortlich für Hitler, und als Personen hatten die meisten dazu alles Recht. Warum sollten sie die Verbrechen eines Mannes büßen, den sie bis zur Gefahr für ihr Leben bekämpft hatten. Da sie, sobald sie die Macht erhielten, Nazis und Nazismus zum Verschwinden gebracht hatten, glaubten sie, nicht nur sie selbst, sondern auch die DDR sei frei davon.»[84]

Aus dem Osten kultureller Sonnenglanz

Die erste Strophe der Nationalhymne der Deutschen Demokratischen Republik, 1949 von Johannes Robert Becher gedichtet und von Hanns Eisler komponiert, pries, wie das ganze Lied, das Glück eines zukünftigen Deutschland. (Weil der Text den Gedanken der Einigung Deutschlands bewahrte, wurde er seit Anfang der 70er Jahre bei offiziellen Anlässen nicht mehr verwendet – nur noch die dazugehörende Musik wurde gespielt.)

> Auferstanden aus Ruinen
> Und der Zukunft zugewandt,
> Lass uns dir zum Guten dienen,
> Deutschland, einig Vaterland.
> Alte Not gilt es zu zwingen,
>
> Und wir zwingen sie vereint,
> Denn es muss uns doch gelingen,
> Dass die Sonne schön wie nie
> Über Deutschland scheint,
> Über Deutschland scheint.[85]

«Sonnenglanz», das bedeutete vor allem der über Kultur, im Besonderen Kunst, vermittelte Vorschein humanistischer und sozialistischer Ideen – ein Anspruch, wie er maßgeblich von Becher, der 1933 Deutschland verlassen und in der Tschechoslowakei, Frankreich und von 1935 bis 1945 in der Sowjetunion gelebt hatte, formuliert wurde. Der von ihm gegründete «Kulturbund zur demokratischen Erneuerung Deutschlands», als Vereinigung der deutschen Intelligenz in allen Zonen gedacht – in der Tat fand er überall in

Deutschland Resonanz –, war von der Überzeugung geprägt, dass die deutsche Kultur durch den Faschismus nicht erschüttert worden sei und jeden bei der Wiederaufbau-Arbeit zu beflügeln vermöge. Das Manifest des Kulturbundes, so Heinrich Mann, erfülle ein Geist, der an der alten Größe Deutschlands niemals gezweifelt habe. War der Kulturbund auch insofern konservativ, als er sich nicht vom pathetisch-affirmativen Sprachmuster und dem gängigen Kulturritual lösen wollte – bei der ersten öffentlichen Kundgebung am 3. Juli 1945 spielte man Beethoven und hielt «erhebende» Ansprachen –, so stellte er sich doch inhaltlich wie keine andere kulturelle Institution auf die Seite engagierter Kunst. Echtes Kulturleben, so das Gründungsmitglied Hans-Georg Gadamer, damals Rektor der Universität Leipzig, bedeute, dass man sich nicht mit der Kultur als einer bloßen Welt der Bildung zufrieden geben dürfe; Kunst, Wissenschaft und alle Gestaltung des sozialen Selbstbewusstseins dürften nicht mehr gedacht werden in Form der Erlösung vom Druck der Wirklichkeit, «sondern als Ausdruck und Erhöhung dieser Wirklichkeit selbst». Die Kulturpolitik der KPD und der ostzonalen SPD, später der SED, berücksichtigte dabei mit Erfolg das weite Spektrum zwischen konservativ-bürgerlicher Hochkultur und revolutionär-proletarischer Agitation, überwölbt von dem Bekenntnis zum Antifaschismus.

Kultureller Frühling erblühte gerade auch im russischen Besatzungs-Sektor Berlins.[86] Die noch lange nachwirkende Panik, verursacht durch die russischen Plünderungen und Vergewaltigungen – sie zittere noch nach drei Jahren unter den Arbeitern, notierte Bertolt Brecht im Oktober 1948[87] –, konnte durch kulturelle Aufbruchsstimmung überspielt werden. «Von den Nazis zum Sterben verurteilt, wurde uns Kultur zur größten Lebenshilfe», erinnert sich der 1929 geborene Manfred Wekwerth, später Regieassistent und Regisseur in Bert Brechts Berliner Ensemble (das er dann von 1977 bis 1991 leitete). «Es war eine zweite Menschwerdung, die viele meiner Generationen 1945 durchmachten. Dieses Erlebnis von der veränderten Macht der Kultur, wenn es um Überleben und mehr noch, wenn es um Leben geht, hat mich in meinem Glauben an die Vernunft sicherer gemacht.»[88]

Was damals geschah und besonders junge Menschen bewegte, meinte der Dichter Franz Fühmann (Jahrgang 1922, nach nationalsozialistischer Jugend und sowjetischer Gefangenschaft zunächst mit der SED sympathisierend), sei heute sicherlich schwer zu fassen. «Ein Wiedergewinnen politischer Werte durch den Dennoch-Gebrauch des bis ins Verbrauchtsein Missbrauchten, im Namen revolutionärer Erneuerung: ‹Volk›, ‹Vaterland›, ‹Zukunft›, ‹Sinn des Lebens›, ‹Gemeinnutz›, ‹Opfermut›, ‹Glauben›, ‹Einsatz›, ‹Kampf›, ‹Hingabe› … Ihre Auferstehung geschah im Zeichen des Wahren … ‹Wahr› – es wurde das wichtigste Wort jener Zeit.»[89]

Die kulturpolitische Situation in Berlin wie in der SBZ/DDR war in den ersten Jahren der Trümmerzeit ambivalent. «Während Hans Mayer in seinem Buch ‹Der Turm von Babel› davor warnt, die Anfänge der DDR von ihrem Ende her zu denunzieren – er schrieb von den Spuren des Prinzips Hoffnung, von einer deutschen Möglichkeit und Alternative zum Go West der anderen deutschen Hälfte, von einer Zeit, in der nichts entschieden war und die Geschichte offen schien –», meinte Manfred Riedel, damals Schüler von Ernst Bloch in Leipzig, dass dies die «Sage vom guten Anfang» sei. Von vornherein habe der Antifaschismus sich als eine Illusion und das propagierte humanistische Ideal als fragwürdig erwiesen.[90]

Sozialistischer Realismus

Die SED sorgte dafür, dass die Forderung nach gesellschaftlich engagierter Kunst einseitig und eindeutig im Sinne eines dogmatischen sozialistischen Realismus erfüllt wurde. Nach der Sturm-und Drangperiode des antifaschistischen Neubeginns (1945 bis 1949) erfolgte die Ideologisierung nach Plan. Den Maximen der sowjetischen Kulturpolitik folgend, sollte der Künstler vor allem die ideologische Erziehung beziehungsweise Umerziehung der Werktätigen im Geiste des Sozialismus unterstützen (den Schriftsteller nannte Stalin einen «Ingenieur der menschlichen Seele»). Westliche kapitalistische Dekadenz galt es zu bekämpfen, da sie die Vorstellungen vom schönen Menschen, der freudig und uneigennützig sich dem Aufbau des Sozialismus hingäbe, beeinträchtige. «Wir brauchen weder die Bilder von Mondlandschaften, noch von faulen Fischen und ähnliches … Die Grau-in-Grau-Malerei, die ein Ausdruck des kapitalistischen Niedergangs ist, steht im schroffsten Widerspruch zum neuen Leben in der Deutschen Demokratischen Republik», erklärte Ulbricht bei der Vorlage des Gesetzes über den Fünfjahresplan vor der Volkskammer am 31. Oktober 1951.[91]

Vor allem die bildende Kunst wurde attackiert, wobei das verwendete Vokabular sehr an die nationalsozialistische Hetze gegen entartete Kunst erinnerte. «Was hat solche Kleckserei, die den Menschen und die Gesellschaft verachtet, mit Ästhetik gemein?», hieß es in einem Artikel der «Täglichen Rundschau», Januar 1951; «warum wählen diese Künstler als Themen für ihre Bilder das Abscheuliche und Missgestaltete? Man kann uns entgegenhalten, das Missgestaltete existiere in der Wirklichkeit. Das ist richtig. Eine Kunst aber, die sich Entartung und Zersetzung zum Vorbild nimmt, ist pathologisch und antiästhetisch. Selbst im Reich der Tiere erscheint dem Menschen das schön, was Lebensfrische, Gesundheit und Kraft atmet.»[92]

Das Wechselspiel von Kultur und Politik in vier Jahrzehnten DDR zeigt eine sich wenig verändernde Stereotypie: Die Staatsorgane gängeln die Künstler und versuchen auf autoritäre Weise, ihre Ideologie durchzusetzen; die Künstler unterwerfen sich und werden zu staatlichen Erfüllungsgehilfen, oder aber sie betreiben Camouflage und ziehen sich in private Nischen zurück; sie leisten jedoch auch offenen oder verdeckten Widerstand; viele resignieren, viele fliehen in den Westen. Selbst Johannes R. Becher, Minister für Kultur von 1954 bis 1958, bezeichnete in einem Manuskript, zwei Jahre vor seinem Tod entstanden, mit «Selbstzensur» überschrieben, die Annahme, dass der Sozialismus die menschlichen Tragödien beende und das Ende der menschlichen Tragik selber bedeute, als Grundirrtum seines Lebens. «Wer vom Sozialismus träumt und schwärmt als von einem Erdenparadies und einem Glück für alle, der wird furchtbar belehrt werden in dem Sinne, dass die sozialistische Ordnung ganze Menschen hervorbringt, die aufs Ganze gehen, wenn auch nicht unter Anwendung der barbarischen Mittel der Vorzeit, aber auch diese bleiben noch eine Zeit lang in Gebrauch, wie es gerade in letzter Zeit bewiesen wurde, dadurch, dass sich ihrer Sozialisten bedienten, übertreffen sie in ihrer Barbarei noch die vor dem gebräuchlichen.» Auch im neuen Gesellschaftssystem ergebe sich die Möglichkeit einer Entartung und die Notwendigkeit, diese zu beseitigen, gegebenenfalls unter Anwendung von Druckmitteln.[93]

Die strikte Propagierung des sozialistischen Realismus brachte u.a. Spannungen mit Anna Seghers; die kommunistische Autorin war 1933 nach Frankreich, 1941 nach Mexiko emigriert und 1947 in die DDR übergesiedelt. Mit dem Roman «Das siebte Kreuz», 1942, hatte sie eine eindringliche Analyse des NS-Staates gegeben (von sieben aus einem Konzentrationslager entflohenen Häftlingen entkommt einer mit Hilfe seiner Freunde, während die Anderen durch das Zutun der fanatisierten Masse in den Tod getrieben werden). Ihr Roman «Die Toten bleiben jung» (1949) skizziert die politischen und gesellschaftlichen Verhältnisse in der Zeit von 1918 bis 1945. Die Besprechung dieses Werkes durch Paul Rilla in der Zeitschrift «Aufbau» (vom «Kulturbund» im «Aufbau-Verlag» herausgegeben) löste eine der ersten scharfen literaturpolitischen Kontroversen in der jungen DDR aus. Zumindest indirekt hatte der Rezensent den Positivismus des sozialistischen Realismus kritisiert, indem er zwischen diesem und literarischer Qualität einen Gegensatz sah. Die Interessiertheit nehme in dem Maße ab, wie die Personen an positiver gesellschaftlicher Bestimmung zunähmen. «Junge Autoren mögen hier lernen, dass noch die Meisterschaft etwas Gewagtes bleibt und dass sie sich lieber in Gefahr begibt als ungefährdet das nächstbeste zu leisten.»[94] Alexander Abusch, wie Anna Seghers aus der mexikanischen Emigration in die SBZ zurückgekehrt – er nahm dann in der DDR wichtige publizistische und politische Funktionen wahr –, konterte, dass eine «fehlerhafte Theorie der Uninteressantheit positiver Gestalten» negativ-folgenschwer für die DDR-Literatur sei. «Sie entwaffnet den Schriftsteller in seinem Bemühen, die neuen Menschen lebensvoll und interessant, d. h. künstlerisch vollendet, zu gestalten.»[95]

Auch gegen Bertolt Brecht wurde der Formalismusvorwurf erhoben (unter Formalismus verstand man pauschal alle Strömungen, die dem sozialistischen Menschenbild nicht entsprachen). Der Dichter war 1948 aus den USA über Zürich, wo er sein Stück «Herr Puntila und sein Knecht Matti» u.a. mit Leonhard Steckel, Gustav Knuth, Therese Giehse, Helen Vita im Schauspielhaus inszeniert hatte (auf dem Programmzettel stand freilich Kurt Hirschfeld, der Leiter des Hauses, da er wegen der Fremdenpolizei nicht genannt werden konnte), in die DDR gegangen; die Bildung des «Berliner Ensemble», das zuerst im Deutschen Theater spielte und 1954 in ein eigenes Haus (Theater am Schiffbauerdamm) einzog, war Bedingung seiner Ansiedlung gewesen. Besonderen Anstoß nahmen die SED-Ideologen an Brechts Oper «Das Verhör des Lukullus» (1951), wobei vor allem die Musik von Paul Dessau (1948 aus der amerikanischen Emigration nach Ostberlin zurückgekehrt) angegriffen wurde: Dessau – so das «Neue Deutschland» – musiziere mit den Fragmenten der abendländischen Musik, die Igor Strawinsky noch übrig gelassen habe; dieser, ein in den USA lebender Kosmopolit, sei aber ein fanatischer Zerstörer der europäischen Musiktradition. «Als Häuptling der formalistischen Schule bestreitet er, dass die Musik einen anderen ‹Inhalt› als rhythmische Spielereien haben kann.» Die Premiere erbrachte beim Publikum begeisterte Zustimmung, die Oper wurde aber daraufhin sofort verboten. Brecht, wie so oft zwischen gewundenem Opportunismus und vorsichtigem Widerstand schwankend, nahm Änderungen vor; aus dem «Verhör» wurde eine «Verurteilung» – nun des Angriffskrieges; der Verteidigungskrieg erfuhr ausdrückliche Billigung. Die Aufführung in Westdeutschland ein Jahr später (in Frankfurt, wo Harry Buckwitz die Oper herausbrachte) entsprach dann wieder der ersten Fassung; ein Teil der Kritik beanstandete, dass der Dichter sich «äußerst zwielichtig» verhalte. Das tat er auch beim Aufstand der Arbeiter am 17. Juni 1953: Er sandte eine Solidaritätserklärung an Ulbricht; zugleich aber übte er lebhafte Kritik an den Missständen in der DDR. (Der Brief wurde verstümmelt veröffentlicht; er bestand da nur noch aus der abschließenden Ergebenheitsformel.) Die von den SED-Machthabern getroffene «Lösung» (Niederschlagung des Aufstandes mit Hilfe russischer Panzer) karikierte Brecht mit einem Gedicht:

Nach dem Aufstand des 17. Juni
Ließ der Sekretär des Schriftstellerverbands
In der Stalinallee Flugblätter verteilen
Auf denen zu lesen war, dass das Volk
Das Vertrauen der Regierung verscherzt habe
Und es nur durch verdoppelte Arbeit
Zurückerobern könne. Wäre es da
Nicht doch einfacher, die Regierung
Löste das Volk auf und
Wählte ein anderes?[96]

Im Mai 1955 erhielt Brecht im Kreml den Stalinpreis; nach Zeitungsmeldungen deponierte er den Geldbetrag auf einer Schweizer Bank. Dem sozialistischen Einheitsstaat blieb er treu; die heimliche Hoffnung vieler im Westen, «dass Brecht eines Tages mit seinem Köfferchen erscheint, die Freiheit wählend», war illusorisch – «trotz wiederholter Maßregelungen, die Brecht sich gefallen ließ. Ist er ein Feigling, ist er ein Blinder, oder genügt ihm die Freiheit des Westens nicht, um auf das russische Geld zu verzichten?» (Max Frisch)[97] Als Bertolt Brecht am 14. August 1956 starb, hatte er wieder viele Sympathien zurückgewonnen. Die Zeitschrift «Das Schönste» schrieb: «Das Große in seinen Werken, das geistig Erhabene, überstrahlte bis zuletzt die Befangenheit in politischen Dogmen – der Mensch und Dichter Brecht bedarf deshalb keiner Rechtfertigung und wird nie einer solchen bedürfen. Sein Werk hat säkulare Geltung, die deutsche Sprache hat aus seinem Geist neuen Gehalt empfangen. Das deutsche Theater verdankt ihm stärkste Impulse, unsere Dichtung wäre unendlich ärmer ohne ihn.»[98]

Bitterfelder Weg

Nach dem Tod Stalins im März 1953 – Johannes R. Becher dichtete «Und aller Ruhm der Welt wird Stalin heißen! / lasst uns den ewig Lebenden lobpreisen!»[99] – und den Ereignissen des 17. Juni kam es in der DDR-Kulturpolitik zu Krisen und Schwankungen; selbst loyale Intellektuelle verwahrten sich gegen Indoktrination und Zensur. Die Verurteilung Stalins durch dessen Nachfolger Nikita Sergejewitsch Chruschtschow auf dem 20. Parteitag der KPdSU im Februar 1956 bot einigen aufmüpfigen Schriftstellern (etwa Manfred Bieler, Gerhard Zwerenz, Erich Loest) die Möglichkeit zu kritischer «Wortmeldung». Auf dem vom Zentralrat der FDJ (der SED-Organisation «Freie Deutsche Jugend») veranstalteten zweiten Kongress junger Künstler in Chemnitz Juni 1956 forderte Heinz Kahlau: «Die Kunst braucht die geistige Freiheit, die Kunst braucht Toleranz.»[100] Hans Mayer, der nach der Rückkehr aus der Schweizer Emigration und einer Tätigkeit als Chefredakteur bei Radio Frankfurt 1948 als Professor für Literaturgeschichte an die Universität Leipzig ging (1963 Rückkehr nach Westdeutschland), veröffentlichte Dezember 1956 in der Wochenzeitung des Kulturbundes «Sonntag» einen ursprünglich für den Deutschlandsender gedachten, aber von dessen Intendanten abgesetzten Aufsatz zur deutschen Literatur der Zeit. Er zog darin eine Bilanz des mageren literarischen Lebens in der DDR, sprach von Stagnation und Sterilität, polemisierte gegen die rot angestrichenen Gartenlauben vor allem in der Lyrik; er verlangte, endlich die kenntnisreiche Auseinandersetzung mit der Moderne zu beginnen, also nicht mehr so zu tun, als habe Joyce den Ulysses nie geschrieben: «Es muss aufhören, dass Kafka bei uns ein Geheimtipp bleibt und dass das Interesse für Faulkner und Thornton Wilder mit illegalem Treiben gleichgesetzt wird.» Dass Mayer zugleich für den im August verstorbenen Brecht und für Becher eintrat, «war auch ein Indiz dafür, dass es eine Allianz gegen die Sektierer und Dogmatiker gab. Vor allem verlangte der Leipziger Literaturwissenschaftler das sogenannte epische Theater nicht länger als ein ‹Hirngespinst des im übrigen recht achtbaren Bertolt Brecht› zu behandeln, und zum zweiten bescheinigte er Becher, Schlimmeres verhütet zu haben» (Manfred Jäger).[101] Nach der Niederschlagung des Aufstandes in Ungarn November 1956 konnte sich auch in der Kulturpolitik der harte Kern um Ulbricht wieder durchsetzen und zur Offensive übergehen. Diese zielte auf die oppositionelle Intelligenz und traf im Besonderen wissenschaftliche Institutionen und deren Vertreter (wie die Humboldt-Universität in Berlin und die Universitäten in Halle, Jena, Leipzig). Neben Hans Mayer wurde Ernst Bloch – nach seiner Rückkehr aus dem Exil im Dritten Reich Professor für Philosophie in Leipzig (Hauptwerk «Das Prinzip Hoffnung») – bekämpft; sein Denken sei unmarxistisch, seine Kritik an der Gesellschaftsordnung der DDR zersetzend. Er wurde zwangsweise emeritiert; 1961 ging er nach Tübingen. Unterdrückung erfuhren außerdem verschiedene Publikationen, so die «Zeitschrift für deutsche Philosophie» mit Wolfgang Harich als Chefredakteur und die satirische Zeitschrift «Eulenspiegel»; ferner politische Kabaretts, wie zum Beispiel die Leipziger «Pfeffermühle». Unter Kuratel gestellt wurde der «Aufbau-Verlag» mit seinem Verlagschef Walter Janka. Janka, Harich und andere erhielten hohe Zuchthausstrafen; auch die Redakteure, die Mayers Aufsatz veröffentlicht hatten, traf dieses Schicksal. Die Prozesse waren eine Farce, etwas anderes als «schuldig» war nicht zu erwarten. Rechtsbeugung gehörte zum System.

Der Prozess gegen Janka wie andere Verfahren und Vorkommnisse machten die häufig anzutreffende erbärmliche Anpassungs-Mentalität ostdeutscher Intellektueller deutlich. (Deren Verhältnis zu Staat und Partei bezeichnet der ostdeutsche Autor Werner Mittenzwei in einer groß angelegten Studie als Geschichte einer wechselseitigen Faszination mit Enttäuschungen auf beiden Seiten, verbunden mit einer Abfolge unabsichtlich und absichtlich zugefügter Verletzungen, die verpackt waren in fast komisch wirkenden «guten Absichten».)[102] Beim Janka-Tribunal war eine ganze Reihe von ihnen anwesend, u.a. Anna Seghers, Willi Bredel (damals Mitglied des Zentralkomitees der SED), Bodo Uhse (Sekretär der Sektion Dichtkunst und Sprachpflege in der deutschen Akademie der Künste). Als es im Zuschauerraum zu Schreiereien gegen den Angeklagten kam, beteiligten sich Eduard von Schnitzler, Chefkommentator des Rundfunks und Fernsehens, Bernt von Kügelgen, Chefredakteur des «Sonntag», Dr. Günter Kertzscher, stellvertretender Chefredakteur des SED-Zentralorgans «Neues Deutschland». «Sie stießen sich gegenseitig an und trommelten mit den Fäusten auf die Tischplatten. Wie wildgewordene Studenten nach einer wohlgefälligen Vorlesung... Dass sich keiner der hier vertretenen Freunde von Lukács dazu aufschwang, gegen die unwahren Behauptungen zu protestieren, war die schlimmste Enttäuschung für Janka während des ganzen Prozesses.»[103]

Seit 1959 bewegte sich die DDR-Literatur und Kunst auf dem Bitterfelder Weg; zusammen mit der Arbeiterklasse sollten die «Höhen der Kultur erstürmt und von ihnen Besitz ergriffen werden».[104] Die von Walter Ulbricht in einer Rede im Elektrochemischen Kombinat Bitterfeld 1959 verkündete neue Form der sozialistischen Nationalkultur bedeutete, dass Schriftsteller sich in den Betrieben auf Stoffsuche begeben, Arbeiter sich dagegen an den Schreibtisch setzen sollten. «Greift zur Feder, Kumpel!» Die SED verfolgte primär vier Ziele mit dieser Bewegung: eine Mobilisierung der Massen, diesmal vorrangig über kulturpolitische Themen einzuleiten; durch die Beseitigung von Bildungsdefiziten ein besseres politisches Bewusstsein bei den Arbeitern zu erreichen, da der bisherige Bewusstseinsstand immer noch als mangelhaft empfunden wurde; über Brigadetagebücher und Betriebswandzeitungen den Informationsfluss von unten nach oben zu fördern; Schreiben als Informationsquelle für die Partei zu nutzen. Gleichzeitig wurde die Volkskorrespondentenbewegung dergestalt gefördert, dass Mitarbeiter in den Betrieben die Presse über Erfolge und Schwierigkeiten im Produktionsablauf informieren sollten. So sollte der ideologische Regenerationsprozess der etablierten Literatur gefördert werden; man hoffte, die etablierten Autoren besser überprüfen zu können, wenn sie sich in Zirkeln schreibender Arbeiter oder im Betrieb künstlerisch und politisch zu erklären hatten. Der Apparat ging davon aus, dass seine Führungsrolle von jetzt an unangefochten bleiben würde.[105]

Freilich stellte selbst Ulbricht auf der zweiten Bitterfelder Konferenz im April 1964 fest, dass das Ringen um eine höhere Qualität nicht immer erfolgreich gewesen sei. Zudem bot der Bitterfelder Weg Schriftstellern und Intellektuellen auch die Möglichkeit, «abwegige» Gefilde zu erkunden. Loyal bekräftigte man, beim Sozialismus mitzumarschieren, schlug sich dann aber seitswärts in die Büsche. Für Erwin Strittmatter – sein Roman «Ole Bienkopp» erzählt die Geschichte des Waldarbeitersohnes und Bienenzüchters Ole Hansen – bedeutete «Abweichung» die Beantwortung der Leitfrage: «Wie bringen wir in unserer Gesellschaft den Neuerer, den Vorwärtsdränger gut unter, so dass wir ihn nicht in seinem Tatendrang beschneiden, aber auch so, dass wir ihn nicht nach anarchischer Seite ausscheren lassen.» Recht anarchisch freilich gebärdet sich der Held in Erik Neutschs Roman «Spur der Steine» (1964); der Zimmermannsbrigadier Hannes Balla, König der Baustelle, Einzelkämpfer, Glückssucher auf eigene Faust, wandelt sich schließlich zu einem verantwortungsbewussten, aufs Kollektiv hin orientierten Sozialisten. Christa Wolfs Roman «Der geteilte Himmel» (1963) handelt von der Liebe einer Pädagogik-Studentin, die ein Praktikum in der Brigade eines Waggonwerkes absolviert, zu einem Chemiker, der nach dem Mauerbau in Westberlin bleibt. Sie besucht ihren Freund, entscheidet sich jedoch gegen das westliche Gesellschaftssystem.[106]

Im Januar 1963 veröffentlichte Günter Kunert in der Zeitschrift «Weltbühne» ein Gedicht, «Erhellungsverbot», das lapidar die kulturpolitische Situation der DDR unter Walter Ulbricht umriss: «Als unnötigen Luxus / herzustellen verbot was die Leute / Lampen nennen / König Tarsos von Xantos der / von Geburt / Blinde.»[107]

Erich Honeckers «begrenzte Abkehr» von alten Tabus bedeutete, dass die SED-Führung den Versuch unternahm, sich auf die Globalsteuerung kultureller Prozesse zu beschränken. Damit sollten Spannungen beseitigt werden, die sich seit der Mitte der sechziger Jahre verstärkt und die künstlerische Produktivität in vielen Bereichen gelähmt hatten.[108] «Es häuften sich Stichwörter wie Weite und Vielfalt, Entdeckerdrang und Phantasie, Behutsamkeit, Geduld, schöpferisches Suchen, Gleichberechtigung aller Gattungen. Sehr gern wurde wieder Lenin zitiert, der vor Gleichmacherei und Dogmatismus auf literarischem Gebiet immer gewarnt hatte. Die Herrschaft der Mehrheit über die Minderheit könne hier nur Schaden anrichten.»[109] Zugleich aber empfanden es die SED-Ideologen als große Gefahr, dass sich bei solcher «Toleranz» Widerstand formieren könne. In einem 1972 erschienenen Gedichtband von Volker Braun, für seine Lyrik, Prosa und Dramen vielfach ausgezeichnet, hieß es dazu: «Überall regt sich was, ich kann es nicht kontrollieren! / Schmeckt mir nicht jeder Halm, mäh ich die Wiese ab.»[110]

Als besonders störende «Halme» erwiesen sich Robert Havemann, Rudolf Bahro und Wolf Biermann, zumal deren Gesellschafts- wie Staatskritik, theoretisch wie künstlerisch artikuliert, aus marxistischen Denkstrukturen erwuchs, also den erstarrten DDR-Verhältnissen die eigene Melodie vorspielte, um sie zum Tanzen zu bringen.

Havemann – Chemiker, von den Nationalsozialisten verfolgt, dann Direktor des Physikalisch-Chemischen Instituts der Ostberliner Humboldt-Universität – war bis zu seinem Tod 1982 ein unbeugsamer Kritiker der politischen Verhältnisse in der DDR; wegen seines Eintretens für einen demokratischen Sozialismus wurde er 1964 aus der SED ausgeschlossen; er verlor sein akademisches Amt und erhielt Hausarrest. «Die Mächtigen scheinen arg zu zittern vor diesem unerschrockenen Mann», schrieb Marion Gräfin Dönhoff (Herausgeberin der Wochenzeitung «Die Zeit») 1980; «mit Recht, denn Ideen sind nun einmal stärker als die Polizeimacht, die ein totalitärer Staat gegen sie aufbringen kann. Niemand weiss, wann dieser ungleiche Kampf zwischen David und Goliath enden wird, so viel aber steht fest, der Name von Robert Havemann ist bereits heute mit unauslöschlichen Lettern eingeschrieben in das Buch der wechselvollen deutschen Geschichte.»[111]

Bahro hatte in seinem Buch «Die Alternative. Zur Kritik des realexistierenden Sozialismus», 1977 im Westen erschienen (er wurde zu acht Jahren Gefängnis verurteilt und nach sechzehn Monaten in die Bundesrepublik abgeschoben), festgestellt, dass die ideelle Substanz der regierenden kommunistischen Parteien Osteuropas ausgehöhlt sei und sie sich nur noch mit Gewalt an der Macht hielten – was im Besonderen die Unterdrückung des Prager Frühlings durch die Truppen des Warschauer Pakts 1968 deutlich gemacht habe. Notwendig sei die Erneuerung des Kommunismus, der eine hohe ökonomische Leistungsfähigkeit nur entwickeln könne, wenn die werktätigen Massen an den Entscheidungsprozessen wirklich beteiligt würden.

Der Lyriker und Liedermacher Wolf Biermann, der 1953 aus Hamburg in die DDR übergesiedelt war, da ihm diese als besserer deutscher Staat erschien, bemerkte bald, dass der Kommunismus krankte. «Ich schrieb Lieder und Gedichte, die ihn gesund machen sollten, aber die Bonzen bedanken sich nicht für meine bitteren Pillen.»[112] Als er 1976 auf einer Tournee in Westdeutschland unterwegs war, wurde ihm von den zuständigen Behörden der DDR wegen grober Verletzung der sozialistischen Pflichten die Staatsbürgerschaft aberkannt. Die Ausweisung Biermanns führte, was kulturpolitisch im SED-Staat ein unerwartetes Novum war, zum Protest namhafter ostdeutscher Schriftsteller, darunter acht SED-Mitglieder; auch der hoch angesehene Bildhauer Fritz Cremer und Dutzende weitere Personen des öffentlichen und kulturellen Lebens solidarisierten sich mit der Aufforderung an die DDR-Führung, die Maßnahmen gegen Biermann zu überdenken. Die meisten der Protestierenden waren selbst schon wegen früherer Abweichung von der Parteilinie gemaßregelt worden. Dazu gehörten: Stephan Hermlin, Teilnehmer am spanischen Bürgerkrieg, im Dritten Reich nach Frankreich und in die Schweiz emigriert; im «Flug der Taube» (1952) hatte er die russische Oktoberrevolution, die Verteidigung Leningrads im Zweiten Weltkrieg, die Leistung Stalins und die Taten junger Kommunisten in Griechenland und Frankreich besungen. – Günter Kunert, von den Nationalsozialisten rassistisch diskriminiert, nach dem Krieg als Schriftsteller in der DDR verblieben und auch für Film, Fernsehen, Rundfunk tätig; vielfach ausgezeichnet (1977 verlor er seine SED-Mitgliedschaft und siedelte in die Bundesrepublik über). – Stefan Heym, nach der Emigration im Zweiten Weltkrieg als Presseoffizier der amerikanischen Armee tätig, wegen prokommunistischer Haltung aus der Armee entlassen; 1972 Übersiedlung in die DDR, deren Staatsleitung er immer wieder kritisierte (so in den Romanen «Fünf Tage im Juni», 1974; «Collin», 1979). – Christa Wolf, in der Tradition Anna Seghers' dem sozialistischen Menschen verpflichtet, aber zugleich «den Wandlungen und Gefahren im Innern des Menschen» nachspürend («Der geteilte Himmel», 1963; «Nachdenken über Christa D.», 1968; «Kindheitsmuster», 1976).

Der Schlag gegen Wolf Biermann, so resümierte der Schriftsteller Bernd Wagner, der 1985 die DDR verließ, den Protest, «wurde als Schlag gegen den schöpferischen und kritischen Teil der Gesellschaft gesehen, den noch nicht korrumpierten, der die wenigen, mehr zugestandenen als erkämpften Freiräume bedroht sah; als Schlag gegen die eigenen Möglichkeiten.»[113] Das Jahrzehnt nach Biermanns Ausbürgerung habe den Tod der ostdeutschen Intelligenz besiegelt; wenn sie nicht außer Landes ging, sei ihr jeder Boden entzogen worden; der Vertrag gegenseitiger Toleranz wurde endgültig aufgekündigt. Außerhalb der öffentlichen Organisationen sei die Mitarbeit unmöglich gewesen; die Möglichkeiten der Verlage waren begrenzt; was blieb, wenn man nicht als Staatsautor enden wollte, war der Rückzug. «Oder präziser ausgedrückt: ‹Der ganze ideelle Überbau war zusammengestürzt, und der Künstler stand allein inmitten seiner Trümmer.›»[114]

Bis zum Ende der DDR-Diktatur konnte keine ideologische Geschlossenheit mehr hergestellt werden; den Herrschenden fehlte ein strategisches Konzept; der «Anpassungswiderstand» nahm zu. Die Literatur, so der Schriftsteller Günter de Bruyn, der im zweiten Band seines Lebensberichts «Vierzig Jahre» als taktisch vorsichtiger Mitläufer, als Beinahe-Dissident erscheint, habe auf ihrem geistigen Feld Vorarbeit für die Wende geleistet. Auch die französischen Schriftsteller des 18. Jahrhunderts hätten nicht die Bastille gestürmt, aber den Sturm mit angeblasen. Trotz Zensur und Selbstzensur und des allgegenwärtigen, vor allem die Privatsphäre der Autoren und Künstler infiltrierenden Staatssicherheitsdienstes gelang es der SED zu keiner Zeit, im Besonderen auch nicht in der Zeit nach der Biermann-Ausweisung, die in den Nischen der Erziehungsdiktatur sich entwickelnde sperrige Vielfalt, unterstützt durch den Empfang des West-Fernsehens, gleichzuschalten. Zwar beschäftigte der Staat Legionen von Aufpassern und Propagandisten, um zu erreichen, dass die Menschen parierten und funktionierten – «Unwissende, damit ihr unwissend bleibt, werden wir euch schulen» (Rainer Kunze)[115]; doch konnten Manipulation und Repression die Freiheit des Geistes nicht im angestrebten Ausmaß unterdrücken. Auch nicht in der Jugend, obwohl man diese im einheitlichen sozialistischen Bildungssystem, von der Kinderkrippe bis zu Hochschule und kontinuierlicher Weiterbildung sowie in den Jugendorganisationen total zu erfassen glaubte und kämpferischen Einsatz für die Sache des Kommunismus hervorzurufen hoffte. Vielfach äußerte sich der jugendliche Widerstand in der Vorliebe für westliche Pop-Musik. Die Beat-Demonstration Oktober 1965 in der Leipziger Innenstadt war nur der spektakulärste Ausdruck einer Auseinandersetzung, die in allen Teilen der DDR seit Jahren stattfand und nun «zum eigentlichen Kern der Jugendkonflikte geworden war. Von Beginn an waren die englischen Beatgruppen wie «Beatles» und «Rolling Stones» unter der DDR-Jugend genauso populär wie im Westen. Über westliche Radiosender wurde die Musik gehört, auf Tonbandgeräten gespeichert, auf selbstgebastelten Anlagen nachgespielt» (Dorothee Wierling).[116] Dazu kamen «unordentliche» lange Haare, «lockere» Verhaltensweisen, ein kesser Jargon («Lieber rückwärts aus dem Intershop als vorwärts zum nächsten Parteitag») – insgesamt ein Erscheinungsbild, dem der größte Teil der Lehrerschaft verständnislos gegenüberstand. Besonders die antikonformistische Sprechweise («tierisch», «geil») war den Staatswächtern verdächtig, weil sie sich durch Spontaneität und Phantasie auszeichnete und damit dem vorgegebenen sterilen Funktionärsdeutsch entzog; sie wurde mit dem Verdikt belegt, Ausdruck der kommerziell bestimmten Mentalität der bundesrepublikanischen Bourgeoisie zu sein. Doch hatte sie im Laufe der Zeit eine solche Kraft entwickelt, dass man sie nicht einfach verbieten konnte, zumal sie auch eine herausragende literarische «Verarbeitung» fand.

1973 erschien die Erzählung «Die neuen Leiden des jungen W.», die Geschichte vom Leben und Sterben eines individualistischen Aussteigers, von Ulrich Plenzdorf (1934 in Berlin geboren, seit

1963 im DEFA-Studio tätig) – ein Buch, das auch als Theaterstück, Film- und Fernsehfassung zu einem großen Erfolg wurde. Die Hauptperson von Plenzdorfs Geschichte, Edgar Wibeau, wurde als kollektives Porträt der DDR-Jugend verstanden, weil er sich so gab, wie die meisten Siebzehnjährige sich auch gerne verhalten hätten.[117] «Kann sich einer ein Leben ohne Jeans vorstellen? Jeans sind die edelsten Hosen der Welt. Dafür verzichte ich doch auf die ganzen synthetischen Lappen aus der Jumo, die ewig tiffig aussehen. Für Jeans konnte ich überhaupt auf alles verzichten, außer der schönsten Sache vielleicht. Und außer Musik. Ich meine jetzt nicht irgendeinen Händelsohn Bacholdy, sondern echte Musik, Leute. Ich hatte nichts gegen Bacholdy oder einen, aber sie rissen mich nicht gerade vom Hocker. Ich meine natürlich echte Jeans. Es gibt ja auch einen Haufen Plunder, der bloß so tut wie echte Jeans. Dafür lieber gar keine Hosen. Echte Jeans dürfen zum Beispiel keinen Reissverschluss haben vorn. Es gibt ja überhaupt nur eine Sorte echte Jeans.»[118]

Nischenkultur bedeutete – wie der Fall Plenzdorf zeigte – keineswegs, dass herausragende unangepasste künstlerische Leistungen sich nur im Verborgenen entwickeln konnten; doch waren diese immer umstellt von Zensur- und Verbotsdrohungen; Kreativität außerhalb sozialistischer Normen zu zeigen erwies sich als äquilibristischer Akt. So produzierte zum Beispiel die DEFA (Deutsche Film AG, 1946 gegründet, ab 1949 staatlicher Filmkonzern der DDR) bedeutende Streifen, etwa «Jakob der Lügner», «Nackt unter Wölfen», «Professor Mamlock», «Die Legende von Paul und Paula». Aber vieles von dem, was Egon Günther, Frank Beyer, Konrad Wolf und Heiner Carow, um vier der wichtigsten Regisseure zu nennen, hervorbrachten, wurde rasch wieder aus dem Verkehr gezogen – so etwa Beyers Film «Spur der Steine» (1966) als Folge organisierter Proteste (der Hauptdarsteller Manfred Krug, populärster Unterhaltungskünstler in der DDR, ging im Juli 1977 in den Westen). Immer wieder kam es zu Auseinandersetzungen zwischen Vertretern einer liberaleren und autoritären Filmpolitik; es kam vor, dass der größte Teil einer DEFA-Jahresproduktion vernichtet, ins Archiv gebracht oder abgebrochen wurde. Einen Höhepunkt repressiver Reaktionen auf emanzipatorische Tendenzen stellte das elfte ZK-Plenum im Dezember 1965 dar. Dort wandte sich der Altkommunist Horst Sindermann, damals erster Sekretär der SED-Bezirksleitung Halle (von 1973 bis

1976 Vorsitzender des Ministerrates, von 1976 bis 1989 Präsident der Volkskammer und stellvertretender Vorsitzender des Staatsrates), gegen die «Kaninchen»-Filme, eine Gattungsbezeichnung, die er von dem Film «Das Kaninchen bin ich» (gedreht von dem Nationalpreisträger Professor Kurt Maetzig, Szenarium Manfred Bieler) ableitete. «Das Ergebnis solcher Theorien [gemeint war die Auseinandersetzung mit Fehlern des Sozialismus] sind eben die ‹Kaninchen›-Filme der DEFA, wo aus konstruierten Fehlern und Mängeln eine dem Menschen feindliche Umwelt entsteht, in der nur noch Karrieristen, Zweifelnde, Triebhafte, Schnoddrige, Berechnende, Brutale das Leben bestimmen und in einer in Grau und Zerfall gehaltenen Umgebung sich gegenseitig seelisch zerfleischen. Der Aufbau des Sozialismus bei verschärftem Klassenkampf des uns feindlichen Staates, ein tiefgreifender Prozess, den unsere Partei meisterte und meistert, wird als Karrierismus, Heuchelei und Ausweglosigkeit einzelner Personen gedeutet und wohin sie natürlich die Partei getrieben haben soll! Man muss offen sagen, das ist das Ende der Kunst.»[119]

Die elfte Plenarsitzung des Zentralkomitees der SED brachte überhaupt einen kulturpolitischen Rundumschlag. Die Beat-Musik wurde als Waffe des Klassenfeindes denunziert; sie wolle mit Hilfe von Rowdytum und amerikanischer Lebensweise die DDR-Jugend gefährden. Man attackierte Stefan Heym, weil er die Ansicht vertreten hatte, es sei Aufgabe der Intellektuellen, die jeweils herrschenden Auffassungen kritisch zu überprüfen. Neben widerspenstigen Verlagsleitungen, Leitungen von Akademien, Schulen, Hochschulen würden sich vor allem viele Theaterleitungen nicht am Leben in der sozialistischen DDR, sondern an einer Kunst, wie sie anderswo gemacht werde, orientieren. Damit war ein Bereich angesprochen, der für die Kulturgeschichte der DDR von großer Bedeutung war und dementsprechend immer wieder zu großen Kontroversen führte.

Theatralische Sendung

Nach Kriegsende zeigte man beim Aufbau des Theaterwesens in allen Besatzungszonen, gerade auch in der SBZ (und dann in der DDR), große Experimentierfreudigkeit. Bezeichnend, dass Wolfgang Langhoff, der während des Dritten Reiches im Exil am Zürcher Schauspielhaus gewirkt hatte, 1946 nach Ostberlin ging, um die wichtige Leitung des Deutschen Theaters zu übernehmen. In einer Zeit, da viele Künstler unter dem Eindruck der furchtbaren Verbrechen des Nationalsozialismus einen unverbindlichen Ästhetizismus ablehnten und die gesellschaftspolitische Aufgabe des Theaters – des Theaters als moralischer Anstalt – sehr ernst nahmen, erschien der Sozialismus für die Verwirklichung einer solchen «theatralischen Sendung» ein überzeugender Garant. Die für die DDR geltende Staatstheaterstruktur bot zudem gute wirtschaftliche Arbeitsbedingungen. «Die Peitsche des Erfolgszwangs wird dort nicht geschwungen, die Antinomie Erfolg oder Untergang existiert nicht, die Produktionsbedingungen sind unvergleichlich komfortabler, die soziale Absicherung der Künstler ist, soweit sie sich im vorgegebenen Rahmen halten, perfekt.»[120]

Ostberlin galt selbst im Kalten Krieg als gesamtdeutsche Theaterhauptstadt; aber auch in der Provinz mit ihrem dichten Netz von Mehrspartentheatern (vor allem in Thüringen und Sachsen) wurde hohes Niveau geboten. Regisseure an mittleren und kleineren Theatern konnten Produktionen vorweisen, welche die Leistungen in der Metropole Berlin übertrafen (zum Beispiel Wolfgang Engel in Dresden, Frank Castorf in Karl-Marx-Stadt, Wolf Winkelgrund in Potsdam).[121] Unter Hanns Anselm Perten spielten die Rostocker Bühnen mehr als alle anderen DDR-Theater Dramatik aus dem Westen. Das größte Jungtalent der deutschen Regisseure in den neunziger Jahren, Leander Haussmann – erste Westarbeit in Frankfurt 1991, dann spektakuläre Inszenierungen an vielen großen Bühnen, 1995 Intendant in Bochum –, entwickelte sein künstlerisches Potential in der Kreisstadt Parchim (Mecklenburg) und stieg in Weimar zum Regie-Star auf.

In der DDR mache kaum jemand nur Theater, um Theater zu machen – diese Feststellung von Irene Böhme, lange Jahre Dramaturgin in Ostdeutschland (1980 ging sie in die Bundesrepublik), zeigte deutlich, warum gesellschaftlich engagierte Künstler sich in der DDR zu Hause fühlten, zumal herausragende Intendanten wie Helene Weigel, Wolfgang Langhoff, Walter Felsenstein, Wolfgang Heinz oder Benno Besson mit ihren Häusern für eigenwillige Inszenierungen gute «Spielräume» boten. «Den Theaterautoren, Regisseuren und Schauspielern der DDR, ob sie nun aus der Tradition Brechts oder Friedrich Wolfs, ob vom epischen oder vom Einfühlungstheater her kamen, war der Nur-Kunststandpunkt immer verdächtig. Sie machten Theater mit der Absicht, in die schlechten Verhältnisse verändernd einzugreifen, in den meisten Fällen mit dem Fluchtpunkt der Utopie eines besseren Sozialismus» (Wolfgang Emmerich).[122] Genau dies aber zog die Kontrollen und Sanktionen der Kulturfunktionäre, die vielfach in die Leitungsfunktionen der Theater einrückten, auf sich – verwahrten sich diese doch vor einem Theater, das Heiner Müller als «Revolution auf dem Marsch» charakterisierte.

Die von westdeutschen, vor allem linksorientierten Theatermachern gepriesenen Produktionsbedingungen im Osten schlossen freilich viel Obstruktion ein; gerade weil die Partei dem Theater einen hohen Rang einräumte, wirkte sich «die unselige Herrschaft der Oberlehrer» (so nach der Wende die ostdeutsche Zeitschrift «Theater der Zeit» in einer rückblickenden «Bilanz der Behinderungen» 1990) im Verbund mit einer angepassten beziehungsweise opportunistischen Theaterkritik höchst negativ aus.

Die Qualität des ostdeutschen Theaters war insgesamt kein Produkt kollektiver Solidarität beziehungsweise eines gesellschaftlichen ästhetischen Konsenses, sondern Ergebnis einer «beeindruckenden Serie von Einzelleistungen, die im Zusammenwirken bedeutender Theaterleute bei Einvernehmen mit Existenz und revolutionärem Weg ihres Staates entstanden».[123] Da aber dieses «Einvernehmen» kritisch, dialektisch, innovatorisch war, die Führungsschicht der SED engstirnig, borniert, kleinbürgerlich und dann auch noch zu einem Teil vergreist, entzogen sich viele ostdeutsche Regisseure, der politischen Camouflage und Äquilibristik müde, schließlich der frustrierenden Arbeit im eigenen Land. Sie wirkten als Gäste im Westen oder verließen (wie Benno Besson, Adolf Dresen, Alexander Lang, Matthias Langhoff, Manfred Karge, Peter Palitzsch) die DDR überhaupt – von der Kritik in der Bundesrepublik wegen ihrer «provokatorischen Solidität» sowie ihres von Brecht und dem sowjetischen Schauspieler-Regisseur Konstantin Stanislawski geprägten Theaterverständnisses hoch gepriesen.

Den bundesrepublikanischen Theatern, in ihren Spielplänen und Regiekonzeptionen sehr von der jeweils «neuesten Stimmung im Westen» beziehungsweise von den Zeitgeist-Moden abhängig, vom verführerischen Show-Charakter des Fernsehens bedrängt, verhalf das ostdeutsche Fluidum zur Resistenz gegenüber zu großer Beliebigkeit; die westdeutsche Theateravantgarde beziehungsweise das westdeutsche Regietheater – lange Zeit auf herausragende Weise durch die Berliner Schaubühne, aber auch durch die Schauspielhäuser in Bochum[124], Frankfurt, Hamburg und die Kammerspiele München, ferner die Oper Frankfurt repräsentiert – ging gern mit den Sendboten aus Ostdeutschland eine künstlerische Wahlverwandtschaft ein. Inzwischen, so hieß es in «Theater heute» 1981, gebe es drei Kategorien von Regisseuren in der DDR: solche, die nur zu Hause in der DDR inszenierten; solche, die nur nicht zu Hause, sondern im Westen inszenierten; und solche, die in beiden Teilen Deutschlands inszenierten (1982 hatten 69 Inszenierungen von DDR-Regisseuren im Ausland Premiere).

Unter denjenigen, die als Gastregisseure im Westen arbeiteten (Fritz Marquardt, Klaus Erforth, Wolfgang Engel), war Ruth Berghaus vor allem wegen ihrer Opern-Inszenierungen von besonderer Bedeutung. Mit dem Komponisten Paul Dessau verheiratet, wurde sie 1971 in Nachfolge von Helene Weigel Intendantin des Berliner Ensembles; ein Jahr vorher hatte sie sich mit der Inszenierung von Webers «Freischütz» an der Staatsoper Berlin besondere Kritik zugezogen. Sie habe eine Spießeridylle gezeigt und keine für die «sozialistische Menschengemeinschaft» tauglichen Vorbildfiguren oder Volksgestalten. Ihr Nachfolger Manfred Wekwerth, seit 1982 auch Präsident der Akademie der Künste der DDR, opportunistisch und linientreu, warnte bei den Inszenierungen der Berghaus vor der Preisgabe weltanschaulicher Verbindlichkeit. Aber gerade ihre ungewöhnliche Phantasie ermöglichte ihr eindrucksvolle Neuentdeckungen auf dem Gebiet des Musiktheaters. «Sie war wie Heiner Müller eine Erbin Brechts und mehr als dies: eine faszinierende und wahrhaftige Zeugin der zweiten Hälfte unseres Jahrhunderts. Sie hat manchmal resignierende Bühnenkunst stets aufs Neue produziert und ihre Sichtweisen – so widerspruchsvoll sie waren – gehören in philosophischem und künstlerischem Sinn zum bedeutendsten, was unser Theater wachgehalten hat» (Udo Zimmermann, DDR-Opernkomponist, u. a. «Weiße Rose», Intendant der Leipziger Oper).[125]

Die für die DDR maßgebende und maßsetzende Idee eines sozialistischen Nationaltheaters fand in ihrer affirmativen Form – das Ideal der schönen Menschengemeinschaft, das besonders in den Werken der Klassik künstlerisch vorgezeichnet sei, werde in der sozialistischen Gesellschaft Wirklichkeit (Schauspieltheater-Konferenz, Leipzig 1960)[126] – den Widerspruch von Theatermachern, die sich trotz ideologischen Druckes ihre skeptische Sensibilität für Realität erhalten hatten. Als Vision war die Verbindung des Humanen mit dem Nationalen jedoch von identitätsstiftender Bedeutung. In diesem Sinne wollte schon 1951 Wolfgang Langhoff mit seiner «Egmont»-Inszenierung am Deutschen Theater den Zuschauer, wie es Goethe selbst formuliert habe, «durch ein großes Beispiel» anregen, «alle seine Kräfte zur Vereinigung unseres eigenen Vaterlandes» einzusetzen. Langhoffs Inszenierung, die der nüchterne Brecht «idealistisch und undialektisch» genannt hatte, gipfelte in einem pathetisch-opernhaften Schluss: Beethovens Siegessymphonie begleitet die Öffnung der Kerkerwand, hinter der «in strahlendem Licht als lebendiges Bild das befreite Volk, in seiner Mitte Klärchen in roter Bluse, mit der niederländischen Fahne im Arm» erschien und Egmont den Lorbeer des Sieges reichte.[127]

Hatte im Januar 1954 Johannes R. Becher noch erklärt, dass Ausdruck deutscher Nationalkultur nicht ein west- oder ostdeutsches, sondern nur ein deutsches Nationaltheater, wie es Lessing und Schiller erstrebt hätten, sein könne[128], so sah in den nachfolgenden Jahrzehnten die SED-Kulturpolitik im Theater die besondere Möglichkeit, angesichts des westdeutschen Internationalismus und Amerikanismus die Eigenständigkeit und das Selbstbewusstsein der DDR als eigentlichem Ort und Garanten des deutschen Kulturerbes herauszustellen – mit Weimar als zentralem Topos. Das sozialistische Nationaltheater sollte auf zwei Säulen, der Vergegenwärtigung von Tradition durch die Pflege der Klassik und der Hervorbringung von Zeit- beziehungsweise Gegenwartsstücken, ruhen. In einem Interview stellte Peter Hacks 1964 fest, dass man inzwischen gelernt habe, gesellschaftliche Vorgänge auf der Bühne darzustellen; nun könne man darüber hinausgehen: nämlich große Geschichten von Leuten erzählen, ohne die Tatsache zu vernachlässigen, dass diese Leute in einer Gesellschaft angesiedelt seien. Man habe mit Stücken begonnen, die vollkommen damit zufrieden waren, dass sie die neue Klassik überhaupt auf die Bühnen brachten; das entspräche der frühbürgerlichen Dramatik. Die nächst höhere Stufe sei, analog zum «Sturm und Drang», diejenige, da die neue Klasse, selbstbewusster geworden, anfange, die überkommenen Formen der Gesellschaft wie der Kunst zu «beleidigen» (Hacks erwähnt hier sein eigenes Stück «Schlacht bei Lobositz» und Heiner Müllers «Lohndrücker»). Nun stehe die Klassik an, «wo man die großen Produktionen der Vergangenheit nicht erledigte, indem man sie ignorierte, sondern indem man sie verbesserte. Ich vermute, dass wir auch dorthin kommen wollen.»[129]

Dorthin kam man aber nicht; die DDR-Kultur war nicht nur durch das Melancholie-, sondern auch durch das «Verbesserungs»-Verbot eingeengt. Da die SED alles als bestens geregelt dekretierte, was zudem im Personenkult ständig bekräftigt wurde, unterstellte man dem Möglichkeitssinn und dem Wunschdenken eines «unruhigen» Theaters durchaus mit Recht «Staatsgefährdung». Dennoch wagten Theaterautoren und Regisseure immer wieder, auf der Bühne Verbesserungen des sozialistischen Alltags, Alternativen zur politischen Doktrin, Fragwürdigkeiten der sozialistischen Lebensansicht «vorzuführen». Erwin Strittmatters Komödie «Katzgraben», von Bert Brecht 1953 inszeniert – das einzige Mal, dass dieser sich mit einem Zeitstück beschäftigte –, wollte Hoffnungen auf eine «neue Dorfjugend» erwecken. Ulrich Plenzdorfs «Die neuen Leiden des jungen W.», 1972 in Halle uraufgeführt, endet mit dem Selbstmord des jugendlichen Helden, der fern aller kollektiven Zwänge Selbstverwirklichung anstrebt. Volker Brauns «Die Übergangsgesellschaft» (1989) missfiel, da die Figuren auf der Szene sich stellvertretend für die Zuschauer auf ihre alltägliche Misere einließen und dabei ehrlicher, als diese sein durften, in Erscheinung traten.[130]

Herausragende Autoren wie Heiner Müller, Volker Braun, Peter Hacks, Thomas Brasch (er wurde 1968 wegen «staatsfeindlicher Hetze» zu mehr als zwei Jahren Gefängnis verurteilt und siedelte 1976 nach Westberlin über) versuchten zwar, «die Höhen der Kultur zu erstürmen», indem sie sich auf die parterre gesellschaftliche Situation realistisch einließen, aber da sie dabei nicht den Bitterfelder Weg einhielten, blieben sie im reglementierten Terrain bald stecken. Heiner Müllers «reaktionäres Machwerk» «Die Umsiedlerin oder Das Leben auf dem Lande» (1961) wollte zeigen, dass der objektive Fortschritt von der Bodenreform zur Kollektivierung die Missachtung des Individuums zur Kehrseite hatte. «Hamletmaschine» und «Germania Tod in Berlin» durften bis Ende der achtziger Jahre weder veröffentlicht noch inszeniert werden; immerhin gelang Fritz Marquardt die Uraufführung von «Der Bau» an der Volksbühne 1980, obwohl in diesem Stück, so der Regisseur, «ungeheuer viel Utopie brandaktuell, immer schon mit dem Schmerz» präsent sei. «Utopie mit schreiendem Schmerz»: da diese auf das Aufzeigen von Widersprüchen, die Traumata des Sozialismus, nicht verzichten wollte, erwies sich das Bemühen zeitgenössischer DDR-Bühnenautoren als Sisyphosarbeit, die, wenn die Ermüdung zu stark wurde, zu dramaturgischen Fluchtbewegungen führte – indem man zum Beispiel auf antike Stoffe («Amphitryon» und «Omphale» von Hacks, «Philoklet», «Ödipus Tyrann», «Herakles 5», «Prometheus» von Müller) auswich.[131]

«Heiner Müller schreibt für ein Publikum der DDR: optimistische Marxisten, pragmatische Genossen, zuversichtliche Technokraten der Macht und gläubige Moralisten. Und er schreibt vom Deutschland unter dem asphaltierten Boden des Fortschritts der DDR: Textproduktion wird Maulwurfsarbeit. Hier trifft man den ‹Schädelverkäufer› aus ‹Germania Tod in Berlin› wieder, der in ‹Nachtschicht› die Toten unter der Erde ‹umbettet›, ein ehemaliger Historiker, der nach dem Versagen der marxistischen Analyse vor dem ‹Tausendjährigen Reich› gegen das ‹Leichengift der zeitlichen Verheißung› immun geworden ist und das ‹Memento mori› gegen den Geschichtsoptimismus hält. Ebenso wird die Legende vom fortschrittsgläubigen Aufklärer Lessing ‹verdorben› in Lessings ‹Schlaf Traum Schrei›, wo in einem dunklen Zeitalter der psychischen Qualen und grausamen Kriege der Dichter der Aufklärung und des bürgerlichen Trauerspiels mit einer traumlosen Schlafsucht gesegnet ist. Die ständige Enttäuschung über die nicht erfüllten Tagträume macht das Wachsein langsam zur Last. Und so hat er – ähnlich wie Müller wohl – einen ‹Traum vom Theater in Deutschland geträumt› – zu früh: ‹30 Jahre lang habe ich versucht, mit Worten mich aus dem Abgrund zu halten, brustkrank vom Staub der Archive und von der Asche, die aus den Büchern weht, gewürgt von meinem wachsenden Ekel an der Literatur, verbrannt von meiner immer heftigeren Sehnsucht nach Schweigen. Ich fange an, meinen Text zu vergessen. Ich bin ein Sieb. Immer mehr Worte fallen hindurch. Bald werde ich keine andre Stimme mehr hören als meine Stimme, die nach vergessenen Worten fragt.›» (Genia Schulz).[132]

Deutsch malen

Die Entwicklung der bildenden Kunst in der DDR erwies sich als ein in sich geschlossener Kreislauf – mit dem Mittelpunkt des Staates als lenkendem, zensierendem, auch ermutigendem und belohnendem Machtfaktor. Die ideologisch bestimmte, fast immer im Stil des sozialistischen Realismus[133] angefertigte Historienmalerei entsprach am deutlichsten dem Geschmack der Herrschenden. Als Auftragskunst zeigte sie über Jahrzehnte hinweg kaum Veränderungen. Um einige Beispiele zu nennen: «Arbeit für den Frieden» (Heinrich Ehmsen) 1950; «Aufbau der Stalinallee» (Heinz Löffler) 1953; «Rosa Luxemburg im Gefängnis» (Jutta Damme) 1957; «Junge Bauarbeiter» (Axel Schulz) 1963; «Der Weg der roten Fahne» (Gerhard Bondzin) 1969; «Lebensfreude» (Paul Michaelis) 1977; «Bilder zur Geschichte der Sowjetunion» (Norbert Wagenbrett) 1990.[134]

Immer gab es freilich auch, jenseits des staatlich organisierten Betriebs, Nischen und Winkel, in denen sich eigenständige Kreativität entfaltete; diese Kunst zirkulierte allerdings meist unter Ausschluss einer größeren Öffentlichkeit; die Vertreter der nicht genehmen Kunst gehörten zur inneren Emigration oder verließen die DDR (600 Künstler zwischen 1949 und 1989). Schließlich gelang einigen herausragenden Künstlern der äquilibristische Akt, hohes künstlerisches Niveau mit Staatsnähe zu verbinden beziehungsweise staatliche Missbilligung zu umgehen.[135] «Die Grenze zwischen offizieller und inoffizieller Kunst lässt sich nicht geradlinig ziehen, wie einige westdeutsche Zensoren mit ihren zweimalklugen Rundumschlägen glauben machen wollen. Seit der Biermann-Affäre 1976 war der Gleichschritt der Kunstschaffenden mit den realsozialistischen Zielen der Partei zumindest ideell empfindlich gestört. Es setzte ein komplexer Entwicklungsprozess ein, innerhalb dessen nur eine Differenzierung relativ eindeutig auszumachen ist, nämlich die zwischen den Künstlern und den bloßen Illustratoren gewünschter, ideologischer Positionen» (Karin Thomas).[136] Auch die alternative Kunstszene der achtziger Jahre sei kein in sich hermetisch abgeschlossenes Underground-Milieu gewesen, sondern ein breit aufgefächerter Raum mit einem Sympathisantenumfeld, das von der stillschweigenden Tolerierung einzelner Aktivitäten durch parteizweiflerisch gewordene Kulturfunktionäre bis zur engagierten Solidarität von etablierten Verbandsmitgliedern und Hochschulprofessoren reichte. Fest stünde aber auch: Mit dem doppelten Wohlwollen, dem des hauseigenen Kulturapparates und dem des westlichen Kulturbetriebs, im Rücken, waren die gehätschelten Protagonisten des DDR-Realismus zu Hause ohne Zweifel Verhinderer ästhetischer Neuansätze, denn andernfalls hätten sie ihre Reiseprivilegien und den fetten Kuchen des Handels von Kunst gegen Devisen mit jenen aufmüpfigen Newcomern teilen müssen, denen die Realismus-Schablonen in den achtziger Jahren gleichgültig geworden waren.

Als einigermaßen eigenständig zeigte sich die sogenannte Leipziger «Viererbande» (Wolfgang Mattheuer, Willi Sitte, Bernhard Heisig und Werner Tübke), die ihren ersten spektakulären internationalen Auftritt bei der 6. documenta in Kassel 1977 hatte. Zur gleichen Zeit fanden auch im Westen «neue Formen des Realismus» wieder Interesse.[137] Die Ostkünstler unterschieden sich jedoch wesentlich von dem durch Pop-Art geadelten trivialen Realismus, der die Bildwelt der Werbung und Comics salonfähig machte: Mit ihren Anleihen bei der klassischen Moderne erwies sich ihr Verhältnis zur Wirklichkeit als wertkonservativ, geschichtsbewusst und zivilisationskritisch.

Mit wenigen Ausnahmen (etwa Josef Hegenbarth, Hans Theo Richter, Gerhard Altenbourg) war die DDR-Kunst im Westen weitgehend unbekannt geblieben; nun tauchten aus dem ideologischen Feindesland Maler auf, die sich «erkennbar deutsch, traditionsbewusst, inhaltsreich und moralisch erbauend» artikulierten. Die vier Meister und ihr Schülerkreis sprachen ein gesamtdeutsches Publikum an, das im Westen einen gewissen Überdruss an dem vom Kunsthandel inszenierten, der Profitmaximierung dienenden Wechsel der Moden und Stile empfand; ob expressiv, surreal, neusachlich, veristisch, manieristisch, altmeisterlich lasierend – bei der Kunst aus der DDR war für jeden Geschmack etwas dabei. «Das thematische Spektrum reichte von Kreuzigung, Pieta über Vanitas-Motive, Intensivstation, Verkehrsstau, Beischlaf, Wohnungsbauelend, Fußgängerzone, Umweltverschmutzung bis zu Feierabend, Brigadefeier, überfüllte Strände, Entfremdung am Arbeitsplatz, Ehekrise usw.»[138]

Die Jahrhunderttragödie der beiden konkurrierenden totalitären Systeme Stalinismus und Faschismus reflektierte Wolfgang Mattheuer in seiner überlebensgroßen Figur des «Jahrhundertschritts» (Eisen bemalt) 1984. «Eine monströs deformierte Gestalt entflieht wie ein Amokläufer der Geschichte, den Kopf weit in den Rumpf eingezogen, ein Auge blind, das andere weit aufgerissen. Während sie die Linke zum Hitlergruß ausstreckt, ballt sie zugleich die Rechte zur Faust. Das rechte ‹rückschrittliche› Bein in Stiefel, schwarzer Uniformhose und Generalsstreifen (Militarismus) korrespondiert mit dem ‹fortschrittlichen› (unschuldigen?) weiss getünchten Bein.»[139] Symbolisch war damit eine wichtige Komponente der ostdeutschen Kunstpolitik angesprochen: Seit dem Zusammenbruch des Nationalsozialismus war in der SBZ und dann in der DDR die Überzeugung vorherrschend, dass der Antifaschismus, der den Sieg über die braune Diktatur errungen hatte, sein sozialistisches Menschenbild vor allem durch die Künste zu vermitteln hätte.

Der in Halle lebende Willi Sitte war stets bemüht, sich auf der Höhe der jeweiligen Parteitagslosungen zu bewegen. Seiner Zuneigung zu Picasso, Léger und Guttuso, die an sich als Kommunisten politisch untadelig waren, schwur er 1963 in einer «Selbstkritik» ab, was ihm den Weg zur Präsidentschaft des Verbandes Bildender Künstler der DDR erleichterte. Sein «Chemiearbeiter am Schaltpult» (1968) charakterisierte den neuen Typus des «Planers und Leiters, der den muskulösen Arbeiterhelden ablösen sollte, um den Erfordernissen der ‹technisch-wissenschaftlichen Revolution› besser gerecht werden zu können. Der Blick durch die transparent gemalte Schaltwand zeigt den Arbeiter in der Pose eines Schöpfergottes, der in höchster Konzentration mit seinen Fingerspitzen am Schaltpult ungeheure Energien steuern kann.»[140]

Im staatlich gelenkten Kunstbetrieb ging es nicht um Fingerspitzengefühl, sondern um eine klare Auftragslage: Honoriert wurden die Bekämpfung des Faschismus und die Lobpreisung der sozialistischen Gesellschaft. Die des Formalismus Verdächtigten hatten kaum eine Chance, Aufträge zu bekommen; immerhin gab es in den Auftragskommissionen Künstler, die, da sie «im Banne individualistischer, subjektiver Kunstauffassung und dekadenter Kunsttheorien standen», der SED-Ideologie und -bürokratie entgegenwirkten. So hieß es in einem Bericht der Kommission für Fragen der Kultur beim Politbüro über die Lage in der Malerei

Willi Sitte: Chemiearbeiter am Schaltpult, 1968

(November 1959), dass mit dem Jahr 1953 in der Kunst der DDR eine Abkehr von der realistischen Schaffensmethode und von Gegenwartsstoffen eingesetzt habe. «Im Atelier nebeneinandergestellt, ließen die vorhandenen Werke der untersuchten Künstler eine Art ‹Fieberkurve› erkennen, ein unsicheres Suchen bei der künstlerischen Ausdrucksweise nach allen Seiten und die direkt bis zur groben Nachahmung reichenden Einflüsse dekadenter Vorbilder.» Darunter waren Toulouse-Lautrec, Matisse, Picasso und die deutschen expressionistischen Maler Beckmann, Nolde und Hofer. In dieser Periode hätten sich ebenso schlagartig die

Gegenstände der Darstellung gewandelt: Zirkusclowns, Kellner, Trinker, Prostituierte, Krüppel, Katzen und Hunde bevölkerten die Leinwand.[141]

Es gab allerdings wieder Phasen des Tauwetters; so wurde 1954 die Stelle des Chefredakteurs der Zeitschrift «Bildende Kunst» mit einem Künstler besetzt, der sich die ganze Formalismus-Debatte hindurch geweigert hatte, den kunstideologischen Vorstellungen der SED nachzugeben: mit dem ehemaligen KZ-Häftling Herbert Sandberg. «Dieser holte in den folgenden zwei Jahren über diese Zeitschrift einen Teil der Kunst des Westens in die DDR.»[142] Das «Fenster zur Welt» wurde aber nach der Niederschlagung des ungarischen Aufstandes im November 1956 geschlossen und Sandberg kaltgestellt.

Die erste Bitterfelder Konferenz 1959 verengte im Besonderen die Kriterien für das, was als Kunst dem Werktätigen Kraft zu spenden hatte; künstlerische Freizügigkeit wurde im wahrsten Sinne des Wortes «überpinselt». So beseitigte man das Wandbild «Bahnhof Friedrichstraße» von Horst Strempel – der Künstler war 1933 emigriert, dann nach Deutschland ausgeliefert worden – wegen formalistischer Abweichung. Es gab auch Fälle, bei denen das Übermalen von Kunstwerken aus späterer Sicht durchaus genehm und eine Restaurierung nach der Wende keineswegs willkommen war. So hat der in den Westen emigrierte Maler Gerhard Richter, eine Koryphäe im Beziehungsgeflecht des International Style, die Wiederherstellung eines seiner Wandbilder im Foyer des Deutschen Hygienemuseums (Dresden), eine sozialistische «Friede-Freude-Eierkuchen-Idylle», nicht gern gesehen.

In seinem Bild «Beharrlichkeit des Vergessens» erinnert Bernhard Heisig mit einem Zitat aus der Mitteltafel des Kriegstriptychons von Otto Dix an den Ersten Weltkrieg, an dem die Generation seines Vaters teilgenommen hatte. Er selbst meldete sich 1941 freiwillig zur Wehrmacht, wurde Panzerfahrer und Mitglied der Waffen-SS. Aus sowjetrussischer Gefangenschaft zurückgekehrt, trat er der KPD beziehungsweise SED bei; die Chance eines Neuanfangs hatte er vor allem in der antifaschistischen DDR gesehen. Die Erinnerungsarbeit seiner Kunst war den sozialistischen Auftraggebern jedoch vielfach zu defätistisch und geschichtspessimistisch; vehement kritisierte die DDR-Kunstkritik, dass bei dem Bild «Kommunarden. Pariser Märztage» (die dritte Version eines vom

Maler immer wieder aufgegriffenen Themas, 1971) die Arbeiter nicht als heroische Kämpfer erscheinen, sondern mit Bangen die Regierungstruppen erwarten.[143] Heisig verlor in den 60er Jahren seine Stellung als Rektor und Professor an der Hochschule für Graphik und Buchkunst in Leipzig, kehrte aber Mitte der 70er Jahre in seine Ämter zurück. Angesichts seines Renommees wurde Heisig zugestanden, dass er seine gesellschaftliche Funktion im Sozialismus als «Dialog über Fragen der Zeit» ausübe; sein pessimistischer Aufklärungsbegriff (dass Kunst nie blutigen Wahnsinn verhindern, aber die Menschen zur Vernunft ermahnen und zur Einsicht aufrufen könne) unterlief den DDR-Fortschrittsoptimismus, dennoch wurde er als Vorzeigerebell vielfach mit Preisen und Medaillen ausgezeichnet.

Auch Werner Tübke versagte sich – vor allem mit seinem vom Ministerium für Kultur in Auftrag gegebenen Panoramabild in Bad Frankenhausen (auf 123 Metern Länge wird die Vernichtung des aufständischen Bauernheeres unter Thomas Müntzer durch ein Söldnerheer der Fürsten 1525 dargestellt) – dem von der Partei erwarteten Geschichtsoptimismus. Die staatlichen Auftraggeber hätten gern gesehen, dass in die historische Niederlage ein perspektivischer Sieg hineinprojiziert worden wäre; bei Tübke wird die frühbürgerliche Revolution jedoch zur Apokalypse.[144]

Ein Vergleich der künstlerischen Entwicklungen in beiden Teilen Deutschlands zeigt, dass sowohl die inhaltlichen Schwerpunkte und Motive als auch die Gestaltungsprinzipien weit auseinander lagen. Ein Riss ging durch das «Café Deutschland» – eine Metapher von Jörg Immendorff, der in gleichnamiger Bildserie «Leitmotive wie Stacheldraht, Daumenschrauben, Eisschollen, Wachtürme und Wölfe zu immer anderen, so noch niemals zuvor benutzten Bildmotiven verbindet».[145] Über Jahrzehnte – als Fortsetzung des «Streits um die Moderne», wie er seit dem 19. Jahrhundert besteht – gab es einen schwelenden Bilderstreit, wobei die kontroversen Positionen keineswegs nur innerhalb des Spannungsfeldes West-Ost beziehungsweise Ost-West, sondern auch innerhalb der beiden Teile Deutschlands anzutreffen waren.

Die sozialistische Kunstdoktrin sah in der Abstraktion modernistische Unverbindlichkeit, Ausdruck eines dekadenten Kapitalismus, der das eigentlich Humane versäume – übrigens in Übereinstimmung mit einer westlich-konservativen Kunstkritik (Max

Picard, Arnold Gehlen, Hans Sedlmayr), die eine «bildlose» Kunst als Verlust menschlicher Mitte interpretierte. Beim Kommunismus kam der Glaube an die Machbarkeit des neuen Menschen hinzu. Die Elegie auf den Verlust des Essenziellen wurde abgelöst durch den Hymnus auf das irdische Paradies, das im rosaroten Schein der kommunistischen Welterlösungsreligion aufleuchtete.

Das Problem der DDR-Kunst sei, so Siegfried Gohr, ein soziologisches gewesen; Kunst kehrte als Inhaltlichkeit auf die kleinbürgerliche Ebene zurück, von wo aus die Avantgarde sie in ihrem Kampf gegen den Salon befreit hatte. Die Verstehbarkeit von Kunst konnte nur eingelöst werden, indem die Bilder wieder täuschten, statt Bewusstsein aufzuklären. «Die DDR-Künstler schlüpften in die Rolle eines Subjektes der Geschichte, die sich jedoch nicht mehr bewegen wollte, da sie sich mit einer todesgefährdenden Mauer umgeben hatte.»[146] Eingesperrtsein wurde in Tugend verkehrt: Innerlichkeit spendete dem Kleinbürger über den Verlust seiner Handlungsfähigkeit Trost. «Realistische Kunst, gemalt von inneren Dissidenten mit Professorentitel, basierend auf der verfemten Kunst des Expressionismus mit ihrem humanistischen Pathos: dies musste die wahre nationale Kunst der Deutschen sein.»[147] Gohr macht, freilich polemisch, deutlich: Der DDR-Realismus führte in erzwungener oder gewollter Abkapselung von der Hektik westlicher Stilpluralität eine spezifisch deutsche Kunsttradition weiter, wobei es sich um einen Realismus handelte, der mit expressionistischen und surrealistischen Elementen durchdrungen war. Dass Künstler wie Karl Hofer, Gerhard Altenbourg, Oskar Nerlinger und andere dann doch erfolglos blieben, lag daran, dass sie «in das Kreuzfeuer eines parteiorganisierten dogmatischen sozialistischen Realismus gerieten», vor allem dann, wenn sie Mischformen von figurativer und abstrakter Formgebung wagten.

Trotz aller politischen Vereinnahmungstendenzen konnte in der DDR «deutsche Kunst» (sit venia verbo) in ihrer keineswegs nur negativ zu deutenden Provinzialität überwintern. Nach der Wende provozierte sie allein schon durch ihre «Stille» den von Sensation zu Sensation springenden westlichen Kunstbetrieb. Das Abseits vergrübelter Künstler trat dem Innovationsdruck des Kunstmarktes entgegen, der in der Suche nach dem stets Neuen handwerkliche Solidität wenig beachtete.

In der DDR werde «deutscher» gemalt, so Günter Grass im Ausstellungskatalog des Kunstvereins Hamburg, als dieser 1982 unter dem Titel «Zeitvergleich» Malerei und Graphik aus der DDR vorstellte.[148] «Deutsch malen» bedeutete für die DDR-Kunst freilich auch den Anspruch, deutsche Nationalkultur zu tradieren. Gegenüber dem Internationalismus des Westens, als «Kulturverrat» gebrandmarkt, könne der sozialistische Realismus – so Johannes R. Becher schon auf der II. Parteikonferenz der SED im Juli 1952 – als die einzige schöpferische Methode gelten, welche zum Aufstieg einer großen deutschen nationalen Kunst führe.

Die Narren am Hofe der Restauration

Obwohl es zwischen der west- und ostdeutschen Kultur auf bestimmten Gebieten, wie beim Theater, von Fall zu Fall eine gewisse Durchlässigkeit von Ost nach West gab (kaum von West nach Ost), waren die beiden Kulturen weitgehend von einander abgeschottet. Schon 1957 hatte Erich Kuby in einem weit verbreiteten Buch «Das ist des Deutschen Vaterland. 70 Millionen in zwei Wartesälen» die Meinung vertreten, dass die Teilung weitgehend festgeschrieben sei. Wenn man im Bild des Titels blieb, so handelte es sich auch bei der Beförderung von Kultur um höchst unterschiedlich ausgestattete, in verschiedene Richtungen fahrende Züge.

Die westdeutsche Kultur zeigte in den 50er und 60er Jahren, beeinflusst von der Warenästhetik, eine besondere spielerische Qualität, auch eine ausgeprägte Extraversion: auf äußere Objekte ausgerichtet. Das Auto, geradezu kultisch verehrt, erwies sich als Vehikel eines stromlinienförmigen Wohlstandes; es beförderte ins Traumland der Freizeit; es war Statussymbol, Fetisch des Fortschritts, helfende und schützende Zauberkraft für wirtschaftlichen und gesellschaftlichen Aufstieg.

Auf einer Werbeanzeige der 50er Jahre – das Beispiel kann das herrschende Appetenzverhalten illustrieren – sieht man das neueste Modell eines Ford Taunus mit aufgeklapptem Kofferraum am Straßenrand stehen. Der Familienvater im weißen Nyltest-Hemd mit Krawatte deponiert gerade das letzte Gepäckstück. Neben ihm die Ehefrau im Pepita-Kostüm, mit weißen Handschuhen und Dauerwelle, den Sohn an der Hand, der ein schwarzes Samtschleifchen trägt. Dahinter ein vierstöckiges Haus, schmuckloser Neubau. Aus den Fenstern recken sich die Mieter. «Wir haben es geschafft. Das neue Auto steht vor der Tür. Alle Nachbarn liegen im Fenster und können sehen, wie wir für eine kleine Wochenendfahrt rüsten. Jawohl, wir leisten uns etwas, wir wollen etwas haben vom Leben; dafür arbeiten wir schließlich alle beide, mein Mann im Werk und ich als Sekretärin wieder in meiner alten Firma.» Eine Szene, die, wie Wolfgang Sachs kommentiert, die Soziodynamik der anhebenden Wirtschaftswunderwelt trefflich veranschaulicht. Dargestellt wird eine Dreiecksbeziehung: das Konsumgut, die Besitzer und die anderen. Die Besitzer, der Nyltestvater und die Pepitamutter, sie wollen nicht einfach gut leben, sondern etwas «haben», nämlich Güter akkumulieren. Das Glück besteht in der Aneignung von Dingen, was freilich anstrengend sei.[149]

Die Kritik am praktizierten Materialismus blieb nicht aus; ihre Popularität zeigte die Bedeutung des Kabaretts, die vor allem dem Rundfunk und, ab 1952, dem Fernsehen zuzuschreiben war. Die «Lach- und Schießgesellschaft» wurde 1956 von Dieter Hildebrandt und Sammy Drechsel gegründet; das Düsseldorfer «Kom(m)ödchen», unter der Leitung von Kay und Lore Lorentz, bestand bereits seit 1947. Großes Renommee genoss auch der Kabarettist Wolfgang Neuss. Doch sollte die Kritik durch Spott vor allem unterhaltsam sein; die dargereichten bitteren Pillen mussten in einer gut schmeckenden Verpackung geboten werden, die als die eigentliche Botschaft empfunden wurde. Das Problem des Kabaretts in den 50er und 60er Jahren habe darin bestanden, so Jürgen Pelzer, dass man von einer bürgerlich-liberalen, zum Teil nonkonformistischen Position aus Kritik üben wollte und sich dabei ausgerechnet an ein zunehmend saturiertes, kaum noch an Veränderungen interessiertes Publikum wenden musste. Da man auf die veränderte historische Situation und die ebenfalls gewandelten Wirkungsbedingungen nicht flexibel reagierte, bewegte man sich schließlich nur noch auf einem mehr oder minder gehobenen Unterhaltungsniveau. Man diente kaum der politischen Aufklärung, sondern nahm allenfalls eine Ventilfunktion wahr, die letztlich im Sinne des Bestehenden war.[150] Die Opposition des politischen Kabaretts habe sich zunehmend als Scheinopposition erwiesen.

Prinzipielle, die Schärfe des Begriffs abfordernde Gesellschafts- und Kulturkritik, die in der Wirtschaftswunderwelt viele Anlässe und Stoffe fand, wurde in die Randzonen gedrängt, wo sie freilich üppig blühte. Im «Nebenbau», den man als Überbau begriff und von dem aus man sich große Einwirkungen auf den Unterbau suggerierte, gab man sich dynamisch, liberal, weltoffen, urban. Am Hofe der Restauration spielte der Intellektuelle freilich nur die Rolle des Hofnarren und er tat es mit (feuilletonistischem) Geschick. Er verstand sich als Repräsentant kritischer Theorie, die in Podiumsdiskussionen, Rundfunkstudios, in den Wochenend-Beilagen der Tageszeitungen, in den Kolumnen der Zeitschriften und in anspruchvollen Buchreihen (häufig Sammelbänden) zum Zuge kam. Vom konservativen Standpunkt aus meinte Wolf Jobst Siedler, damals Feuilletonchef des «Berliner Tagesspiegel»: «Die Abendstudios und Nachtprogramme der Rundfunkanstalten sind die pensionsberechtigten Stützpunkte der literarisch artikulierten Unbotmäßigkeit. Die sich da ihrer Schwachheit rühmen, sind die Mächtigen im Lande. Wenn ein junger Literat Karriere machen will, tut er gut, sich mit der deutschen Linken zu arrangieren.» Auch die Dramaturgien der deutschen Theater seien, von Ausnahmen abgesehen, von linksorientierten Intellektuellen besetzt; die Feuilletonredaktionen der meisten wichtigen deutschen Zeitungen befänden sich in der Hand von Publizisten, die mit Heinrich Mann mehr als mit Reinhold Schneider anfangen könnten; die Lektorate fast aller bedeutender Verlage würden von Lektoren verantwortet, deren Namen unter keinem der Schriftstellermanifeste der letzten Jahre fehlten.[151]

Neben Alfred Andersch, der erst in Hamburg und dann in Stuttgart für den Funk tätig war, verkörperte vor allem Gerhard Szczesny, von 1947 bis 1962 Leiter des Nachtstudios, dann (1963–1969) des Sonderprogramms im Bayerischen Rundfunk, die aufklärerische Avantgarde der in den Sendeanstalten tätigen Intellektuellen. Er gründete die «Humanistische Union» (1961) und war bis 1969 ihr Vorsitzender; zudem baute er einen Verlag mit emanzipatorischem Programm auf. Am Bayerischen Rundfunk wirkte auch Walter von Cube als Kommentator («Ich bitte um Widerspruch»), Chefredakteur, Hörfunkdirektor und stellvertretender Intendant – ein liberaler Konservativer mit subtilem Sprachgefühl, der sich als Anwalt des freien Geistes empfand, aber angesichts der Herrschaft des Parteienproporzes und des Parteiengerangels zunehmend resignierte.[152] Ernst Schnabel war von 1947 an Chefdramaturg und später Leiter der Abteilung «Wort» am damaligen Nordwestdeutschen Rundfunk in Hamburg, den er von 1951 bis 1955 als Intendant leitete. «Zusammen mit Alfred Andersch, den er anfangs der fünfziger Jahre nach Hamburg holte, hat Schnabel für den westdeutschen Rundfunk eine Vielzahl von journalistischen, essayistischen und erzählerischen Formen entwickelt, die dem Rundfunk seine hervorragende Stelle im öffentlichen Bewusstsein der Nachkriegszeit sicherten. Das waren Pionierarbeiten, ebensosehr intellektuell brisanten wie breitenwirksamen, populären Charakters; Zeugnisse einer Weltoffenheit, Neugier und einer aufklärerischen Verbindung von Poesie und Politik.»[153]

Es gab kaum einen «freien Schriftsteller» in den 50er und 60er Jahren, der nicht für den Rundfunk arbeitete – was auch ökonomisch wichtig war, da auf diese Weise jenseits des Massengeschmacks selbständiges, nonkonformistisches Denken «honoriert» werden konnte. «Seid unbequem, seid Sand, nicht das Öl im Getriebe der Welt», hieß es in Günter Eichs Hörspiel «Träume».[154] Das von den Rundfunkanstalten intensiv gepflegte Hörspiel vermittelte keine billigen Lösungen von Krisen, hoffte aber, das Menschliche im Menschen zu erwecken. Ausgehend von Wolfgang Borcherts Hörspiel «Draußen vor der Tür» (1947), einem Markstein der neueren deutschen Rundfunkgeschichte, fand dieses literarische Genre wichtige Autorinnen und Autoren, darunter Günter Eich, Ilse Aichinger, Ingeborg Bachmann, Fred von Hoerschelmann, Max Frisch, Friedrich Dürrenmatt, Heinrich Böll, Gerd Oelschlegel, Leopold Ahlsen, Wolfgang Hildesheimer, Wolfgang Weyrauch. Nach dem eigentlichen Durchbruch ab 1950 war das Hörspiel von besonderer Attraktion für fast alle Autoren der jüngeren und mittleren Generation. Eine gewisse Publikumsresonanz war ihm sicher; inmitten «materieller Vordergründigkeit», welche die Entfaltung von Phantasie weitgehend unterband, liebte man die im «Hallraum» sich entfaltende Kunstart – «einerseits als Mischung von lautwerdenden und zugleich verlöschenden Worten und Klängen durch das Mittel der technisch-elektrischen Produktion, andererseits als ganz unkörperliche, bloß spirituelle ‹Anschauung› im Innern des Zuhörers» (Heinz Schwitzke im Vorwort zu der Hörspielsammlung «Sprich, damit ich dich sehe»).[155] Ein feinfühliges Publikum, des grob-realen Lärms überdrüssig, genoss die «Stille» dieser «inneren Bühne», auf der Andeutungs- und Aussparungstechnik vorherrschten. Zu «Szenen», wie sie Ilse Aichinger entwickelte, meinte Ernst Schnabel, dass außerhalb der Finsternis eigentlich keine dieser Geschichten möglich und nötig wären; sie würden augenblicklich erlöschen wie ein Filmbild in der Dunkelkammer, fiele der schwächste Lichtstrahl ein.

In seinem bereits 1943 veröffentlichten Roman «Das Glasperlenspiel», ein fiktiver Rückblick auf das 20. Jahrhundert von 2200 aus, hatte Hermann Hesse den feuilletonistischen Kulturbetrieb charakterisiert und kritisiert, in dem er eine Veräußerlichung und damit Entwürdigung des Geistes sah. Er fand damit die Zustimmung vor allem von denjenigen, die sich als Konservative dem «tiefgründig Wesenhaften» verpflichtet fühlten, wobei sie gerne ihre ambivalente Haltung im Dritten Reich als innere Emigration hochstilisierten. Der Roman war jedoch auch begeistert von jungen Leuten aufgenommen worden, von solchen, die auf ihrem Weg nach Innen, furchtbaren Kriegserinnerungen sich entziehend, in den Glasperlenspielern, die in der pädagogischen Provinz Kastalien die Vervollkommnung ihrer selbst anstrebten, ein Vorbild sahen.

Was Hesse als Sintflut von vereinzelten, ihres Sinnes beraubten Bildungswerten und Wissensbruchstücken abtat, eben den tändelnden Feuilletonismus, empfanden diejenigen, die im «schwitzenden Idyll» des «Landes der großen Mitte» des grassierenden Materialismus überdrüssig waren, als sublime und sublimierende Erbauung, fasziniert von der rhetorischen Üppigkeit einer intellektuellen Starequipe (darunter François Bondy, Hans Magnus Enzensberger, Walter Jens, Joachim Kaiser, Hans Mayer, Marcel Reich-Ranicki, Alfred Andersch, Hans Werner Richter, Wolfgang Hildesheimer, Helmut Heißenbüttel, Wolfgang Koeppen, Günter Grass), die, wie es Horst Krüger als einer der ihren formulierte, jeden Versammlungssaal zu einem Pfingstfest der rosaroten Geistausgießung machten.

Gottfried Benns im «Roman des Phänotyp» niedergeschriebene Selbstermunterung «Erkenne die Lage!» ging im Kulturbetrieb, den Helmuth de Haas einen von Arrangeuren beherrschten «Wanderzirkus der Intelligenz» nannte[156], oft genug unter. Man war «in» (up to date), aber die «zu den Wurzeln» hinabreichende Radikalität des Denkens fehlte. Walter Höllerer, so Peter Rühmkorf[157], sei in den mittleren 50er Jahren Bundesdeutschlands unangefochtener Kulturpapst gewesen, erster «Schleusenwärter» der Zeitschrift «Akzente» und Weichensteller zahlreicher Anthologien («bis ich ihn anfocht»). «In den frühen und mittleren Sechzigern schien Höllerer dann die Gigantomanie gepackt zu haben. Theatralische Riesenspektakel lösten sich ab mit lyrischen Massenveranstaltungen, Kritikerkongresse im Weltmaßstab wechselten mit Mammut-Film-Vorführungen, und Höllerer, der Schriftsteller, mühte sich ab an einem Infinitesimal-Roman ‹Die Elefantenuhr›. Diese Uhr begann dann aber mehr und mehr nachzugehen, und schließlich stand sie völlig still.» So habe ihn, da seine gute Vorwitterung für Kommendes aussetzte, die Berliner Kulturrevolution fast unvorbereitet getroffen. Mit dem Beginn der großen Straßenunruhen, Demonstrationen und Erschütterungen der Lehrgebäude, genau in dem Moment, als sich die jugendliche Intelligenz aus der Veranstaltungsklammer löste und sich selbst zu organisieren begann, «verschlug es Höllerer buchstäblich die Stimme».[158]

Die abgekapselte Situation der linken Intellektuellen in der Weimarer Republik vor dem Ausbruch des Dritten Reiches – eine Mischung aus geistiger Brillanz und narzisstischer Koketterie mit dem eigenen Witz, aus literarischer Zeitkritik und Nach-uns-die-Sintflut-Stimmung – kannte Ludwig Marcuse aus eigener Erfahrung; die Henkersmahlzeit war serviert; «aber wir aßen uns auch satt und freuten uns des Lebens!»[159] Aus der Emigration verhältnismäßig spät nach Deutschland zurückgekehrt[160], beobachtete er nun, dass die Intellektuellen eher noch egozentrischer und wirkungsloser geworden waren. «Was Bonner Geist vom Weimarer trennt, ist das Monolithische, vierzig Jahre später. Unentwegt ablaufende Diskussionen werden nicht mehr bemerkt, weil sie jeden Tag stattfinden … immer zwischen denselben, die, auch wenn sie sich streiten, dasselbe sagen: es gibt Schriftsteller vom Dienst, Rhetoren vom Dienst. Man will keine Klarheit. Der viel gepriesene Dialog besteht entweder aus einem Haufen von Monologen oder aus einer monologischen Aktion zur Störung des Dialogs, was Diskussion genannt wird. Der Ausweis eines Zugehörigen ist eine Unterschrift gegen Vietnam, eine Witzelei gegen Bonn oder wenigstens die zustimmende Erwähnung des meist zitierten goldenen Worts der letzten Jahre: dass man nach Auschwitz keine Gedichte mehr schreiben könne … und sie schrieben alle weiter: Gedichte, Interpretationen von Gedichten, Anti-Interpretationen (nimm kein Haar und spalte es), und dazwischen rezitierten sie immer noch einmal das goldene, das goldigste Wort.»[161]

Mancher derjenigen, die bittere Erfahrungen im Dritten Reich hatten machen müssen, forderten gegenüber feuilletonistischem Imponiergehabe eine stärkere Politisierung. War schon der Intellektuelle als unbequemer Mahner und Warner für eine freie Gesellschaft unentbehrlich, was allenthalben selbst von der Politik (als Mundbekenntnis) verkündet wurde, so sollte er seine Einwirkungsmöglichkeiten konkreter wahrnehmen. «Radikalität» war aber seit dem 19. Jahrhundert für den bürgerlichen Intellektuellen mehr eine Angelegenheit des Denkens als des Handelns; Idee und Wirklichkeit wurden als Antinomie empfunden. Damit war der Konflikt zwischen den literarisch orientierten idealistischen Generalisten und den auf konkrete Gesellschaftsveränderung abzielenden Realisten vorprogrammiert; er brach mit der 68er-Protestbewegung voll aus. Den Altlinken, die gerne Manifeste unterzeichneten und in literarischen Texten zum Engagement für eine Sache aufriefen, trat eine zum Handeln entschlossene Generation von Revolutionären entgegen, deren ideologische Rigorosität den gängigen liberalen Toleranzbegriff überforderte und eine bis zum Bruch reichende Entfremdung zwischen den beiden «Lagern» bundesrepublikanischer Intelligenz bewirkte.[162]

Das zeigte sich auf aphoristisch zugespitzte Weise bei dem Text, in dem Hans Magnus Enzensberger 1968 in Nummer 11 der von ihm gegründeten und herausgegebenen Zeitschrift «Kursbuch» mit der Avantgarde von einst abrechnete. «Sie bestand in der Hauptsache aus gebrannten Kindern, aus Alt-Sozialdemokraten, Neo-Liberalen und Spät-Jakobinern. Die einzige theoretische Basis, die sie verband, war eine unbestimmte Negation, nämlich der Antifaschismus. An das historische Trauma von 1945 blieb diese Intelligenz gebunden, fixiert an spezifisch deutsche Komplexe und Erscheinungen, von der Kollektivschuld bis zur Mauer, unfähig zu einem Internationalismus, der über die Rhetorik der Völkerverständigung hinausgegangen wäre. Moral ging ihr vor Politik. Der Sozialismus, dem sie anhing, blieb nebulös, schon aus Mangel an Kenntnissen; ihre soziologische Bildung war gering, ihre Auseinandersetzung mit dem Kommunismus neurotisch und vordergründig. Pazifismus und Philosemitismus waren vorherrschende Tendenzen; mit wissenschaftlichen, technologischen und ökonomischen Fragen hat sich diese Intelligenz wenig und spät beschäftigt. In politischen Dingen hat sie sich eher reagierend als agierend geltend gemacht. Zu Erfolgen hat sie es, nicht von ungefähr, nur auf einem einzigen Gebiet gebracht: bei der Verteidigung der Meinungsfreiheit, also bei der Vertretung ihrer eigenen Interessen und der Behauptung ihrer eigenen Privilegien – einer sicherlich legitimen, aber schwerlich hinreichenden politischen Aktivität. Anständig, bescheiden und sentimental, immer darauf bedacht, das Schlimmste zu verhüten oder doch zu verzögern, haben diese Musterschüler des Reformismus zwanzig Jahre lang systemimmanente Verbesserungsvorschläge, aber keine radikalen Gegenentwürfe geliefert. Vielleicht hätten sie dem Namen, auf den ihre Gegner sie tauften, weniger Glauben schenken sollen; denn mit der Linken anderer europäischer Länder hatten die ‹Links-Intellektuellen› in Deutschland bis vor kurzem kaum etwas gemein; ja sie konnten nicht einmal für den nötigen Austausch internationaler Informationen und Erfahrungen sorgen. Eine politische Theorie, die diesen Namen verdienen würde, haben sie nicht hervorgebracht. Die Niederlage der reformistischen Intelligenz in Deutschland ist vollkommen. Die Große Koalition von 1966 hat sie besiegelt, der Berliner Sommer von 1967 hat sie vor aller Augen demonstriert. Mit ihrem Narrenparadies ist es vorbei, die Zeit der schönen Selbsttäuschungen hat ein Ende.»[163]

Enzensberger, 1929 geboren, war als Lyriker und Essayist bis dahin ein herausragender Teilnehmer an den Treffen der Gruppe 47 gewesen. Die lose Vereinigung, mit Hans Werner Richter als spiritus rector, sei das gewesen, was Deutschland nach 1945 brauchte: kultureller Treffpunkt, mobile Akademie, literarische Ersatzhauptstadt – so Heinrich Böll, der 1951 den «Preis der Gruppe 47» erhielt. Lange bevor es Mode wurde, habe sie Pluralismus praktiziert.[164] Diesen bekundete ein weitgespanntes Spektrum der jeweils Eingeladenen (unter Ausklammerung konservativer Autoren und Kritiker): von der introvertierten, um existenzielle Wahrheit ringenden Ingeborg Bachmann bis zu dem extravertierten Peter Handke («mit hübscher Beatlefrisur und unaustilgbarem Zorn gegen die alten Bonzen»).[165]

Psychotopographisch spielten für die Gruppe 47 zwei Örtlichkeiten eine große Rolle, die ihr Wirken beziehungsweise die von ihr vertretenen, auch propagierten literarischen Tendenzen signalisierten: die klösterliche Abgeschiedenheit und Abgeschlossenheit (in Inzighofen Mai 1950 tagte man in einem ehemaligen Kloster und schlief in Mönchszellen) und das literarische Café mit seinem intellektuellen Reizklima. Auf der einen Seite lyrisch poetische Introversion; auf der anderen feuilletonistische Urbanität und Neugier. Brachten die Preise an Günter Eich, Ilse Aichinger, Ingeborg Bachmann, aber auch an Johannes Bobrowski, Peter Bichsel, Jürgen Becker die artistisch-hermetische Gestimmtheit der jungen, in Opposition zum grassierenden Materialismus sich befindlichen Literatur zum Ausdruck, so verwiesen die Preise an Heinrich Böll, Martin Walser, Günter Grass auf die zeitkritische und zeitengagierte Komponente der damaligen Literatur. Diese war CDU/CSU-Politikern ein Dorn im Auge, zumal die Medien sich Äußerungen von linken Gruppenmitgliedern besonders annahmen. Im Januar 1963 bezeichnete der geschäftsführende Vorsitzende der CDU Hermann Josef Dufhues die informelle Gruppierung als «geheime Reichsschrifttumskammer».

Es war jedoch gerade die politische Linke, die bei der Tagung 1967 in der Pulvermühle (Fränkische Schweiz) zum Zerfall der Gruppe 47 führte; Studenten demonstrierten gegen die literarischen «Saubermänner» und für die «konkrete Aktion»; sie wollten die Welt nicht mehr interpretiert, sondern verändert sehen. «Sie sind im hochfeudalen Wagen angereist. Ich weiss, die wenigsten sind Studenten. Ihre Hintermänner sitzen im Saal, Freunde von mir, die sich aus allzu harmlosen Formalisten in lautstarke Ideologen verwandelt haben und nun Revolutionäre spielen» (Hans Werner Richter).[166]

Die ungeratene Generation

Die Revolte der Studenten war, auch wenn auf der Straße die Umgestaltung der politischen und gesellschaftlichen Verhältnisse erkämpft werden sollte, Ergebnis intensiver Kopfarbeit. Vorbereitet hatte den Aufstand freilich der vorwiegend «aus dem Bauch» heraus agierende, weltweit in Erscheinung tretende Underground. Hier fanden sich Künstler, Bohemiens, Wehrdienstgegner, Provos, Gammler, Beatniks, Hippies, Maschinenstürmer, revoltierende Schüler und Studenten, Drogenkonsumenten, Friedenskämpfer im Rahmen einer Weltanschauung zusammen, die durch einen abenteuerlich anmutenden Synkretismus charakterisiert war – eine Mischung aus christlichen, buddhistischen, marxistischen, sozialistischen, anarchistischen, astrologischen und hedonistischen Glaubensvorstellungen, mit einer besonderen Allergie gegenüber autoritären Verhaltensweisen, vielfach vereint durch Musik.

Hunderttausende trafen sich bei den Beat-, Pop- und Rock-Festivals. Eine halbe Million kam 1969 in Woodstock zusammen, auf den 240 Hektar des Farmers Max Yasgur. Woodstock «lokalisierte» die spezifische Ausdrucksform des jugendlichen Kollektivbewusstseins. Man «entrückte» sich durch das Medium der Musik; das Individuelle war aufgehoben; Masse Mensch, Masse Jugend schlossen sich zusammen – vegetativ hingestreckt auf dem Feld. Die Welt ist beautiful, peaceful. Der Mythos des Drinnen ist getragen von dem alles durchdringenden Gefühl des Draußenseins (weg von der Gesellschaft, weg vom Konkurrenzkampf und dem Leistungszwang). Woodstock ist der Hohe Meissner der 70er Jahre. Nur dass die Rolling Stones noch mehr berauschen konnten als die Festredner von 1913, die ohne Verstärker, nur mit dem epigonalen Pathos des deutschen Idealismus, auskommen mussten.

Der Medienforscher Marshall McLuhan prophezeite eine völlig neue Gesellschaft, die sämtliche alte Wertekategorien, vorgeformten Lösungen, Verhaltensweisen und Institutionen ersetze. Das Motto – dem amerikanischen Eingreifen in Vietnam entgegengesetzt – hieß: «Make love not war!». Der moralische Bankrott des «Establishments» wurde deklariert; die Nacktheit, im übertragenen Sinne (als seelische Entblößung) wie in konkreter Form, erwies sich als bevorzugtes Vehikel für Emanzipation; Normen, Tabus und Repressionen waren «out», Obszönität «in».

Umgeben von den «Charaktermasken» ehrgeiziger Existenzen und inmitten der Oberflächenreize einer Konsumwelt, der die Mehrzahl der Menschen fetischistisch anhing, wollte man mit neuer Sensibilität das «Eigentliche» und «Wesentliche» finden. Statt Horizontale Vertikale, statt Expansion Meditation, statt Aktivität Introspektion. Das bedeutete Absage an den amerikanischen Traum und den «American way of life». Aber das Ausbrechen war schwer; in den Stadtwüsten der Zivilisation, voll von Frustration und Aggressivität, ließ sich das alternative «gute Leben» nicht verwirklichen.

Flankiert von diffusen künstlerischen Strömungen, die sich im Gegensatz zum eingeschliffenen Kulturbetrieb anarchischer Spontaneität überantworteten, entwickelte sich zunehmend eine Philosophie des Protests. Maßgebend war Herbert Marcuse – mit der «Frankfurter Schule» verbunden –, der die Eindimensionalität des technisierten, automatisierten, bürokratisierten spätkapitalistischen Staats- und Gesellschaftssystems dekuvrierte und das revolutionäre Aufbegehren gegen die Apparaturen, Systeme, Maschinerien propagierte; ferner Ernst Bloch, ein «Prophet mit Marx- und Engelszungen» (Martin Walser)[167], welcher der weit verbreiteten Frustration das «Prinzip Hoffnung» entgegensetzte. Bloch vertrat eine ganz in der Diesseitigkeit verwurzelte «Theologie vom glücklichen Menschen», der vom «Träumen nach vorwärts» bewegt werde, aber ständig dadurch gefährdet sei, dass seine Tagträume zur Beute von Betrügern würden.

Das Unverständnis, welches das Bildungssystem gegenüber der «Jugendbewegung» der 60er Jahre zeigte, vertiefte die Kluft zwischen der um Veränderung bemühten Jugend und der auf Beharrung versessenen Erwachsenenwelt. In einer solchen Atmosphäre des gegenseitigen Miss- wie Unverständnisses und eskalierender Gewalt konnte eine Abiturrede wie die der Schülerin Karin Storch, 1967 in Frankfurt gehalten, als Sensation empfunden werden – weil sie, obgleich in durchaus «wohlgesetzten» Worten, Probleme der Schule offen und auf eine nicht-affirmative Weise ansprach.[168] Das Schulsystem, das doch auch zum Widerstand gegen Anpassung und, um mit dem Titel der Abiturrede zu sprechen, zum «rechtverstandenen Ungehorsam» hätte erziehen sollen, entzog sich – wie die Universitäten mit ihrem «Muff von tausend Jahren unter den Talaren» – den Forderungen auf Veränderung; eine Demokratisierung fand nicht statt. Die von Vertretern idealistischer Pädagogik vorgelegten Reformkonzepte, wie sie im Besonderen dem seit 1966 um die Zusammenarbeit von Wissenschaft und Politik bemühten Gremium des «Bildungsrats» zu danken waren, scheiterten weitgehend am Widerstand oder an der Indifferenz der Politiker.

Die sich als außerparlamentarische Opposition (APO) verstehende Protestbewegung politisierte sich seit 1967, dem Jahr, da der autoritär regierende persische Schah Resa Pahlawi mit höchsten Ehren in der Bundesrepublik empfangen wurde, zunehmend –

ein wesentlicher Grund dafür war die Erschießung des Soziologiestudenten Benno Ohnesorg durch einen Polizisten bei einer Anti-Schah-Demonstration. Vorwiegend sollte der Widerstand gewaltfrei ablaufen, auch wenn die gebilligte «Gewalt gegen Sachen» eine erste Abweichung von solchem Weg bedeutete. Die Tabuverletzung wurde instrumentalisiert; die gesellschaftliche Doppelmoral und die sie kaschierenden Rituale sollten durch «Schocks» verunsichert werden; Teach-ins, Sit-ins, obszöner Jargon, Verletzung der Reinlichkeits- und Kleidernormen wie der «Sekundärtugenden» insgesamt dienten diesem Ziel und sollten «Lernprozesse» einleiten. Kritisches und utopisches Denken wurden in einer Wissenschaftssprache vermittelt, die sich aus bislang vom Bildungsbürgertum weitgehend negierten ökonomischen, psychoanalytischen und soziologischen Denksystemen herleitete. Diese Sprache wandte sich in ihrer Abstraktion und Präzision gegen das hohle Pathos des «Jargons der Eigentlichkeit» (Theodor W. Adorno).[169]

Auf der anderen Seite zeigte sich bald eine Erstarrung des eigenen Sprechens, was mit der Ideologisierung der eingenommenen weltanschaulichen Position Hand in Hand ging. Der «Jargon der Dialektik» reproduzierte – wenn auch reziprok –, was man am Establishment bekämpft hatte; die revolutionäre Auflockerungsstrategie wurde selbst Ritual, das die Gruppe zur «verschworenen Gemeinschaft» zusammenbinden und den politischen Gegner als Feind mit Hilfe von Psychoterror lähmen sollte.

Diejenigen «Liberalen», die in Sorge um die bundesrepublikanische Demokratie mit der linken Bewegung sympathisiert oder sie unterstützt hatten, erkannten bald die aufgetretenen Gefahren. Auch Jürgen Habermas, maßgeblicher Vertreter der «Frankfurter Schule», der die philosophischen Grundlagen der linken Bewegung mitgeschaffen hatte, warnte bereits auf dem Höhepunkt des Protests vor einer «linksfaschistischen» Entartung: «Die alte Neue Linke hat das Geschäft der nachträglichen Legitimationshilfe für Aktionen, auf deren Planung und Verlauf sie immer weniger Einfluss hatte, gelegentlich bis an die Grenze einer von Skrupeln nicht freien Preisgabe besserer Einsichten betrieben – und sich dabei verbraucht. Heute ist sie ohnehin überflüssig geworden für den verzweifelten Aktionismus derer, die sich auf Handstreiche spezialisieren und neuer Begründungen nicht mehr bedürfen.»[170]

Die junge neue Linke kam auf dem propagierten langen Marsch durch die Institutionen nicht wirklich voran. Sieht man von der kleinen Gruppe derjenigen ab, die in den Terrorismus (RAF – Rote Armee Fraktion) abtrieben[171], so war die Sogkraft des ursprünglich verhassten Systems mit seinen Karriereanreizen so stark, dass man sich bald wieder ins Establishment integrierte («Links schreiben – rechts dinieren»). Auf den «Schattenseiten der Utopie» (Günter Grass) zu wohnen war nicht besonders attraktiv; so zog man sich bald über verschiedene Zwischenstationen aus dem Engagement zurück, kultivierte Innerlichkeit und rhapsodierte nostalgisch in linken Kneipen über die verflossene große Revolution.

Kulturrevolution

Nachhaltiger waren die Folgen der Protestbewegung im engeren kulturellen Bereich. Die unter anderem von Peter Weiss für linkes Bewusstsein geforderte «Belesenheit» führte zur Rezeption vergessener oder verdrängter marxistischer beziehungsweise linkssozialistischer sowie von Sigmund Freuds Psychoanalyse beeinflusster Autoren, was sich wiederum in einer Flut von gesellschaftskritischen Abhandlungen niederschlug. Es entstand eine Reihe von Klein- und Kleinstverlagen; sie widmeten sich literarischen und wissenschaftlichen Raritäten (oft genug im Raubdruck), politischer Theorie wie Polemik und auch der Veröffentlichung experimenteller Literatur und Kunst.

Der jugendliche Prostest wandte sich gegen die «Krawattenkultur» (wobei Rollkragenpullover und Jeans bei Künstlern und Intellektuellen zur Gegenmode avancierten), gegen das Baedeker-Bewusstsein, dem Festival-Snobismus, insgesamt gegen das in der Wirtschaftswunderwelt ritualisierte und vermarktete Kulturleben, in dem die Künste unverbindlich blieben. Dem opportunistischen «Zirkus» wurde ein höheres, das heisst radikales Bewusstsein entgegengestellt, das die Wurzeln und Strukturen der Phänomene zu begreifen suche. Warenästhetik erschien als Pervertierung der wahren Ästhetik, bei deren Deutung man auf Friedrich Schiller zurückgriff.

Die Aversion gegenüber dem Musealen und Akademischen führte im Bereich der Kunst zu einem Neo-Dadaismus; der Künstler müsse vor allem, so Diethart Kerbs, Spielverderber und

Spielerfinder, Ideenproduzent und Regisseur sozialer Interaktionen sein – als Ästhetikingenieur und Zukunftsforscher und als politisches Individuum in der Öffentlichkeit in Erscheinung treten. Die Happening- und Fluxusbewegung vertiefte Joseph Beuys, indem er seine künstlerische Tätigkeit in den Bereich der praktischen Politik hinein verlängerte und – unter dem Leitbegriff «sozialer Plastik» – das gesellschaftspolitische Ideenpotenzial von 1968 mit anthroposophischen Vorstellungen, aber auch mit Gedanken der deutschen Klassik und Romantik verschmolz. 1971 gründete er die Organisation für direkte Demokratie durch Volksabstimmung; ausgehend von der Gleichung «Kunst ist Leben, Leben ist gleich Kunst» stellte er seine Professur an der Düsseldorfer Kunstakademie unter das Postulat des offenen Zugangs für alle, wodurch er den etablierten Lehrbetrieb ad absurdum führte und seines Amtes enthoben wurde.

Die Formel «Ein Film ist ein Film ist ein Film» wandte sich gegen die falschen, glatten und «geölten» Filme; man wollte raue, holprige, dafür aber lebendige; auch mit Hilfe obszöner Brutalität sollte kulinarischer Filmkonsum verhindert werden. Schon 1962 war im «Oberhausener Manifest» der alte Film für tot erklärt worden: «Wir glauben an den neuen.» Aber bald geriet auch der neue Film in die Schusslinie einer Kritik, die in jeder Artistik und Ästhetik Repression, zumindest «repressive Toleranz», am Werk sah. Hatten die Oberhausener zu Beginn der 60er Jahre ihre Aufgabe darin gesehen, dem inhaltlich verlogenen Kino der Wirtschaftswunderzeit realistische Inhalte entgegenzusetzen und die künstlerisch stagnierenden kapitalistischen Produktionsmethoden aufzulockern, so ging es dem APO-Film um Antiästhetik, bestimmt von einem großen Misstrauen gegenüber jeder Komposition. Auf sublime Weise entsprach Alexander Kluges Film «Die Artisten in der Zirkuskuppel: ratlos» (1968) solcher Tendenz. Rainer Werner Fassbinder wiederum – sein erster Spielfilm «Liebe ist kälter als der Tod» kam 1969 in die Kinos – bekannte sich zu einer «Ästhetik des Engagements», die schnell und unmittelbar reagiert, sowie radikale Empfindungen nicht unterdrückt. Die Anarchie der Phantasie sollte sich frei entfalten können, nicht erstickt werden durch ideologische Legitimationsansprüche oder kunsttheoretische Dogmen. «Fassbinder hatte keine Hemmungen, Meinungen zu revidieren, früheren Äußerungen zu widersprechen, alte

Fehler einzugestehen und neue zu machen. Solche Direktheit und Ehrlichkeit, die Weigerung, ständig auf der Hut zu sein und sich abzusichern, mussten in dieser Gesellschaft missverstanden werden und Misstrauen wecken» (Michael Töteberg).[172]

Die Emanzipation des Theaters hoffte man über «Aktion» zu erreichen. Der Zuschauer war aus seiner Passivität zu erlösen und der Schauspieler aus dem Theaterbetrieb zu befreien. Das Theater sei in Routine stecken geblieben; es gehe kein wirklicher Anstoß von Inszenierungen aus, die sich mit ihrer selbstgefälligen Perfektion nur an eine bestimmte Schicht, nämlich ans Bildungsbürgertum wendeten. In den Foyers der Musentempel, Freizeitkirchen, Seelen-Badeanstalten lustwandle die Leisure class; hinter den Kulissen walteten autoritäre Mächte; Schauspieler und Schauspielerin seien dem Regisseur und dieser dem Intendanten ausgeliefert. Als Gegenmodell wurden ein homogenes Ensemble, Theater auf der Straße und Werkstatt-Theater gefordert. Durch Inszenierung und Stückauswahl solle das Publikum politisch aktiviert werden. Protagonisten und Publikum müssten in einem Rückkopplungsverhältnis stehen, unter Aufhebung der Kluft, welche die Bühnenrampe darstelle.

Unter der Leitung des von Ulm kommenden Kurt Hübner und mit Hilfe einer politisch engagierten und künstlerisch kompetenten Mannschaft, darunter Peter Zadek, Wilfried Minks, Peter Stein, Klaus Michael Grüber, wurde das Bremer Stadt-Theater zum Topos einer epochalen theatralischen Sendung. In Fortführung von Fritz Kortner, der 1970 starb, erfolgte die Auseinandersetzung mit den Klassikern, angesichts veränderter gesellschaftlicher und politischer Konstellation, auf revolutionäre Weise. Stein, der zunächst durch die Inszenierung des «Viet Nam-Diskurses» von Peter Weiss an den Münchner Kammerspielen hervorgetreten war und dann in Bremen bei «Kabale und Liebe» mit realistischer Härte Regie führte, brachte im März 1969 Goethes «Tasso» auf die Bühne. Beraten durch Yaak Karsunke interpretierte er den durch konventionelle Spielweisen verstellten Text so, dass hinter der höfischen Konvention die feudalen Machtstrukturen und in Tassos Schicksal die isolierte Situation des Künstlers deutlich wurden. Steins Inszenierung enthielt, trotz ihres hohen ästhetischen Erscheinungsbildes, «eine radikale Kritik am Stück, die sich als Kritik an den Praktiken des Hofes vertiefte. Sie wurde geprägt von der Allergie gegen jede

Machtäußerung, die in jenen Jahren das zentrale Thema wurde.»[173] Der Tasso des Bruno Ganz personifizierte das an der Macht scheiternde Genie: ein «Zirkusaffe», der nach gelungenem Dressurakt vom Dompteur aus der Manege getragen wird.

Kritische Theorien

Die 50er und 60er Jahre brachten nicht nur einen Höhepunkt des Feuilletonismus, sondern auch der Soziologie als Wissenschaft. Diese habe eine Zukunft, hieß es schon in der Rede von Ferdinand Tönnies bei der Eröffnung des ersten deutschen Soziologentags 1909; er gehörte in der Weimarer Republik neben Werner Sombart, Georg Simmel, Wilhelm Dilthey, Karl Mannheim, Leopold von Wiese, Max Scheler und Helmuth Plessner zu den wichtigsten Vertretern des neu gegründeten Faches, das nach 1945 durch Arnold Gehlen und Helmut Schelsky weiterentwickelt wurde. Die protestierenden Studenten interessierten sich vor allem für marxistische Deutungs- und Orientierungsmuster, da diese ihnen die Möglichkeit zu bieten schienen, den Neokapitalismus der Wohlstandsgesellschaft als falsches Bewusstsein zu dekuvrieren und das utopisch-idealistische Ziel einer totalen Gesellschaftsveränderung zugunsten sozialer Gerechtigkeit zu erreichen. Von großem Einfluss waren dabei Max Horkheimer und Theodor W. Adorno; beide hatten in der Weimarer Republik zusammen mit Friedrich Pollock in Frankfurt das «Institut für Sozialforschung» geleitet. Nach der nationalsozialistischen Machtergreifung wanderten sie mit anderen Mitarbeitern, darunter Franz Neumann und Herbert Marcuse, in die USA aus, wo sie die Einrichtung neu gründeten. Nach Kriegsende übernahm Max Horkheimer wieder seinen alten Lehrstuhl in Frankfurt; er wurde zum Dekan der philosophischen Fakultät und dann zum Rektor gewählt; in dieser Funktion leistete er einen wesentlichen Beitrag zum Wiederaufbau der Frankfurter Universität. Adorno kam Anfang November 1949 zurück.

Der plakative, dogmatisch verengte (eindimensionale) Marxismus der DDR – mit «Apparatschiks» als Protagonisten – fand in der «Frankfurter Schule» eine Gegenposition; deren Marxismus war spätbürgerlich differenziert, zögerlich-vorsichtig; allerdings war die Kapitalismuskritik stringent-apodiktisch, was Teile der jüngeren Generation faszinierte. Horkheimer, Adorno und die anderen Institutsmitarbeiter hatten zudem negative Erfahrungen mit der westlichen Zivilisation («Dialektik der Aufklärung», 1947) einzubringen, was den Antiamerikanismus der Protestbewegung unterstützte.[174]

Da aufklärendes Denken, nicht weniger als die konkreten historischen Vorgänge und die Institutionen der Gesellschaft, in die es verflochten sei, den Keim zu jenem Rückschritt enthalte, der heute überall sich ereigne, müsse Aufklärung die Reflexion über das regressive Moment von Aufklärung in sich aufnehmen. Solcher Meta-Kritik ging es darum, mit Hilfe ganzheitlicher Vernunft der dominanten instrumentellen Vernunft Einhalt zu gebieten. Wahrheit dürfe sich nicht auf vernünftiges Bewusstsein zurückziehen, sondern müsse dieses in der Wirklichkeit zur Gestaltung bringen. Dann aber drohe die Gefahr, dass ihre Reinheit in der Realität verloren gehe. «Es gehört zum heillosen Zustand, dass auch der ehrlichste Reformer, der in abgegriffener Sprache die Neuerung empfiehlt, durch Übernahme des eingeschliffenen Kategorienapparats und der dahinter stehenden schlechten Philosophie die Macht des Bestehenden verstärkt, die er brechen möchte.»[175] Die «kritische Theorie» bestehe, so hat Horkheimer es einmal formuliert, in der Überzeugung, dass wir das absolut Gute nicht darstellen könnten, jedoch aufzuzeigen vermöchten, worunter wir leiden und was der Veränderung bedürfe. Die Wirtschaftswunderwelt bot viele Anlässe für kritische Eingriffe; war es auch schwer, an die Utopie vollständiger Freiheit zu glauben, so war man doch frei genug, um zu erkennen, wie Zwänge, unter denen man litt, abgeschafft werden könnten. Im allgemeinsten Sinne war «kritische Theorie» ein Ausdruck für den Mut, sich nicht in die gegebene Realität zu fügen: «schwierige Arbeit», die Enzensberger im gleichnamigen Gedicht, das er Theodor W. Adorno widmete, charakterisierte:

> ... ungeduldig
> im namen der zufriedenen
> verzweifeln
>
> geduldig
> im namen der verzweifelten
> an der verzweiflung zweifeln

ungeduldig geduldig
im namen der unbelehrbaren
lehren[176]

Die «Negative Dialektik» von Adorno, 1966 erschienen, sei, so
Georg Picht, das letzte Buch der europäischen Philosophie, in dem
deren klassische Themen, das Absolute, die Freiheit und Unsterb-
lichkeit, Liebe und Tod, geschützt durch die Form der Negativität,
in ihrer verschwiegenen Wahrheit sich entfalten könnten.[177] Negative Dialektik bedeute ein «Gedenke des anderen!» Dahinter
stünde die einfache Einsicht, dass die Welt zwar auch ohne Menschen, die Menschen aber nicht ohne Welt zu existieren vermöchten. Der einzige vernünftige Ausweg aus der modernen Misere sei
Versöhnung, die Anerkennung des Objekts, des Fremden. Dialektik erweise sich als das konsequente Bewusstsein von Nichtiden-
tität – Widerspruch als das Nichtidentische unter dem Aspekt der
Identität.[178]

Der bedeutendste Schüler Adornos war Jürgen Habermas, dessen Philosophie sich das Ziel setzt, am bislang unvollendeten «Projekt Aufklärung» festzuhalten, sie aber vor ihrer Dialektik (Verkehrung ins Gegenteil), bewirkt durch die Vorherrschaft einseitig
zweckhafter Vernunft und eines rein funktionalistischen System-
denkens (wie es Niklas Luhmann vertrat), zu bewahren. Die Soll-
geltung von Normen müsse im Diskurs erarbeitet werden; solche
Diskursethik setzt voraus, dass die Teilnehmer am Diskurs, als
einem Ort der moralischen Prüfung von Normen, sich nicht belü-
gen, betrügen oder gar umbringen. Habermas zeigt sich damit als
Idealist, der bei aller Zeitkritik den Menschen als kommunikati-
onsbereit und kommunikationsfähig einschätzt. «Demokratische
Moral» ist nicht eine Sache der privilegierten Einsicht von Priestern und Philosophen oder durch die Autorität politischer beziehungsweise gesellschaftlicher Traditionen bestimmt. «Die Diskursethik ist ein Versuch, den strengen Anspruch des kategorischen
Imperativs bei vorbehaltsloser Anerkennung des egalitären und
pluralistischen Charakters der modernen Kultur aufrechtzuerhal-
ten und neu zu formulieren» (Andreas Kuhlmann).[179] Eine diskur-
siv erarbeitete Ethik basiert auf dem Optimismus, dass über die
Frage, was jeweils moralisch relevant ist, kollektive Übereinstimmung zu erzielen ist; sie hat «kommunikatives Handeln» zum Pen-

dant. In zwei Bänden («Handlungsrationalität und gesellschaftliche Rationalisierung»/«Kommunikative versus funktionalistische Vernunft») hat Habermas 1981 dazu die theoretischen Grundlagen erarbeitet.

Martin Heidegger dagegen hatte die auf die Seinsvergessenheit der Metaphysik zurückzuführende traditionelle Bestimmung des Menschen als eines animal rationale leidenschaftlich bekämpft; der Mensch sei nicht «eindeutig», «einheitlich» und «einseitig» durch Seele und Geist oder Bewusstsein und Existenz oder als «Da» des Seins zu bestimmen, sondern erscheine als ein «leibhaftiger Zwiespalt von Animalität und Rationalität». Die äußerste Weise dieses Zwiespalts bezeuge sich in der Möglichkeit der Selbstvernichtung: dass der Mensch als einziges Lebewesen nicht nur den Trieb zur Selbsterhaltung, sondern auch die «Freiheit zum Tode» habe.[180] Heidegger wurde nach 1945 heftig kritisiert, da er sich, zumindest zu Beginn des Dritten Reiches, zum Nationalsozialismus bekannt hatte. Das Erscheinen von Heideggers Buch «Einführung in die Metaphysik» nahm Habermas zum Anlass, das Problem der faschistischen Intelligenz anzusprechen. Er tat das anhand von Vorlesungen Heideggers aus dem Jahr 1935, die dieser 1953 unverändert hatte drucken lassen. «Überflüssig zu bemerken, dass ein solcher Mann unter den Bedingungen des 20. Jahrhunderts als ideologischer Einpeitscher wirken musste, unter den exaltierten Bedingungen von 1935 als Prophet.»[181]

Der große Gegenpol zu Martin Heidegger war Karl Jaspers, der freilich in seinen 1978 postum erschienenen «Notizen zu Heidegger» feststellte, dass unter den deutschen Philosophieprofessoren der Gegenwart ihn nur dieser wirklich interessiert habe. Ausgehend von dem Satz, dass Zusehen nicht Existieren sei, hat Jaspers sich stets in die Realität «eingemengt». Seine Schrift «Die geistige Situation der Zeit» 1931 (1947 wieder aufgelegt) zeigte das Engagement, auch das Pathos, mit dem der Philosoph sich fürs «Selbstsein» des Menschen einsetzte – in großer Sorge vor dem Aufstand der Massen, ihren Mechanismen und Apparaturen.[182] War die Geschichte der Menschheit ein vergeblicher Versuch, frei zu sein, oder war der Augenblick des Bewusstseins von Freiheit nur ein Zwischenspiel zwischen zwei unermesslichen Schlafzuständen, von denen der erste als Naturdasein, der zweite als technisches Dasein zu definieren war? Mit einer Jüdin verheiratet, hatte Jaspers, wie er in seiner 1956 geschriebenen «philosophischen Autobiographie» berichtet, im Dritten Reich das Dunkel und das Bewusstsein der ständigen Gefahr erlebt. «Auf diesem Boden aber erwuchs das unendliche Glück der Gegenwärtigkeit. Ich erfuhr das tiefe Genügen der Liebe, die jedem Tag, bis heute, seinen Sinn zu geben vermochte.» Die Rettung bei dem Gefühl des Mitschuldigseins durch das eigene Überleben steigerte den Anspruch, nach Kräften recht zu leben und zu arbeiten.[183] Diese Verpflichtung hat Jaspers dann nach 1945 in ganz besonderer Weise, im wahrsten Sinne des Wortes «existentiell», erfüllt, wobei seine philosophische *und* politische Begabung voll zur Geltung kam. «Für nahezu ein Vierteljahrhundert war er das Gewissen Deutschlands», meinte Hannah Arendt (die übrigens als Studentin die Geliebte Heideggers gewesen war). «Er ist», heisst es in Jaspers Essay über Solon – die Worte können den Philosophen selbst charakterisieren – «wie die alten Propheten Erzieher eines Volkes, Verkünder der Wahrheit. Aber radikal ist er von ihnen vor allem durch eines unterschieden: Er beruft sich nicht auf die Gottheit, er beansprucht keine nähere Beziehung zu ihr, er gibt sich nicht Autorität durch sie, sondern: ‹Dies befahl mir mein Herz, die Athener zu lehren.›»[184] Die Lehren, die Jaspers den Deutschen erteilte (etwa in «Die Atombombe und die Zukunft des Menschen», 1958; «Wohin treibt die Bundesrepublik?», 1966), waren oft sehr unbequem und riefen entsprechend aggressive Reaktionen hervor.

Die Unwirtlichkeit der Städte

Gegen die dem traditionellen Kulturbetrieb immanente restaurativ-affirmative Ästhetik wandten sich kulturpolitische Bemühungen, die sich mehr parallel zur als im Gefolge der 68er Bewegung entwickelten. Die Kommunen spielten dabei eine wichtige Rolle. Schon 1965 hatte ein Arbeitskreis auf der Hauptversammlung des Deutschen Städtetages in Nürnberg ein Konzept zur Kulturpolitik vorgestellt – mit dem Ziel, die Lebensqualität angesichts mentaler Verelendung wesentlich zu verbessern. Das Bewusstsein, dass der Wiederaufbau der Städte sich in eine neue Stadtzerstörung verkehre, verstärkte sich. Der Psychoanalytiker und Kulturkritiker Alexander Mitscherlich sprach von der «Unwirtlichkeit der Städte» als Folge eines vorwiegend auf Rendite achtenden Bauens und

Martin Hoffmann: Fenster QP 71, 1978

eines einfallslosen, menschliche Wohnbedürfnisse missachtenden Funktionalismus. Dieser war nach 1945 – in Abgrenzung von dem dumpfen architektonischen Provinzialismus im Dritten Reich – als Ausdruck demokratischer Ehrlichkeit und Durchsichtigkeit gepriesen worden. Der in die USA emigrierte Architekt und Begründer des Bauhauses Walter Gropius, 1947 von der amerikanischen Militärregierung nach Deutschland zu einer Vortragsreise eingeladen, spielte bei der Propagierung «neuen Bauens» eine einflussreiche Rolle; so unterstützte er den von Hans Scharoun für Berlin entwickelten Aufbauplan, der vom geschichtlichen Teil der Stadt kaum etwas übrig ließ (nur das alte Zentrum und die Museumsinsel wurden als eine Art Erinnerungsstück von der Radikalkur ausgenommen). Man setzte auf ein Netz von Schnellstraßen, welche die einzelnen, nach Nutzungsschwerpunkten geordneten Stadtteile verbinden sollten – wie es schon die von Le Corbusier bestimmte «Charta von Athen» 1928 vorgesehen hatte. «Was blieb, nachdem Bombenangriffe und Endkampf eine mechanische Auflockerung vollzogen, gibt uns die Möglichkeit, eine Stadtlandschaft zu gestalten.»[185]

Wie in den Westzonen wurde auch in der SBZ die stadtplanerische Auseinandersetzung um modernen Neubau oder traditionsverpflichteten Wiederaufbau intensiv geführt, doch fand aufgrund der zunehmenden Auseinandersetzungen der gemeinsame Diskurs zwischen den Alliierten bald ein Ende. Von besonderem Einfluss war im Osten Kurt Liebknecht, der in den 20er Jahren bei Hans Poelzig studiert und ab 1931 in der Sowjetunion gearbeitet hatte – zusammen mit dem Architekten Hermann Henselmann, der (als maßgebender Planer der Stalin-Allee) zur Identifikationsfigur des architektonischen Ordnungsanspruchs der neuen Gesellschaft wurde. Gemäß den Direktiven sowjetischer Kulturpolitik entwickelte man in der DDR seit 1949 das Konzept einer eigenständigen, von angloamerikanischen Einflüssen und westlichen Planungskonzepten «freien» deutschen Baukultur, wobei der Rückzug auf die nationalen Traditionen der Baukunst des deutschen Klassizismus zu Beginn des 19. Jahrhunderts dazu dienen sollte, den in der DDR lebenden Menschen als «deutschen Patrioten» neue Hoffnung und Selbstachtung zu geben.[186] In den «Sechzehn Grundsätzen des Städtebaus», die von der SED-Regierung am 27. Juli 1950 beschlossen wurden, heisst es u.a., dass das Zentrum der Stadt den politischen Mittelpunkt für das Leben seiner Bevölkerung darstelle; hier lägen die wichtigsten politischen, administrativen und kulturellen Stätten. Auf den Plätzen im Stadtzentrum fänden die politischen Demonstrationen, die Aufmärsche und die Volksfeiern an Festtagen statt.[187] Die westliche «Kunstauffassung» dagegen, so Liebknecht, verspotte die aus dem Volke gewachsene nationale Kultur wie die nationalen Traditionen und versuche, eine «Weltkunst» zu schaffen, um die Völker ihres nationalen Bewusstseins zu berauben und sie so den Weltherrschaftsplänen des amerikanischen Imperialismus gefügig zu machen.

Sowohl in der DDR wie in der BRD wurde das Wohnen, unter Missachtung von Altbausanierung, häufig in neue Trabantenstädte verlagert; sie waren durch die Betonbauweise geprägt, wobei natürlich auch der große Nachholbedarf an Wohnungen möglichst genormte und damit preiswerte Bauformen (im Osten die «Platte») begünstigte. Der Mensch sei eingemauert in Betonburgen, so Gerhard Zwerenz in einem «Bericht aus dem Landesinneren»; Tonnenbrocken um Tonnenbrocken würden in die Landschaft geschleudert, wo sich Beton und Steine zu bizarren Vorstadtgebieten zusammenklumpten. «Die in den Schlafstädten wohnen, arbeiten in den Vorstädten oder der Innenstadt. Am Morgen fahren die Wagen aus den Schlafstädten in die Vorstädte und die Innenstadt. Am Abend nehmen alle Wagen den umgekehrten Weg, aus der Innenstadt in die Vorstädte und Schlafstädte, aus den Vorstädten in andere Vorstädte, aus den Vorstädten in die Schlafstädte. Zur späteren Abendzeit sitzen die Leute außerhalb der verödeten Innenstadt, in den Vorstädten und Schlafstädten an den Fernsehapparaten, und einige von ihnen fahren aus den Schlaf- und Vorstädten in die Theater, Kinos, Lokale der Innenstadt. Um Mitternacht und danach fahren sie wieder hinaus in die Vor- und Schlafstädte, und am Morgen wieder hinein, falls kein Sonn- oder Feiertag ist.»[188]

Die 16. Hauptversammlung des Deutschen Städtetags 1971 stand unter dem Motto: «Rettet unsere Städte jetzt!» Der amerikanische Soziologe John Kenneth Galbraith hielt eine Rede, in der er die fatale Lage der Großstädte anprangerte und als Lösung die «organische Stadt» propagierte. Galbraith verwies auf die Tatsache, dass man in den Vereinigten Staaten Entwicklungen beobachten könne, die meist wenige Jahre später in anderen Teilen der Welt aufträten. Die Stadt werde zur Arena der industriellen Entfaltung. Maximaler Profit gelte als Maßstab aller Dinge. «In der ökonomischen Stadt finden wir somit die Ursprünge nahezu aller Probleme, die die moderne urbane Existenz heute kennzeichnen.» Metropolis führe über Profitopolis und Megalopolis zu Nekropolis.[189]

Angesichts solcher Entwicklungen erhielt Kultur einen neuen Stellenwert; die Autoren des von Olaf Schwencke, Klaus H. Revermann und Alfons Spielhoff 1974 herausgegebenen Bandes «Plädoyers für eine neue Kulturpolitik» forderten, dass es die Pflichtaufgabe des Staates sein müsse, die Bürger für den Gebrauch der Freizeit in Freiheit zu «begaben». Frieden und Wohlstand seien gefährdet, wenn ein Volk nicht genügend Muße habe, vor allem aber, wenn es nicht wisse, was es mit seiner Muße anfangen könne. Hatte zu Beginn der 60er Jahre Kulturpolitik dazu gedient, den «klassischen» Einrichtungen wie der Festivalkultur die besten Entfaltungsmöglichkeiten zu verschaffen, so überwandten progressive Kulturpolitiker seit Beginn der 70er Jahre die kulinarisch bestimmte Indolenz. Nach langen Jahren der Diskussion um Schule und Bildung, vor allem des Streites um die Bildungsreform, begann man nun das «Bürgerrecht Kultur» einzuklagen. Die Evangelische

Akademie Loccum mit Olaf Schwencke als Studienleiter wurde seit 1970 zu einem Zentrum der Diskussionen. 1974 entstand bei einer Klausurtagung in einem Forsthaus bei Frankfurt am Main, zu der auf Initiative von Olaf Schwencke Hilmar Hoffmann, Robert Jungk, Peter Palitzsch, Lothar Romain, Dieter Sauberzweig, Alfons Spielhoff und Hermann Glaser zusammengekommen waren, der Plan einer Kulturpolitischen Gesellschaft, die im Juni 1976 im Rathaus von Hamburg-Altona gegründet wurde und seitdem als Koordinierungsgremium, Informationsstätte und Diskussionsforum für Kulturpolitik dient.[190] Soziokultur wurde zum Leitbegriff umfassender Bemühungen, die darauf zielten, die Trennung zwischen der «reinen Welt» des Geistes und den «Niederungen» der Realität (den politischen und sozialen Verhältnissen) zu durchbrechen und durch Förderung von Kreativität, Kommunikation und Kunst die «ästhetische Erziehung des Menschen» im Sinne einer «Kultur für alle» voranzubringen. Ästhetik, Kultur- und Geisteswissenschaften würden sich, so Odo Marquard, den kulturpolitischen Aufbruch (einseitig) deutend, als Therapeutikum erweisen: Sie ließen die lebensweltlichen Verluste, wie sie durch Modernisierung bewirkt worden seien, vergessen; sie deckten in einer farblos werdenden Welt den zunehmenden Farbigkeitsbedarf ab. Modernisierung bedeute «Entzauberung» (Max Weber); diese werde durch die Ersatzverzauberung des Ästhetischen kompensiert. Die Entnatürlichung der Wirklichkeit evoziere das Sentimentalische, zum Beispiel als Sensibilität für Natur und Geschichte. In einer undurchschaubar und kalt gewordenen Welt erbaue man sich, um dem Sinnbedarf zu entsprechen, an frei und hoch schwebenden Kulturgebilden, die Metaphysik ersetzten.[191]

Neue Unübersichtlichkeit

In Heft 20/1970 des «Kursbuches», in dem Hans Magnus Enzensberger einen auf freiheitliche Kommunikation zielenden Aufsatz, «Baukasten zu einer Theorie der Medien», veröffentlichte – ein herausragender Text zu einer «Kultur der Emanzipation» –, publizierte der damals linksengagierte Schriftsteller Martin Walser einen Beitrag «Über die neueste Stimmung im Westen», in dem er zwar die gesellschaftskritische «Linie» der APO nicht aufgab und den manipulativen Charakter der Bewusstseinsindustrie anprangerte (er konvertierte erst einige Jahre später zum Konservativismus), aber zugleich eine neue Trendwende registrierte: Mit Hilfe von Drogen und Musik etwa suche man einen von keiner Meinung besetzten Erlebnisbereich. Walser zitiert Leslie A. Fiedler als theoretischen Propheten solchen Aussteigertums: «Die Jungen huldigen der Bindungslosigkeit und akzeptieren sie als eine der unumgänglichen Folgen des industriellen Systems, das sie von Arbeit und Pflicht erlöst hat, als Konsequenz des Wohlfahrtstaates, der – ob er sich kapitalistisch, sozialistisch oder kommunistisch nennt – Desengagement zur letzten noch möglichen Tugend macht.»[192] Soziale Notwendigkeiten würden – dies zeige sich auch in der Literatur (von Helmut Heissenbüttel bis Peter Handke) – als überholt gelten. Man «friere», wenn man zunehmend erlebe, wie die «neueste Stimmung», bei regelmäßigen Anrufungen Krishnamurtis, Bodhisattvas und anderer Heiliger der schönen und reinen Innerlichkeit, natürlich auch Hermann Hesses, in der Selbstöffnung statt in der Öffnung zur Welt aufgehe. Mit besonderer Kritik an Handke, der sich wie R. D. Brinkmann gegen die «totgeborenen SDS-Sätze» und die Unverbindlichkeit revolutionären Geredes gewandt und eine intensive künstlerische Verarbeitung von Lebens- und Welterfahrung gefordert hatte, kommt Walser zu dem Ergebnis, dass so möglicherweise die Bewusstseinspräparate für eine Wiederkehr des Faschismus fabriziert würden.

Die Protestbewegung ging über in einen narzisstisch orientierten Selbstverwirklichungskult, der schließlich in postmoderner Beliebigkeit endete. Die Stadien solcher Entwicklung haben Volker Ludwig und Detlef Michel in ihrem «Theaterstück mit Kabarett» «Eine linke Geschichte» festgehalten – ein witzig-souveräner Rückblick auch auf die eigene Vergangenheit (das von beiden geprägte und von Ludwig geleitete, aus dem «Berliner Reichskabarett» in den 60er Jahren entstandene Grips-Theater in Berlin konnte den Anspruch eines «fortschrittlichen» Kinder- und Jugendtheaters im Geiste antiautoritärer Pädagogik «sinnlich» realisieren und über Jahrzehnte hinweg ungeschmälert erhalten). Am Ende der Polit-Revue ist aus dem ehedem revolutionären Studenten Johannes ein etablierter Universitätsdozent mit Bausparvertrag und gut sortiertem Weinkeller geworden. Im Garten, umgeben von Studenten und Studentinnen der neuen Generation («Schlaffis auf dem Ego-Trip» – darunter Ulla, die ständig am Telefon hängt, um Beziehungskisten-Probleme zu lösen), kommentiert die ausgeflippte Ronnie das «totale Vakuum», in dem die Revolutionäre von einst steckten, auf positive Weise: «Man kann wieder miteinander reden! Das ist doch was. Wir haben doch was dazugelernt! Sogar icke in meinem Knast. Guckt euch doch mal um, wer hier alles sitzt! Der olle MLer, du als SPD-Wichser, ich als alter Anarcho, die Spontis, diese Superfrauen da, die bunten grünen Roten und die Nullbockeinbringer. Die Kopftypen und die Bauchtypen.»[193]

Die Jugend begann sich von der Erbschaft der Protestbewegung mit ihrer sterilen «Ableitungslogik» zu lösen und wandte sich «neuer Sinnlichkeit» zu. Hatte die nun «alt» gewordene Linke sich auf unumstößliche Vorbilder wie Marx, Engels, Lenin, Trotzki, Mao, auch Stalin berufen und im Sinne verabsolutierter Dogmatik die totale Veränderung der Gesellschaft zu bewirken versucht, so artikulierte sich nun spontaneistischer Widerstand gegenüber jeder «Deutungsdressur». Der Widerstand den APO-Opas gegenüber bestand nicht darin, dass man nun nicht mehr revoltieren wollte; doch wehrte man sich dagegen, dass politische Aktionen in Formeln und Schemata gezwängt würden. Die Jungen empfanden Theorie als soziale Kontrolle.[194]

Die aphoristische Kürze, mit der man sein Unbehagen und Aufbegehren artikulierte – zum Beispiel in Form von Graffitis mit Hilfe von Spraydosen –, wandte sich sowohl gegen die medienvermittelte Geschwätzigkeit der offiziellen Kultur wie gegen die theoretische Langatmigkeit linker Ideologie: «Legal, illegal, scheissegal» – «Nonsens statt Konsens» – «Lieber lebendig als normal» – «Heute schon gekotzt?» – «Life is Xerox, you are only a copy». Die Verstärkung der anarchischen Komponente, etwa bei der Tuwas-Bewegung und den Hausbesetzern, korrespondierte mit einer gewissen Entpolitisierung. Es ging nicht mehr um die Analyse gesellschaftlicher und politischer Systeme, ihrer Zwänge und um deren langfristige Beseitigung, sondern um unmittelbare Einwirkung, um eine «okkasionelle» Protesthaltung. Zum einen wollte man mehr aus dem Bauch heraus denken (im Wärmestrom der Gefühle und Emotionen, auch Aggressionen, sich bewegen), zum anderen nicht eschatalogisch auf die Gesellschaft von morgen vertröstet werden, sondern im augenblicklichen Erfolg Befriedigung erfahren: «After action satisfaction.» Die Absage ans strukturelle und prinzipielle Denken unterschied dabei kaum zwischen regressiven und emanzipatorischen Inhalten; als entscheidendes Kriterium für die Überwindung des «Unbehagens in der Kultur» galt die Zugehörigkeit zur Ingroup, die nicht nur durch die umgebende Leistungsgesellschaft ausgegrenzt wurde, sondern die sich auch selbst libidinös isolierte; beides stabilisierte den Zusammenhalt.

Kommunikation und Sozialisation wurden gewissermaßen privatisiert. «Beziehungskisten» und Orgasmusschwierigkeiten beschäftigten junge Menschen mehr als politische und gesellschaftliche Fragestellungen. Man klammerte sich an den objektiven Faktor Subjektivität, wobei Narziss als neuer Sozialisationstyp entdeckt wurde.[195] Hartmut von Hentig sprach von einem tiefgreifenden Mentalitätswandel, den er der «entmutigten Republik» anlastete (so im Titelessay einer Sammlung von Aufsätzen).[196] Das moralische Gebot des neu aufkommenden «Erfahrungshungers» hieß: Wir machen es jetzt! Leistungsdruck, Mühe, Entbehrung, Selbsteinschränkung und Aufschub wurden als Requisiten aus dem Arsenal des bürgerlichen Wohlverhaltens empfunden; Entspanntheit, Lebensfreude, Spontaneität, Ungezwungenheit, Genuss traten an ihre Stelle. «Leben» sollte nicht von den Erwachsenen vorgeprägt sein; deren Röntgenaugen war man in der Diskothek mit ihren unausgeleuchteten Winkeln, dem schummrigen Licht, das Gesichter und Körper verschwimmen lässt, entronnen; sie ist ein Ort, wo man Kontakte aufnehmen, sich wieder zurückziehen, vor sich hinträumen, sich zur Schau stellen, aus geschützter Entfernung alles beobachten kann – ein Ort des Geheimnisses; es fehlen der helle Tag und das kalte Neonlicht, die alles beobachtbar und kontrollierbar machen. «Man hat sich dem pädagogischen Imperialismus der Erwachsenen entzogen, gleichgültig, ob er die Gestalt elterlicher Herrschsucht, erwachsener Anmaßung oder penetranter Verständnisbereitschaft von wohlmeinenden Lehrern angenommen hat. Hier gibt es nicht das Aufklärungspathos fortschrittlicher Didaktik und den aufdringlichen Anspruch ‹freier› Erziehung, doch immer alles sagen zu dürfen oder zu müssen. Vieles bleibt hier im Halbdunkel. Man bewahrt sein Recht auf Unentschiedenheit, diffuse Gefühle, Schweigen und Selbstverborgenheit. In der Diskothek fühlen sich die Jugendlichen vor den Invasionen der Erwachsenen für ein paar Stunden sicher. Und so geraten sie in aufmüpfige Begeisterung, wenn der neue Song der ‹Pink Floyd› aufgelegt wird: ‹We don't need no education, we don't need no thought control, no dark sarcasm in the classroom. Teachers leave the kids alone, hay teacher, leave us kids alone.»» (Jörg Bopp).[197]

Den als Misere empfundenen Gesellschafts- und Weltzustand versuchten freilich in zunehmendem Maße auch Bewegungen zu verändern, die ein aktives alternatives Kulturbewusstsein charakterisierte und die sich in «Nischen» (Kommunikationszentren, Jugendzentren, Kulturläden, Selbsthilfe-Werkstätten etc.) «lokalisierten» wie organisierten. Vor allem die Öko- und Friedensbewegung trugen dazu bei, dass angesichts der Grenzen des Wachstums ein neues, «nachmodernes» (postmaterielles) Wertebewusstsein sich entwickeln konnte.

Die Ambivalenz der die Protestbewegung ablösenden Postmoderne hat Jürgen Habermas als «neue Unübersichtlichkeit» bezeichnet. Das Potenzial des utopischen Denkens, das Gegenwart wie Zukunft auf humane Ziele hin zu strukturieren vermöge, sei zurückgegangen. «Der Horizont der Zukunft hat sich zusammengezogen und den Zeitgeist wie die Politik gründlich verändert. Die Zukunft ist negativ besetzt; an der Schwelle zum 21. Jahrhundert zeichnet sich das Schreckenspanorama der weltweiten Gefährdung allgemeiner Lebensinteressen ab: die Spirale des Wettrüstens, die unkontrollierte Verbreitung von Kernwaffen, die strukturelle Verarmung der Entwicklungsländer, Arbeitslosigkeit und wachsende soziale Ungleichgewichte in den entwickelten Ländern, Probleme der Umweltbelastung, katastrophennah operierende Großtechnologien geben die Stichworte, die über Massenmedien ins öffentliche Bewusstsein eingedrungen sind.»[198] Die Antworten der Intellektuellen würden nicht weniger als die der Politiker Ratlosigkeit spiegeln. Es sei keineswegs nur Realismus, wenn eine forsch akzeptierte Ratlosigkeit mehr und mehr an die Stelle von zukunftsgerichteten Orientierungsversuchen träte. Vor allem wirke sich die «neue Unübersichtlichkeit» dahingehend aus, dass man sich immer mehr im Hier und Heute einzurichten trachte, wobei der Augen-Blick Selbstzweck werde; «apokalyptische Blindheit» (Günther Anders) sei die Folge.

Postmoderner Beliebigkeitskult durchwirbelte alle Bereiche und kreierte bewusstloses Glück. Nach Georg Hensel würde Luthers Verweigerung des Widerrufs heute – im Gefolge der inzwischen weltberühmten Parole des Philosophen Paul Feyerabend: «Anything goes» – lauten: «Hier stehe ich, ich kann auch anders.» Geliebt wurde wieder der Dandy, dessen mokanter Charme vor allem darin begründet liegt, dass er an nichts glaubt, sich über nichts aufregt und nichts bewegen will. Zum Dandy passt stets ein Fin de siècle. Nur die Topoi wechseln; im Rokoko der Park mit Rotunde, Ende des 19. Jahrhunderts das Chambre séparée. In der Postmoderne die Boutique. Das Gemeinsame: die Unterordnung der Wahrheit unter den Reiz.

Aufbruch zu neuen Ufern

Plaisir war jedoch nur die eine Seite der januskopfartigen Nach-Protest-Phase. Die andere war durch Fantasy, esoterisch-synkretistische Heilslehren und vor allem durch das Gefühl von der Notwendigkeit alternativer Lebensgestaltung konturiert. Die Utopie war «irgendwie» zurückgekehrt – nicht mehr im umfassenden strukturellen Sinne, doch das praktische alltägliche Tun bestimmend. Angesichts der «Grenzen des Wachstums» (vom «Club of Rome» aufgezeigt – 1973 kam es zur Ölkrise) wurden Formen der Kreativität entwickelt, die ihre Unabhängigkeit vom «Think-big», von immer perfekter werdenden Großsystemen, betonten. Es galt: «Small is beautiful», ein Bescheiden im Überschaubaren; statt rücksichtsloser Expansion eine neue Freude an der Nische – als eines Ortes des Gleichgewichts, des Ausgleichs, freundlicher Symbiosen. Freilich zeigte alternative Kultur auch entsolidarisierenden Egoismus, der nur an sich und die eigene Gruppe denkt; nicht begriffen wurde, dass erst die Industriegesellschaft soziale Gerechtigkeit ermöglichte: ohne die Massenproduktion von Gütern lassen sich diese nicht an die Massen verteilen. Der Ostberliner Autor Rolf Schneider sah sogar in der härenen Vision vom einfachen Leben einen leise tickenden Faschismus am Werke. Vom Wassertreten über das Sonnenanbeten bis zur Lichtgestalt Adolf Hitler führe geistesgeschichtlich ein kurzer Weg; «er war der nämliche wie von der vegetarischen Siedlungsgemeinschaft zum Kostverächter auf dem Obersalzberg».[199]

Alternativ sein hieß: gegen die «Fertigkeit» und «Maßlosigkeit» dieser Welt rebellieren. Man ist gegen den Bau von Kernkraftwerken, gegen das Fällen von Bäumen, gegen den Abbruch von Häu-

Hans Niehus: Velvet Underground, 2000

sern, gegen den Bau von Autobahnen, gegen den Bau von Fabriken. Man will Luft zum Atmen, Freiraum, Autonomie und schlägt gegen das los, was anscheinend oder scheinbar diese Freiräume beeinträchtigt. «Eine neue Weltanschauung entsteht: Die Erde ist freigebig und gütig; die Geschichte aber ist undurchdringlich, unberechenbar und grausam; der Fortschritt fordert nur Opfer; die Erde dagegen ist eindeutig, verstehbar, beruhigend und fürsorglich; sie gibt rascher; da weiss jeder, was er hat; sie kommt dem ‹wir machen es jetzt› entgegen; auf die Gaben der Geschichte muss man lange warten, und wer Pech hat, geht leer aus» (Jörg Bopp).[200]

Bei einer Umfrage 1982 verbanden zwar noch 91 Prozent mit dem Begriff «Technik» den Gedanken an Fortschritt; gleichzeitig nannten aber 67 Prozent «Zerstörung der Umwelt» und 56 Prozent «Angst» in diesem Zusammenhang. Der Gedanke an Arbeitslosigkeit wurde von 51 Prozent in Verbindung mit Technik gebracht; Freiheit im Zusammenhang mit Technik könnten sich nur 22 Prozent vorstellen, 51 Prozent dagegen nicht.[201] Der sozialistischen Ideologie wurde das grüne Idol und der Traum vom Rückzug auf «natürliche» Lebensbedingungen, der Fortschrittseuphorie ein «Nein danke», aber auch die Suche nach neuen Bindungen, nach Nestwärme in der Gruppe entgegengesetzt. Von Staat und Gesellschaft erwartete man eine Art Entwicklungshilfe «zur Rückentwicklung».

Es galt nicht mehr als Schande, keinen festen Job zu haben, aber auch nicht als Dummheit, auf sozialen Aufstieg und Berufskarriere zu verzichten. Das bürgerliche Ideal der Selbstverwirklichung durch Arbeit verlor seine Anziehungskraft. «Tätigkeit» versprach Befriedigung (Reisen, Musizieren, Freundschaften pflegen, Miteinanderreden). Im Vergleich mit den Älteren zeigte sich bei den Jüngeren eine größere Bereitschaft und Fähigkeit zu «ungepanzerter Begegnung» und offenem Austausch. Die Bedürfnisse nach Verständnis, Wärme und Geborgenheit wurden direkter und selbstverständlicher angemeldet. Man versuchte, zärtlich miteinander umzugehen, war toleranter gegenüber Schwächen und Abweichungen. Menschliche Beziehungen sollten nicht auf Konkurrenz, sondern auf verständnisvolle Gleichheit gegründet werden. Die Liebesbeziehungen und die Formen ihrer sexuellen Befriedigungen wurden selbstverständlicher und vielfältiger. Die Jugendlichen gewannen ein aufmerksameres und freundlicheres Verhältnis zu ihrem Körper und seinen Ausdrucksmöglichkeiten.

Innerhalb der neuen sozialen Bewegungen, die sich in den Nischen des Alternativ-Privaten beziehungsweise Privat-Alternativen entwickelten – 1983, in dem Jahr, da der konservative Regierungswechsel durch die Bundestagswahl bestätigt wurde, erreichten sie die größte Mobilisierung –, ergaben sich inhaltlich drei Schwerpunkte: Ökologie, Frauen, Frieden. Bei der Entstehung der Umwelt-Bewegung spielten im Vorfeld lokale Bürgerinitiativen eine Rolle, die sich Themen wie Energie, Verkehr, Stadtplanung zuwandten. Die ökologischen Folgeprobleme des industriellen Wachstums und die fortschreitende Zerstörung natürlicher und sozialer Lebensräume, die wachsenden Risiken neuer Großtechnologien und die Verdichtung technokratischer Kontroll- und Systemzwänge, die von der Protestbewegung kaum erkannt beziehungsweise wenig beachtet worden waren, wurden mit großer kritischer Aufmerksamkeit diskutiert und führten zur Gründung der Partei Die Grünen.[202] Ausgeprägt war die außerparlamentarische, vielfach antiparlamentarische Komponente, da die etablierten Parteien CDU/CSU, SPD, FDP lange Zeit wenig Verständnis für die neue Problemlage zeigten – obwohl der CDU-Politiker Herbert Gruhl mit seinem Buch «Ein Planet wird geplündert – Schreckensbilder unserer Politik»[203] bereits 1975 als entschiedener Mahner aufgetreten war und in der SPD Erhard Eppler die ökologischen Versäumnisse der eigenen Partei angeprangert hatte.[204]

Die Emanzipation der Frau war innerhalb der studentischen Protest-Bewegung als theoretisches Postulat nie in die Praxis umgesetzt worden, was gerade bei den Studentinnen, die sich an den Aktionen gegen den Autoritarismus und Patriarchalismus der bürgerlichen Gesellschaft beteiligten, große Enttäuschung hervorrief. Die Identitätssuche der Frauen – «die meisten Frauen sind unpolitisch, weil Politik bisher immer einseitig definiert worden ist und ihre Bedürfnisse nie erfasst wurden»[205] – entwickelte sich somit als neue Bewegung erst Anfang der 70er Jahre, ausgelöst durch die Selbstbezichtigung «Ich habe abgetrieben» in der Zeitschrift «Stern» (Juni 1971); 374 zum Teil prominente Frauen bekannten sich öffentlich zur Illegalität ihrer Handlung und forderten die ersatzlose Streichung des § 218. «Mein Bauch gehört mir!», wurde zum Motto vieler Demonstrationen. «Es war eine wahre Explosion. Frauen im ganzen Land schlossen sich zusammen», berichtet Alice Schwarzer, die 1977 die feministische Zeitschrift «Emma» gründete.[206]

Die nächste Phase war bestimmt durch die Entwicklung einer feministischen Gegenkultur, die bei ihren Projekten in allen Lebensbereichen ohne Männer auskommen wollte. «Frauenprojekte, Frauenkneipen, Frauenbands, Frauenchöre, Frauencafés, Frauentheater, Frauenhäuser – alle organisiert nach dem Motto: Männer, nein danke – schossen wie Pilze aus dem Boden. Frauenbewegte Frauen waren in euphorischer Aufbruchsstimmung. Ein zentrales Handlungsfeld der Frauenbewegung war die Enttabuisierung weiblicher Sexualität. In Selbsterfahrungs- und Selbsthilfegruppen erkundete die Frau ihren eigenen Körper, die eigene Sinnlichkeit: Ein eigenes weibliches Körperbewusstsein entwickelte sich. Die Anti-Baby-Pille tat das Ihre zur sexuellen Befreiung eines Großteils der Frauen. Lesbierinnen fanden im Rahmen der Frauenbewegung den Mut, mit ihren Forderungen an die Öffentlichkeit zu treten und erprobten neue Formen des Zusammenlebens» (Marie-Luise Weinberger).[207] Gesellschaftspolitisch ging es der Frau um die Gleichberechtigung am Arbeitsplatz, in der Politik und in der Familie.

Die Dialektik der weiblichen Emanzipation führte jedoch auch dazu, dass die Befreiung aus dem Zustand der Abhängigkeit in eine neue Form von Unselbständigkeit umschlug. Die «Beziehungskisten» der 70er und 80er Jahre zeigten Züge einer «Tyrannei der Intimität» (Richard Sennett)[208]; die kommunikativen, sozialen kreativen Kräfte sublimierten sich nicht aufs Ganze von Gesellschaft hin, sondern regredierten auf pietistisch ausgekostete Zweisamkeit. Was in besonderem Maße ein Thema der Belletristik in den 70er und 80er Jahren war (zum Beispiel in Nicolas Borns Roman «Die erdabgewandte Seite der Geschichte», 1976; Gerhard Roths Roman «Winterreise», 1978; Hannelies Taschaus Roman «Landfriede», 1978; Karin Strucks Erzählung «Trennung», 1978; Peter Handkes Erzählung «Die linkshändige Frau», 1976; in Büchern der Gabriele Wohmann und Martin Walsers[209]), das allgemeine «Beziehungselend» nämlich («verfluchte Lügenwelt der Beziehungen»[210]), wurde durch die Statistik bestätigt. Zwischen 1971 und 1980 kam es zu 854000 Ehescheidungen, in 492000 dieser Ehen gab es rund 800000 minderjährige Kinder. Wie viele Familien in dieser Zeit in mehr oder weniger dauerhafter Trennung leben, ist unbekannt; viele Paare zogen aus finanziellen Gründen die Trennung einer Scheidung vor.[211]

Mit dem Aufkommen von Aids veränderte sich die Situation gravierend. Die «Ventilsitten» der Wohlstandsgesellschaft, vorwiegend Permissivität und Promiskuität, wurden, zumindest eine Zeitlang, blockiert; der Pegel der Frustrationsaggressivität zeigte eine rapid aufsteigende Tendenz. Die von Herbert Marcuse erhoffte libidinöse Moral, eine die Sinnlichkeit integrierende und nicht ausschließende Sublimierungsfähigkeit, entwickelte sich nicht; stattdessen entstanden sozialpathologische Turbulenzen. Mit Aids

greife Thanatos voller Häme in den Austausch der von Eros bewegten Körper ein und schlage der Todesangst eine Schneise. «Die wie
über Nacht sich ausbreitende neue Krankheit beherrscht die Schlag-
zeilen, nicht etwa, was früher Sensation gewesen wäre, die Ankündigung der ‹Pille danach›. Auf dem Diskursfeld über die Sexualität
macht die Hoffnung auf ein unbeschwertes Liebesleben der Angst
vor dem ‹acquired immune deficiency syndrome› Platz» (Heinz-
Günter Vester).[212] Hubert Fichtes auf achtzehn Bände angelegte,
postum erschienene große «Geschichte der Empfindlichkeit» zieht
die Bilanz eines leidenschaftlich zerrissenen Lebens. «Als Homo-
sexueller, als Halbjude, als vaterlos aufgewachsenes Kind, als Auto-
didakt, als Bisexueller, als Gesprächspartner von Nutten und Sado-
masochisten, von Schwulen und afroamerikanischen Priestern»
(Volker Hage) ist der «verborgene Selbstentblößer» um die halbe
Welt gefahren. Fichtes Expeditionen erschließen die Dunkelzonen
der Süchte und Sehnsüchte, des Masochismus und Sadismus. Die
risikoreiche Neugierde des Autors, der in die Milieus seiner Ent-
deckungsreisen selbst verflochten war – er starb, 51-jährig, nach
furchtbarem Leiden 1986 in Hamburg –, seine existenzielle Ver-
senkung in ethnologische, mystagogische und sozialpathologische
Phänomene wie Probleme ließen ein Gesamtwerk entstehen, das
dem «schwarzen Eros» der Zeit gewidmet ist.[213]

Nicht sowjetische oder antiamerikanische Agenten hätten die
Friedensbewegung erfunden, ihre Motive, so Carl Friedrich von
Weizsäcker, waren ganz einfach die Angst ums Überleben, und
zwar die begründete Angst.[214] Zu den Vorläufern der Friedensbewegung der 80er Jahre gehörte die Opposition gegen die Wieder-
bewaffnung der Bundesrepublik während der 50er Jahre, die Opposition gegen die Atombewaffnung der Bundeswehr sowie die
Außerparlamentarische Opposition während der 60er Jahre. Nach
der bedingungslosen Kapitulation 1945 hatten sich immer wieder
Gruppierungen pazifistischer Art, darunter auch Teile der Arbei-
terjugend, unter dem Motto «Nie wieder Krieg» zusammengefunden – bitter enttäuscht von den Parteien, die die Wiederbewaff-
nung der Bundesrepublik und deren Integration in das westliche
Verteidigungsbündnis bejahten. Bereits seit 1960 gab es die Oster-
märsche, eine gegen Atomwaffen gerichtete Aktion. Hier wie bei
der Kampagne gegen die Notstandsgesetze und den Demonstrationen gegen den Vietnam-Krieg engagierten sich vor allem Stu-

denten. Die Friedensbewegung der 8oer Jahre war eine Reaktion auf die Verschärfung der internationalen Probleme, der Unfähigkeit der Politiker, den Rüstungswettlauf zwischen Ost und West zu stoppen. Das Spektrum der Friedensbewegung war dabei weit gespannt; es umfasste Parteien, Gewerkschaften, kirchliche Organisationen, vor allem die neuen sozialen Bewegungen; der Mangel an Konsens, die Gefahr von Fraktionierungen und widersprüchliche Strategiekonzeptionen wurden durch phantasievolle Aktionen ausgeglichen.

Unter dem Motto «Si non vis bellum para pacem» (eine Formulierung des Theologen Karl Barth: «Wenn Du den Krieg nicht willst, gestalte den Frieden») bemühte sich vor allem Robert Jungk um den «Werkzeugkasten» alternativer Realutopien: Phantasie als antizipatorische Vernunft sei innerhalb der politischen Dimension fruchtbar zu machen, damit der homo humanus eine bessere Zukunft habe. Seit den 5oer Jahren als Korrespondent, Journalist und Publizist der Zukunft, die schon begonnen habe, auf der Spur, beteiligte er sich aktiv an der Anti-Atom- und Friedens-Bewegung; als Wissenschaftler vertrat er eine Futurologie, die durch weltweite Recherchen das Wissen um zu erwartende Entwicklungen mit dem Willen zu einer Zukunft zu verbinden suchte, die nicht in der Extrapolation von Gegenwart bestehen dürfe. Jungk hat sich stets gegen Pessimismus, Resignation, Lethargie gewandt, Tunix und «No-Future» waren für ihn, der 1933 in die Emigration gegangen und im Widerstand aktiv gewesen war, Parolen, die er mit visionärem Optimismus zur Seite schob; mit Hilfe «kollektiven Phantasierens» («Zukunftswerkstätten») sei eine bessere Welt möglich. Jungk vertraute dabei vor allem auf die neuen sozialen Bewegungen, die großen Bürgeraktionen, denen er sein Buch «Menschenbeben. Der Aufstand gegen das Unerträgliche» (1983) widmete.[215]

Mehr Demokratie wagen

«Mehr Demokratie wagen!» war das Motto, mit dem Willy Brandt als charismatische Persönlichkeit viele Vertreter der kritischen Linken, politisch Unschlüssige und an der Unübersichtlichkeit Leidende an sich binden konnte. In seinen «Erinnerungen und

Assoziationen» «Die Chance des Gewissens» nennt Horst-Eberhard Richter den früheren Bundeskanzler und Parteivorsitzenden einen Mann, der helfen konnte, die Vergangenheit zu tragen und die Zukunft zu bewältigen.[216]

Bei den Wahlen zum sechsten Bundestag 1969 war zwar die CDU/CSU stärkste Partei geblieben; die SPD übersprang jedoch erstmals die 40-Prozent-Hürde. Mit Hilfe von Walter Scheel, der Erich Mende im Parteivorsitz der FDP abgelöst und die Wende von der national- zur linksliberalen Orientierung eingeleitet hatte (was eine Koalition mit den Sozialdemokraten ermöglichte), wurde Brandt am 21. Oktober vom Bundestag mit 251 von 249 erforderlichen Stimmen zum Bundeskanzler gewählt. Erstmals seit Kriegsende stand ein Sozialdemokrat an der Regierungsspitze in Deutschland. Schon einige Monate vorher, am 5. März 1969, hatte die Bundesversammlung den Kandidaten der SPD, Justizminister Gustav Heinemann, mit FDP-Unterstützung (bei einem Stimmenverhältnis 512:506) zum Nachfolger des Bundespräsidenten Heinrich Lübke gewählt, wodurch der Machtwechsel vorbereitet worden war.[217]

In seiner Regierungserklärung vom 28. Oktober kündigte Brandt ein Programm der «inneren Reformen» im Zeichen von «Kontinuität und Erneuerung», von «mehr Demokratie» und des Wandels an. Die Sicherheit der Bundesrepublik im Rahmen der NATO und EG, die Einheit der deutschen Nation und ihr Recht auf Selbstbestimmung seien zu wahren; eine völkerrechtliche Anerkennung der DDR komme nicht in Betracht; aber auch wenn zwei Staaten in Deutschland existierten, so seien sie jedoch füreinander nicht Ausland. Wirtschaftspolitisch werde eine «Stabilität ohne Stagnation» erstrebt, also finanzpolitische Solidität. Innenpolitisch gebühre der Bildungs- und Wissenschaftspolitik Vorrang; das Wahlalter solle herabgesetzt, die Reformen des Ehe-, Straf- und Steuerrechts, der Verwaltung, der Bundeswehr und der Gesellschafts- beziehungsweise Sozialpolitik wären voranzutreiben. «Wir stehen nicht am Ende unserer Demokratie, wir fangen erst richtig an.»[218]

Die Regierungserklärung des neuen Bundeskanzlers war, so Wolfgang Jäger, ein Manifest des Neubeginns, des Aufbruchs zu neuen Ufern, wie sie John F. Kennedy, den Brandt bewunderte, für Amerika Anfang der 60er Jahre aufgezeigt hatte. «Es war die anspruchsvollste und hochfliegendste Regierungserklärung in der Geschichte der Bundesrepublik ... Brandt erhob zum Regierungsprogramm, was er ein halbes Jahr zuvor in seinem vieldiskutierten Aufsatz ‹Die Alternative› im Maiheft 1969 der ‹Neuen Gesellschaft› formuliert hatte: ‹Für die CDU/CSU bedeutet Demokratie eine Organisationsform des Staates. Für die SPD bedeutet Demokratie ein Prinzip, das alles gesellschaftliche Sein der Menschen beeinflussen und durchdringen muss.›»[219]

Die Wahl Brandts zum Bundeskanzler signalisierte einen tiefgreifenden Bewusstseinswandel. Nicht nur ein Sozialdemokrat war in das wichtigste politische Amt aufgerückt; ein vaterloses, unehelich geborenes Arbeiterkind, ein durch Emigration standhaft dem NS-Regime widerstehender linker Sozialist hatte nach langen Jahren der Diffamierung die für die Stabilisierung und Weiterentwicklung republikanischen Bewusstseins so wichtige Anerkennung gefunden. «Was wäre uns erspart worden», meinte Günter Grass bereits 1965, «wenn alle Neunzehn- bis Sechsundzwanzigjährigen im Jahre 1933 den politischen Scharfblick und die moralische Verantwortlichkeit eines Willy Brandt bewiesen hätten?»[220]

Brandts politische Leidenschaft, geprägt von großen Vorbildern, weitreichenden Visionen, hoffnungsvollen «Tagträumen», aber auch von robustem Ehrgeiz und ausgeprägtem Machtinstinkt, führte zu innen- und außenpolitischen Erfolgen, die entsprechende Anerkennung fanden. Ohne ihn wäre die APO auf der Straße geblieben. Die nach einem missglückten, von der CDU/CSU-Opposition unter Rainer Barzel erstmals in der Geschichte der Bundesrepublik beantragten «konstruktiven Misstrauens-Votum» vorgezogenen Wahlen zum siebten Bundestag (1972) endeten für Brandt triumphal; die SPD wurde erstmals stärkste Partei. Wie nie zuvor hatten sich Künstler, Publizisten und Schriftsteller parteipolitisch engagiert; für sie wurde Brandt zur Symbolfigur politischer Erneuerung, die Einheit von Macht und Geist, Pragmatik und Moral, Aufklärung und Fortschritt verkörpernd. Eine große Rolle spielte bei Brandts Ansehen die von ihm zusammen mit Walter Scheel als Außenminister betriebene Öffnung nach dem Osten. Bei einem Besuch in Polen im Dezember 1970 hatte sich Brandt vor dem Denkmal im ehemaligen Warschauer Getto niedergekniet: «Er hat mit zeremoniellem Griff die beiden Enden der Kranzschleife zurechtgebogen, obwohl sie kerzengerade waren. Er hat einen Schritt zurück getan auf dem nassen Granit. Er hat einen Augenblick verharrt in der protokollarischen Pose des kranzniederlegenden Staatsmannes. Und ist auf die Knie gefallen, ungestützt, die Hände übereinander, den Kopf geneigt» (Hermann Schreiber).[221] Brandts Kniefall war von großer, ergreifender Bedeutung. Während allenthalben bundesrepublikanisches Bewusstsein auf neue Weltgeltung pochte und konservative Kreise, vor allem die Vertriebenenverbände und die von ihnen beeinflussten Parteikreise, dem Osten gegenüber revisionistische Ansprüche anmeldeten, wurde damit deutlich gemacht, dass die Deutschen eine große moralische Schuld trugen und in Trauerarbeit um Verzeihung zu bitten hätten.

Nach Brandts zweiter Wahl traten jedoch auch seine Schwächen, verstärkt durch Krankheit und die Widersprüche seines Charakters, stärker hervor. Außenpolitisch hoch angesehen – 1971 hatte er den Friedens-Nobelpreis erhalten –, gab es innenpolitische Rückschläge, zumal die Reformabsichten vielfach nicht finanzierbar waren. Es fanden zwar intensive Reform-Diskussionen statt, doch wurden deren Ergebnisse nicht vom Kopf auf die Füße gestellt. «Die parteipolitische Polarisierung und Ideologisierung fand zum größten Teil ‹nur› in der politischen Rhetorik statt. Hier spielte sich ein erbitterter Kulturkampf ab, ging es vielfach um die Frage einer ‹anderen Republik›. Insgesamt sind die kulturellen Auswirkungen der Such- und Experimentierphase der sozial-liberalen Koalition nur schwer abzuschätzen. Auf lange Sicht könnten sie sich aber als einschneidender herausstellen, als die tatsächlichen Reformen es waren.»[222]

Mit Herbert Wehner, dem taktisch-versierten, kühlen Rechner und scharfen Kritiker, verstand sich Brandt nicht. Dazu kam sein «Hang zum Schweigen und Grübeln, zur Niedergeschlagenheit, zum Selbsthader, zum Nachsinnen über die Vergänglichkeit allen Lebens, den eigenen Tod. Der Alkohol. Das ‹melancholisch-liebevolle› Verhältnis eines Sechzigjährigen zu Frauen.»[223] Für Arnulf Baring war Brandt ein Politiker auf der Suche nach Heimat – «eigentlich überall nur als Gast, immer nur wie auf der Durchreise»; tiefer wissend, dass man nirgends bleibt; lebenslang ein Außenseiter, überall ein Fremder.[224] Das Ende der Ära Brandt kam unerwartet rasch im Mai 1974: Im Zusammenhang mit der Guillaume-Affäre (sein persönlicher Referent war als DDR-Spion enttarnt und festgenommen worden) erklärte Brandt seinen Rücktritt. Helmut Schmidt trat seine Nachfolge an. Walter Scheel löste als vierter Bundespräsident Gustav Heinemann ab.

Die Berliner Republik

In der Zeit des «Machers» Schmidt und der langen Ära des ihm nachfolgenden CDU-Bundeskanzlers Helmut Kohl (1982–1998), der als geschickter «Aussitzer» der Lösung anwachsender gesellschaftlicher Probleme (vor allem strukturelle Arbeitslosigkeit und eine durch Parteienverdrossenheit hervorgerufene Krise des Parlamentarismus) aus dem Weg ging und vornehmlich auf die Stabilität der eigenen Position und seiner Partei bedacht war – damit seinem Nachfolger Gerhard Schröder einen Reformstau hinterlassend –, in dieser Phase einer durch den Verlust von weiterführenden Visionen und Utopien bestimmten gesellschaftspolitischen Stagnation kam von außen eine tiefgreifende Bewegung; sie veränderte die weltpolitische und damit auch im besonderen Maße die deutsche Lage revolutionär. Mit einer sich geradezu überschlagenden Rasanz, bewirkt von Michail Gorbatschows antistalinistischem Umbau der sowjetischen Gesellschaft und seinem außenpolitischen Nichteinmischungsprinzip, eingeleitet von einer seit längerem in Polen vor sich gehenden Umstellung, befreiten sich die osteuropäischen Völker und die Menschen in der DDR von der kommunistischen Gewaltherrschaft.

Mit dem Fall der Mauer am 9. November 1989 und der Vereinigung der beiden Deutschland am 3. Oktober 1990, wesentlich mitbewirkt von einem nun über seinen Schatten springenden, die Chance einer deutschen Vereinigung gemeinsam mit dem FDP-Außenminister Hans-Dietrich Genscher beherzt und klug nutzenden Helmut Kohl, ist die Kulturgeschichte der beiden Deutschland (BRD/DDR) zu Ende gegangen.

Nach langen öffentlichen Auseinandersetzungen und einer leidenschaftlichen ganztägigen Plenardebatte entschied der Bundestag am 20. Juni 1991 mit knapper Mehrheit, seinen Sitz und den der Regierung in die alte Reichshauptstadt Berlin, die dadurch zur neuen Hauptstadt des vereinten Deutschland wurde, zu verlegen. Die «Berliner Republik», so Gerhard Schröder, damals noch Minis-

Wolfgang Mattheuer: Ausbruch

terpräsident des Landes Niedersachsen, bedeute einen neuen Aufbruch; man ginge nicht nach Berlin, weil man in Bonn gescheitert sei, ganz im Gegenteil; das vierzigjährige Gelingen der Bonner Demokratie, die Politik der Verständigung und guten Nachbarschaft, die Leuchtkraft eines Lebens in Freiheit hätten dazu beigetragen, die deutsche Teilung zu überwinden. Manchem klinge Berlin immer noch zu preußisch, autoritär, zu zentralistisch. «Dem setzen wir unsere ganz und gar unaggressive Vision einer ‹Republik der neuen Mitte› entgegen. Diese Neue Mitte grenzt niemanden aus, sie steht für Solidarität und Innovation, für Unternehmungslust und Bürgersinn, für ökologische Verantwortung und eine politische Führung, die sich als modernes Chancen-Management begreift. Symbolisch nimmt diese neue Mitte Gestalt an in Berlin – mitten in Deutschland und mitten in Europa.»[225]

Die Euphorie, welche die Vereinigung hervorrief, wich bald der Ernüchterung. Die materielle Hilfe für die Sanierung der wirtschaftlich danieder liegenden früheren DDR war erheblich; sie summierte sich bis Ende 1997 auf 1,4 Billionen DM (pro Jahr etwa 6,6% des westdeutschen Bruttoinlandsprodukts); doch konnte die «Mauer im Kopf» nur mühsam abgebaut werden. Der Hochmut des Westens verstörte, zumal lange Zeit in fast allen Bereichen die Führungspositionen von «Wessis» eingenommen wurden und die Privatisierungspolitik der «Treuhand» (der 1990 noch durch die DDR-Volkskammer eingesetzten «Anstalt zur treuhänderischen Verwaltung des Volkseigentums») wenig behutsam erfolgte (14000 Privatisierungen und mehr als 3000 Stilllegungen innerhalb von 5 Jahren). Dazu kam die überdurchschnittliche Arbeitslosigkeit in den neuen Bundesländern, die der westlichen mehr freien als sozialen Markwirtschaft angelastet wurde.

In der alten Bundesrepublik wiederum empfand man besonderes Misstrauen gegenüber der früheren DDR-Bevölkerung, weil man einen Mangel an Dankbarkeit für die vom Westen geleistete Hilfe und eine den alten Verhältnissen nachtrauernde «Ostalgie» glaubte erkennen zu können. Dass Menschen, so Wolfgang Thierse, der erste ostdeutsche Bundestagspräsident und stellvertretender SPD-Fraktionsvorsitzender der Bundestags-SPD, auf den enormen Veränderungsdruck auch mit Ängsten, mit Abwehr, mit Ausgrenzungsversuchen reagierten, dürfe eigentlich nicht verwundern. Es liege aber an der Überzeugungskraft demokratischer Politik, ob solcherart Mechanismen unser gesellschaftliches Zusammenleben dominierten. Bei Jürgen Habermas sei zu lesen: «Der beschleunigte Wandel moderner Gesellschaften sprengt alle stationären Lebensformen. Kulturen bleiben nur am Leben, wenn sie aus Kritik und Sezession die Kraft zur Selbsttransformation ziehen. Rechtliche Garantien können sich immer nur darauf stützen, dass jeder in seinem kulturellen Milieu die Möglichkeit behält, diese Kraft zu regenerieren. Und diese wiederum erwächst nicht nur aus der Abgrenzung von, sondern mindestens ebenso sehr aus dem Austausch mit Fremden und Fremdem.»[226]

Die Berliner Republik sieht sich zu Beginn des 21. Jahrhunderts mit großen kulturellen Herausforderung konfrontiert. Die «Unübersichtlichkeit» hat sich weiter gesteigert; Spezialisierung erschwert Orientierung, zumal das Bildungssystem kaum Anstrengungen macht, «Schlüsselqualifikationen» (die auf Synthesis zielen) zu vermitteln. «Wer eigentlich hat angesichts der Fülle der im ausgehenden 20. Jahrhundert zu bewältigenden und im friedensgefährdenden Sinne existentiellen und grenzüberschreitenden Probleme noch den Überblick über ihre Gesamtheit und Komplexität? Von der Überbevölkerung bis zum Waldsterben? Von der Globalisierung bis zur Massenarbeitslosigkeit? Vom Welthunger bis zur Armutsmigration? Von der Klimaveränderung bis zum Ozonloch? Von der Desertifikation bis zum Artensterben? Vom kalkulierten Super-GAU bis zum Terrorismus mit Massenvernichtungsmitteln? Vom Krieg um Wasser bis zur ethnischen Säuberung? Vom Rüstungsexport bis zum Fundamentalismus? Von der Veränderung des Menschenbildes durch zivile Technologien bis hin zur Missachtung der Menschenwürde durch sogenannte ‹exotische› Waffen? Wer kennt die Vielschichtigkeit und Vernetztheit dieser und einer Vielzahl weiterer Gefahren und Probleme, ihrer Ursachen und ihrer Wechselwirkungen? Wer hat die Kraft, exponentielle Entwicklungen rechtzeitig zu stoppen? Wer kann gigantische Risiken und latente Katastrophen mit ihren voraussehbaren Folgen in ein rationales Kalkül für eine friedliche Gegenwart und Zukunft zusammenführen? Wer kann unter drastischem Zeitdruck die richtige Entscheidung fällen? Wer besitzt die Legitimation, über Grenzen hinweg zu entscheiden und zu handeln? Lässt sich das Knäuel der in- und miteinander verwobenen Probleme überhaupt noch gewaltlos entwirren, ohne noch größere Gefahren und Risiken heraufzubeschwören?» (Dieter S. Lutz).[227]

Unbewältigte Komplexität lähmt; sie ist das Ergebnis des vor allem seit der Renaissance, im Zeitalter der Entdeckung, einsetzenden Dranges nach grenzenloser wissensmäßiger und materieller Expansion – der große Versuch des Menschen, sich selbst als denkendes und handelndes Subjekt anstelle Gottes in den Mittelpunkt des Weltgeschehens zu rücken. Solches experimentum medietatis ist personifiziert in Dr. Johann Faust, von dem es in dem 1587 erschienenem Volksbuch heisst, dass er «alle Gründ' am Himmel und auf der Erden» erforschen wollte.

www – als ein «wir wollen wissen»– findet seinen vorläufigen Höhepunkt im world wide web; als Abbreviatur für die vernetzte Welt suggeriert es ein Paradies der Informations- und Kommunikationsmöglichkeiten, das der individuellen, geradezu archetypischen Neugier nun ungeahnte Chancen der Befriedigung zu bieten scheint; zugleich aber führt es mit der Überfülle der Daten und Informationen, die nicht verarbeitet werden können, zur Informa-

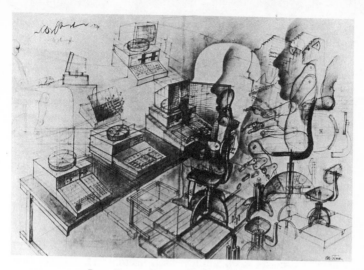

Peter Freese: Anpassungsfiguration, 1984

tionsverschmutzung; in den letzten dreissig Jahren wurden mehr Informationen neu produziert als in 5000 Jahren zuvor; das gesamte Wissen der Menschheit soll sich mittlerweile alle 5 bis 7 Jahre verdoppeln.

Die digitale Revolution, mit dem Computer als technischem Meisterwerk, orientiert sich an der Vision, die bereits hochentwickelte künstliche Intelligenz (AI – artificial intelligence) eines Tages mit dem menschlichen Gehirn verbinden zu können. «Jeder Fortschritt der menschlichen Zivilisation während der vergangenen zwanzigtausend Jahre ist auf der Grundlage einer im wesentlichen gleichgebliebenen Hirnkapazität erzielt worden. Doch schon einige Innovationen im Bereich der Kommunikation – Buchdruck, Telefon, Internet – haben genügt, das Wandlungstempo von Jahrtausenden in Jahrhunderte und Jahrzehnte zu packen. Bald werden sich auch die dem zugrunde liegenden Intelligenzen verbessern – und diese Veränderung wird umwälzender sein als jede andere während der letzten zwanzigtausend Jahre. Wir nähern uns dem, was Vernor Vinge eine ‹Singularität› genannt hat – einem Punkt, jenseits von dem wir die Zukunft nicht mehr verstehen können, weil diese Zukunft von Intelligenzen bewohnt wird, die klüger sind als wir» (Eliezer S. Yudkowsky).[228]

Cyberspace als Kunstwort für die zunächst von der Science-Fiction gelieferten virtuellen Weltentwürfe, bei der sich die Grenzen zwischen materieller Schwerkraft und ätherischer Enthebung immer mehr verwischen – mit der Vision, dass sich der Körper symbolisch gegen ein Äquivalent aus Silikon eintauschen lasse[229] –, steht eine Regression des Menschen auf archaische Aggressivität gegenüber, wie sie im Staatsterrorismus des 19. und 20. Jahrhunderts mit seinen ungeheuren Menschenopfern zutage trat und neuerdings durch religiös-fundamentalistisch bestimmte Selbstmordattentate das Urvertrauen in eine befriedbare Welt erschüttert. Stellen schon intelligente Maschinen in der Hand subintelligenter Menschen eine große Gefahr dar, so steigert sich diese zu Szenarien höchster Menschheitsgefährdung, wenn wahnhafter Vernichtungstrieb, «zurückgefallen» auf Vernunftlosigkeit, sich einer immer mehr perfektionierenden Technologie zu bedienen weiss.

Der Mensch sei aus krummen Holze geschnitzt, daraus könne nichts Grades werden, meinte Immanuel Kant. Moderne Hybris macht aus ihm ein abgeschliffenes Projektil, das sich in die Zukunft hineinbohrt, unter Ausschaltung antizipatorischer Vernunft. «...Das Leben – ein kurzes Erwachen, / ein Glitzern, flüchtiges Treiben. / Du musst Tempo machen! / Du musst locker bleiben!» (Dirk von Petersdorff).[230] Es hat noch keine Epoche gegeben, die so durchdrungen war von der Vergötzung der Innovation und der Überbietung des eben noch gültigen Optimums. Das Zurück, so Marianne Gronemeyer, habe man gänzlich aus dem Richtungssinn geschlagen. Die Wiederholung sei zu anspruchslos und selbstgenügsam, als dass sie den Weltverbesserungsplänen des modernen Menschen genügen oder dienlich sein könnte. «Jede Rücksicht erscheint als Rückfall.»[231] Die Beschleunigungssucht lässt keine Zeit für Optimierung: d.h., durch vielfältiges Abwägen und Prüfen, Probieren und Experimentieren die bestmögliche Lösung zu suchen; sie führt zur Beschleunigungskrise, da Speed okkasionelles Handeln (unter dem Druck des Augenblicks und der erstbesten Gelegenheit), ein Handeln des «Ruck-Zuck» und «Fix und Fertig», häufig zu falschen Entscheidungen führt. Systemtheoretisch bedeutet dies, dass der Zerfall von «Ganzheit» in Subsysteme beziehungsweise die Unfähigkeit, Subsysteme zu integrieren (eigentlich eine besondere Aufgabe der Politik), um sich greift.

Der Diskurs, den Niklas Luhmann und Jürgen Habermas 1971

über Systemtheorie führten – von Politik und Öffentlichkeit (außerhalb von Fachzeitschriften und Feuilletons) kaum beachtet – gewinnt immer mehr an Bedeutung. Luhmann geht davon aus, dass die existierende Gesellschaft einen Komplex von gleich geordneten, nebeneinander bestehenden Teilsystemen darstelle (wie Wirtschaftssystem, Gesundheitssystem, politisches System, Bildungssystem, Bewusstseinssystem). Diese funktionierten auf Grund eines Selbsterhaltungsmechanismus und versuchten, ihre Probleme selbstregulierend zu lösen. Mit Erstaunen kann man in der Tat feststellen, dass das Getriebe der Welt sich in Form isolierter Räder und Rädchen weiterdreht. Nach Habermas jedoch kann eine Gesellschaft sich nur *sinnvoll* erfüllen, wenn sie das Ideal der Gerechtigkeit als normativen Maßstab vor Augen hat. Man müsse deshalb aufzeigen, welche Mechanismen in der unzulänglichen Gesellschaft die Weiterentwicklung verhindern und das Entwicklungspotential für Humanisierung, das durchaus vorhanden sei, anspornen.

Eine solche idealtypische Vorstellung von Staat und Gesellschaft wirkt zwar angesichts des postmodernen Hedonismus und der dominierenden Gleichgültigkeit gegenüber Werten realitätsfremd, würde aber dem Denken und Handeln Sinn geben. Statt Komplexität als Addition von Subsystemen entstünde deren Integration. Im Ameisenstaat werden jedoch die W-Fragen nicht gestellt, auf diese aber käme es in einer demokratischen Gesellschaft an: Was tun wir warum? Wie und mit welchen Mitteln? Woher kommen wir? Wohin gehen wir?

Bei einem Subsystem gilt jeweils das, «was der Fall ist»; es organisiert sich selbstreferentiell, reproduziert sich aus sich selbst heraus und wehrt sich gegenüber übergeordneten, auf Einbindung zielenden, damit den eigenen Circulus relativierenden Ideen, Visionen, Utopien. Es beobachtet sich, aber auch andere Systeme, die es zu usurpieren beziehungsweise für sich zu instrumentalisieren trachtet. Je mehr die selbstreferentiellen zweckhaften Subsysteme dominieren, umso weniger werden übergreifende Sinnfragen beachtet. Der *Sinn* des Subsystems «Fernsehen» wäre es zum Beispiel, indem es auf eine überwölbende Gesellschaftsidee transzendiert, Aufklärung zu betreiben, den öffentlichen wie privaten Gebrauch der Vernunft zu fördern. Als sich abkapselndes Teilsystem ist sein *Zweck* die Erhöhung der Einschaltquote, und wenn dies geschieht (mit entsprechender Profitmaximierung), wird es als Erfolg bezeichnet – auch wenn, von einem allgemeinen normativen Standpunkt aus betrachtet, die kollektive Verblödung die Folge ist.

An diesem Beispiel kann auch deutlich gemacht werden, dass die Struktur von Subsystemen maßgeblich dafür verantwortlich ist, ob sie sich die Kraft des Transzendierens, also der Öffnung für integrierenden Sinn erhalten haben oder ganz der Isolierung verfallen sind. Als öffentlich-rechtliche Anstalten sind Rundfunk und Fernsehen in der Lage, ihren Bereich zu transzendieren und in einen umfassenderen (common purpose) überzugehen; seit der Privatisierung, die in Wirklichkeit eine Kommerzialisierung ist, kümmern sie sich immer weniger ums Gemeinwohl. Die Politik, selbst die Fähigkeit zur Integration verlierend, drängt ständig die noch zur Öffnung fähigen Subsysteme auf ihren Circulus vitiosus zurück. Ihre integrative Schwäche ermöglicht es auch, dass sie – nun selbst Subsystem – von einem anderen Subsystem, nämlich Wirtschaft «erobert» wird; diese wiederum hat sich insofern vereinseitigt, als sie volkswirtschaftliches Denken zugunsten des betriebswirtschaftlichen suspendiert. Nicht genug damit: selbst die betriebswirtschaftliche Axiomatik verengt sich nochmals; am Ende bleibt von Unternehmenskultur, die offen für kulturelle wie ethische Fragen ist, der Shareholder value, der das wirtschaftliche Subsystem und in weiterer Folge das System Politik ruiniert und korrumpiert.

Die Bundesrepublik Deutschland ist in ihrer Verfasstheit, vor allem durch die Grundwerte des Grundgesetzes, auf Sinnhaftigkeit, die in der Integration von Subsystemen sich manifestiert, angelegt; wie Habermas postuliert. In ihrer Wirklichkeit entspricht sie immer mehr dem, was Luhmann mit seiner Systemtheorie beschreibt. Die Krise der Bundesrepublik Deutschland besteht somit im Besonderen darin, dass sie den Usurpationstendenzen von Subsystemen politisch nicht entschieden entgegentritt, ja solche sogar noch fördert. Das integrative Konzept der sozialen Marktwirtschaft etwa, das durch das Prinzip des ethischen Utilitarismus (größtmögliches Glück für die größtmögliche Zahl) bestimmt ist, regrediert; Neoliberalismus/Neokapitalismus sorgen dafür, dass ein Transzendieren auf Ethik, Kultur, Sozialität unterbleibt; Zweck ist nur noch die rasche Bereicherung auf Aktienbasis; mit der Börse als Credo wird wirtschaftliche Solidität unterminiert.

Ein wesentlicher, vielleicht der wichtigste Grund für die immer mehr zunehmende Orientierungs- und Ziellosigkeit politischen wie gesellschaftlichen Handelns besteht darin, dass das integrative System «Vernunft» vom Subsystem «analytische Vernunft» vereinnahmt wurde, was man, kulturgeschichtlich gesprochen, als die «Dialektik der Aufklärung» (also deren Verkehrung ins Gegenteil) bezeichnet. So wichtig analytisches Denken auch ist – die Fähigkeit zu zergliedern und innerhalb der durch Aufteilung gewonnenen Segmente das Wissen zu perfektionieren –, ein solches Lösungsinstrument versagt bei komplexen Problemen, die «ganzheitlich» angegangen werden müssen.

Es ginge um die Versöhnung verschiedener «Vernunftarten», um deren Interdependenz. Der homo sapiens ist, im Gegensatz zum homo faber, der lediglich seine instrumentelle Vernunft gut zu handhaben weiss, ein Mensch, der kognitiver wie intuitiver, intellektueller wie emotionaler Lebens- und Weltanschauung gleichermaßen fähig ist. Will die Moderne aus dem Käfig ihres Vernunftbegriffs – weitgehend gleichzusetzen mit analytischer und okkasioneller Vernunft (nur auf die augenblickliche Situation reagierend) – ausbrechen, wird sie eine neue Sensibilität für Doppel- und Mehrfachwahrheiten entwickeln müssen, was freilich im Widerspruch steht zu der Eindeutigkeit binärer Kodierung. Ankämpfen muss man verstärkt gegen die durch zunehmendes Computerdenken auferlegte kategoriale Verengung, die in Einfachwahrheit (Null oder Eins, richtig oder falsch, wahr oder unwahr) besteht.

Vor allem die Probleme der Arbeitsgesellschaft wie des Wirtschaftssystems sind nur dann lösbar beziehungsweise in ihrer Schwere zu mildern, wenn Arbeit und Wirtschaft nicht gleichgesetzt werden mit einem nur an Rendite orientierten, also nach betriebswirtschaftlichen Gesichtspunkten «funktionierenden» Subsystem, sondern jeweils in andere Bereiche «hinüberreichen» – zum Beispiel in eine volkswirtschaftlich zu «kalkulierende» Tätigkeit (mit einer sinnvollen Nutzung der Eigenzeit und einem identitätsstiftenden Engagement für die Bürgergesellschaft).

Soziale Marktwirtschaft, bedrängt von Globalisierung, bei der nicht das Wohlbefinden und das seelische Glück des Menschen, sondern nur Profitmaximierung eine Rolle spielt, müsste nicht nur bedeuten, das soziale Netz, das vielfach abgenützt ist und eine ver-

änderte Gefahrenlage noch nicht berücksichtigt, für die Moderni-
tätsverlierer neu und fester zu knüpfen, sondern auch gegen die
mentale Verelendung der Menschen anzugehen und diese durch
Sinn-Angebote zu überwinden. Die einfache Erkenntnis, dass der
Mensch nicht vom Brot alleine lebt, droht verloren zu gehen. Sublimierung (Veredelung der Triebdynamik) verkümmert in der me-
dialen Spaß- und Sensationsgesellschaft; deodorantes Frischwärts
als Devise der Reklamewelt anästhetisiert. Weniger Erlebniskon-
sum und mehr Bemühen um Anmut und Würde könnten helfen,
die Welt erträglicher zu machen.

Angesichts der durch die Geschichte vermittelten Einsicht, dass
die Humanisierung des Menschen ständig scheitert, der Mensch
sich als Wolf des Menschen erweist (homo homini lupus), kommt
es aufgrund der biotechnischen Revolution zu Visionen von Men-
schenzüchtung. «Die nächsten langen Zeitspannen werden für die
Menschheit Perioden der gattungspolitischen Entscheidung sein.
In ihnen wird sich zeigen, ob es der Menschheit oder ihren kulturellen Hauptfraktionen gelingt, zumindest wirkungsvolle Verfahren der Selbstzähmung auf den Weg zu bringen. Auch in der
Gegenwartskultur vollzieht sich der Titanenkampf zwischen den
zähmenden und bestialisierenden Impulsen und ihren jeweiligen
Medien. Schon Zähmungserfolge wären erfreuliche Überraschun-
gen angesichts eines Zivilisationsprozesses, in dem eine beispiel-
lose Enthemmungswelle anscheinend unaufhaltsam rollt. Ob aber
die langfristige Entwicklung auch zu einer genetischen Reform der
Gattungseigenschaften führen wird – ob eine künftige Anthropo-
technologie bis zu einer expliziten Merkmalsplanung vordringt;
ob die Menschheit gattungsweit eine Umstellung vom Geburten-
fatalismus zur optionalen Geburt und zur pränatalen Selektion
wird vollziehen können – dies sind Fragen, in denen sich, wie auch
immer verschwommen und nicht geheuer, der evolutionäre Horizont vor uns zu lichten beginnt» (Peter Sloterdijk).[232]

Zur Würde des Menschen dürfte es aber gehören – so bitter auch
die Erkenntnis ist, dass sie ständig durch Menschen gefährdet ist –,
dass diese nicht genetisch determiniert ist, sondern im mühseligen
Prozess der Enkulturation ständig neu erworben werden muss. Einigermaßen optimistisch meint Hubert Markl, dass es sich bei dem,
was uns in aller Regel beim menschlichen Verhalten am meisten
interessiere – geistige Leistungsfähigkeit, Charakterzüge, Willens-

Richard Oelze: Erwartung, 1935/36

kraft, emotionales Einfühlungsvermögen, soziale Verantwortungsbereitschaft, moralisches Urteilsvermögen, Herzensgüte und Mitgefühl – praktisch ausnahmslos um das Zusammenspiel der Wirkung zahlreicher Gene im Laufe einer gesamten Individualentwicklung, in ständiger Wechselwirkung mit unzähligen Umwelteinflüssen, handle, also die «wirren Träume über die reproduktionsgenetische Optimierung einzelner Menschenkinder oder gar vollmundig der ganzen Menschheit» sich nicht nur quantitativ, sondern auch qualitativ als nichts anderes als Traumstoff für Science-Fiction erweisen würden.[233]

Das prometheische Selbstbewusstsein und der faustische Erkenntnisdrang des Menschen zu Beginn der Neuzeit, die nun in unserer neuesten Zeit einen Höhepunkt, eventuell auch die Peripetie erreicht haben, bekundete 1486 exemplarisch die Abhandlung «De dignitate hominis» («Über die Würde des Menschen»), die der Humanist Giovanni Pico della Mirandola, ein von der offiziellen Lehre der Kirche abweichender und deshalb verfolgter Ketzer, verfasste. Er lässt Gott zu Adam sagen: «In die Mitte der Welt habe ich dich gestellt, damit du von da aus leichter betrachten kannst, was in der Welt geschaffen ist. Weder himmlisch noch irdisch, weder sterblich noch unsterblich haben wir dich gemacht, damit du gleichsam mit eigenem Verständnis und zu eigener Ehre dein Schöpfer und Bildner seiest, in welcher Form immer du dich ausgestaltest. Du kannst zu den niedersten Geschöpfen der Tierwelt entarten. Du kannst dich aus eigenem Willensentschluss in die höheren, das heisst die göttlichen Regionen wiedergebären.»[234]

In unsere Denkweise transponiert, hieße dies, dem «Prinzip Verantwortung» angesichts der Wissensexplosion große gesellschaftliche und politische Bedeutung zukommen zu lassen. Das geschieht nicht durch pragmatische Ausbildung, sondern durch kulturelle Bildung. Im Kern besteht diese darin, wahrnehmen, denken, prüfen, verstehen zu lernen. Kultur zielt darauf, den Menschen für solche «Tätigkeiten» zu begaben, vor allem aber auch, ihn in seinem Willen zu bestärken, seine Vernunft zu gebrauchen. «Aufklärung ist der Ausgang des Menschen aus seiner selbst verschuldeten Unmündigkeit. Unmündigkeit ist das Unvermögen, sich seines Verstandes ohne Leitung eines Andern zu bedienen. Selbst verschuldet ist diese Unmündigkeit, wenn die Ursache derselben nicht am Mangel des Verstandes, sondern der Entschließung und des Mutes liegt, sich seiner ohne Leitung eines Andern zu bedienen. Sapere aude! Habe Mut, dich deines eigenen Verstandes zu bedienen! ist also der Wahlspruch der Aufklärung» (Immanuel Kant).[235]

Geschichte und Kulturgeschichte nach Kant (aber auch schon vor ihm) zeigt, dass Aufklärung noch ein «unvollendetes Projekt» ist; das 20. Jahrhundert hat oft genug die bittere Erkenntnis nahe gelegt, dass das «Projekt» sogar gescheitert ist. Immerhin: «Wir sind noch einmal davongekommen». In Thornton Wilders 1942 geschriebenem Stück, das nach 1945 im Besonderen das deutsche Theaterpublikum tief beeindruckte, sagt Sabina, die Magd, zu Mister Antrobus, dem ewigen Adam, der zusammen mit seiner Frau und seinen Kindern immer wieder von Katastrophen heimgesucht wird: «Das ist alles, was wir tun – immer wieder von vorn anfangen! Immer und immer wieder. Immer wieder von vorn anfangen. Woher wissen wir, dass es nachher besser wird? Warum machen wir uns immer wieder etwas vor? Eines Tages wird die Erde ohnehin erkalten, und bis dahin werden alle diese Dinge immer wieder geschehen: noch mehr Kriege, und noch mehr Mauern aus Eis, und

Sintfluten und Erdbeben.» Antrobus will, dass sie zu räsonieren aufhöre und weiterarbeite. Gut, sagt darauf Sabina: «Ich werde weitermachen, aus purer Gewohnheit, aber ich halte nichts mehr davon.» Mrs. Antrobus dagegen meint: «Ich könnte siebzig Jahre lang in einem Keller leben und Suppe aus Gras und Baumrinde kochen, ohne auch nur einen Augenblick lang daran zu zweifeln, dass diese Welt eine Aufgabe hat und sie erfüllen will.»

Die Trias der in diesen Äußerungen deutlich werdenden Welt-Anschauungen kann wohl die Stimmung wiedergeben, die einen Betrachter der Kulturgeschichte des 20. Jahrhunderts resümierend bewegt. Und: «Das Ende dieses Stückes ist noch nicht geschrieben.»[236]

Anmerkungen

Die für die Geschichte des 20. Jahrhunderts, gerade auch im Bereich der Kultur, zur Verfügung stehende Primär- und Sekundärliteratur – Werkausgaben, Anthologien, Monographien, Überblicksdarstellungen, Spezialuntersuchungen etc. – ist so umfangreich, dass der Versuch eines Literaturverzeichnisses nicht gemacht wird. Belegt werden nur die direkten bzw. in indirekte Rede umgesetzten Zitate. Vorab sind jedoch Bücher zur Thematik aufgelistet, die vom Autor dieses Taschenbuches selbst stammen, wobei Beiträge zu Sammelbänden unberücksichtigt bleiben. Dies geschieht nicht als Eigenwerbung (die Werke sind, mit Ausnahme der beiden letzten Titel, schon länger vergriffen), sondern weil eine solche relevante Bibliografie dem Verfasser als Exkulpation dienen kann: Vieles von ihm Erarbeitete musste wegen des knappen Raumes unberücksichtigt bleiben; was jedoch für die «Kleine Kulturgeschichte Deutschlands im 20. Jahrhundert» in Reduktion der Stoff-Fülle ausgewählt und akzentuiert wurde, beruht auf umfangreichen Studien, ist in solchen fundiert.

Das Dritte Reich. Anspruch und Wirklichkeit. Freiburg im Breisgau 1961/ Spießerideologie. Von der Zerstörung des deutschen Geistes im 19. und 20. Jahrhundert und dem Aufstieg des Nationalsozialismus. Freiburg im Breisgau 1964 (Frankfurt a. Main 1985) / Radikalität und Scheinradikalität. Zur Sozialpsychologie des jugendlichen Protests. München 1970 / Sigmund Freuds zwanzigstes Jahrhundert. Seelenbilder einer Epoche. München 1976 (Frankfurt a. Main 1979) / Literatur des 20. Jahrhunderts in Motiven. Band 1: 1870 bis 1918; Band 2: 1918 bis 1933. München 1978 f. / Ein deutsches Bilderbuch. 1870-1918. Die Gesellschaft einer Epoche in alten Photographien. (Hrsg. mit Walther Pützstück.) München 1982 / Die Kultur der Wilhelminischen Zeit. Topographie einer Epoche. Frankfurt a. Main 1984 / Kulturgeschichte der Bundesrepublik Deutschland. 3 Bände, München 1986 ff. (Frankfurt a. Main 1990) / Bildungsbürgertum und Nationalismus. Politik und Kultur im Wilhelminischen Deutschland. München 1993 / Industriekultur und Alltagsleben. Vom Biedermeier zur Postmoderne. Frankfurt a. Main 1994 / 1945. Ein Lesebuch. Frankfurt a. Main 1995 / Deutsche Kultur 1945 – 2000. München, Wien 1997 (Berlin 1999) / Grundfragen des 21. Jahrhunderts. Ein Lesebuch. München 2002.

1 Vgl. A. Brendecke: Die Jahrhundertwenden. Eine Geschichte ihrer Wahrnehmung und Wirkung. Frankfurt a. Main/New York 1999, S. 213.

2 Zit. nach H. Naumann: Der Einsame. Zu Stefan Georges 25. Todestag. In: Frankfurter Allgemeine Zeitung, 6.4.1958.

3 O. Mann: Der Dandy. Ein Kulturproblem der Moderne. Heidelberg 1962 (Erstausgabe 1925), S. 41.

4 H. Bahr: Studien zur Kritik der Moderne, 1894. In: Zur Überwindung des Naturalismus. Theoretische Schriften 1887–1904. Stuttgart/Berlin/Köln/Mainz 1968, S. 161.

5 R. M. Rilke: Selbstbildnis aus dem Jahre 1906. In: Gedichte. 3. Teil. Leipzig 1927, S. 70.

6 Zit. nach O. Conrady (Hrsg.): Das große deutsche Gedichtbuch. Von 1500 bis zur Gegenwart. München/Zürich 1992, S. 415.

7 L. Andrian (L. v. Andrian zu Werburg): Der Garten der Erkenntnis. Zürich 1990, S. 50.

8 W. Grasskamp: Unheroisch und unterschätzt. Jugendstil als moderne Kunst betrachtet. In: Merkur, Heft 6/2001, S. 543.

9 Vgl. D. Jost: Literarischer Jugendstil. Stuttgart 1969, S. 15 ff.

10 H. Vogeler: Erinnerungen. 1952. Zit. nach D. Jost: Ebd., S. 11.

11 Zit. nach D. Jost: Ebd., S. 72.

12 D. Jost: Ebd., S. 23.

13 W. Benjamin: Rückblick auf Stefan George. In: Schriften. Band 2. Frankfurt a. Main 1955, S. 325.

14 Zit. nach Jugend in Wien. Literatur um 1900. Katalog einer Ausstellung des Deutschen Literaturarchivs im Schiller-Nationalmuseum Marbach a. N. Hrsg. von L. Greve/W. Wolke. Stuttgart 1974, S. 140, 144.

15 Zit. nach L. Koreska-Hartmann: Jugendstil – Stil der Jugend. München 1969, S. 37, 42.

16 Ebd., S. 46.

17 Th. Mann: Tonio Kröger; o. O. 1952, S. 82.

18 W. Bölsche: Das Liebesleben in der Natur. Eine Entwicklungsgeschichte der Liebe. Leipzig 1901, S. 6.

19 Zit. nach G. A. Ritter/J. Kocka: Deutsche Sozialgeschichte. Dokumente und Skizzen. Band II: 1870–1914. München 1977, S. 25.

20 Th. Mann: Leiden und Größe Richard Wagners. In: Schriften und Reden zur Literatur, Kunst und Philosophie. Zweiter Band. Werke. Taschenbuchausgabe in acht Bänden. Hrsg. von H. Bürgin. Frankfurt a. Main 1968, S. 121 f.

21 Th. Ziegler: Die geistigen und sozialen Strömungen Deutschlands im neunzehnten Jahrhundert. Berlin 1911, S. 521 f.

22 Ebd., S. 522 f.

23 S. Freud: Studienausgabe. Hrsg. von A. Mitscherlich/A. Richards/
    J. Strachey. Band IX. Frankfurt a. Main 1969 ff., S. 14 f.
    Vgl. J. Radkau: Das Zeitalter der Nervosität. Deutschland zwischen
    Bismarck und Hitler. München 1998.
24 W. Hellpach: Nervosität und Kultur. Berlin 1902, S. 45 f.
25 Th. Storm: Sämtliche Werke. Neue Ausgabe in fünf Bänden. Fünfter
    Band. Braunschweig/Berlin 1916, S. 255 f.
26 O. M. Graf: Der Dichter der Bayerischen Gloria. Ludwig Thoma
    zum hundertsten Geburtstag. In: Nürnberger Zeitung, 14.1.1967.
27 Vgl. Städtische Galerie Karlsruhe (Hrsg.): Deutsche Künstlerkolo-
    nien 1890–1910. Karlsruhe 1999.
    Germanisches Nationalmuseum Nürnberg (Hrsg.): Künstlerkolo-
    nien in Europa. Im Zeichen der Ebene und des Himmels. Nürnberg
    2001.
28 G. Busch: Paula Modersohn-Becker. Malerin. Zeichnerin. Frankfurt
    a. Main 1981, S. 50 f.
29 Zit. nach K. Sauer/G. Werth: Lorbeer und Palme. Patriotismus in
    deutschen Festspielen. München 1971, S. 138 ff.
30 H. Marcuse: Über den affirmativen Charakter der Kultur. In: Kultur
    und Gesellschaft I. Frankfurt a. Main 1965, S. 99.
31 M. Stürmer: Das ruhelose Reich. Deutschland 1866–1918. Berlin
    1983, S. 402.
32 Zit. nach G. Mann: Wilhelm II. In: Frankfurter Allgemeine Zeitung,
    5.9.1964.
33 Zit. nach N. Sombart: Der letzte Kaiser war so, wie die Deutschen
    waren. Wilhelm II. – Vergangenheitsbewältigung und Wiedergutma-
    chung. In: Frankfurter Allgemeine Zeitung, 27.1.1979.
34 Vgl. S. Haffner: Der letzte Bismarckianer. Zur politischen Korre-
    spondenz Eulenburgs. In: Merkur, Heft 11/1977, S. 1093 ff.
35 Zit. nach H. Pross: Die Zerstörung der deutschen Politik – Doku-
    mente. Frankfurt a. Main 1959, S. 38.
    Vgl. auch G. Fesser: «Pardon wird nicht gegeben!» Die «Hunnen-
    rede» Kaiser Wilhelm II. am 27. Juli 1900 eröffnete einen blutigen
    Rachefeldzug des deutschen Militärs in China. In: Die Zeit, 27.7.
    2000.
36 K. Schwedhelm (Hrsg.): Propheten des Nationalismus. München
    1968, S. 266.
37 F. Nietzsche: Werke. Hrsg. von K. Schlechta. Frankfurt a. Main/Ber-
    lin/Wien 1979. Unzeitgemäße Betrachtungen. 1. Band, S. 137.
38 Ebd., Aus dem Nachlass der Achtzigerjahre. 4. Band, S. 226.
39 F. Glaser: Die Börse. Frankfurt a. Main 1908, S. 101 f.
40 Vgl. Ch. Beutler: Weltausstellungen im 19. Jahrhundert. In: Weltaus-
    stellungen im 19. Jahrhundert. Ausstellungskatalog der Neuen
    Sammlung – Staatliches Museum für angewandte Kunst München.
    München o. J., S. V ff.

41 Zit. nach: Ebd., S. XXVI f.

42 E. Canetti: Die gerettete Zunge. Geschichte einer Jugend. München 1977, S. 70 f.

43 Zit. nach H. C. Ebertshäuser: Titanic – Mythos unserer Zeit. Aufriss. Schriftenreihe des Centrums Industriekultur. Heft 2. Nürnberg 1982, S. 55 f.

44 R. Musil: Der Mann ohne Eigenschaften. Reinbek bei Hamburg 1981, S. 54 f.

45 R. Rübberdt: Geschichte der Industrialisierung. Wirtschaft und Gesellschaft auf dem Weg in unsere Zeit. München 1972, S. 269.

46 F.-J. Brüggemeier: Der deutsche Sonderweg. In: L. Niethammer u.a.: Bürgerliche Gesellschaft in Deutschland. Historische Einblicke, Fragen, Perspektiven. Frankfurt a. Main 1990, S. 244.

47 W. Hofmann: Preußische Stadtverordnetenversammlung als Repräsentativorgane. In: J. Reulecke (Hrsg.): Die deutsche Stadt im Industriezeitalter. Beiträge zur modernen deutschen Stadtgeschichte. Wuppertal 1978, S. 50.

48 Vgl. W. Meyer: Das Vereinswesen der Stadt Nürnberg im 19. Jahrhundert. Nürnberg 1970, S. 119 ff.

49 In: Vorwärts. 14. August 1913.

50 K. Bröger: Aus meiner Kriegszeit. Nürnberg 1915, S. 33.

51 P. Raabe/H. L. Greve zit. nach C. Hohoff: Der literarische Expressionismus. In: Süddeutsche Zeitung, 1./22.5.1960.

52 G. Benn: Lyrik des expressionistischen Jahrzehnts. München 1962, S. 16.

53 K. Otten (Hrsg.): Ahnung und Aufbruch. Expressionistische Prosa. Darmstadt 1957.

54 Zit. nach K. Pinthus (Hrsg.): Menschheitsdämmerung. Ein Dokument des Expressionismus. Hamburg 1959 (Berlin 1920), S. 87.

55 K. Wolbert: Die Lebensreform – Anträge zur Debatte. In: K. Buchholz u.a. (Hrsg.): Die Lebensreform. Entwürfe zur Neugestaltung von Leben und Kunst um 1900. 1. Band. Darmstadt 2001, S. 19.

56 Vgl. J. Frecot/F. Geist/D. Kerbs: Fidus. 1868–1948. Zur ästhetischen Praxis bürgerlicher Fluchtbewegungen. München 1972.

57 Zit. nach H. Giesecke: Vom Wandervogel bis zur Hitlerjugend. Jugendarbeit zwischen Politik und Pädagogik. München 1981, S. 22.

58 E. W. Lotz: Aufbruch der Jugend. Zit. nach C. Hohoff: Der Expressionismus in der modernen deutschen Literatur. In: Universitas, Heft 2/1971, S. 201.

59 G. Kaiser: Die Bürger von Calais. Bamberg o. J., S. 108 f.
Vgl. auch G. Küenzlen: Der neue Mensch. Zur säkularen Religionsgeschichte der Moderne. München 1994.

60 Zit. nach K. Pinthus (Hrsg.): Menschheitsdämmerung. Ein Dokument des Expressionismus. Hamburg 1959 (Berlin 1920), S. 291.

61 F. Marc: Briefe aus dem Feld. Berlin o. J., S. 62 f.

62 Zit. nach A. Bettex: Die moderne Literatur. In B. Boesch (Hrsg.): Deutsche Literaturgeschichte in Grundzügen. Bern 1946, S. 321.

63 Ebd., S. 322.

64 G. Hauptmann: Gesammelte Werke in sechs Bänden. Vierter Band. Berlin o. J., S. 530.

65 G. Hauptmann: Das Abenteuer meiner Jugend. Zit. nach A. Bettex: Die moderne Literatur; ebd., S. 322.

66 E. Roters: Malerei. In: E. Roters (Hrsg.): Berlin: 1910–1933. Die visuellen Künste. Berlin 1983, S. 76.

67 Zit. nach P. Raabe: Die Revolte der Dichter. Die frühen Jahre des literarischen Expressionismus 1910–1914. In: Der Monat, Heft 191/1964, S. 90.

68 W. Kandinsky: Essays über Kunst und Künstler. Hrsg. und kommentiert von M. Bill. Stuttgart 1955, S. 141.

69 K. Thomas: DuMonts Kunstlexikon des 20. Jahrhunderts. Köln 2000, S. 54.

70 W. Kandinsky: Essays über Kunst und Künstler. S. 141.

71 R. Dehmel: Gesammelte Werke in drei Bänden. Zweiter Band. Berlin 1913, S. 145 f.

72 H. H. Stuckenschmidt: Das Werk des Komponisten Arnold Schönberg. In: Universitas, Heft 8/1974, S. 855.

73 Ebd.

74 Vgl. H. H. Stuckenschmidt: Schönberg. Leben, Umwelt, Werk. München 1989.

75 E. Reventlow (Hrsg.): Franziska Gräfin zu Reventlow. Tagebücher 1895–1910. Frankfurt a. Main 1981, S. 415.

76 B. Kronauer: Der frisch-fromm-fröhliche Krieg. Kindlichkeit und Skeptizismus. Zu Lou Andreas-Salomé. In: Frankfurter Allgemeine Zeitung, 19.8.2000.

77 E. Reventlow (Hrsg.): Franziska Gräfin zu Reventlow. S. 485.

78 O. J. Bierbaum: Lavendel-Ehe. In: C. Flaischlen (Hrsg.): Neuland. Ein Sammelbuch moderner Prosadichtung. Berlin 1894, S. 5.

79 G. Hauptmann: Einsame Menschen. In: Gesammelte Werke in acht Bänden. 1. Band. Berlin 1922, S. 268.

80 A. Schnitzler: Jugend in Wien. Eine Autobiographie. Wien/München/Zürich 1968, S. 171.

81 R. Wagner: Frauen um Arthur Schnitzler. Frankfurt a. Main 1983, S. 7 f.

82 S. Freud: Die ‹kulturelle› Sexualmoral und die moderne Nervosität. In: Studienausgabe. Hrsg. von A. Mitscherlich/A. Richards/J. Strachey. Band IX. Frankfurt a. Main 1969 ff., S. 23 f.

83 St. Zweig: Die Welt von Gestern. Erinnerungen eines Europäers. Frankfurt a. Main 1970, S. 72 f.

84 H. Bahr: Zur Überwindung des Naturalismus. Theoretische Schriften 1887–1904. Ausgewählt, eingeleitet und erläutert von G. Wunberg. Stuttgart/Berlin/Köln/Mainz 1968, S. 143.

85 H. Broch: Hofmannsthal und seine Zeit. Frankfurt a. Main 1974, S. 69.

86 Vgl. F. Weigand-Abendroth: Der Monarch, der ohne Eigenschaften sein musste. Kaiser Franz Josef starb vor einem halben Jahrhundert. In: Frankfurter Allgemeine Zeitung, 19.11.1966.

87 Zit. nach Jugend in Wien. Literatur um 1900. Katalog einer Ausstellung des Deutschen Literaturarchivs im Schiller-Nationalmuseum Marbach a. N. Hrsg. von L. Greve/W. Wolke. Stuttgart 1974, S. 5.

88 Ebd., S. 148.

89 St. Zweig: Die Welt von Gestern. Erinnerungen eines Europäers. Frankfurt a. Main 1970, S. 81.

90 Wiener Literatur-Zeitung, 15.5.1891.

91 H. von Hofmannsthal: Der Brief des Lord Chandos. In: Gesammelte Werke in drei Bänden. 3. Band. Berlin 1934, S. 194 f.

92 Zit. nach F. Heer: Der Glaube des Adolf Hitler. Anatomie einer politischen Religiosität. München/Esslingen 1968, S. 58.

93 Ebd., S. 132.

94 B. Hamann: Hitlers Wien. Lehrjahre eines Diktators. München 1998, S. 7.

95 Th. Mann: Gladius Dei. In: Frühe Erzählungen. Gesammelte Werke. Frankfurt a. Main 1983, S. 198 f.

96 M. Halbe: Jahrhundertwende. Erinnerungen an eine Epoche. München/Wien 1976, S. 30 ff., 35 ff.

97 J. M. Fischer: Jahrhundertdämmerung. Ansichten eines anderen Fin de siècle. Wien 2000, S. 28.

98 Vgl. K. Pinthus: Menschheitsdämmerung. Hamburg 1959 (1920), S. 39, 43, 48.

99 Vgl. J. Schlör: Nachts in der großen Stadt. Paris, Berlin, London 1840–1930. München/Zürich 1991.

100 Ebd., S. 21.

101 Ebd.

102 W. Flex: Der Wanderer zwischen beiden Welten. Ein Kriegserlebnis. Heusenstamm 1977, S. 49 f., 53 f.

103 K. Doderer: Wanderstab statt Spazierstöckchen. Ein Kultbuch wiedergelesen. In: Deutsches Allgemeines Sonntagsblatt, 14.8.1992.

104 Vgl. K. Rutschky: Schwarze Pädagogik. Quellen zur Naturgeschichte der bürgerlichen Erziehung. Frankfurt a. Main/Berlin/Wien 1977.

105 St. Zweig: Die Welt von Gestern. Erinnerungen eines Europäers. Frankfurt a. Main 1970, S. 35.

106 L. Marcuse: Mein Zwanzigstes Jahrhundert. Auf dem Weg zu einer Autobiographie. München 1963, S. 21.

107 Zit. nach P. de Mendelssohn: Der Zauberer. Das Leben des deutschen Schriftstellers Thomas Mann. Band 1: 1875–1918. Frankfurt a. Main 1975, S. 1043 f.

108 Th. Mann: Der Zauberberg (1924). In: Gesammelte Werke. Frankfurt
a. Main 1981, S. 309.
109 Ebd., S. 694.
110 Ebd., S. 1004.
111 S. Freud: Zeitgemäßes über Krieg und Tod. In S. Freud: Studienausgabe. Hrsg. von A. Mitscherlich/A. Richards/J. Strachey. Frankfurt a.
Main 1969 ff., Band IX, S. 38.
112 Ebd., S. 40.

Weimarer Republik. 1919–1933

1 E. M. Remarque: Im Westen nichts Neues. Berlin 1929, S. 288, 286.
2 Vgl. J. Berg u.a.: Sozialgeschichte der deutschen Literatur von 1918
bis zur Gegenwart. Frankfurt a. Main 1981, S. 237.
3 Vgl. R. Dithmar: Wirkung wider Willen? Remarques Erfolgsroman
«Im Westen nichts Neues» und die zeitgenössische Rezeption. In:
Blätter für den Deutschunterricht, Nr. 2/1984, S. 34 ff.
4 K. Pinthus (Hrsg.): Menschheitsdämmerung. Hamburg 1959 (1920),
S. 32.
5 Ebd., S. 35.
6 E. M. Remarque: Im Westen nichts Neues. S. 18 f.
7 Zit. nach H. Weigel: Unternehmen Vatermord. Bemerkungen über
den Schriftsteller Arnolt Bronnen. In: Der Monat, Heft 69/1954,
S. 300.
8 Zit. nach H.-A. Walter: Eine Jugend in Deutschland. Theodor Lessings Autobiographie «Einmal und nie wieder». In: Die Zeit,
30.1.1970.
9 W. Rothe: Ernst Toller in Selbstzeugnissen und Dokumenten. Reinbek bei Hamburg 1983.
Vgl. R. Dove: Ernst Toller. Ein Leben in Deutschland. Göttingen
1993.
10 F. Kafka: Brief an den Vater. Mit einem Nachwort von W. Emrich.
Frankfurt a. Main 1975.
Vgl. G. Rühle: Väter und Söhne. Der Aufstand der Expressionisten.
In: Theater heute, Nr. 1/2001.
11 Ebd. (F. Kafka), S. 10 f.
12 Ebd., S. 12 ff.
13 M. Hagner: Verwundete Gesichter, verletzte Gehirne. Zur Deforma-
tion des Kopfes im Ersten Weltkrieg. In: C. Schmölders/S. L. Gilman:
Gesichter der Weimarer Republik. Köln 2000, S. 78.
14 Vgl. G. Grosz: Ecce homo. (1923).
G. Grosz: Der Spießer-Spiegel. Neuausgabe Berlin 1955.
15 G. Grosz: Ein kleines Ja und ein großes Nein. Sein Leben von ihm
selbst erzählt. Hamburg 1955, S. 143 ff.

16 M. Tatar: Das Gesicht des Krieges in der Malerei. In: C. Schmölders/
    S. L. Gilman: Gesichter der Weimarer Republik. S.120.

17 Ebd., S. 124.

18 H. A. Winkler: Weimar. 1918–1933. Die Geschichte der ersten deut-
    schen Demokratie. München 1993, S. 33 f.

19 P. Federn: Zur Psychologie der Revolution. Die Vaterlose Gesell-
    schaft. Nach Vorträgen in der Wiener psychoanalytischen Vereini-
    gung und im Monistenbund. In: Der Aufstieg. Neue Zeit- und Streit-
    schriften Nr. 12/13. Leipzig/Wien 1919, Titelblattrückseite.

20 E. Mühsam: Verse eines Kämpfers; o. O. 1920.

21 G. Krumeich: Leidenschaft für die Tyrannei. Die Friedensverhand-
    lungen in Versailles 1919 und die entschiedene Kriegsschuldfrage. In:
    Frankfurter Allgemeine Zeitung, 16.1.1999.

22 W. Laqueur: Weimar. Die Kultur der Republik. Frankfurt a. Main/
    Berlin/Wien 1976, S. 174.

23 G. Rühle: Im Kampf um neue Ziele. Das Theater der Republik. In: H.
    Hoffmann/H. Klotz: Die Kultur unseres Jahrhunderts 1918–1933.
    Wien/New York/Moskau 1993, S. 94 f.

24 Ebd., S. 95.

25 Zit. nach R. Grimm: Bertolt Brechts dramatische Kunst. In: Universi-
    tas, Heft 10/1963, S. 1086.

26 H. Mayer: Im Dickicht der zwanziger Jahre. Über die Politik in der
    Kultur vor 1933. In: Die Zeit, 9.9.1977.

27 H. Marcuse: Über den affirmativen Charakter der Kultur. In: Kultur
    und Gesellschaft I, Frankfurt a. Main 1965, S. 66.

28 Vgl. V. Mauersberger: Hitler in Weimar. Der Fall einer deutschen
    Kulturstadt. Berlin 1999.
    L. Ehrlich/J. John/J. H. Ulbricht (Hrsg.): Das Dritte Weimar. Klassik
    und Kultur im Nationalsozialismus. Köln/Weimar/Wien 1999.

29 E. Böhm u.a. (Hrsg.): Kultur-Tagebuch. 1900 bis heute. Braunschweig
    1984, S. 271.

30 Vossische Zeitung vom 7.2.1919. Zit. nach A. Schickel: Die National-
    versammlung von Weimar. Personen, Ziele, Illusionen vor fünfzig
    Jahren. In: Aus Politik und Zeitgeschichte, Beilage zur Wochenzei-
    tung «Das Parlament», 8.2.1969, S. 6 f.

31 Ebd., S. 9.

32 Ebd., S. 9 f.

33 Vgl. E. Maste: Hugo Preuss. Vater der Weimarer Verfassung. In: Aus
    Politik und Zeitgeschichte. Beilage zur Wochenzeitung «Das Parla-
    ment», 26.10.1960, S. 695 ff.

34 A. Hitler: Mein Kampf. München 1934, S. 198.

35 W. Näf: Die Epochen der Neueren Geschichte. Band II. Aarau 1946,
    S. 472 f.

36 Vgl. G. Roth: Max Webers deutsch-englische Familiengeschichte
    1800–1950. Mit Briefen und Dokumenten. Tübingen 2001.

37 C. Seyfarth: M. Weber. Politik als Beruf. In: Kindlers Literatur Lexikon. Band V. Zürich 1969, Spalte 2293.

38 Vgl. H. von Zelinsky: Brahmane und Basilisk. München 1974.

39 Zit. nach H. Glaser/J. Lehmann/A. Lubos: Wege der deutschen Literatur. Eine geschichtliche Darstellung. Frankfurt a. Main/Berlin/Wien 1971, S. 289.

40 H. von Hofmannsthal: Lustspiele II. Gesammelte Werke in Einzelausgaben. Frankfurt a. Main 1954, S. 230.

41 Vgl. H. E. Holthusen: Rainer Maria Rilke in Selbstzeugnissen und Bilddokumenten. Hamburg 1958, S. 149.

42 Vgl. E. Schwarz: Das verschluckte Schluchzen – Poesie und Politik bei Rainer Maria Rilke. Frankfurt a. Main 1972.

43 R. M. Rilke: Sämtliche Werke. Hrsg. vom Rilke-Archiv. Wiesbaden 1955 ff., 2. Band 1956, S. 93.

44 Ebd., 1. Band, S. 699 f.

45 St. George: Drei Gesänge. Berlin 1921, S. 7.

46 F. Lion: Romanik als deutsches Schicksal. Stuttgart 1963, S. 159.

47 W. Benjamin: Rückblick auf Stefan George. In: Schriften. Band II. Frankfurt a. Main 1955, S. 330.

48 J. Lesser: Von deutscher Jugend. Berlin 1932, S. 132. Zit. nach K. Sontheimer: Antidemokratisches Denken in der Weimarer Republik. München 1962, S. 316.

49 Ebd. (K. Sontheimer), S. 331.

50 Ebd., S. 336.

51 Ebd., S. 338.

52 Ebd., S. 339 f.

53 E. Jünger: In Stahlgewittern. Zit. nach K. O. Paetel: Ernst Jünger in Selbstzeugnissen und Bilddokumenten. Reinbek bei Hamburg 1962, S. 20.

54 K. Theweleit: Männerphantasien. 2. Band: Männerkörper. Zur Psychoanalyse des weissen Terrors. Frankfurt a. Main 1978, S. 190.

55 E. Jünger: Der Kampf als inneres Erlebnis. Berlin 1922, S. 74.

56 E. Jünger: Politische Publizistik. 1919 bis 1933. Hrsg., kommentiert und mit einem Nachwort von S. O. Berggötz. Stuttgart 2001, S. 215.

57 Zit. nach G.-K. Kaltenbrunner: Konservative Apokalypse. Wiedergelesen: Ernst Jüngers Arbeiten. In: Frankfurter Allgemeine Zeitung, 2.9.1977.

58 Zit. nach F. Stern: Gerd Bucerius Lecture. Hamburg 2001.

59 E. Jünger: Politische Publizistik; ebd., S. 325.

60 W. Laqueur: Weimar. Die Kultur der Republik. Frankfurt a. Main/ Berlin 1976, S. 352.

61 H. Kesten: Dichter im Café. München/Wien/Basel 1965, S. 340.

62 K. Tucholsky: Panter, Tiger & Co. Eine neue Auswahl aus seinen Schriften und Gedichten. Hrsg. von M. Gerold-Tucholsky. Hamburg 1954, S. 13.

63 Zit. nach W. Schmied (Hrsg.): Der kühle Blick. Realismus der Zwanzigerjahre in Europa und Amerika. München/London/New York 2001, S. 27.

64 W. G. Fischer: Wohnungen. München 1969, S. 96.

65 Zit. nach H. Reuther: Endlich – Die Bauhausdokumente. In: Frankfurter Hefte, Heft 4/1963, S. 279.

66 Zit. nach M. Fath: Vorwort. In: H.-J. Buderer: Neue Sachlichkeit. Bilder auf der Suche nach der Wirklichkeit. Figurative Malerei der zwanziger Jahre. München/New York 1994, S. 7.

67 Zit. nach O. F. Best (Hrsg.): Expressionismus und Dadaismus. Stuttgart 1974, S. 293.

68 Zit. nach L. Greve/M. Pehle/H. Westhoff (Hrsg): Hätte ich das Kino! Ausstellungskatalog des Deutschen Literaturarchivs im Schiller-Nationalmuseum Marbach a. N. Stuttgart 1976, S. 380.

69 A. Döblin: Berlin Alexanderplatz. Die Geschichte von Franz Biberkopf. Berlin 1929, Vorwort und S. 82, 113, 157, 204.

70 W. Musch: Döblins größter Erfolg. Zu «Berlin Alexanderplatz». In: Der Monat, Heft 152/1961, S. 48.

71 Zit. nach M. Kesting (Hrsg.): Bertolt Brecht in Selbstzeugnissen und Bilddokumenten. Hamburg 1959, S. 31.

72 Zit. nach J. Müller: Die Aufzeichnungen des Bertolt Brecht. In: Universitas, Heft 8/1976, S. 808.

73 H. Lüthy: Vom armen Bert Brecht. In: Der Monat, Heft 44/1952, S. 116.

74 E. Kästner: Die Zeit fährt Auto. In: Gesammelte Schriften für Erwachsene. Band 1. Zürich 1969, S. 85.

75 H. Kesten: Wir, die Erben der Toten. Grabrede auf Erich Kästner. In: Süddeutsche Zeitung, 2.8.1974.

76 M. Kaléko: Spät nachts. In: Das lyrische Stenogrammheft; o. O. 1956, S. 21.

77 Zit. nach G. Blöcker: Radardenker und Urgesicht. Gottfried Benn nach zehn Jahren. In: Süddeutsche Zeitung, 18./19.4.1959.

78 W. Muschg: Die Zerstörung der deutschen Literatur. Bern 1956, S. 153.

79 H. Hesse: Der Steppenwolf. Frankfurt a. Main 1961, S. 51 f.

80 Ebd. (Nachwort), S. 267.

81 KLL (Redaktion): Der Steppenwolf. In: Kindlers Literatur Lexikon. Band VI. Zürich 1971, Spalte 1924 f.

82 H. Hesse: Der Steppenwolf. S. 256.

83 Vgl. W. Benjamin: Das Kunstwerk im Zeitalter seiner technischen Reproduzierbarkeit. Frankfurt a. Main 1963 (1936).

84 Zit. nach J. Schneider: Radio-Kultur in der Weimarer Republik. Eine Dokumentation. Tübingen 1984, S. 42.

85 Zit. nach F. W. Hymmen: Überschätzt und unterschätzt: Hans Bredow. In: Frankfurter Allgemeine Zeitung, 23.11.1979.

86 H. O. Halefeldt: Sendegesellschaften und Rundfunkordnungen. In: J.-F. Leonhard (Hrsg.): Programmgeschichte des Hörfunks in der Weimarer Republik. Band 1. München 1997, S. 23.

87 A. Diller: Geliebtes Dampfradio. Deutsche Rundfunkgeschichte bis in die 1980er Jahre. In: kleeblatt radio, Ausgabe 36/2001, S. 13.

88 Zit. nach P. Dahl: Arbeitersender und Volksempfänger. Proletarische Radio-Bewegung und bürgerlicher Rundfunk bis 1945. Frankfurt a. Main 1978, S. 13.

89 Ebd., S. 20.

90 Ebd., S. 24.

91 Ebd., S. 39.

92 Ebd., S. 108.

93 W. Benjamin: Das Kunstwerk im Zeitalter seiner technischen Reproduzierbarkeit. Frankfurt a. Main 1963 (1936), S. 44.

94 G. Janouch: Gespräche mit Kafka. Frankfurt a. Main 1951, S. 93.

95 A. Döblin: Berlin Alexanderplatz. Berlin 1929, S. 141.

96 S. Kracauer: Das Ornament der Masse. Essays. Frankfurt a. Main 1963, S. 279 ff., 284 f., 287 ff., 291 ff.

97 Vgl. S. Kracauer: Von Caligari bis Hitler. Ein Beitrag zur Geschichte des deutschen Films. Hamburg 1958.

98 Zit. nach M. Sperr (Hrsg.): Das Große Schlager-Buch. Deutsche Schlager 1800–Heute. München 1978, S. 112.

99 W. Laqueur: Weimar. Die Kultur der Republik. Frankfurt a. Main/ Berlin 1976, S. 282 f.

100 Vgl. H. Glaser: Das Automobil. Eine Kulturgeschichte in Bildern. München 1986, S. 104.

101 E. Czech: Ich heisse Stinnes und fahre im Auto um die Erde. In: M. Kuball und C. Söderström (Hrsg.): Söderströms Photo-Tagebuch 1927–1929. Frankfurt a. Main 1981, S. 30.

102 Zit. nach W. Sachs: Die Liebe zum Automobil. Ein Rückblick auf die Geschichte unserer Wünsche. Reinbek bei Hamburg 1984, S. 63 f.

103 Zit. nach M. Sperr (Hrsg.): Das Große Schlager-Buch. S. 120.

104 H. Fallada: Kleiner Mann – was nun? Hamburg 1950, S. 289 f.

105 Vgl. hierzu auch F. Arnold (Hrsg.): Anschläge. Deutsche Plakate als Dokumente der Zeit 1900–1960. München 1963.

106 S. Kracauer: Die Angestellten. Frankfurt a. Main 1971, S. 36.

107 Ebd., S. 24.

108 Vgl. W. Benjamin: Politisierung der Intelligenz. In: S. Kracauer: Die Angestellten. S. 121.

109 Ebd., S. 395.

110 F. Kafka: Der Prozess. New York 1946, S. 73 f.

111 C. Zuckmayer: Der Hauptmann von Köpenick. Frankfurt a. Main 1952, S. 90.

112 Ö. von Horváth: Kasimir und Karoline. In: Gesammelte Werke. Band I. Frankfurt a. Main 1972, S. 323 f.

113 A. Hitler: Mein Kampf. München 1934, S. 317 f.
114 H. Krüger: Das zerbrochene Haus. Eine Jugend in Deutschland.
München 1966, S. 13 f.

Drittes Reich. 1933–1945

1 Vgl. D. J. Goldhagen: Hitlers willige Vollstrecker. Berlin 1996.
2 E. Niekisch: Das Reich der niederen Dämonen. Hamburg 1953.
3 Ebd., S. 106.
4 G. Keller: Die öffentlichen Verleumder. In: Gesammelte Werke.
Neunter Band. Gesammelte Gedichte. Stuttgart/Berlin 1911, S. 283 f.
5 Th. W. Adorno: Negative Dialektik. Frankfurt a. Main 1990, S. 359.
6 Zit. nach J. M. Fischer: «Zwischen uns und Weimar liegt Buchenwald.» Germanisten im Dritten Reich. In: Merkur, Heft 1/1987,
S. 25.
7 H. Heiber (Hrsg.): Goebbels Reden 1932–1945. Bindlach 1991, S. 63.
8 M. Domarus (Hrsg.): Hitler. Reden und Proklamationen 1932–1945.
1. Band. Würzburg 1962, S. 609.
9 W. Ehrenstein. Zit. nach Ch. de Nuys-Henkelmann: «Wenn das der
Führer wüsste...» In: H. Hoffmann/H. Klotz (Hrsg.): Die Kultur unseres Jahrhunderts. 1933–1945. Düsseldorf/Wien/New York/Mos-
kau 1991, S. 205.
10 G. Benn: Kunst und Drittes Reich. In: Gesammelte Werke in acht
Bänden. Hrsg. von D. Wellershoff. Band 3. Wiesbaden 1968, S. 877f.
11 H. Zöberlein: Der Befehl des Gewissens. München 1938, S. 607f.,
623ff.
12 H. Heiber (Hrsg.): Goebbels Reden. S. 111.
13 Ebd., S. 204f.
14 Ebd., S. 455.
15 A. Rosenberg: Der Mythus des 20. Jahrhunderts. Eine Wertung der
seelisch-geistigen Gestaltenkämpfe unserer Zeit. München 1935,
S. 114.
16 Ebd., S. 82, 2.
17 H. F. K. Günther: Adel und Rasse; o. O. 1926.
Vgl. E. G. Reichmann: Flucht in den Hass. Die Ursachen der deutschen Judenkatastrophe. Frankfurt o. J.
18 R. W. Darré: Neuordnung unseres Denkens. Goslar 1941, S. 22 f.
19 Zit. nach H. Rauschning: Gespräche mit Hitler. Zürich/Wien/New
York o. J., S. 36.
20 A. Richter: Unsere Führer im Lichte der Rassenfrage und Charakterologie. Leipzig 1933, S. 17 f., 64.
21 Zit. nach K. Sontheimer: Die Erweckung der Rassenseele. Alfred Rosenberg: «Der Mythus des 20. Jahrhunderts» 1930. In: G. Rühle
(Hrsg.): Bücher, die das Jahrhundert bewegten. Zeitanalysen – wiedergelesen. Frankfurt a. Main 1980, S. 111.

22 A. Hitler: Mein Kampf. München 1934, S. 311, 316 f.

23 E. G. Reichmann: Flucht in den Hass. Die Ursachen der deutschen Judenkatastrophe. Frankfurt o. J., S. 245 f.

24 Th. Mann: Betrachtungen eines Unpolitischen. Berlin 1920, S. X–XII.

25 Th. Mann/H. Mann: Briefwechsel 1900–1949. Frankfurt a. Main 1969, S. 470.

26 Zit. nach J. Fisch: Zivilisation, Kultur. In: O. Brunner/W. Conze/R. Koselleck: Geschichtliche Grundbegriffe. Historisches Lexikon zur politisch-sozialen Sprache in Deutschland. Band 7. Stuttgart 1992, S. 761.

27 O. Spengler: Der Untergang des Abendlandes. Umrisse einer Morphologie der Weltgeschichte. München 1972, S. 378 f.
   Vgl. H. Belting: Die Deutschen und ihre Kunst. München 1992, S. 49.

28 Ebd. (Spengler), S. 29.

29 M. Domarus (Hrsg.): Hitler. Reden und Proklamationen 1932–1945. 1. Band. Würzburg 1962, S. 448, 822 f.

30 Verbrennung zersetzenden Schrifttums in Berlin. Ansage, Feuersprüche, Ansprache (Joseph Goebbels): Ton-Dokument im Lautarchiv des Deutschen Rundfunks, Frankfurt a. Main TC 1144.

31 Zit. nach F. Schonauer: Die Literatur im Dritten Reich. Der neue Staat und die Intellektuellen. Sendung des Bayerischen Rundfunks, 16.10.1959.

32 Ebd.

33 Ebd.

34 Die ersten, die zweiten, die dritten, die vierten hundert Bücher für nationalsozialistische Büchereien. München 1934, 1935, 1936, 1937.

35 H. Gutberlet: Volk will zu Volk. In: Feiern des Jahres. Zusammengestellt und bearbeitet von H. W. Schmidt. Frankfurt a. Main 1940, S. 7.

36 S. Haffner: Geschichte eines Deutschen. Die Erinnerungen 1914–1933. Stuttgart/München 2000, S. 193.

37 R. Schnell: Was ist nationalsozialistische Dichtung? In: Merkur, Heft 5/1985.
   H. Heiber (Hrsg.): Goebbels Reden 1932–1945. Bindlach 1991, S. 172.

38 Zit. nach J. M. Fischer: «Zwischen uns und Weimar liegt Buchenwald.» Germanisten im Dritten Reich. In: Merkur, Heft 1/1987, S. 14.

39 Stellvertretender Gauleiter Schmidt. Schillerfeier 10.11.1934 in Marbach. Zit. nach B. Zeller (Hrsg.): Klassiker in finsteren Zeiten. 1933–1945. Band 1. Eine Ausstellung des Deutschen Literaturarchivs im Schillernationalmuseum Marbach a. N. Marbach 1983, S. 178, 195.

40 F. Werner, hessischer Ministerpräsident in Theater-Tageblatt, 10.6.1933. Zit. nach: ebd., S. 393.

41 Ebd., S. 395 f.

42 G. Rühle: Der Griff nach dem Theater. In: H. Hoffmann/H. Klotz

(Hrsg.): Die Kultur unseres Jahrhunderts. 1933–1945. Düsseldorf/Wien/New York/Moskau 1991, S. 98 f.

43 Zit. nach M. Sperr (Hrsg.): Schlager. Das Große Schlager-Buch. Deutsche Schlager 1800–Heute. München 1978, S. 200.

44 Zit. nach: Ebd., S. 213.

45 W. Burkhardt: Musik der Stunde Null. In: Zeit-Magazin, Nr. 46/47/1983, S. 37 f.

46 Zit. nach U. Liebe: Verehrt, verfolgt, vergessen. Schauspieler als Naziopfer. Weinheim/Berlin 1993, S. 26.

47 Ebd., S. 11 f.

48 H. J. Gamm: Der Flüsterwitz im Dritten Reich. München 1963, S. 19 f.

49 Zit. nach: Das verspottete Tausendjährige Reich. Witze gesammelt von A. Drozdzynski. Düsseldorf 1978, S. 14.

50 Zit. nach U. Liebe: Verehrt, verfolgt, vergessen. S. 16 f.

51 Zit. nach: Das verspottete Tausendjährige Reich. S. 136.

52 F. Schonauer: Deutsche Literatur im Dritten Reich. Olten/Freiburg i. Breisgau 1961, S. 129.

53 H. R. Paucker (Hrsg.): Neue Sachlichkeit. Literatur im «Dritten Reich» und im Exil. Stuttgart 1974, S. 71 f.

54 H. D. Schäfer: Das gespaltene Bewusstsein. Deutsche Kultur und Lebenswirklichkeit 1933–1945. München/Wien 1981, S. 9 f.

55 F. P. Reck-Malleczewen: Tagebuch eines Verzweifelten. Zeugnis einer inneren Emigration. Stuttgart 1966.

56 H. Carossa: Führung und Geleit. Werke. Band 1. Wiesbaden 1949.

57 Zit. nach C. Rothe: Hans Carossa. In: Merkur, Heft 2/1957, S. 194.

58 H. Carossa: Der Tag des jungen Arztes. Wiesbaden 1955, S. 55.

59 H. Carossa: Ungleiche Welten. Wiesbaden 1951, S. 72 f.

60 Ebd., S. 118, 144.

61 In den NS-Anthologien finden sich neben Carossa auch immer wieder Texte von K. H. Waggerl, R. Binding, A. Miegel, H. Löns, R. A. Schröder, I. Seidel.

62 Ch. Meckel: Suchbild. Über meinen Vater. Düsseldorf 1980, S. 29 ff.

63 Zit. nach H. J. Frank: Geschichte des Deutschunterrichts. Von den Anfängen bis 1945. München 1973, S. 575 f.

64 Geflügelte Worte. Der Zitatenschatz des deutschen Volkes. Gesammelt und erläutert von G. Büchmann. Volksausgabe nach der von G. Haupt und W. Rust neubearbeiteten 28. Auflage des Hauptwerkes. Berlin 1941, S. VI.

65 Zit. nach W. A. Berendsohn: Die humanistische Front. Einführung in die deutsche Emigranten-Literatur. Zürich 1946, S. 22.

66 A. Hitler: Mein Kampf. München 1934, S. 452.

67 Zit. nach: «Es begann am 30. Januar» – ein Funkmanuskript von W. Jäger u.a. München 1958, S. 30.

68 H. Giesecke: Vom Wandervogel bis zur Hitlerjugend. Jugendarbeit zwischen Politik und Pädagogik. München 1981, S. 207.

69 M. Maschmann: Fazit. Mein Weg in die Hitlerjugend. Kein Rechtfertigungsversuch. Stuttgart 1963, S. 51.

70 P. Reichel: Der schöne Schein des Dritten Reiches. Faszination und Gewalt des Faschismus. München/Wien 1991, S. 371 f.

71 H. Hoffmann: «... und zähle nicht die Toten!» Die Funktion von Film und Kino im Dritten Reich. In: H. Hoffmann/H. Klotz (Hrsg.): Die Kultur unseres Jahrhunderts. 1933–1945. Düsseldorf/Wien/New York/Moskau 1991, S. 178.

72 Ebd., S. 174.

73 Zit. nach H. Hoffmann: «Und die Fahne führt uns in die Ewigkeit.» Propaganda im NS-Film. Frankfurt a. Main 1988, S. 166.

74 Vgl. S. Noller/H. von Kotze (Hrsg.): Faksimile-Querschnitt durch den Völkischen Beobachter. München/Bern/Wien 1967, S. 13.

75 Zit. nach H. D. Müller (Hrsg.): Faksimile-Querschnitt durch das Reich. München/Bern/Wien 1964, S. 206.

76 Ebd., S. 29.

77 Ebd., S. 19.

78 A. Hitler: Mein Kampf. München 1934, S. 283.

79 Ebd., S. 283.

80 M. Domarus: Hitler. Reden und Proklamationen 1932–1945. 1. Band. Würzburg 1962, S. 232.

81 Ebd., S. 316.

82 Vgl. P. K. Schuster (Hrsg.): Die «Kunststadt» München 1937. Nationalsozialismus und «Entartete Kunst». München 1987.

83 M. A. von Lüttichau: «Deutsche Kunst» und «Entartete Kunst». Die Münchner Ausstellungen 1937. In: Ebd., S. 97.

84 M. Domarus: Hitler. Reden und Proklamationen 1932–1945. In: Ebd. S. 709.

85 P. Reichel: Der schöne Schein des Dritten Reiches. Faszination und Gewalt des Faschismus. München/Wien 1991, S. 362.

86 Kölnische Zeitung vom 17. Juli 1938.

87 M. Domarus: Hitler. Reden und Proklamationen 1932–1945. S. 529.

88 Kommandant in Auschwitz. Autobiographische Aufzeichnungen des Rudolf Höss. Hrsg. von M. Broszat. München 1963, S. 155.

89 S. Günther: Design der Macht. Möbel für die Repräsentanten des «Dritten Reiches». Stuttgart 1992, S. 35 ff., 43.

90 Ebd., S. 71.

91 Ebd.

92 Ebd., S. 97.

93 E. Bloch: Erbschaft dieser Zeit. Frankfurt a. Main 1962, S. 56.

94 F. Nietzsche: Werke. Hrsg. von K. Schlechta. Frankfurt a. Main/Berlin/Wien 1979. 1. Band. Unzeitgemäße Betrachtungen, S. 137.

95 H. Mommsen: Die deutschen Eliten und der Mythos des nationalen Aufbruchs von 1933. In: Merkur Heft 1/1984, S. 97.

96　Ebd., S. 98.

97　M. Brenner: Jüdische Kultur in der Weimarer Republik. München 2000, S. 42.

98　W. Laqueur: Weimar. Die Kultur der Republik. Frankfurt a. Main/ Berlin 1976, S.106.

99　Zit. nach: Ebd., S. 15.

100　H. Möller: Exodus der Kultur. Schriftsteller, Wissenschaftler und Künstler in der Emigration nach 1933. München 1984, S. 38.

101　Vgl. Bundeszentrale für politische Bildung (Hrsg.): Die Entstehung der Bundesrepublik Deutschland. In: Informationen zur politischen Bildung Nr. 224/1989, S. 2.

102　G. Flemming: Hitler und die Endlösung. Wiesbaden/München 1982, S. 200.

103　W. L. Shirer: Aufstieg und Fall des Dritten Reiches. Köln/Berlin 1961, S. 1020.

104　Frankfurter Presse, 3.5.1945.

105　Zit. nach J. Hohlfeld (Hrsg.): Dokumente der Deutschen Politik und Geschichte von 1848 bis zur Gegenwart. V. Bd.: Die Zeit der nationalsozialistischen Diktatur 1933–1945. Deutschland im Zweiten Weltkrieg 1939–1945. Berlin/München o. J., S. 528.

106　W. L. Shirer: Aufstieg und Fall des Dritten Reiches. S. 1043 f.

107　Kommandant in Auschwitz. Autobiographische Aufzeichnungen des Rudolf Höss. Hrsg. von M. Broszat. München 1963, S. 146 ff.

108　A. Speer: Erinnerungen. Berlin/Frankfurt a. Main 1969, S. 446.

109　Vgl. R.-D. Müller/G. R. Ueberschär: Kriegsende 1945. Die Zerstörung des Deutschen Reiches. Frankfurt a. Main 1994, S. 52.

110　Zit. nach J. Hohlfeld: Dokumente der deutschen Politik. S. 524.

111　Zit. nach W. Hofer: Der Nationalsozialismus. Dokumente 1933– 1945. Frankfurt a. Main 1982, S. 258.

112　R. D. Müller/G. R. Ueberschär: Kriegsende 1945. S. 56.

113　J. C. Fest: Hitler. Eine Biografie. Frankfurt a. Main/Berlin/Wien 1973, S. 1016.

114　Zit. nach M. Domarus (Hrsg.): Hitler. Reden und Proklamationen 1932–1945. 2. Band. Würzburg 1963, S. 2240.

115　Zit. nach J. Hohlfeld: Dokumente der deutschen Politik. S. 529 f.

116　R. Jaeger: Das Kriegsende. In: Das Ende, das ein Anfang war. Die letzten Tage des Dritten Reiches. Freiburg i. Br. 1981, S. 66 f.

117　A. Kantorowicz: Deutsches Tagebuch. Erster Teil. Berlin 1978, S. 80.

118　E. Kästner: Notabene 45. Ein Tagebuch. In: Gesammelte Schriften für Erwachsene. Bd. 6. München/Zürich o. J., S. 140.

119　Zit. nach Elefanten Press (Hrsg.): Trümmer. Träume. Truman. Die Welt 1945–49. Berlin 1985, S. 21.

1 A. Baring: 8. Mai 1945. In: Merkur, Heft 5/1975, S. 449.

2 H. Sanders-Brahms: Der Himmel war blau wie nie, als der Krieg zu Ende ging. In: Elefanten Press (Hrsg.): Trümmer. Träume. Truman. Die Welt 1945–49. Berlin 1985, S. 9.

3 Zit. nach M. L. Knott (Hrsg.): Hannah Arendt. Vor Antisemitismus ist man nur noch auf dem Monde sicher. Beiträge für die deutsch-jüdische Emigrantenzeitung «Aufbau». 1941–1945. München/Zürich 2000, S. 220 f.

4 Th. Mann: Deutsche Hörer! Fünfundfünfzig Radiosendungen nach Deutschland. In: Werke. Das essayistische Werk. Taschenbuchausgabe in acht Bänden. Hrsg. von H. Bürgin. Bd. 3: Politische Schriften und Reden. Frankfurt a. Main/Hamburg 1968, S. 290.

5 F. Meinecke: Die deutsche Katastrophe. Betrachtungen und Erinnerungen. Wiesbaden 1946, S. 174 ff.

6 Th. W. Adorno: Minima moralia. Frankfurt a. Main 1951 (1944–1947), S. 65.

7 Vgl. H. Marcuse: Über den affirmativen Charakter der Kultur. In: Kultur und Gesellschaft I. Frankfurt a. Main 1965, S. 66.

8 W. Langhoff: Ein Deutschland-Brief. In: Neue Zeitung, 18. Februar 1946.

9 W. Borchert: Das ist unser Manifest. Zit. nach K. Wagenbach (Hrsg.): Lesebuch. Deutsche Literatur zwischen 1945 und 1959. Berlin 1980, S. 13.

10 W. Borchert: Draußen vor der Tür und Ausgewählte Erzählungen. Hamburg 1956, S. 31 ff.

11 H. Schelsky: Die skeptische Generation. Eine Soziologie der deutschen Jugend (1958). Düsseldorf/Köln 1963, S. 74 ff.

12 G. Eich: Inventur. In: Gesammelte Werke, Band 1. Frankfurt a. Main 1973, S. 35.

13 H. W. Richter: Wie entstand und was war die Gruppe 47? In: H. A. Neunzig (Hrsg.): Hans Werner Richter und die Gruppe 47. Frankfurt a. Main u. a. 1981, S. 52 ff.

14 Ebd., S. 54.

15 G. Benn: Probleme der Lyrik. In: Reden und Vorträge. Gesammelte Werke in acht Bänden. Hrsg. von D. Wellershoff. 4. Band. Wiesbaden 1968, S. 1087 f.

16 U. Dibelius: Musik. In: W. Benz (Hrsg.): Die Bundesrepublik Deutschland. Geschichte in drei Bänden. Band 3: Kultur. Frankfurt a. Main 1983, S. 110 f.

17 A. Mitscherlich: Analyse des Stars. Ein Beitrag zum Fall Furtwängler. In: Die Neue Zeitung, 8.7.1946.

18 H. v. Zelinsky: Das erschreckende «Erwachen», und wie man Wagner von Hitler befreit. In: Neue Zeitschrift für Musik, Heft 9/1983, S. 9.

19 H. Daiber: Deutsches Theater seit 1945. Bundesrepublik Deutschland, Deutsche Demokratische Republik, Österreich, Schweiz. Stuttgart 1976, S. 113.

20 O. Gaillard: Der Fall Hindemith. In: Aufbau, Heft 1/1947, S. 38.

21 K. Mann: Der Wendepunkt. Ein Lebensbericht. Frankfurt a. Main/Hamburg 1963, S. 439 f.

22 Vgl. A. Melichar: Musik in der Zwangsjacke. Stuttgart/Wien o. J.

23 Vgl. C. Dahlhaus: Einleitung zu Deutscher Musikrat: Zeitgenössische Musik in der Bundesrepublik Deutschland I: 1945–1950. Bonn 1982, S. 5.

24 W. Abendroth: Die Krise der Neuen Musik. Eine Polemik zur höchst notwendigen Aufklärung eines vertrackten Sachverhaltes. In: Die Zeit, Nr. 46/1958.

25 Zit. nach H. H. Stuckenschmidt: Luft vom anderen Planeten. Notizen über Arnold Schönberg. In: Frankfurter Allgemeine Zeitung, 12.12.1964.

26 Vgl. U. Dibelius: Musik. In: W. Benz (Hrsg.): Die Bundesrepublik Deutschland. Geschichte in drei Bänden. Band 3: Kultur. Frankfurt a. Main 1983, S. 114.

27 H. Koegler: Manager der Musik. Eine Reise durch das deutsche Konzertleben. In: Der Monat, Nr. 104/1957, S. 56.
    H. Koegler: Beethoven, Mozart, Brahms beherrschen Europas Konzertsäle. In: Das Schönste: Heft 9/1958, S. 16 f.

28 H. Daiber: Deutsches Theater seit 1945. Stuttgart 1976, S. 144 f.
    Ferner J. Müller-Blattau: Der Weg der zeitgenössischen Oper – von Strawinsky bis Henze. In: Universitas, Heft 10/1964, S. 1044 f.

29 W. Kunold: Bernd Alois Zimmermann. In: Deutscher Musikrat. Zeitgenössische Musik in der Bundesrepublik Deutschland. Heft 3 (1950–1960) zur Schallplattendokumentation. Bonn 1982, S. 11 f.

30 U. Dibelius: Musik. S. 116.

31 H. Oesch: Einführung in die elektronische Musik. In: Universitas, Heft 2/1956, S. 170.

32 K. H. Wörner: Der Komponist Karlheinz Stockhausen und sein Werk für moderne Musik. In: Universitas, Heft 7/1969, S. 726.

33 U. Dibelius: Musik. S. 125.

34 Vgl. Grundgesetz für die Bundesrepublik Deutschland vom 23. Mai 1949, Textausgabe mit Erläuterungen von Prof. Dr. F. Giese, Frankfurt a. Main 1949, S. 8.

35 Th. W. Adorno: Auferstehung der Kultur in Deutschland? In: Frankfurter Hefte, Heft 5/1950, S. 169 ff.

36 H. Ch. Huf (Hrsg.): Das Land der großen Mitte. Gespräche über die Kultur der Bundesrepublik. Düsseldorf/Wien/New York 1989, S. 67.
    Ferner V. Hentschel: Ludwig Erhard. Ein Politikerleben. München/Landsberg 1996.

37 A. und M. Mitscherlich: Die Unfähigkeit zu trauern. Grundlagen kollektiven Verhaltens. München 1967.

38 Der Spiegel, Nr. 20/1999.

39 W. Reimer: NS-Verbrechen: Bilanz nach 26-jähriger Ermittlung. In: Süddeutsche Zeitung, 1.3.1984.
A. Rückerl (Hrsg.): NS-Prozesse. Nach 25 Jahren Strafverfolgung: Möglichkeiten – Grenzen – Ergebnisse. Karlsruhe 1972.
Ferner J. Friedrich: Die kalte Amnestie. NS-Täter in der Bundesrepublik. Frankfurt a. Main 1984.

40 H. Gresmann: Das Münchener Spektakel um die «Deutschland-Stiftung e.V.» und ihr «Konrad-Adenauer-Preis». In: Die Zeit, 10.3.1967.

41 P. Weiss: Die Ermittlung. Oratorium in 11 Gesängen (1965). Reinbek bei Hamburg 1969, S. 185 f.

42 N. Seitz: Die kalte Revision. Zur Aktualität der 8. Mai-Rede Weizsäckers. In: Die Neue Gesellschaft/Frankfurter Hefte, Heft 5/1995, S. 389.
Ferner P. Bender: Ganz und gar am Ende. Über die Notwendigkeit der deutschen Niederlage 1945. In: Merkur, Heft 5/1995, S. 451 f.

43 R. von Weizsäcker: Zum 40. Jahrestag der Beendigung des Krieges in Europa und der nationalsozialistischen Gewaltherrschaft. Bonn 1985, S. 1 ff.

44 J. W. Goethe: Wilhelm Meisters Wanderjahre. Goethes Werke, hrsg. von R. Riemann. Dreizehnter Teil. Berlin/Leipzig/Wien/Stuttgart o. J., S. 301, 306 f.

45 K. J. Bade: Vom Auswanderungsland zum Einwanderungsland? Deutschland 1880–1980. Berlin 1983, S. 19.

46 F. Kürnberger, zit. nach P. Laemmle: Geheimnis und Amerika liegen dicht nebeneinander. In: Akzente, Heft 5/1976, S. 418 f.

47 Vgl. M. Broszat/K.-D. Henke/H. Woller (Hrsg.): Von Stalingrad zur Währungsreform. Zur Sozialgeschichte des Umbruchs in Deutschland. München 1986.

48 A. Doering-Manteuffel: «Westernization». Forschungen zur politisch-ideellen Entwicklung der westdeutschen Gesellschaft in den 50er und 60er Jahren. Förderungsantrag 1991 (unveröffentlicht). S. 9 f.

49 Ebd., S. 11.

50 O. Hassencamp: Der Sieg nach dem Krieg. Die gute schlechte Zeit. München/Berlin o. J., S. 109 f.

51 Vgl. M. Martin: Orwell, Koestler und all die anderen. Melvin J. Lasky und «Der Monat». Asendorf 1999.

52 A. Doering-Manteuffel: «Westernization». S. 23 f.
Vgl. auch P. Coleman: The Liberal Conspiracy. The Congress for Cultural Freedom and the Struggle for the Mind of Postwar Europe. London 1989.

53 Kongress für kulturelle Freiheit. Berlin 26.-30. Juni 1950. In: Der Monat, Heft 22–23/1950, S. 479.

54 G. Bollenbeck/G. Kaiser (Hrsg.): Die janusköpfigen 50er Jahre. Kulturelle Moderne und bildungsbürgerliche Semantik. Wiesbaden 2000, S. 209.

55 K. M. Michel: Rückkehr zur Fassade. In: Kursbuch, Nr. 89/1987, S. 127.

56 F. Dürrenmatt: Der Besuch der alten Dame. In: Komödien I. Zürich 1957, S. 356.

57 Vgl. P. Maenz: Die 50er Jahre. Formen eines Jahrzehnts. Stuttgart 1978, S. 134 f.

58 A. Schwarzer: Das andere Geschlecht. In: Die Zeit, 13.5.1983.

59 J. P. Sartre: Die Fliegen. Die schmutzigen Hände. Zwei Dramen. Reinbek bei Hamburg 1961, S. 70 ff.

60 Zum Tod des Dichters Albert Camus: Eine Hoffnung ging verloren. In: Das Schönste, Heft 1/1960, S. 37 f.

61 W. H. Auden: Das Zeitalter der Angst. Ein dramatisches Gedicht. München 1958, S. 5.

62 H. de Haas: Der Einzelne und die Nachtbar. Das geteilte Atelier. Essays. Düsseldorf 1955, S. 197 f.

63 F. Sagan: Bonjour tristesse (1954). Berlin 1957, S. 9, 15, 152.

64 W. Bökenkamp: Ein Zwangsarbeiter der Elendmalerei. Das Leben des Bernard Buffet. In: Frankfurter Allgemeine Zeitung, 15.3.1958.

65 Zit. nach H. Rudolph: Papa wider Willen. In: Zeit-Magazin, Jg. 1984. Vgl. auch H. Hamm-Brücher/H. Rudolph: Theodor Heuss. Eine Biografie. Stuttgart 1983.
    I. M. Winter: Theodor Heuss. Ein Porträt. Tübingen 1983.

66 Vgl. F. Henning (Hrsg.): Theodor Heuss. Lieber Dehler! Mit einem Geleitwort H. Hamm-Brüchers, München 1983.

67 Zit. nach E. Mende: Theodor Heuss in Bayern. Zum 100. Geburtstag des ersten Bundespräsidenten. Bayerischer Rundfunk. Sendemanuskript, 29.1.1984, S. 9.
    Vgl. auch Th. Eschenburg: Theodor Heuss als Schriftsteller. In: Merkur, Heft 151/1960, S. 868 ff.

68 Theodor Heuss zum 10. Jahrestag der Erklärung der Menschenrechte. In: Aus Politik und Zeitgeschichte. Beilage zur Wochenzeitung «Das Parlament», 24.12.1958, S. 679.

69 Zit. nach E. Mende: Theodor Heuss in Bayern. S. 2.

70 H. G. Ritzel: Kurt Schumacher in Selbstzeugnissen und Bilddokumenten. Reinbek bei Hamburg 1972.
    W. Albrecht: Kurt Schumacher – Reden, Schriften, Korrespondenzen 1945–1952. Bonn 1985.
    A. Scholz/W. G. Oschilewski: Turmwächter der Demokratie. Ein Lebensbild von Kurt Schumacher. Bd. I: Sein Weg durch die Zeit. Bd. II: Reden und Schriften. Bd. III: Als er von uns ging. Berlin 1953.

71 H.-J. Vogel: Schumachers Werk ist nicht davor gefeit, missbraucht zu werden. Sein Erbe wirkt in der SPD weiter. In: Vorwärts, 12.10.1985.

72 Vgl. «Das Parlament», Nr. 17/1977.
Ferner H. Glaser (Hrsg.): Bundesrepublikanisches Lesebuch. Drei
Jahrzehnte geistiger Auseinandersetzung. München 1978, S. 306 ff.

73 A. Schildt: Ankunft im Westen. Ein Essay zur Erfolgsgeschichte der
Bundesrepublik. Frankfurt a. Main 1999, S. 16 f.

74 F. Thomas: Aspekte der Verfassungsentwicklung und der individu-
ellen (Grund-)Rechtsposition in der DDR. In: H. Kaelble/J. Kocka/
H. Zwahr (Hrsg.): Sozialgeschichte der DDR. Stuttgart 1994,
S. 487.

75 H. G. Lehmann: Deutschland-Chronik. 1945 bis 1995. Bonn 1995,
S. 75.

76 A. Baring: Auskunft über Ulbricht. In: Merkur, Heft 10/11/1964,
S. 1090.
C. Stern: Walter Ulbricht. Köln 1964.

77 J.-R. Groth: Literatur im Widerspruch. Gedichte und Prosa aus
40 Jahren DDR. Köln 1993, S. 22.

78 F. Dieckmann: Konspiration mit der Vormacht. In: ZEIT-Punkte:
Vom Reich zur Republik, Nr. 2/1992, S. 92.

79 R. Crossman: The God that failed. Paris 1950.

80 H. Weber: Mit Zwang und Betrug. In: ZEIT-Punkte: Vom Reich zur
Republik, Nr. 2/1992, S. 70.

81 W. Loth: Stalins ungeliebtes Kind. Warum Moskau die DDR nicht
wollte. Berlin 1994.
H. Potthoff: Bonn und Ost-Berlin 1969–1982. Dialog auf höchster
Ebene und vertrauliche Kanäle. Darstellung und Dokumente. Bonn
1997.

82 P. Bender: Im Gegensatz verbunden. Westdeutsche und ostdeutsche
Staatschefs. In: Merkur, Heft 7/1996, S. 596.

83 M. Maron: Stille Zeile Sechs. Roman. Frankfurt a. Main 1991, S. 200,
30, 156.

84 P. Bender: Im Gegensatz verbunden. S. 592 ff.
P. Bender: Episode oder Epoche? Zur Geschichte des geteilten
Deutschland. München 1996.

85 Symbole für das neue Deutschland. Welcher Name? Welche Hymne?
Welcher Feiertag? In: Die Zeit, 15.6.1990.

86 H. Borgelt: Das war der Frühling in Berlin. München 1980.

87 B. Brecht: Arbeitsjournal. Frankfurt a. Main 1973, S. 850.

88 Budapester Kulturforum. Diskussionsbeiträge von Mitgliedern der
DDR-Delegation. Berlin 1986, S. 21.

89 F. Fühmann: Vor Feuerschlünden. Erfahrung mit Georg Trakls Gedicht. Rostock 1984, S. 84 f.

90 M. Riedel: Die Sage vom guten Anfang. In: Sinn und Form, Nr.
4/1992.
H. Mayer: Der Turm von Babel. Erinnerung an eine Deutsche Demokratische Republik. Frankfurt a. Main 1991.

91 M. Jäger: Kultur und Politik in der DDR. 1945–1990. Köln 1994, S. 34.

92 Ebd., S. 35.

93 Zit. nach DDR-Minister warf sich Mitschuld an der Barbarei Stalins vor. In: Frankfurter Rundschau, 10.6.1988.

94 Aufbau, Heft 3/1950, S. 224.

95 Zit. nach M. Jäger: Kultur und Politik in der DDR. S. 32.

96 Zit. nach ebd., S. 71.

97 K. Fassmann: Bert Brecht. Drama im Zwielicht. In: Das Schönste, Heft 11/1959, S. 54 ff.

98 Das Schönste, Heft 9/1965, S. 20.

99 Zit. nach M. Jäger: Kultur und Politik in der DDR. S. 70.

100 Ebd., S. 82.

101 Ebd., S. 83.

102 W. Mittenzwei: Die Intellektuellen. Literatur und Politik in Ostdeutschland 1945–2000, Leipzig 2001.

103 W. Janka: Schwierigkeiten mit der Wahrheit. Reinbek bei Hamburg 1989, S. 105, 91, 128.
W. Janka: ... bis zur Verhaftung. Erinnerungen eines deutschen Verlegers. Berlin 1993.
Ferner E. Faber/C. Wurm (Hrsg.): Autoren- und Verlegerbriefe des Aufbau-Verlages 1945–1969. Berlin 1995.

104 Vgl. M. Jäger: Kultur und Politik in der DDR. S. 87 ff.

105 J.-R. Groth: Partei, Staat und Literatur in der DDR. In: G. Rüther (Hrsg.): Kulturbetrieb und Literatur in der DDR. Köln 1987, S. 327.

106 W. Emmerich: Kleine Literaturgeschichte der DDR. Leipzig 1996, S. 200 ff.

107 Zit. nach V. Bohn: Deutsche Literatur seit 1945. Texte und Bilder. Frankfurt a. Main 1993, S. 207.
Ferner G. Kunert: Erwachsenenspiele. Erinnerungen. München 1997.

108 M. Jäger: Kultur und Politik in der DDR. S. 139.

109 Ebd., S. 139 f.

110 Zit. nach ebd., S. 142.

111 M. Gräfin Dönhoff: Ideen sind stärker als Polizeimacht. In: Die Zeit, 7.3.1980.
Ferner R. Havemann: Ein deutscher Kommunist. Rückblicke und Perspektiven aus der Isolation. Reinbek bei Hamburg 1978.

112 W. Biermann: Das war's. Klappe zu. Affe lebt. Ein Nachruf auf die DDR. In: Die Zeit, 2.3.1990.

113 B. Wagner: Tod der Intelligenz. Das Jahrzehnt nach der Biermann-Ausbürgerung. In: Frankfurter Rundschau, 20.12.1986.

114 Ebd.

115 R. Kunze: Die wunderbaren Jahre. Lyrik. Prosa. Dokumente. Hrsg. von K. Corino. Frankfurt a. Main/Wien/Zürich 1978, S. 86.

116 D. Wierling: Die Jugend als innerer Feind. Konflikte in der Erziehungsdiktatur der sechziger Jahre. In: H. Kaelble/J. Kocka/H. Zwahr
(Hrsg): Sozialgeschichte der DDR. Stuttgart 1994, S. 408 f.

117 W. Oschlies: Lieber rückwärts aus dem Intershop als vorwärts zum
nächsten Parteitag. Bemerkungen zum DDR-Jugendjargon. In: Aus
Politik und Zeitgeschichte. Beilage zur Wochenzeitung «Das Parlament», 4.10.1986, S. 43.

118 U. Plenzdorf: Die neuen Leiden des jungen W. Frankfurt a. Main
1976, S. 26 f.

119 Zit. nach M. Jäger: Kultur und Politik in der DDR. S. 124.

120 U. Bircher/M. Kreutzberg: Das Sprechtheater der achtziger Jahre in
West und Ost. In: Politik und Kultur, Heft 3/1984, S. 49.

121 W. Emmerich: Kleine Literaturgeschichte der DDR. Leipzig 1996,
S. 350 f.

122 Ebd., S. 347 f.

123 O. F. Riewoldt: Theaterarbeit. Über den Wirkungszusammenhang
von Bühne, Dramatik, Kulturpolitik und Publikum. In: H.-J. Schmitt
(Hrsg.): Die Literatur der DDR. Bd. 11. Sozialgeschichte der deutschen Literatur vom 16. Jahrhundert bis zur Gegenwart. München/
Wien 1983, S. 133.

124 Vgl. Schauspielhaus Bochum (Hrsg.): Das Bochumer Ensemble. Ein
deutsches Stadttheater 1979–1986. Königstein 1986.

125 U. Zimmermann: Ruth Berghaus. Faszinierende Zeugin unseres
Jahrhunderts. In: Leipziger Volkszeitung, Jg. 1996.

126 Ch. Hasche/T. Schölling/J. Fiebach: Theater in der DDR. Chronik
und Positionen. Berlin 1994, S. 39.

127 Ebd., S. 21.

128 Ebd., S. 27.

129 P. Hacks: Die Maßgaben der Kunst. Düsseldorf 1977, S. 111 f.

130 Ch. Hasche/T. Schölling/J. Fiebach: Theater in der DDR; ebd., S. 213.

131 Ebd., S. 111.

132 G. Schulz: Something is Rotten in this Age of Hope. Heiner Müllers
Blick auf die (deutsche) Geschichte. In: Merkur, Heft 5/1979, S. 479 f.

133 Vgl. E. Pracht u.a.: Einführung in den sozialistischen Realismus. Berlin 1975.

134 Vgl. M. Flacke (Hrsg.): Auftragskunst der DDR 1949–1990. München 1995.

135 Vgl. G. Feist/E. Gillen/B. Vierneisel (Hrsg.): Kunstdokumentation
SBZ/DDR 1945–1990. Aufsätze. Berichte. Materialien. Berlin 1996.
E. Gillen/R. Haarmann (Hrsg.): Kunst in der DDR. Köln 1990.
K. Thomas: Zweimal deutsche Kunst nach 1945. 40 Jahre Nähe und
Ferne. Köln 1985.

136 K. Thomas: Utopie und Menetekel des bildnerischen Eigensinns. In:
G. Muschter/R. Thomas (Hrsg.): Jenseits der Staatskultur. Traditionen autonomer Kunst in der DDR. München 1992, S. 108 f.

137 Vgl. P. Sager: Neue Formen des Realismus. Kunst zwischen Illusion und Wirklichkeit. Köln 1973.
     R. Zimmermann: Expressiver Realismus. Malerei der verschollenen Generationen. München 1994.
138 E. Gillen/R. Haarmann (Hrsg.): Kunst in der DDR. S. 16.
139 E. Gillen: Kunst in der Sowjetzone und in der DDR. 1945–1990. Dia-Reihe. Inter Nationes Bonn.
140 Ebd.
141 J. Schütrumpf: Auftragspolitik in der DDR. In: M. Flacke (Hrsg.): Auftragskunst der DDR 1949–1990. München 1995, S. 21.
142 Ebd.
143 Vgl. G. Engelhard: Ein Grübler liebt den Kampf. In: art, Nr. 10/1989, S. 42.
144 W. Tübke: Reformation – Revolution. Panorama Frankenhausen. Dresden 1988.
145 A. von Graevenitz: Der Weg ist nicht zweigeteilt, sondern rund. Überlegungen zum Bilderstreit in (West-)Deutschland nach 1945. In: S. Gohr/J. Gachnang (Hrsg.): Bilderstreit. Widerspruch, Einheit und Fragment in der Kunst seit 1960. Köln 1989, S. 228.
146 S. Gohr: Humanismus oder Humanität? – Anmerkungen zur neueren deutschen Kunst. In: G. Muschter/K. Honnef (Hrsg.): Westchor Ostportal. 12 Positionen zeitgenössischer Kunst in Deutschland. Berlin 1995, S. 14.
147 Ebd., S. 14.
148 art. Das Kunstmagazin (Hrsg.): Zeitvergleich. Malerei und Grafik aus der DDR. Hamburg 1982, S. 12.
149 Zit. nach W. Sachs: Die Liebe zum Automobil. Ein Rückblick in die Geschichte unserer Wünsche. Reinbek bei Hamburg 1984, S. 82 f.
     Vgl. auch H. Dollinger: Die totale Autogesellschaft. München 1972.
150 J. Pelzer: Kritik durch Spott. Satirische Praxis und Wirkungsprobleme im westdeutschen Kabarett (1945–1974). Frankfurt a. Main 1985, S. 137 f.
151 Zit. nach W. Ross: Mit der linken Hand geschrieben. Der deutsche Literaturbetrieb. Zürich 1984, S. 46.
152 Vgl. E. Müller-Meiningen jr.: Ein trefflicher Provokateur. Walter von Cube ist gestorben. In: Süddeutsche Zeitung, Juni 1984.
153 W. Schütte: Weltoffen. Ernst Schnabel gestorben. In: Frankfurter Rundschau, 27. 1. 1986.
154 G. Eich: Träume (1950). In: Träume. Vier Spiele. Berlin, Frankfurt a. Main 1959, S. 189.
155 H. Schwitzke: Sprich, damit ich dich sehe. Sechs Hörspiele und ein Bericht über eine junge Kunstform. München 1960, S. 19.
156 H. de Haas: Im Wanderzirkus der Intelligenz. In: Das geteilte Atelier. Essays. Düsseldorf 1955, S. 210.

157 P. Rühmkorf: Die Jahre die Ihr kennt. Anfälle und Erinnerungen. Reinbek bei Hamburg 1972, S. 172.

158 Ebd.

159 L. Marcuse: Mein zwanzigstes Jahrhundert. Auf dem Weg zu einer Autobiographie. Zürich (1960) 1975, S. 1235 f.

160 Vgl. H. von Hofe (Hrsg.): Briefe von und an Ludwig Marcuse. Zürich 1975.

161 L. Marcuse: Nachruf auf Ludwig Marcuse (1969), Zürich 1975, S. 66.

162 Vgl. auch K. H. Bohrer: Was heisst hier «Verantwortlichkeit der Intellektuellen»? In: Frankfurter Allgemeine Zeitung, 26.9.1972.

163 H. M. Enzensberger: Berliner Gemeinplätze. In: Kursbuch Nr. 11/1968, S. 157 f.

164 H. Böll: Angst vor der Gruppe 47? In: Merkur, Nr. 209/1965, S. 776.

165 R. Lettau: Die Gruppe 47. Bericht. Kritik. Polemik. Ein Handbuch. Neuwied/Berlin 1967, S. 222 f.

166 Hans Werner Richter und die Gruppe 47. Frankfurt a. Main/Berlin/Wien 1981, S. 106 ff.

167 M. Walser: Ernst Bloch – Prophet mit Marx- und Engelszungen. In: Süddeutsche Zeitung, 26./27.9.1959.

168 K. Storch: Erziehung zum Ungehorsam als Aufgabe einer demokratischen Schule. In: Tribüne, Heft 24/1967, S. 2571, 2575.
Vgl. H. Gehr: Was halten Sie denn von Sokrates? Entgegnung auf die Rede einer Abiturientin. Die Jugend sollte sich zur Mitarbeit bekennen. In: Christ und Welt, 26.1.1968.
Ferner H. Glaser: Radikalität und Scheinradikalität. Zur Sozialpsychologie des jugendlichen Protests. München 1970.

169 Th. W. Adorno: Jargon der Eigentlichkeit. Zur deutschen Ideologie. Frankfurt a. Main 1964.

170 J. Habermas: Protest und Hochschulreform. Frankfurt a. Main 1969, S. 40.

171 Vgl. H. Glaser: Jugend zwischen Aggression und Apathie. Diagnose der Terrorismus-Diskussion. Ein Dossier. Heidelberg/Karlsruhe 1980.

172 M. Töteberg: Rainer Werner Fassbinder. Die Anarchie der Phantasie. Vorwort S. 9 f.

173 G. Rühle: Theater in unserer Zeit. Frankfurt a. Main 1976, S. 193.

174 Vgl. H. Gummior/R. Ringguth: Max Horkheimer in Selbstzeugnissen und Bilddokumenten. Reinbek bei Hamburg 1973.

175 M. Horkheimer/Th. W. Adorno: Dialektik der Aufklärung. Philosophische Fragmente (1947, 1969). Frankfurt a. Main 1971, S. 3 ff.
Ferner M. Horkheimer: Gesammelte Schriften in 18 Bde. Hrsg. von A. Schmidt und G. Schmid Noerr. Frankfurt a. Main 1985 ff.
G. Rohrmoser: Das Elend der kritischen Theorie. Theodor W. Adorno. Herbert Marcuse. Jürgen Habermas. Freiburg i. Breisgau 1970.

A. Schmidt: Zur Idee der Kritischen Theorie. Elemente der Philosophie Max Horkheimers. München 1974.

G. P. Knapp: Theodor W. Adorno. Berlin 1980.

176 H. M. Enzensberger: schwierige arbeit. In: blindenschrift. Frankfurt a. Main 1964, S. 58 f.

177 G. Picht: Atonale Philosophie. Theodor W. Adorno zum Gedächtnis. In: Merkur, Nr. 258/1969, S. 892.

178 Vgl. R. Wiggershaus: Die Frankfurter Schule. Geschichte. Theoretische Entwicklung. Politische Bedeutung. München/Wien 1986, S. 667 f.

179 A. Kuhlmann: Das gute Leben und der Sinn. Jürgen Habermas über Moraltheorie und Philosophie. In: Frankfurter Rundschau, 20.11.1991.

180 K. Löwith: Die Frage Martin Heideggers. In: Universitas, Heft 6/1970, S. 607 f.

181 J. Habermas: Philosophisch-politische Profile. Frankfurt a. Main 1981, S. 69.

182 Vgl. K. Korn: Existentielles Verhalten als Widerstand? Wieder gelesen Karl Jaspers' Schrift: Die geistige Situation der Zeit. 1931. In: Frankfurter Allgemeine Zeitung. Jg. 1977.

183 K. Jaspers: Philosophische Autobiographie. In: Philosophie und Welt. Reden und Aufsätze. München 1958, S. 285.

184 Zit. nach R. Hochhuth: Karl Jaspers oder Die Lebensfreundlichkeit. Eine Erinnerung, die an der Zeit ist. In: Frankfurter Allgemeine Zeitung, 20.2.1974.

185 Großstadt der Zukunft. Pläne zum Wiederaufbau Berlins. In: Die Neue Zeitung, 23.8.1946.
Ferner H. Scharoun: Zur Ausstellung «Berlin plant». In: Neue Bauwelt, Heft 10/1946, S. 3.

186 L. Bolz: Von deutschem Bauen. (Ost-)Berlin 1951, S. 32 ff.

187 B. E. Werner: Romantik oder Wirklichkeit? Gedanken über den Wiederaufbau. In: Die Neue Zeitung, 25.7.1947.

188 G. Zwerenz: Bericht aus dem Landesinneren. City Strecke Siedlung. Frankfurt a. Main 1972, S. 10 f.

189 J. K. Galbraith: Die Zukunft der Städte im modernen Industriesystem – Konzept der organischen Stadt. Rettet unsere Städte jetzt! Vorträge, Aussprachen und Ergebnisse der 16. Hauptversammlung des Deutschen Städtetages vom 25.-27.5.1971 in München. Stuttgart 1971, S. 16.

190 Vgl. N. Sievers: «Neue Kulturpolitik». Programmatik und Verbandseinfluss am Beispiel der Kulturpolitischen Gesellschaft. Hagen 1988.

191 O. Marquard: Die Unvermeidlichkeit der Geisteswissenschaften. In: Universitas, Heft 1/1987, S. 21 ff.

192 H. M. Enzensberger: Baukasten zu einer Theorie der Medien. In: Kursbuch, Nr. 20/1970, S. 159 ff.

M. Walser: Über die neueste Stimmung im Westen. In: Kursbuch, Nr. 20/1970, S. 19 ff.

193 V. Ludwig/D. Michel: Eine linke Geschichte. Theaterstück mit Kabarett. Berlin 1980, S. 107 f.

194 Vgl. J. Bopp: Trauer-Power. Zur Jugendrevolte 1981. In: Kursbuch, Nr. 65/1981, S. 155.

195 Vgl. Th. Ziehe: Pubertät und Narzissmus. Sind Jugendliche entpolitisiert? Frankfurt a. Main/Köln 1975.

196 H. von Hentig: Die entmutigte Republik. Aufsätze zur politischen Kultur der Bundesrepublik. München 1980.

197 J. Bopp: Wir machen es jetzt. Zur Moral der Jugendlichen. In: Kursbuch, Nr. 60/1980, S. 29.

198 J. Habermas: Die neue Unübersichtlichkeit. Frankfurt a. Main 1985, S. 143.

199 R. Schneider: Die Grünen – ein Unglück. Der Spiegel, Nr. 13/1980, S. 38 f.

200 J. Bopp: Wir machen es jetzt. S. 30 ff.

201 P. Henkel: Nur noch 30 Prozent halten die Technik für einen Segen. In: Frankfurter Rundschau, 6.3.1982.

202 Vgl. K.-W. Brand: Kontinuität und Diskontinuität in den neuen sozialen Bewegungen. In: R. Roth/D. Rucht (Hrsg.): Neue soziale Bewegungen in der Bundesrepublik Deutschland. Bonn 1987.

203 H. Gruhl: Ein Planet wird geplündert. Schreckensbilder unserer Politik. Frankfurt a. Main 1975.

204 E. Eppler: Ende oder Wende? Von der Machbarkeit des Notwendigen. Stuttgart/Berlin/Köln/Mainz 1975.

205 H. Sander vor der Delegiertenkonferenz des Sozialistischen Deutschen Studentenbundes 1968. In: R. Roth/D. Rucht (Hrsg.): Neue soziale Bewegungen. S. 91.

206 A. Schwarzer: So fing es an! Die neue Frauenbewegung. München 1983, S. 24.

207 M.-L. Weinberger: Aufbruch zu neuen Ufern? Grün-Alternative zwischen Anspruch und Wirklichkeit. Bonn 1984, S. 45 f.
Ferner M. Janssen-Jurreit: Sexismus. Über die Abtreibung der Frauenfrage. München 1976.

208 R. Sennett: Die Tyrannei der Intimität. Entstehung und Verfall der öffentlichen Kultur. Frankfurt a. Main 1982.

209 N. Born: Die erdabgewandte Seite der Geschichte. Reinbek bei Hamburg 1976.
G. Roth: Winterreise. Frankfurt a. Main 1978.
H. Taschau: Landfriede. Zürich/Köln 1978.
K. Struck: Trennung. Frankfurt a. Main 1978.
P. Handke: Die linkshändige Frau. Frankfurt a. Main 1976.
G. Wohmann: Abschied für länger. Neuwied/Darmstadt 1965.
G. Wohmann: Ernste Absicht. Neuwied/Darmstadt 1970.

M. Walser: Ein fliehendes Pferd. Frankfurt a. Main 1978.

M. Walser: Jenseits der Liebe. Frankfurt a. Main 1976.

M. Walser: Seelenarbeit. Frankfurt a. Main 1979.

Ferner E. Wilhelm: Das Ende von Beziehungen. Trennungsproblematik in der gegenwärtigen Literatur. In: Buch & Bibliothek, Nr. 4/1984, S. 321 ff.

210 B. Strauss: Rumor. München 1980, S. 47.

211 M. Koschorke: Zweitfamilien und Zweitpartnerschaften. Zur Struktur und Dynamik zusammengesetzter Beziehungssysteme. Referat (Manuskript) zur Tagung der IUFO, Kommission für Ehe und Eheberatung. Stein bei Nürnberg, Juni 1983, S. 16.

212 H.-G. Vester: Thanatos' Wiederkehr – AIDS. In: Universitas, Heft 4/1986, S. 371 ff.

213 H. Fichte: Geschichte der Empfindlichkeit. 17 Bde. Frankfurt a. Main 1987 ff.

V. Hage: Die Geschichte der Empfindlichkeit. Hubert Fichte und sein monumentaler Romanzyklus: Der verborgene Selbstentblößer. In: Die Zeit, 9.10.1987.

H. Fichte: Hotel Garni. Frankfurt a. Main 1987.

H. Fichte: Homosexualität und Literatur 1. Frankfurt a. Main 1987.

214 C. F. von Weizsäcker: Die Zeit drängt. Eine Weltversammlung der Christen für Gerechtigkeit, Frieden und die Bewahrung der Schöpfung. München 1986, S. 115.

215 R. Jungk: Der Jahrtausendmensch. München/Gütersloh/Wien 1973.

R. Jungk: Der Atomstaat. Vom Fortschritt in die Unmenschlichkeit, München 1977.

R. Jungk: Zukunftswerkstätten. Hamburg 1981.

R. Jungk: Ermutigung. Streitschrift wider die Resignation. Berlin 1987.

216 H.-E. Richter: Die Chance des Gewissens. Erinnerungen und Assoziationen. Hamburg 1986, S. 194.

217 H. Vinke: Gustav Heinemann. Bornheim 1986.

R. Morsey: Heinrich Lübke. Eine politische Biographie. München/Wien/Zürich 1997.

218 Zit. nach W. Jäger: Die Innenpolitik der sozial-liberalen Koalition 1969–1974. In: K. D. Bracher/W. Jäger/W. Link: Republik im Wandel 1969–1974. Stuttgart/Mannheim 1986, S. 25.

219 Ebd., S. 24 f.

220 G. Grass über Willy Brandt: «Draußen – Schriften während der Emigration». In: Der Spiegel, Jg. 1966.

221 Zit. nach G. Dietz u.a. (Hrsg.): Klamm, Heimlich & Freunde. Die Siebziger Jahre. Berlin 1987, S. 18.

222 W. Jäger: Die Innenpolitik der sozial-liberalen Koalition 1969–1974. S. 154.

223 A. Baring: Ein Politiker auf der Suche nach seiner Heimat. Kritische

Anmerkungen zu drei Biographien über Willy Brandt. In: Die Zeit, 5.3.1976.

Ferner C. Stern (in Zusammenarbeit mit M. Görtemaker): Willy Brandt. Reinbek bei Hamburg 1976.

224 A. Baring: Machtwechsel. Die Ära Brandt-Scheel. Stuttgart 1982.

225 Regierungserklärung des Bundeskanzlers Gerhard Schröder am 10.11.1998. In: Frankfurter Allgemeine Zeitung, 11.11.1998.

226 W. Thierse: Die innere Einheit und der Respekt vor andersartigen Biographien. Antrittsrede als Bundestagspräsident. In: Frankfurter Rundschau, 28.10.1998.

227 D. S. Lutz: Zum äußeren und inneren Frieden. Kann die heutige Demokratie den Gefahren der Zukunft standhalten? In: Aus Politik und Zeitgeschichte. Beilage zur Wochenzeitung «Das Parlament», 11.7.1997, S. 5 f.

228 E. S. Yudkowsky: Operation Schutzengel. Wir können nicht verstehen, was Künstliche Intelligenz ist, aber wir können sie dennoch auf den rechten Weg bringen. In: Frankfurter Allgemeine Zeitung, 31.8.2000.

229 D. Schümer: Digitale Himmelfahrt. Eine Sekte dematerialisiert sich selbst. In: Frankfurter Allgemeine Zeitung, 29.3.1997.

230 D. von Petersdorff: Embleme für flüchtige Zeiten. II.: Am Meer. In: Bekenntnisse und Postkarten. Frankfurt a. Main 1999.

231 M. Gronemeyer: Immer wieder neu oder ewig das Gleiche. Innovationsfieber und Wiederholungswahn. Darmstadt 2000, S. 6.

232 P. Sloterdijk: Regeln für den Menschenpark. In: F. Geerk (Hrsg): Neue Wege des Humanismus. Kultur und Menschlichkeit. Basel 1999, S. 290 f.

233 H. Markl: Schöner neuer Mensch? Die Gentechnik wird uns weder bedrohen noch erlösen. In: Merkur Heft 9/10/2001, S. 873 ff.

234 Zit. nach H. Heger (Hrsg.): Spätmittelalter, Humanismus, Reformation. Texte und Zeugnisse. 1. Teilband. München 1975, S. 514.

235 I. Kant: Beantwortung der Frage: Was ist Aufklärung? In: Sämtliche Werke. Hrsg. von K. Rosenkranz/F. W. Schubert. Band VII. Leipzig 1838, S. 145.

236 Th. Wilder: Wir sind noch einmal davongekommen. Frankfurt a. Main/Hamburg 1960, S. 91, 104.

Personenregister

Aufgenommen sind Namen, die für die Kulturgeschichte des 20. Jahrhunderts von Bedeutung sind. (Vereinzelt konnte bei Verstorbenen das Todesjahr nicht ermittelt werden.)

Bildnachweis

Umschlag:	Preußischer Kulturbesitz, Nationalgalerie/bpk, Berlin. (Foto: Jörg P. Anders). © Dr. Wolfgang & Ingeborg Henze-Ketterer, Wichtrach/Bern
Abb. S. 15:	Heinrich-Vogeler-Sammlung, Worpswede (© VG Bild-Kunst, Bonn 2002)
Abb. S. 17, 23, 43, 140, 244:	Bildarchiv Hermann Glaser, Roßtal
Abb. S. 35:	Ullstein Bild, Berlin
Abb. S. 41:	Gerhard Flügge: Das dicke Zillebuch. Eulenspiegel Verlag, Berlin 1987
Abb. S. 49:	Musée cantonal des Beaux-Arts, Lausanne (Foto: J.-C. Ducret)
Abb. S. 54:	Nachlass Erich Heckel, Hemmenhofen
Abb. S. 60:	Albertina, Wien
Abb. S. 75, 197, 212:	Berlinische Galerie, Landesmuseum für Moderne Kunst, Photographie und Architektur, Berlin (Heldt: © VG Bild-Kunst, Bonn 2002; Meidner: © Ludwig Meidner-Archiv, Jüdisches Museum der Stadt Frankfurt am Main)
Abb. S. 84:	Estate of George Grosz, Princeton, N.J. (© VG Bild-Kunst, Bonn 2002)
Abb. S. 117, 257, 259, 273:	VG Bild-Kunst, Bonn 2002
Abb. S. 130:	Staatliche Museen zu Berlin – Preußischer Kulturbesitz, Nationalgalerie/bpk (Foto: Jörg P. Anders)
Abb. S. 136:	Fritz Arnold, München (© VG Bild-Kunst, Bonn 2002)
Abb. S. 153:	Hans-Jürgen Wohlfahrt, Ratzeburg (© VG Bild-Kunst, Bonn 2002)
Abb. S. 159:	Felix-Nussbaum-Haus, Osnabrück, mit der Sammlung der Niedersächsischen Sparkassenstiftung (© VG Bild-Kunst, Bonn 2002)
Abb. S. 211:	Stadtmuseum Berlin
Abb. S. 223:	Nachlass Karl Hofer, Köln
Abb. S. 301:	Staatliche Galerie Moritzburg, Halle (© VG Bild-Kunst, Bonn 2002)
Abb. S. 325:	Aus: ‹Zeitvergleich – Malerei und Grafik aus der DDR›. art – das Kunstmagazin, Kunstverein Hamburg

Abb. S. 334:   Neuer Aachener Kunstverein, Aachen
Abb. S. 344:   Berliner Volksbank eG, Berlin (© VG Bild-Kunst, Bonn 2002)
Abb. S. 347:   Peter Freese, Wuppertal
Abb. S. 353:   E. Schargo von Alten, Aerzen

Verlag und Autor danken den Institutionen und Archiven für die Erlaubnis zum Abdruck der Abbildungen in diesem Band. Leider war es nicht in allen Fällen möglich, die Inhaber der Rechte zu ermitteln. Es wird deshalb gegebenenfalls um Mitteilung gebeten.

Kulturgeschichte

Hans-Dieter Gelfert
Kleine Kulturgeschichte Großbritanniens
Von Stonehenge bis zum Millennium Dome
1999. 364 Seiten mit 52 Abbildungen. Paperback
Beck'sche Reihe Band 1321

Dietrich von Engelhardt
Krankheit, Schmerz und Lebenskunst
Eine Kulturgeschichte der Körpererfahrung
1999. 194 Seiten mit 18 Abbildungen. Paperback
Beck'sche Reihe Band 1298

Franz X. Eder
Kultur der Begierde
Eine Geschichte der Sexualität
2002. 359 Seiten mit 10 Abbildungen. Paperback
Beck'sche Reihe Band 1453

Barbara Hahn (Hrsg.)
Frauen in den Kulturwissenschaften
Von Lou-Andreas Salome bis Hannah Arendt
1994. 364 Seiten mit 15 Abbildungen. Paperback
Beck'sche Reihe Band 1043

Hans-Ulrich Wehler
Die Herausforderung der Kulturgeschichte
1998. 160 Seiten. Paperback
Beck'sche Reihe Band 1276

Egon Friedell
Kulturgeschichte der Neuzeit
Die Krisis der europäischen Seele von der schwarzen Pest
bis zum Ersten Weltkrieg
162. Tausend. 1996. XXIX, 1571 Seiten. Leinen
Beck's Historische Bibliothek

Verlag C. H. Beck München